AF532671

Jürgen Möller

Durchbruch zur Zwickauer Mulde April 1945

Abzeichen des XX. US Corps

Impressum

Umschlaggestaltung: Harald Rockstuhl, Bad Langensalza

Titelbild: Panzer der 6th US AD auf der Muldenbrücke in Rochlitz
Foto: Tec 5 Charles E. Sumners, 166th Signal Photo Co., National Archives

Umschlagrückseite: Soldatengräber auf dem Friedhof Großröda/Thüringen
Foto: Jürgen Möller, 2005

1. Auflage 2018
ISBN 978-3-86777-649-3

Satz und Layout: Jürgen Möller
Lektorat unter Verantwortung des Autoren
Gedruckt auf alterungsbeständigem Papier nach ISO 9706

Die Deutsche Nationalbibliothek verzeichnet diese Publikation in der Deutschen Nationalbibliografie. Detaillierte bibliografische Daten sind im Internet über *http://dnb.d-nb.de* abrufbar.

Inhaber: Harald Rockstuhl
Mitglied des Börsenvereins des Deutschen Buchhandels e.V.
Lange Brüdergasse 12 in D-99947 Bad Langensalza/Thüringen
Telefon: 03603 / 81 22 46 Telefax: 03603 / 81 22 47
www.verlag-rockstuhl.de

Inhaltsverzeichnis

Mein besonderer Dank gilt an dieser Stelle:

4th Armored Division Memorial
Ken Berg, Kanada, Guy Ries, Luxembourg

Super Sixth – The story of Pattons's 6th Armored Division in WW II
Bruce Frederick, U.S.A.

76th Infantry Division Association
Lt.Col. (ret.) Jay M. Hamilton, Medford, Oregon, U.S.A. †

80th Infantry Division Veteran's Association
Andy Adkins, Gainesville, Florida, U.S.A.

Thüringisches Staatsarchiv Altenburg – Heike Grimm
Stadtarchiv Altenburg – Susan Pleintinger
Stadtarchiv Crimmitschau – Wolfgang Fengler
Stadtarchiv Gera – Carla Römer
Stadtmuseum Glauchau – Robby Joachim Götze
Friedhofsverwaltung Glauchau
Stadtarchiv Groitzsch – Roland Meyer
Stadtarchiv Limbach-Oberfrohna
Stadtmuseum Meerane – Cornelia Sommerfeld
Friedhofsverwaltung Mittweida
Stadtarchiv Zeitz – Sibylle Pentzek
Schulmuseum Zschorgula – Kurt Börner

Heimatverein Aga e.V. – Dieter Winkler
Altenburger Geschichtsverein e.V. –Wolfgang Böhm
Heimatverein Droyßig e.V. – Günter Koschig
Gera Chronik – Mike Strunkowski
Natur- und Heimatverein Groitzsch e.V. – Dietmar Schäfer
Heimatverein Haynsburg e.V. – Harald Menz
Hermsdorf regional, Bad Klosterlausnitz regional – Stefan Lechner
Historische Spielleutegruppe Jena e.V. – Hartwig Bastian
Heimatverein „Barbarossa" Kayna u. Umgebung e.V. – Volker Thurm
Heimatverein Lucka e.V. – Andreas Hauschild
Heimatstube Rehmsdorf – Lothar Czoßek
Geschichtsverein Rochlitz e.V. – Sven Krause
Heimatverein Teuchern – Herbert Karnstedt
Kleefestverein Würchitz 1851 e.V. – Volker Thurm
Geschichts- u. Altertumsverein für Zeitz u. Umgebung e.V. – Detlef Deye
Redaktion Autobahngeschichte – Frank G. Buchold

Luftbilddatenbank Dr. Carls, Würzburg-Estenfeld
Dr. Hans-Georg Carls und Wolfgang Müller

Ulrich Koch, documentaion office berlin, koch-athene.de

sowie

Heinz Baum, Altenburg; Maritta Behrens, Querfurt; Jochen Denso, Bonn; Frank Döbert, Jena; Dr. Helmut Drosihn, Elsteraue-Oelsen; Richard Eiermann, Sinsheim; Jürgen Gimpel, Altenburg; Döring-Ernst v. Gottberg, Kiel-Brunswik; Gottfried Grünzig, Erfurt; Hilmar Herling, Audigast; Jens Hummel, Glauchau; Karl H. Hutans, Rotterdam, NY, U.S.A.; Herbert Karnstedt, Teuchern; Günter Kaspaul, Bad Sulza; Oskar Klemm, Reuden; Erhard Kummer, Wetterzeube; Rolf Kurze, Hainspitz; Dr. Kurt Kutzschbauch, Berlin; Günter Neubauer, Streitwald; Joachim Mundstock, Haardorf/Waldau; Dr. Hans-Dietrich Nicolaisen, Büsum; Tilghman Pitts, Savannah, Georgia, U.S.A.; Uwe Plaß, Melle; Peter Reck, Hohenmölsen; Edgar Reichel, Meineweh; Rolf Romstedt, Erfurt; Gert Rosenkranz, Rüssen/ Kleinstorkwitz; Egon Rüdebusch, Wilhelmshaven; Carsten Schleichardt, Erfurt; Manfred Schmidt, Löbitz; Bernd Schmidt, Weimar; Klaus Schumann, Beucha; Dr. Gottfried Senf, Geithain; Heinrich Späte, Kayna †, Walter Steinert, Jena †; Horst Storz, Rossendorf; Gert Rosenkranz, Rüssen/Kleinstorkwitz; Udo Tresselt, Dothen; Dieter Winkler, Aga; Dietrich Wünschmann, Zwenkau; Rolf Zabel, Zeitz †

Mein ganz besonderer Dank gilt meiner Frau, weil sie mir bei meiner Arbeit stets zur Seite steht

„Krieg ist kein Gesellschaftsspiel bei dem sich die Planer brav an Regeln halten. Wenn es um Sein und Nichtsein geht, werden Regeln und Verpflichtungen machtlos. Nur die bedingungslose Abkehr vom Krieg überhaupt kann da helfen“

Albert Einstein

Vorwort

Es ist wieder einmal vollbracht, das nächste Buch der Reihe „Das Kriegsende in Mitteldeutschland 1945" ist fertig und mit ihm endet die dreiteilige Betrachtung des Vormarsches des XX. US Corps zur Zwickauer Mulde und Zschopau. Eines Vormarsches, der bereits seit den ersten Büchern dieser Reihe zum Raum Naumburg – Weißenfels – Zeitz immer wieder im Fokus des Interesses stand. Jenen Büchern, die sich mit dem V. US Corps der 1st US Army beschäftigen, das sich Seite an Seite mit dem XX. US Corps quer durch Thüringen bis zur Mulde bewegte und deren Trennungslinie von nördlich Mühlhausen über Naumburg und Zeitz bis nördlich Rochlitz verlief. Das machte es immer wieder erforderlich, zum Verständnis der Lageentwicklung einen erweiterten Blick über den Tellerrand, in diesem Fall die Trennungslinie, zu werfen. So ist auch nicht verwunderlich, dass es insbesondere, wenn es um den Raum Naumburg – Zeitz – Altenburg geht, zu textlichen Wiederholungen bei der 6th US AD und 76th US InfDiv kommt. Gleichzeitig wurde dabei aber auch die Möglichkeit genutzt, neue Erkenntnisse zu diesen Bereichen einfließen zu lassen und Fehler und bisherige Fehlinterpretationen zu korrigieren, was das neue Buch auch für die Leser der anderen Bücher interessant macht. Neue Erkenntnisse insbesondere durch die umfangreichen regionalen Forschungen, die auf der Grundlage der bisher erschienenen Bücher erfolgten und viele neue Erkenntnisse erbracht haben. Ich möchte dabei besonders die Zeitzeugensammlungen von Volker Thurm, Kayna, zu den Flakstellungen im Raum Zeitz – Altenburg hervorheben, die in einer Heftreihe des Kleefestvereins Würchwitz 1851 e.V. veröffentlicht wurden.

Allerdings wurde im Hinblick auf die bisher erschienenen Bücher und des Umfangs des Materials zum XX. US Corps diesmal auf eine ausführliche Darstellung des Weges des V. US Corps verzichtet. Wo es jedoch zum Verstehen erforderlich war, wurde auch dieser selbstverständlich betrachtet. Ich bin außerdem überzeugt, dass die meisten Interessenten für dieses Thema die bisher erschienenen Bücher bereits im Besitz haben. Alle anderen bitte ich um Verständnis und fordere sie auf, sich bei Bedarf diese Bücher anzuschaffen. Es wird an den entsprechenden Textstellen jeweils auf das entsprechende Buch hingewiesen. Auch der Luftkrieg wird aus Gründen des Umfangs nur einen kleinen Teil der Betrachtung einnehmen. Hier empfiehlt sich bei weitergehenden Interesse das Buch von Günter Sagan „Ostthüringen im Bombenkrieg 1939–1945".

Die, in mehreren Büchern der Reihe bereits erfolgten, Ausführungen zur Military Government Situation in den besetzten Gebieten entfallen aus den gleichen Gründen. Dieser speziellen Thematik wird sich eine detaillierte Ausarbeitung von Ulrich Koch, Berlin annehmen, die zur Zeit in der Entstehung ist. Titel und Erscheinungstermin sind noch offen. Aber ich kann schon jetzt sagen, sie wird die Wissenslücke schließen, die noch immer zur kurzen amerikanischen Besatzungszeit in Mitteldeutschland besteht. Seien sie also gespannt.

Und zum Schluss wie immer an dieser Stelle mein Aufruf an alle: Geben sie ihr Wissen und Ihre Erkenntnisse, auch wenn sie Ihnen nur unbedeutend erscheinen, weiter. Melden sie sich und helfen Sie so der Forschung. Behalten Sie nichts für sich und riskieren sie nicht, dass Ihr Wissen unwiederbringlich verloren geht. Und korrigieren sie mich, wenn sie in meinen Büchern auf Fehler stossen oder ihnen weitergehende oder andere Informationen vorliegen. Sie helfen damit nicht nur mir, sondern tragen aktiv dazu bei, unsere Geschichte aufzuarbeiten.

Für Anregungen, Ergänzungen und Korrekturen wenden sie sich bitte an:

Jürgen Möller
E-Mail: juemoehistory@yahoo.de

oder

Verlag Rockstuhl Bad Langensalza

* * *

I. Die militärische Lageentwicklung bis Anfang April 1945

Mitte März 1945 liegt das Dritte Reich in seinen letzten Zügen. Im Osten stehen die russischen Verbände vor dem Sprung aus den eroberten Oder-Brückenköpfen Richtung Berlin. Im Westen nähern sich die Alliierten dem Rhein, um ins Herz des Reiches zu stoßen.

Am 23. März 1945 beginnt die 21st (brit.) AGr mit dem befohlenen Großangriff am Niederrhein und die Truppen der 2nd (brit.) Army und der 9th US Army beginnen mit der Einschließung des Ruhrgebietes von Norden. Südlich des Abschnittes der 9th US Army unter Lt.Gen. Williams H. Simpson beginnen die Kräfte der 1st US Army der 12th US AGr unter Gen. Omar N. Bradley mit dem Vorstoß aus dem Rhein-Brückenkopf Remagen gegen den Südrand des Ruhrgebietes.[1] Doch noch bevor die 1st US Army von Lt.Gen. Courtney H. Hodges den Angriff startet, beginnt südlich davon in der Nacht zum 23. März 1945 die 3rd US Army der 12th US AGr unter Lt.Gen. George S. Patton Jr. III mit dem Rhein-Übergang bei Oppenheim. Sofort nach der Eroberung von Kaiserlautern und dem Fall der Pfalz hatte Patton die Operationsabteilung der 12th US AGr informiert, dass er ohne Verzögerung den Rhein forcieren will, um über den Frankfurt-Kassel-Korridor direkt nach Mitteldeutschland hinein zu stoßen. *„Jeder Tag bedeutet bestimmt, dass wir Hunderte von amerikanischen Leben sichern. Der Feind ist an unserer Front im Chaos. Aber, wenn wir... (warten), reorganisiert er sich und wir müssen uns den Weg freikämpfen.“*[2] Und Bradley und Dwight D. Eisenhower, der Oberkommandierende der westalliierten Streitkräfte, hatten zugestimmt. Mit den Worten: *„In Ordnung... Sie (Patton d.A.) überqueren zuerst und Courtney wird dann (aus dem Brückenkopf Remagen d.A.) ausbrechen und sich mit ihnen in Limburg treffen. Die 7th Army geht im Süden vor und dann können wir hinaufgehen (nach Norden d.A.) und helfen...“* Eine Stunde später hatte Patton den Angriffsbefehl erteilt.[3] Und, wie von Patton vorausgesagt, entwickelt sich der Angriff zügig.

Im Resultat des, auf der ganzen Breite erfolgten, Rhein-Übergangs, fällt am 28. März 1945 die Entscheidung Eisenhowers über die Fortsetzung der Gesamtoffensive westlich des Rheins, für die es zuvor keine Planungen gab. Dabei ist man sich mit den Briten einig, *„dass die Demarkationslinie, welche im Februar 1945 in Jalta festgelegt wurde, bei der Planung des Endkampfes keine Rolle spielt“*.[4] Strategisches Ziel ist es, nach der Einkesselung und Zerschlagung der deutschen Truppen im Ruhrgebiet mit der 12th US AGr im Zentrum den Hauptstoß über Kassel und Erfurt auf Leipzig und weiter nach Dresden zu führen, das Reichsgebiet in zwei Teile zu spalten und das wichtige mitteldeutsche Industriegebiet Halle-Merseburg-Leipzig zu besetzen. Das Endziel Dresden, das bereits im Plan „OVERLORD“ festgelegt worden war, wird später korrigiert und als Haltelinie für den Vorstoß die Elbe-Mulde-Linie festgelegt. Die im Norden angreifende 21st (brit.) AGr des Field Marshal Bernhard Law

Montgomery soll bis zu den norddeutschen Häfen vordringen und die 6th US AGr unter Gen. Jacob „Jake“ Loucks Devers soll nach Süddeutschland vorstoßen und im Donautal den Kontakt zur Roten Armee herstellen.

Diese Entscheidung fällt gegen massiven Widerstand der Briten, die Eisenhowers Strategie in Frage stellen. Der britische Field Marshal Brooke wirft Eisenhower die *„planmäßige Verzettelung“* seiner Kräfte vor. Hintergrund sind die britischen Befürchtungen, dass die angloamerikanischen Verbände bei der Zerschlagung des „Ruhrkessels“ zu lange gebunden sein würden. Sie plädieren für einen starken Vorstoß auf der gesamten Frontbreite und einen gezielten Angriff von Kräften Montgomery's auf Berlin. Churchill ist sich sicher, Berlin vor den Russen zu erreichen. Ungeachtet der Vereinbarungen erhofft er sich, Berlin als Faustpfand für zukünftige Verhandlungen mit Stalin einsetzen zu können.

Eisenhower, Bradley und Patton Foto: Army Signal Corps, National Archives

Eisenhower hingegen ist gegen die Einnahme von Berlin. Als kühl kalkulierender Militär ist er sich des Preises für die Einnahme der Hauptstadt des Deutschen Reiches bewusst. Dabei orientiert er sich an seinem erfahrenen Heerführer Omar Bradley, den er selbst als *„größten Frontbefehlshaber, dem ich in diesem Krieg begegnet bin“* bezeichnete. Dieser hatte die möglichen Verluste mit 100.000 Mann beziffert. Bradley schreibt in seinem Buch *“A soldier's story of the Allied Campaigns from Tunis to the*

Elbe": „Ein ganz schön hoher Preis für ein Prestigeziel." Dass seine Schätzungen durchaus berechtigt sind, zeigt sich daran, dass die Rote Armee beim Sturm auf Berlin über 100.000 Tote hinnehmen muss. Und auch, wenn Stalin den Angloamerikanern vorwirft, dass *„sich ihnen ganze Großstädte kampflos ergaben, während an der Ostfront um jede Bahnstation gerungen würde"*, so ist es falsch anzunehmen, dass die Deutschen ihre Hauptstadt kampflos aufgegeben würden. Hinzu kommt, dass sich die Russen zu diesem Zeitpunkt näher an Berlin befanden als die Westalliierten.

Eisenhower wird in seiner Entscheidung durch Gen. Marshall als Vertreter der Combined Chiefs of Staff gestärkt. In dieser Phase schaltet sich Roosevelt in die Debatte ein und erteilt dem britischen Premier Churchill das letzte Mal eine Absage zu dessen Plänen. Roosevelt will ein gemeinsames Vorgehen mit den Russen. Churchill muss klein beigeben. Montgomery erhält den Befehl, nicht in Richtung Berlin anzugreifen. Alle weiteren Entscheidungen Eisenhowers wurden von dieser Entscheidung geprägt. Ab jetzt agiert nicht mehr der Politiker, sondern der Militär Eisenhower. Und für den ist das Ziel klar – die vollständige Zerschlagung der Wehrmacht. Dem ordnet er die militärischen Planungen unter. Ihm ist klar – der Feind muss zerschlagen werden, wo er angetroffen wird. Als Feldherr weiß er aber, dass er die Kampfmoral seiner Truppen und die Entschlossenheit seiner militärischen Führer nur aufrechterhalten kann, indem er ihnen mit dem Siegeslorbeer winkt. Und der ist nun einmal Berlin. Deshalb ist er sich mit Bradley einig, dass selbst seine Armeeoberbefehlshaber nicht erfahren dürfen, dass Berlin nicht mehr als Ziel in Frage kommt.

Bradley, dessen Armeen die Hauptaufgabe bei dieser letzten Offensive zukommt, war für diesen Auftrag nicht ohne Grund ausgewählt worden. Neben der Würdigung seiner bisherigen Leistungen sind sich Eisenhower und Marshall sicher, dass Bradley der einzig richtige und vor allem loyale Mann dafür ist. Die Amerikaner würden nicht glücklich sein, wenn man Montgomery diese Aufgabe gegeben hätte, denn der würde jede Möglichkeit, Berlin zu nehmen, mit Sicherheit nutzen und die Briten würden dann den ungewollten Ruhm einstreichen. Während hinter der Bühne die politischen Rangeleien über Macht und Nachkriegsordnung weitergehen, hat die letzte große Offensive im Westen längst begonnen.

Am 29. März 1945 erreichen die Spitzen des VII. US Corps der 1st US Army den Raum Marburg und das V. Corps den Raum Limburg. Die, auf Initiative von Eisenhower, neu gebildete 15th US Army unter dem Kommando von Lt.Gen. Leonard T. Gerow wird auf der Linie Düsseldorf – Köln formiert und übernimmt die Sicherung des Westrandes des entstehenden „Ruhrkessels". Frankfurt/Main wird durch das XX. US Corps von Patton's 3rd US Army genommen. Sein VIII. US Corps steht im Raum östlich Boppard und das XII. US Corps erreicht an der Spitze der 3rd US Army das Gebiet südlich Lauterbach/Hessen. Damit hat die 12th US AGr ihr erstes Zwischenziel erreicht. Doch obwohl der Angriff auf Mitteldeutschland erst nach der

Zerschlagung des „Ruhrkessels" erfolgen soll, gelingt es Patton erneut, Bradley davon zu überzeugen, den Angriff ohne Halt fortzusetzen und einen Stoß weit voraus zu führen, um ein vermutetes deutsches Hauptquartier bei Gotha zu erobern.

Patton hatte vom G-2 der 12th US AGr, Brig.Gen. Edwin Luther Sibert, erfahren, dass ein desertierter deutscher Hauptmann von dessen Existenz und einer Nachrichtenzentrale südlich von Gotha, im Raum Ohrdruf, berichtet hatte.[5] Doch diesmal ist Bradley nicht einer Meinung mit Patton. Zu groß ist die Gefahr durch die entstehende offene Nordflanke zur 1st US Army. Aber Bradley weiß auch, dass er Patton Zugeständnisse machen muss, um ihn bei Laune zu halten. Und ein deutsches Hauptquartier ist ein strategisches Ziel, das man nicht einfach außer Acht lassen kann. Trotzdem zögert er. Erst als Bradley von Eisenhower die Nachricht erhält, dass die 1st Allied Airborne Army, denen die Einnahme des Hauptquartiers übertragen werden sollte, einen Sprungeinsatz im Thüringer Wald als zu riskant abgelehnt hatte, gibt er am 31. März 1945 Patton die Erlaubnis für die Fortsetzung des Angriffs zur Sicherung des strategisch wichtigen Ziels im sogenannten „Weimarer Viereck" Gotha – Ohrdruf – Erfurt – Weimar. Aber er erlaubt Patton lediglich eine 24-Stunden-Operation. Und so stürmt „Lucky", wie Patton genannt wird, in Richtung Osten vorwärts.[6]

Im Abschnitt der 6th US AGr marschiert Lt.Gen. Alexander M. Patch's 7th US Army nach der Überquerung des Rheins bei Worms über Mannheim und Heidelberg durch das Neckartal und den Odenwald nach Osten.

Die, auf breiter Front geführte, alliierte Großoffensive im Westen zerreißt die ohnehin schwache deutsche Westfront auf ihrer gesamten Breite. Nach dem Übergang der Alliierten über den Rhein bei Wesel am 23. März 1945 wird im Norden der H.Gr. H aufgespalten. Durch die entstandene Lücke schiebt sich die 9th US Army auf den Nordrand des Ruhrgebietes und in Richtung Teutoburger Wald vor, während die 2nd (brit.) Army nach Norden drückt. Der Kontakt zu den Kräften an der Südflanke der H.Gr. H geht verloren. Sie werden der südlich angrenzenden H.Gr. B unterstellt. Die H.Gr. B unter GFM Walter Model, die mit der 15. Armee des Gen.d.Inf. Gustav-Adolf von Zangen und der 5. PzArmee von Gen.Obst. Josef Harpe entlang der Rhein-Linie zwischen Düsseldorf und Koblenz steht, wird von der 9th und 1st US Army wie von einer gewaltigen Zange umfasst und im Ruhrgebiet zusammengedrückt. Auch die Front der südlich anschließenden H.Gr. G wird an mehreren Stellen durchbrochen. Der Stoß der Panzerkolonnen von Gen. Patton's 3rd US Army über Frankfurt/Main – Offenbach – Hanau Richtung Kassel und in Richtung Thüringen dehnt die entstandene Lücke zwischen der H.Gr. B und G weiter aus. Der Antrag der H.Gr. B auf einen Ausbruch nach Süden, um den Kontakt zur H.Gr. G wiederherzustellen, wird jedoch abgelehnt. Der Rheinabschnitt ist zu halten. Südlich der 3rd US Army treibt in der Zwischenzeit die 7th US Army die Truppen der 1. Armee vor sich her nach Osten.

Die deutsche Westfront befindet sich damit Ende März 1945 in der Auflösung. Insbesondere die Einkesselung der H.Gr. B reißt eine riesige Lücke in die deutsche Front, durch welche die amerikanischen Verbände nunmehr fast ungehindert in den mitteldeutschen Raum hineinströmen. Dem hat das deutsche Oberkommando nur noch wenig entgegenzusetzen. Lediglich Adolf Hitler ist nachwievor der Überzeugung, dass das Halten der Front für einen Zeitraum von drei bis vier Wochen reichen wird, um die neuen Strahlenjäger zum Einsatz zu bringen und damit die Situation zu Gunsten des Reiches zu verändern.[7] Wunderwaffen und neue Armeen sollen das Deutsche Reich retten. Doch selbst der Hauptpropagandist des Deutsches Reiches, Joseph Goebbels, hatte bereits am 8. März 1945 in sein Tagebuch geschrieben: *„Den feindlichen Luftarmaden haben wir nichts Nennenswertes entgegenzusetzen.“*[8]

In dieser Situation erteilt das OKW den Befehl zur Neuaufstellung der 11. PzArmee im Raum zwischen Weser und Harz und der 12. Armee im Raum Fläming – Dessau – Wittenberg – Halle – Merseburg. Der Führer selbst beauftragt den, von einem Autounfall genesenden, Gen.d.Pz.Tr. Walter Wenck, aus den letzten deutschen Reserven, Ausbildungseinheiten der Kriegsschulen, RAD-Einheiten und jungen Rekruten, den neuen Großverband, die 12. Armee, zu bilden. Den Aufmarschraum der Armee Wenck soll die 11. PzArmee sichern, die unter Führung des, bereits im Februar 1945 neu aufgestellten, Stabes der 11. Armee aus den Resten der, dem „Ruhrkessel“ entkommenen, Einheiten des LXVI. AK und des LXVII. AK der 5. PzArmee und 15. Armee sowie Ersatzeinheiten der W.Kr. VI Münster, IX Kassel und X Hannover aufgestellt werden soll. Der Harz als wichtiges Zentrum der V-Waffen-Produktion und als Schutzraum vieler, aus Berlin ausgelagerter, Dienststellen bietet als natürliches Hindernis nach Meinung des OKW ideale Voraussetzungen, um mit dem Feind unterlegenen Kräften eine neue Widerstandslinie aufzubauen.

Südlich des zukünftigen Abschnittes des LXVII. AK stehen die Reste der 7. Armee des Gen.d.Inf. Hans von Obstfelder der H.Gr. G zwischen Eisenach und Schweinfurt/Unterfranken, die vor den anstürmenden amerikanischen Verbänden auf die hessisch-thüringische Landesgrenze zurückgewichen waren. Der Großteil ihrer Verbände wird im Raum Frankfurt/Main eingekesselt. Der Stab des Stellv. Gen.Kdo. XII. AK unter Gen.d.Art. Herbert Osterkamp entkommt dem Kessel einsatzbereit, dem Stab des LXXXV. AK unter dem Befehl von Gen.d.Inf. Baptist Kniess gelingt die Flucht lediglich zu Fuß. Kniess wird daraufhin in die Führerreserve versetzt und Gen.d.Pz.Tr. Frhr. Smilo v. Lüttwitz erhält von der 7. Armee den Auftrag, aus dem Rest des LXXXV. AK im Raum Eisenach das Korps neu aufzustellen. Ab dem 1. April 1945 übernimmt er den Befehl über den Werra-Abschnitt beiderseits von Eisenach mit dem Schwerpunkt entlang der RAB Bad Hersfeld – Gotha. Das Stellv. XII. AK steht am Abend des 31. März 1945 auf der Linie Fulda – Hünfeld – Vacha und hat dort losen Anschluss zum LXXXV. AK. Am linken Flügel der 7. Armee hält das LXXXII. AK des Gen.d.Inf. Walther Hahm den Abschnitt von Bad Neustadt über Schweinfurt bis Volkach am Main.

Am rechten Flügel der 7. Armee ist mit der Organisation der Abwehrfront im Raum Mühlhausen – Gotha der bisherige Kommandeur des Div.Stab z.b.V. 469, Gen.Lt. Horst Frhr. v. Uckermann, mit Gefechtsstand in Süßenborn bei Weimar beauftragt. Uckermann, der wahrscheinlich auf Betreiben des Gauleiters von Thüringen, Fritz Sauckel, durch den W.Kr. IX zum „K.Kdt. Thüringen"[9] ernannt worden war, führt seit Ende März 1945 das Kommando über zwei Div.K.Gr. und hatte bereits mit Ersatz- und Ausbildungseinheiten die Verteidigung nach Osten an der Saale vorbereitet. Diese Kräfte drehen nun ihre Front nach Westen auf die Linie Schlotheim – Langensalza – Gotha. Die schwachen Sicherungen dieser, inoffiziell als Korps.Gr. Uckermann bezeichneten, Kräfte sollen im Zusammenwirken mit dem LXXXV. AK das Vordringen der Amerikaner in den Raum Mühlhausen – Gotha an der Werra-Linie verzögern. Die, zur Schließung der Lücke zwischen der 7. und 11. Armee vorgesehene, Ausb.Div. „Bayern", die am 30. März 1945 auf Befehl des OKW unter Führung des Stabes der 212. VolksGrenDiv zur Neuaufstellung der Division im Raum Lauda-Königshofen/Baden-Württemberg herangezogen wurde und auf ihren Bahntransport zur 7. Armee nach Eisenach wartet, wird auf Grund von fehlendem Transportraum wieder entladen und in die Tauber-Front eingegliedert.[10]

* * *

---

[1] Alle allgemeinen Angaben zur US Army beruhen im Wesentlichen auf dem Buch "United States Army in World War II – Chronology 1941–1945" von M. H. Williams, Office of Military History, Department of the Army, Washington D.C. 1960.

[2] „Lucky Forward", Col. Allen; Übersetzung Ulrich Koch, Berlin.

[3] Ebenda.

[4] „Die amerikanische Besetzung Deutschlands" v. Henke, R. Oldenbourg Verlag München, 2. Auflage,1996, S. 660ff.

[5] "War as I knew it", Col. Hawkins, S. 279.

[6] "The last offensive" by C. B. Mac Donald, Chapter XVII Sweep to the Elbe, S. 376.

[7] BA-MA, ZA 1/1056, Oberst i.G. Wilutzky, H.Gr. G.

[8] „Goebbels Tagebücher 1945", Hoffmann und Campe Verlag Hamburg, S. 127.

[9] NARA, B-617, Gen.d.Pz.Tr. Frhr v. Lüttwitz, LXXXV. AK, Anlage Skizze 1. Siehe auch „Erfurt im Luftkrieg", H. Wolf, Heinrich-Jung-Verlag mbH Zella-Mehlis, 2013, S. 221 u. 223. Die Bezeichnung „K.Kdt. Thüringen" taucht lediglich bei Lüttwitz und in einem Aufruf in der, am 10. April 1945 erschienenen, Thüringer Gauzeitung auf, wo Sauckel und Uckermann einen Durchhalteaufruf veröffentlichten.

[10] „Die Kriegsfurie über Franken 1945…", H. Veeh, Eigenverlag, Aub 2003, S. 100.

II. Der Sturmlauf das XX. US Corps von der Werra zur Saale

Am **Ostersonntag**, dem **1. April 1945**, erreicht das V. US Corps der 1st US Army, das aus dem Brückenkopf Remagen nach Nordosten vorgeht, über Homberg in einem langgezogenen Stoß nach Norden den Raum Warburg. Das VII. US Corps der 1st US Army stößt mit seiner 3rd US AD auf Paderborn. Südlich von Lippstadt trifft es am 1. April 1945 mit dem XIX. US Corps der 9th US Army zusammen. Die Reste der H.Gr. B des GFM Model sind im „Ruhrkessel" eingeschlossen. Am gleichen Tag erreicht die 3rd US Army mit ihren Spitzen thüringischen Boden. Beim XX. US Corps setzt die 6th US AD den Angriff in Richtung Kassel fort und versucht Brückenköpfe über die Fulda zu bilden. Das XII. US Corps unter Maj.Gen. Manton S. Eddy, das sich vom XX. US Corps an der Linken und XV. US Corps der 7th US Army an der Rechten abgesetzt hat, stürmt mit der 4th und 11th US AD als Speerspitzen, gefolgt von der 90th und 26th US InfDiv trotz offener Flanken nach Nordosten weiter. Die 4th US AD, die den Auftrag erhalten hat, Gotha zu nehmen, erreicht an der Spitze des Angriffs des XII. US Corps die Werra im Raum Eisenach und errichtet in der Nacht einen ersten Brückenkopf. Die 11th US AD an der Südflanke des Corps erhält den Befehl, durch den Thüringer Wald vorzustoßen und erreicht Kaltensundheim, Frankenheim und Reichenhausen in der Rhön. Der OB West, GFM Albert Kesselring, der angesichts der Lageentwicklung am 27. März 1945 das ehemalige Führerhauptquartier „Adlerhorst" in Ziegenberg mit seinem Befehlszug verlassen hat, erreicht am 1. April 1945 Reinhardsbrunn bei Friedrichroda. Dort erfährt er, das der Führer das Einstellen aller Ausbruchsversuche aus dem „Ruhrkessel" befohlen hat. Die H.Gr. B soll die „Ruhrfestung" verteidigen. Damit entfallen auch alle weiteren Entsatzversuche. Aber zur Schließung der Lücke zwischen Teutoburger und Thüringer Wald fehlen Kesselring 300.000 Mann.[1]

*Um 02.00 Uhr des **2. April 1945** beginnt die **Sommerzeit**. Während auf deutscher Seite lediglich die Uhren auf 03.00 Uhr vorgestellt werden, erfolgt bei den amerikanischen Streitkräften gleichzeitig die Umstellung der Schreibweise auf 03.00 Uhr (B). Im Text erfolgt daher die (B)-Angabe nur für Angaben der amerikanischen Truppen.*

Am **Ostermontag**, dem **2. April 1945**, erreicht im Abschnitt des XX. US Corps die 80th US InfDiv den Stadtrand von Kassel und die 6th US AD erobert nach der Überquerung der Fulda eine intakte Brücke über die Wehre. Im Abschnitt des XII. US Corps errichtet die 4th US AD Brückenköpfe zwischen Pferdsdorf und Spichra und die 11th US AD stößt nördlich und südlich von Meiningen zur Werra und errichtet Brückenköpfe bei Wasungen und im Raum Grimmenthal. Am Abend erscheint der OB West Kesselring auf dem Gefechtsstand des LXVII. AK in Gertenbach/Hessen, um Gen.d.Inf. Otto Hitzfeld den Befehl des OKW zu übermitteln, das Kommando über die 11. Armee bis zum Eintreffen des neuen Befehlshabers, des Gen.d.Art. Lucht, zu übernehmen.[2] Den Befehl über Hitzfelds LXVII. AK übernimmt Gen.d.Art. Maximilian Fretter-Pico unter Beibehaltung seines Kommandos über das Stellv. Gen.Kdo. IX. AK.

Am **Dienstag**, dem **3. April 1945**, setzt im Abschnitt des XX. US Corps die 80th US InfDiv die Besetzung von Kassel fort. Die 6th US AD überquert die Werra und stößt in Richtung Mühlhausen. Beim XII. US Corps, das den Befehl hat, mit Erreichen der Linie Gotha – Suhl den Vormarsch anzuhalten, setzt die 4th US AD ihren Angriff aus den Werra-Brückenköpfen fort und erreicht Gotha. Die 11th US AD rückt im Thüringer Wald bis Oberhof und Suhl vor. Die 26th US InfDiv bewegt sich hinter der 11th US AD zur Werra und ihre vorderen Elemente erreichen Schwarzbach. Das VIII. US Corps bereitet sich auf die Einführung zwischen dem XX. und XII. US Corps vor. Bei der 7. Armee wird die schwache Front des Stellv. XII. AK durch den Vorstoß der 11th US AD weiter aufgespalten und die Restverbände ziehen sich in den Thüringer Wald zurück. Das LXXXV. AK, das den Angriff aus dem Brückenkopf bei Creuzburg nicht aufhalten konnte, weicht unter Halten von Eisenach auf den Nordwestrand des Thüringer Waldes aus. Die ohnehin löchrige Werra-Verteidigung der Korps.Gr. Uckermann, die an mehreren Stellen durchbrochen wurde, kann sich nur noch stützpunktartig halten und wird in die zurückweichende Front eingegliedert.

Am **Mittwoch**, dem **4. April 1945**, erreichen die Angriffsspitzen der 6th US AD des XX. US Corps an der Nordflanke der 3rd US Army Mühlhausen und beginnen mit der Umschließung. Kassel ergibt sich der 80th US InfDiv. Während das XX. US Corps seinen Vormarsch fortsetzt und beim XII. US Corps die 11th US AD mit dem Erreichen des Kamms des Thüringer Waldes ihren Auftrag im Wesentlichen erfüllt hat, beginnt das frisch eingeführte VIII. US Corps unter Maj.Gen. Troy H. Middleton mit der Übernahme seines Abschnittes. Dann wird die 4th US AD, die die Übergabe der Stadt Gotha entgegen nimmt, und die 65th US InfDiv dem VIII. US Corps unterstellt. Bei der 7. Armee löst sich im Tagesverlauf die Werra-Verteidigung des „K.Kdt. Thüringen" endgültig auf. Die Reste weichen über Langensalza und Gotha in den Raum Erfurt zurück. Einzelne Gruppen erreichen den Thüringer Wald.[3] Das Stellv. XII. AK wird nach Südthüringen abgedrängt. Auf Grund *„der allgemeinen Misere"* wird der OB der H.Gr. G, SS-Obstgruf. und Gen.Obst. der Waffen-SS Paul Hausser auf Befehl des OKW abgelöst. Die Schuld für die fehlenden Erfolge gibt man, wie immer, einzelnen Personen und nicht der Gesamtsituation, die durch Fehlentscheidungen der Obersten Wehrmachtsführung und des Führers entstanden war. Die Führung der H.Gr. wird noch am gleichen Tag von Gen.d.Inf. Friedrich Schulz übernommen.

Am **Donnerstag**, dem **5. April 1945**, wird beim XX. US Corps die 80th US InfDiv in Kassel durch die eintreffende 69th US InfDiv des V. US Corps abgelöst. Die 6th US AD nimmt Mühlhausen. Während das XX. US Corps seinen Abschnitt ausdehnt, werden die Grenzen des eingeführten VIII. US Corps verändert und dem Corps die frühere Zone des XII. US Corps übertragen. Somit übernimmt das Corps die Verantwortung für den Raum Eisenach – Langensalza – Gotha. Teile gehen in Vorbereitung des weiteren Angriffs nach Nordosten bis zur Linie südlich Mühlhausen – Langensalza vor. Die 65th US InfDiv des VIII. US Corps nimmt im Zusammenwirken mit der 6th US AD Teile von Langensalza.

Am **Freitag**, dem **6. April 1945**, erreicht die 3rd US Army die zeitweilige Haltelinie der 12th AGr und muss zum Leidwesen für Patton ihren Angriff nach Osten anhalten, bis die 1st US Army, die nach der Ablösung am „Ruhrkessel“ gerade erst den Angriff nach Osten aufgenommen hat, aufgeschlossen hat. Im Abschnitt des XX. US Corps beendet die 6th US AD im Zusammenwirken mit Einheiten der 65th US InfDiv des VIII. US Corps die Einnahme von Langensalza. Die 80th US InfDiv beginnt mit der Verlegung aus dem Raum Kassel nach Gotha. Damit haben alle Kräfte der 3rd US Army die Haltelinie Mühlhausen – Langensalza – Gotha – Oberhof erreicht. Bis zum Mittag steht die 65th US InfDiv nach der Einnahme von Langensalza entlang der Linie Mühlhausen – Langensalza in Bereitschaft zur Verlegung in den Abschnitt des VIII. US Corps. Dort besetzt die 89th US InfDiv Eisenach

Am **Sonnabend,** dem **7. April 1945**, stellt die 6th US AD des XX. US Corps den Kontakt zur 4th US AD im Raum Gotha her und die 76th US InfDiv erhält den Befehl, die Verantwortung über Langensalza zu übernehmen. Die 80th US InfDiv übernimmt nach ihrem Eintreffen aus dem Raum Kassel die Verantwortung für Gotha von der 4th US AD des VIII. US Corps. Für die deutschen Truppen endet an diesem Tag die letzte Hoffnung, eine zusammenhängende Frontlinie der 11. und 7. Armee herzustellen. Lediglich der Haltebefehl der 12th AGr und das vorsichtigen Nachrücken der Amerikaner verhindert eine Zerschlagung der deutschen Truppen zwischen Harz und Thüringer Wald.[4]

Am **Sonntag,** dem **8. April 1945**, hält beim XX. Corps die 6th US AD ihre Front im Raum Mühlhausen – Langensalza. Die 80th US InfDiv beginnt aus dem Raum Gotha mit dem Vordrücken der Frontlinie nach Osten in Richtung Erfurt und am späten Nachmittag übernehmen die 76th und 80th US InfDiv die Front des XX. US Corps bei Langensalza. Die 4th US AD des VIII. US Corps, die dem XX. US Corps unterstellt werden soll, wird durch die 80th und 89th US InfDiv abgelöst und versammelt sich. Das XII. US Corps hat die Räumung seiner Haltelinie für den Angriff auf Coburg beendet, während sich andere Teile des Corps auf den weiteren Angriff durch den südlichen Thüringer Wald nach Osten vorbereiten.

Auf deutscher Seite kommt es im Abschnitt des LXXXV. AK der 7. Armee im Thüringer Wald zu verzweifelten Kämpfen zur Verhinderung der Einkesselung. Im Raum nördlich von Erfurt führt der Pz.Vbd. Feller der Korps.Gr. Uckermann Aufklärungsvorstöße entlang der Nordflanke zur 11. Armee, um den Kontakt herzustellen. Doch sie treffen nur auf amerikanische Truppen. Auf dem Gefechtsstand der Div. z.b.V. 469 in Süßenborn bei Weimar, der Uckermann als Fü.Stab für seine Korps.Gr. dient, trifft Gen.Maj. Eugen Theilacker ein. Theilacker soll auf Befehl der 7. Armee alle im Raum westlich von Erfurt stehenden Truppen zu einem Div.Vbd. [5] zusammenfassen und die Verteidigung des westlichen Vorfeldes der Stadt übernehmen. Nur der Abschnitt des K.Kdt. Erfurt soll weiterhin eigenständig bleiben.[6]

Am **Montag**, dem **9. April 1945**, stellt als erster Verband der 1st US Army die 69th US InfDiv im Eichsfeld den Kontakt zur 6th US AD des XX. US Corps der 3rd US Army her. Damit nähert sich für Patton's 3rd US Army das Ende des erzwungenen Stillstandes an der vorläufigen Haltelinie. Im Bereich des XX. US Corps nehmen die Divisionen ihre Ausgangstellungen für den Großangriff zur Zwickauer Mulde ein. Am Mittag erhalten die Infanteriedivisionen den Befehl, welcher den Beginn des Vorrücken der 76th US InfDiv und der 80th US InfDiv zur Eisenbahnlinie Straußfurt – Kühnhausen – Westrand Erfurt – RAB Gotha – Erfurt für den 10. April 1945, 07.00 Uhr (B) festlegt. Die 6th US AD erhält den Auftrag, bis zur Ablösung durch Einheiten des V. US Corps in ihrem Abschnitt zu verbleiben und die linke Flanke des Corps zu sichern. Danach soll sie sich im Raum Mühlhausen versammeln. Am Abend erfolgt der Unterstellungswechsel der 4th US AD unter das XX. US Corps. Die 80th US InfDiv baut ihre Ausgangsstellungen für den Angriff aus. Um 18.00 Uhr (B) erhalten die Divisionen den detaillierten Befehl für die Wiederaufnahme des Angriffs der 3rd US Army nach Osten. Während die 6th US AD an der Linken durch die Reihen der 76th US InfDiv hindurch nördlich an Erfurt – Weimar vorbei zur Saale durchbrechen soll, hat sich die 4th US AD an der Rechten darauf vorzubereiten, durch die Linien der 80th US InfDiv zu gehen und entlang der RAB Gotha – Jena Richtung Saale anzugreifen.

Als Teil der Vorbereitungen zur Fortsetzung des Angriffs erfolgt die Festlegung der Unterstützungsleistungen für die Angriffsdivisionen durch die Corpstruppen. So legt die XX. CorpsArty folgende Unterstützungsaufträge fest:

- Das 7th FA Observer Bn unter Lt.Col. J. P. Schwartz unterstützt mit Vorgeschobenen Artilleriebeobachtern im Abschnitt der 76th und 80th US InfDiv.
- Die 5th FA Gp unter Col. J. E. Theimer unterstützt mit dem 58th AFA Bn (105mm Haubitze) von Maj. S. W. Wood, dem 177th FA Bn (155mm Haubitze) von Lt.Col. J. S. Billups und dem 943rd FA Bn (155mm Haubitze) von Lt.Col. L. J. Conway die DivArty der 4th US AD von Col. Alexander Graham.
- Die 204th FA Gp unter Col. C. A. Pyle unterstützt mit dem 204th FA Bn (155mm Haubitze) von Lt.Col. N. L. Yuille, dem 241st FA Bn (105mm Haubitze) von

Lt.Col. M. Deal und dem 662nd FA Bn (8inch Haubitze) von Lt.Col. J. Lockett die DivArty der 80th US InfDiv von Brig.Gen. Jay W. MacKelvie.

- Die 416th FA Gp unter Col. F. B. Porter unterstützt mit dem 284th FA Bn (105mm Haubitze) von Lt.Col. H. L. Sanders die 3rd CavGp, mit dem 736th FA Bn (8inch Haubitze) von Lt.Col. E. A. Peach und dem 752nd FA Bn (155mm Haubitze) von Lt.Col. F. G. Stritzinger die 76th US InfDiv und dem 733rd FA Bn (155mm Kanone) von Lt.Col. C. C. Seavey und dem 744th FA Bn (8inch Haubitze) in der gesamten Corpszone.[7]

Bei der 7. Armee gehen im Abschnitt des LXXXV. AK im Thüringer Wald die Kämpfe weiter. In Weimar, wo an diesem Tag das XC. AK unter Gen.d.Inf. Petersen die Führung der Korps.Gr. Uckermann Thüringen übernehmen sollte, trifft am Morgen nur das Vorauskommando ein. Der Rest des Stabes war durch die alliierte Luftüberlegenheit und fehlenden Treibstoff aufgehalten worden und soll erst am 10. April 1945 Süßenborn bei Weimar erreichen. So behält Uckermann vorläufig weiter das Kommando. Das Gen.Kdo. XC. AK war am 7. April 1945 auf Befehl der H.Gr. G aus der Front der 1. Armee im Raum Pforzheim herausgelöst worden, um *„das Feindvorgehen Richtung Saale zum Halt zu bringen."*[8] Westlich von Erfurt versucht der, ebenfalls frisch eingetroffene, Gen.Maj. Theilacker im Tagesverlauf die Kampfführung zu übernehmen. Doch dies gestaltet sich kompliziert, denn es herrscht Befehlschaos und es stehen ihm nur wenige Kräfte zur Verfügung. Somit ist sein neuer Verband nicht mehr als ein weiterer „Papiertiger" auf der Generalstabskarte der 7. Armee, der lediglich die Anzahl der Divisionen aber nicht die Kampfkraft erhöht. Und er verringert durch die Übernahme von Teilen des Pz.Vbd. Feller dessen Kampfkraft, die durch die Kämpfe nördlich von Erfurt bereits geschwächt ist.

Am **Dienstag**, dem **10. April 1945**, hat die 1st US Army an der linken Flanke der 3rd US Army für den letzten großen Stoß nach Osten aufgeschlossen. Damit erhält die 3rd US Army endlich die Erlaubnis zur Fortsetzung des Angriffs nach Osten. Im Abschnitt des XX. US Corps beginnen die letzten Vorbereitungen für die Aufnahme des Großangriffs am kommenden Tag. Die 6th und 4th US AD werden von ihrem Überwachungsauftrag an den Flanken entbunden und bereiteten sich auf ihren Angriff Seite an Seite nach Osten durch die Linien der 76th und 80th US InfDiv hindurch vor. Die letzten Verbände der 6th US AD, die sich innerhalb des Streifens der 1st US Army befinden, werden im Tagesverlauf entlastet und schließen sich der Versammlung der 6th US AD an. Die Infanteriedivisionen starten am Morgen mit ihrem Angriff nach Osten und bereiten sich auf das Passieren ihrer Linien durch die Panzer am kommenden Tag vor. Die 76th US InfDiv unter Maj.Gen. William R. Schmidt beginnt im nördlichen Abschnitt des XX. US Corps mit einen begrenzten Angriff zur Eisenbahnlinie Straußfurt – Kühnhausen. Ihr RCT 304 erhält den Befehl mit Erreichen der Phasenlinie auf die Ablösung durch das nachfolgende RCT 417 zu warten. Der Div.CP verlegt nach Döllstädt. Dort trifft in der Nacht der Befehl ein,

Maj.Gen. Horece L. McBride
Foto: Army Signal Corps, National Archives

sofort den Angriff wieder aufzunehmen, um auf der gesamten Divisionsbreite Brückenköpfe östlich der Gera zu bilden. Südlich der 76th US InfDiv beginnt die 80th US InfDiv unter Maj.Gen. Horece L. McBride mit der Einschließung von Erfurt. Hinter ihr schließt die 4th US AD die letzten Vorbereitungen für den Angriff ab und um 22.00 Uhr (B) kommt der Befehl für den nächsten Morgen. Als Angriffsbeginn für die breit angelegte Großoffensive wird der 11. April 1945, 07.00 Uhr (B) festlegt. Die 3rd CavGp erhält den Befehl, mit der 3rd CavRcnSq die Nordflanke des Corps zu sichern, während die 43rd CavRcnSq die Sicherung der Südflanke übernehmen soll.

Während bei den amerikanischen Truppen der Aufmarsch für den letzten großen Angriff abgeschlossen ist, setzt sich die Auflösung der deutschen Front weiter fort. Die Kräfte der Div.K.Gr. Theilacker werden westlich und südwestlich von Erfurt zurückgedrängt, während die Front des Pz.Vbd. Feller nördlich von Erfurt durchbrochen wird. Die Situation der Korps.Gr. Uckermann, wo man noch immer auf das Eintreffen des Stabes des XC. AK wartet, um das Kommando zu übergeben, ist hoffnungslos. Die 7. Armee wechselt an diesem Tag von der Unterstellung unter die H.Gr. G unter die direkte Befehlsgewalt des OB West, GFM Kesselring und verlegt ihren Gefechtsstand über Lobenstein nach Hummelshain, wo er am Abend eintrifft.

Am **Mittwoch**, dem **11. April 1945**, beginnt auf breiter Front der Großangriff in das industrielle Herz Mitteldeutschlands und zur alliierten Haltelinie entlang der Elbe und Mulde. Die Infanteriedivisionen des XX. US Corps setzen in der Nacht befehlsgemäß ihren Angriff zur Sicherung von Brückenköpfen über die Gera fort. Gegen Mittag gehen dann auf der gesamten Frontbreite die Panzer der 4th und 6th US AD durch die Linien der Infanterie und führen den Angriff an. Sie haben den ausdrückliche Befehl, sich auf keinen Fall durch feindliche Widerstandsknoten aufhalten zu lassen, diese entweder sofort zu zerschlagen oder zügig zu umgehen. Das Aufräumen sollen die Infanteriedivisionen übernehmen.

Die 6th US AD beginnt den Angriff mit dem CCB an der Linken und dem CCA an der Rechten, gefolgt vom CCR. Das CCB geht mit dem CT 44 an der Linken nach Bad Kösen, wo es ihm gelingt, die Saalebrücke intakt zu erobern. Das, auf der südlichen Route des CCB vorgehende, CT 69 erobert die intakte Straßenbrücke über die Saale zwischen Groß- und Kleinheringen. Bis 22.00 Uhr (B) ist die Mehrheit des

CCB auf der östlichen Flussseite. Bei dem, im rechten Abschnitt der 6th US AD angreifenden, CCA erreicht das CT 15 Camburg, wo die Straßenbrücke über die Saale intakt erbeutet wird. Als die vorausfahrenden Panzer den Fluss überquert haben, zündet ein deutsches Nachkommando die vorbereiteten Sprengsätze. Aber die Ladung erweist sich als zu schwach und die Explosion reißt lediglich eine breite Lücke in den Brückenbelag. Pionieren gelingt es schnell den Schaden zu beheben. Südlich vom CT 15 muss das CT 9 des CCA seine Route ändern und erreicht hinter dem CT 15 Eckstedt , wo es auf die ursprüngliche Route an der rechten Flanke des CCA zurückschwenkt und Ollendorf erreicht. Dort teilt sich das CT 9 für die Fortsetzung des Angriffs in zwei Kolonnen. Dabei trifft die Südkolonne in Hottelstedt auf russische Häftlinge des nahegelegenen KZ Buchenwald und wenig später erreicht eine Aufklärungspatrouille das Lager. Alle Vorgänge betreffs des KZ Buchenwald wurden ausführlich in den beiden vorangegangenen Büchern behandelt. Am Abend erreicht das CT 9, das sich östlich von Ettersburg wiedervereint hat, den Abschnitt westlich von Camburg, wo das CT 15 bereits die Brücke über die Saale erobert hat, und versammelt sich. Das CCR folgt am Nachmittag den beiden Combat Commands. Ihr CT 68 fährt nach Gosserstedt, wo es auf Teile der Division trifft, welche sich auf die Überquerung der Saale in Camburg vorbereiteten. Daraufhin versammelt es sich in Vorbereitung auf die Brückenüberquerung. Die anderen Teile des CCR treffen am nächsten Morgen im Raum Bad Sulza ein. Die 86th CavRcnSq, die ein eigenständiges Combat Command bildet, marschiert als Flankensicherung an der nördlichen Divisionsflanke nach Hassenhausen. Der Div.CP 6th US AD erreicht Bad Sulza. Nachdem am Morgen die Panzerkräfte der 6th US AD durch die Linien der 76th US InfDiv gegangen sind, folgen die Infanteristen. Beim RCT 417 erreicht das 3./417 die Umgebung von Buttstädt und das 2./417 Großbrembach, wo östlich des Ortes die TF Mette, 1./417 unter Lt.Col. Clarence A. Mette nach vorne geht. Die Task Force soll den Panzern direkt folgen und den Raum hinter ihnen von umgangenen Widerstandsnestern säubern. Parallel zum RCT 417 greift das RCT 385 an. Ihr 2./385 erreicht Berlstedt und das 1./385, an der Rechten Klein- und Großobringen. Das 3./385 folgt am Nachmittag der 6th US AD und erreicht Neumark. Das RCT 304 verbleibt als Div.Res. im Versammlungsraum Henschleben – Werningshausen – Bad Tennstedt in Alarmbereitschaft, dem RCT 417 zu folgen und der Div.CP verbleibt in Döllstädt.

Brig.Gen. William M. Hoge
Foto: Army Signal Corps, National Archives

Im Südabschnitt des XX. US Corps startet am Morgen die 4th US AD unter Brig.Gen. William M. Hoge den Angriff mit dem CCB an der Linken und dem CCA an der Rechten, gefolgt vom CCR, im Raum Gotha – Ohrdruf und stößt unter Umgehung von Erfurt und Weimar zur Saale im Raum Jena. Das CCB geht in

Gispersleben durch die Linien der 80th US InfDiv und stößt beim weiteren Vormarsch bei der nördlichen Umgehung von Weimar auf das KZ Buchenwald, doch erkennt es nicht als solches. In der Annahme, ein weiteres Kriegsgefangenenlager mit Russen gefunden zu haben, fahren die Kolonnen am Lager vorbei und erreichen Großkromsdorf. Dann besetzen die Spitzenkräfte Schwabsdorf und halten für die Nacht. Das CCA beginnt aus der Umgebung von Ohrdruf mit dem Angriff und stößt auf der RAB Gotha – Erfurt nach Osten. Doch die Panzer treffen auf gesprengte Autobahnbrücken und sind gezwungen einen Umweg zu machen. Über alternative Routen erreicht es die Saale südlich von Jena, wo alle Brücken zerstört sind. Bis 22.00 Uhr (B) haben sich die Hauptkräfte des CCA im Raum westlich der Saale, südlich von Jena, versammelt. Um dennoch am nächsten Tag den Angriff fortsetzen zu können, entschließt sich der CO CCA noch in der Nacht einen Brückenkopf über die Saale bei Maua zu errichten. Eine kleine Task Force setzt mit Pionierbooten über und Pioniere beginnen mit dem Bau einer Brücke. Doch als der Angriff aus dem Brückenkopf fortgesetzt werden soll, kommt der Befehl, anzuhalten und zu warten bis die Brücke fertig ist. Parallel hierzu beginnen die Pioniere in der Nacht mit der provisorischen Reparatur der Autobahnbrücke bei Göschwitz, die bis zum nächsten Morgen abgeschlossen wird. Das CCR, das dem CCA folgen soll, beginnt südöstlich von Gotha mit dem Vorrücken und erreicht Nohra. Während der Angriff der Panzer- und Infanteriedivisionen rollt, übernimmt die 3rd CavGp die Sicherung der Corpsflanken.

Vormarsch der 4th US AD bei Jena Foto: 166th Signal Photo Co, National Archives

Die 80th US InfDiv setzt am Morgen den Angriff zur Einnahme von Erfurt fort, nachdem die Panzerkolonnen der 4th US AD nördlich und südlich der Stadt durch ihre Linien gegangen sind. Beim RCT 317 säubert das 1./317 und das 2./317 nach einem deutschen Gegenangriff Gispersleben. Dann wird das 2./317 herausgelöst, um den Panzern des CCB zu folgen. Das 3./317 übernimmt seine Aufgabe. Das 2./317 erreicht Schwerborn und erhält dort den Befehl, sich bereitzuhalten, die Verantwortung für Weimar zu übernehmen, sobald die Stadt vom RCT 319 genommen ist. Südlich und südwestlich von Erfurt setzt das RCT 318 den Angriff auf die Stadt fort und erreicht bis zum Abend die südwestlichen und südlichen Stadtränder von Erfurt. Das RCT 319 erhält den Auftrag, südlich an Erfurt vorbeizugehen und hinter der 4th US AD entlang der RAB Erfurt – Jena vorzurücken und Weimar zu nehmen. Nachdem die Panzer durch ihre Reihen gegangen sind, beginnt das Regiment mit dem Angriff. Das 3./319 erreicht bis zum Abend Utzberg, westlich von Weimar und das 1./319 Possendorf an der RAB Erfurt – Jena südlich von Weimar. Das 2./319 geht in der Regtl.Res. nach Troistedt. Der Corps.CP des XX. US Corps erreicht Gotha, wo er bis zum 13. April 1945 verbleibt und der CP der XX. CorpsArty geht nach Gräfentonna. Südlich davon erreicht beim VIII. US Corps die 89th US InfDiv die Linie Gutendorf – Tonndorf – Kranichfeld – Witzleben und bildet die TF Crater für einen Vorstoß zur Saale.

Für die 7. und 11. deutsche Arme wird die Lage im Verlauf des Tages immer dramatischer. Ihre Truppen befinden sich auf der gesamten Frontbreite auf dem Rückzug. Die, im Raum zwischen Erfurt – Weimar und Weißensee – Rastenberg stehenden, Kräfte des Pz.Vbd. Feller der 7. Armee werden beim Vorstoß der Panzer zersprengt. Während Teile nach Norden in den Bereich der 11. Armee ausweichen, ziehen sich die anderen in Richtung Zeitz zurück, der als Sammelraum befohlen ist. Gen. Feller, der den Kontakt zu Uckermann verloren hat,. fällt am nächsten Tag.[9] In Süßenborn übernimmt kurz vor Eintreffen der Amerikaner endlich das Gen.Kdo. XC. AK unter Gen.d.Inf. Erich Petersen das Kommando über die Reste der Korps.Gr. Uckermann, auch wenn er nur teilweise in der Lage ist, seinem Auftrag nachzukommen. Sein Korpsstab und die Korpstruppen hatten Weimar wegen Treibstoffmangel nur mit Teilen erreicht. Erst an diesem Morgen des 11. April war seine Fü.Abt. und ein Teil der Korps.Na.Abt. 490 eingetroffen. Der Rest soll ihn später über Plauen – Gera – Chemnitz erreichen.[10] So ist seine erste Amtshandlung, den, im Raum Erfurt – Weimar kämpfenden, Kräften gegen Mittag den Rückzugsbefehl zu erteilen. Gemeinsam mit der Besatzung von Weimar weichen sie hinter die Saale aus. Das Herausziehen der Besatzung des K.Kdt. Erfurt ist zu dieser Zeit nicht mehr möglich, da die Stadt bereits eingeschlossen ist. Dann verlegt er mit seinem Stab nach Frauenprießnitz, südlich von Schkölen. Mit der Eingliederung der, in seinem Abschnitt befindlichen, Truppen der Saale-Verteidigung unter dem „Befh. Thüringen Ost“ [11], Gen.Obst. a.D. Hermann Hoth, übernimmt das XC. AK nunmehr die Verantwortung für den gesamten Raum zwischen der Saale-Linie Weißenfels – Naumburg –

Camburg – Jena im Westen, der Linie nördlich Weißenfels bis Grimma im Norden und der RAB Jena – Chemnitz im Süden. Im Osten gewinnt es Anschluss an die Truppen des Stellv. Gen.Kdo. IV. AK, W.Kr. IV Dresden. Dem Gen.Kdo. XC. AK gelingt es jedoch nicht, Einfluss auf die Lageentwicklung zu erlangen. Eine wirkliche Führung über die deutschen Truppen, welche am Abend des 11. April 1945 an der Saale stehen, gibt es nicht. Gen.Lt. v. Uckermann, der nach der Übergabe Süßenborn verlassen hat, um befehlsgemäß die führerlosen Reste des Pz.Vbd. Fellers im Raum Apolda – Wiehe zu übernehmen und diese dem LXXXV. AK zuzuführen, wird durch den amerikanischen Vorstoß überrascht und am gleichen Tag in Obertrebra von Angehörigen von Lt.Col. Clarence D. McCurry's 603rd TD Bn der 6th US AD gefangengenommen.

Hoth, der nach dem Wegfall des K.Kdt. Thüringen der 7. Armee direkt untersteht, bleiben nach der Übernahme des nördlichen Saale-Abschnittes durch das XC. AK nur noch die Truppen der Saale-Verteidigung südlich von Jena bis zur thüringisch-fränkischen Landesgrenze, vor deren Linien sich südlich der RAB Erfurt – Jena das LXXXV. AK westlich der Saale im Kampf mit den Truppen des VIII. US Corps befindet. Hoth, der sich nach der Versetzung in die Führerreserve nach der verlorenen Schlacht am Dnjepr Ende 1943 Anfang April 1945 zu einem Genesungsaufenthalt in seinem Wohnort Jena befand, hatte am 8. April 1945 überraschend den Auftrag des OB der 7. Armee Obstfelder zur Übernahme des Befehls über den neu zu bildenden „Festen Platzes Thüringen-Ost" und der dazugehörigen stützpunktartigen Verteidigung entlang der Saale von nordöstlich Weißenfels bis zur thüringisch-fränkischen Landesgrenze, deren Verteidigung Ende März noch in der Verantwortung von Uckermann lag, und zur Aufstellung einer dafür erforderlichen Div.K.Gr. erhalten.[12] Ein Versuch Obstfelders in Auswertung seines Besuch beim K.Kdt. Erfurt vom 7. April 1945 die desaströse Situation im Armeeanschnitt zu verbessern. Für Hoth nach seiner In-Ruhe-Setzung eine Gelegenheit, sich zu rehabilitieren und das zu tun, was er kann und will – Truppen führen. Doch es gelingt Hoth schon alleine wegen fehlender Nachrichtenmittel nur teilweise die Befehlsgewalt über die unterstellten Truppen zu gewinnen. Mit deren Koordination hatte Hoth den ebenfalls in Jena befindlichen Oberst Wilhelm Heß[13], dem ehemaligen Ia Generalstabsoffizier der 291. InfDiv, beauftragt, der daraufhin mit seinem, am 9. April 1945 ad hoc gebildeten, Stab am 12. April 1945 zeitweise einen Gefechtsstand bei Hermsdorf bezieht, von wo er bereits am nächsten Tag nach Bad Köstritz verlegt.[14] Hoth selber wird zur gleichen Zeit in Auma bei Triptis gemeldet.[15]

***

[1] „Soldat bis zum letzten Tag“, A. Kesselring, Verlag S. Bublies, 2000, S. 370.

[2] „Ein Infanterist in zwei Weltkriegen“, O. Hitzfeld, Biblio Verlag, Osnabrück 1983, S. 152.

[3] NARA, B-755, Gen.Lt. Wend v. Wietersheim, Kdr. 11. PzDiv, S. 10.

[4] BA-MA, ZA 1/920, B-568, Gen.d.Art. Fretter-Pico, Stellv. IX. AK.

[5] Der Verband wird als Div.Vbd. Theilacker bezeichnet. Gen.d.Inf. Petersen spricht von K.Gr. Theilacker, Div.St. z.b.V. 469. Gersdorff nennt ihn den „ad hoc Verband Theilacker“. Gem. G-2 Report 3rd Army v. 15.4.45 Div.Nr. 469 mit Stab in Weimar unter Kdo. Theilacker.

[6] Merkel nennt Theilacker erstmals am 7.4.45.

[7] History XX. CorpsArty, S. 47 u. 77.

[8] NARA, B-507, Gen.d.Inf. Erich Petersen, XC. AK, S. 10–13.

[9] Gen. Feller war möglicherweise auf den Weg zum Stab der 11. Armee im Harz. Der AAR 38th CavRcnSq meldet am 13.4.45 den Tod eines Gen.Maj. Fuller bei Landgrafroda.

[10] NARA, B-507, Gen.d.Inf. Erich Petersen, XC. AK, S. 10–13.

[11] Gem. NARA, A-893, Gen.Maj. Frhr. v. Gersdorff, 7. Armee ist Hoth „Befh. Thüringen Ost“ und später „Befh. Erzgebirge“. Gem. NARA, B-507, Gen.d.Inf. Erich Petersen, XC. AK, S. 13 ist Hoth „Befh. Ostthüringen“.

[12] G-2 Periodic Report XX. Corps v. 15.4.45 von Kahla bis Naumburg. Der ursprüngliche Abschnitt umfasste jedoch die Saale bis zur Grenze des W.Kr. XIII Nürnberg.

[13] Die G-2 Unterlagen verwenden die unterschiedlichsten Namensangaben. Dabei variiert der Name von Hess über Hesse bis Hasse. Gem. der WASt gab es nur drei „Oberst Heß“ der Wehrmacht, wobei lediglich Wilhelm Heß auf Grund seiner Verwendung und möglicher früher Kontakte zu Hoth im Russland-Feldzug in Frage kommt. Da es keine Hinweise gibt, das der Jenaer Oberst das Ritterkreuz hatte, kann ausgeschlossen werden, dass es sich um Obst.i.G. Joachim Hesse gehandelt hat, der Kdr. Pz.Gren.Rgt. 64 war und im Februar–März 1945 zur PzDiv Holstein gehörte.

[14] G-2 Periodic Report XX. Corps v. 15.4.45. Damit ist eine Anwesenheit von Heß auf dem Gefechtsstand in Jena am 12.4.45 eher unwahrscheinlich.

[15] G-2 Periodic Report 80th InfDiv meldet am 12./13.4.45 „einen unbekannten General zur Verteidigung Thüringens in Auma“.

III. Der Vorstoß der 6th US AD und 76th US InfDiv zur Zwickauer Mulde und Zschopau

Geheime Tagesberichte der Deutschen Wehrmachtsführung vom 12. April 1945:
OB West, H.Gr. G, 7. Armee, XC. AK: *Nach bisher unbestätigter Meldung stießen Feindkräfte aus Osterfeld nach Süden in den Raum Eisenberg vor. Im Raum 9 km östlich Zeitz sollen sich Feindpanzer befinden. Jena wurde vom Feind genommen, der über Bürgel weiter nach Osten vorstieß.*
OB West, H.Gr. G, 7. Armee, LXXXV. AK: *Im Raum Magdala sind Kämpfe im Gange. Entlang der Autobahn über Stadtroda nach Osten vorstoßend, erreichte der Feind die Autobahnkreuzung 9 km östlich Stadtroda...*
Täglicher Wehrmachtsbericht vom 12. April 1945:
Konzentrische Angriffe gegen Erfurt wurden von der Besatzung blutig abgewiesen.

[Anmerkung des Autors: Die geheimen Tagesberichte des WFSt sind die tägliche Zusammenfassung aller, beim OKW eintreffenden, Meldungen zur Frontlage, die jedoch insbesondere in den letzten Kriegstagen kaum noch ein objektives Bild der Ereignisse darstellen. Trotz eines immer noch funktionierenden Meldesystems auf höherer Führungsebene der Wehrmacht beruhten die Meldungen, insbesondere von den Frontabschnitten, in denen keine geschlossene militärische Führung existierte, häufig auf Hörensagen oder waren längst zeitlich überholt. In einigen Fällen erfolgte die Informationsgewinnung durch direkte Telefonate mit Parteidienststellen und Privatpersonen in den bedrohten Gebieten. Dadurch kam es immer wieder zu Falschmeldungen. Da die Geheimen Tagesberichte jedoch zum einen die Lageeinschätzung der Obersten Wehrmachtsführung dokumentieren und zum anderen als Grundlage für militärische Entscheidungen verwendet wurden, sollen sie im Weiterem zitiert werden. Gleiches gilt für das Kriegstagebuch. Die auszugsweise Widergabe der offiziellen Meldungen des OKW in Presse und Rundfunk soll einen Einblick in die Wahrnehmung der Geschehnisse durch die Bevölkerung geben, deren einzige Informationsquelle Zeitungen und Rundfunk war. Bei diesen Meldungen kommt neben der zeitlich versetzten Wiedergabe von Informationen noch die propagandistische Note hinzu, die das Bild verzerren. Sie dürfen daher nicht als Grundlage für objektive Betrachtungen herangezogen werden.]

Am **Donnerstag**, dem **12. April 1945**, erreichen bei der 1st US Army die Panzerspitzen des V. US Corps gefolgt von den Infanteriedivisionen nördlich der 3rd US Army die Saale zwischen Merseburg und Naumburg. Spitzen nähern sich Zeitz und stellen den Kontakt zur 6th US AD des XX. US Corps der 3rd US Army her.

Die 6th US AD des XX. US Corps unter Maj.Gen. Robert W. Grow erreicht an diesem Tag weit vor den parallel angreifenden Verbänden der 4th US AD die Weiße Elster im Raum Zeitz. Nachdem es der Division bereits am Vortag gelungen war,

Brückenköpfe über die Saale zu errichten, setzt sie den Angriff mit zwei parallel vorgehenden Combat Commands voraus, gefolgt vom Reserve Command, fort. An der Südflanke greift das CCA unter Col. Albert E. Harris aus dem Raum Camburg an, während das CCB von Col. Harry F. Hanson an der Nordflanke den Angriff aus den Brückenköpfen bei Bad Kösen und Kleinheringen beginnt. Das CCR unter Lt.Col. Embry D. Lagrew, Spitzname „Simon" nach der Figur aus dem Roman „Onkel Toms Hütte" von Harriet Beecher Stowe, folgt diesen Kräften aus dem Brückenkopf Camburg. Den Flankenschutz nach Norden übernimmt weiter das 86th CC von Lt.Col. Harry C. Brindle angelehnt an das CCB wahr. Feuerunterstützung erfolgt durch die DivArty unter Col. Lowell M. Riley.

Hierfür gliedern sich die Combat Commands wie folgt:
- Das CCA mit dem CT 15, 15th Tk Bn, dem CT 9, 9th AIB, der Co. B, 25th Armd Engr Bn verstärkt durch ein Detachement der 993rd Trwy Br Co., der Co. B, 603rd TD Bn und der Btry A, 777th AAA AW Bn ohne zwei Sectionen. Das CT 15 verfügt über ihre Co. A und B und die Co. C, 9th AIB und das CT 9 über seine Co. A und B und die Co. C, 15th Tk Bn. Unterstützt wird das CT 15 durch das 212th AFA Bn und das CT 9 durch das 274th AFA Bn. Zusätzlich unterstützt das 689th FA Bn der 193rd FA Gp das CCA.
- Das CCB mit dem CT 69, 69th Tk Bn, dem CT 44, 44th AIB, der Co. A, 25th Armd Engr Bn mit einem Detachement der 993rd Trwy Br Co., der Co. C, 603rd TD Bn und der Btry B, 777th AAA AW Bn. Unterstützt wird das CT 69 durch das 231st AFA Bn und das CT 44 durch das 128th AFA Bn. Zusätzlich unterstützt das 176th FA Bn der 193rd FA Gp das CCB.
- Das CCR mit dem CT 68, 68th Tk Bn, dem CT 50, 50th AIB, der Co. C, 25th Armd Engr Bn, dem 603rd TD Bn mit der Rcn Co. und ohne die Co. A bis C, und dem 777th AAA AW Bn ohne dessen Abstellungen. Das CT 68 verfügt über die Co. B und C und die Co. A, 50th AIB und das CT 50 verfügt über seine Co. B und C und die Co. A, 68th Tk Bn. Beide werden durch je einen Platoon der Co. C, 25th Armd Engr Bn verstärkt.
- Das 86th CC, 86th CavRcnSq, ohne den Tp. B, der bereits seit dem 9. April 1945 separat unter Divisionskontrolle befindet, und dem 2nd Plat. Co. C, 25th Armd Engr Bn.

An der Nordflanke der 6th US AD beginnt das CT 44 des CCB verstärkt mit einer Kompanie Sherman-Panzer des 69th Tk Bn gegen 10.40 Uhr (B) den Angriff aus dem Raum Bad Kösen über Kukulau – Lobschütz, südlich an Naumburg vorbei, nach Osten. Nach der Überwindung einer Straßensperre in Heiligenkreuz um 11.25 Uhr (B) marschiert das CT durch Janisroda – Boblas und geht 13.45 Uhr (B) durch Punkewitz. In Mertendorf trifft es auf die äußere Verteidigungslinie von Weißenfels, doch der Volkssturm hat sich aufgelöst. Dennoch wird der VS-Mann Willy Geiling aus Weißenfels getötet und später in Weißenfels beerdigt.[1] Das Flüsschen Wethau wird ohne Probleme überquert, nachdem die Pioniere des 3rd Sq., 3rd Plat., der Co. A, 25th Armd Engr Bn von Capt. Richard H. Brooks eine 250kg Bombe von der Brücke entfernt haben. Über Stössen, Kostplatz, Krauschwitz und Krössuln erreicht das CT 44 ohne auf Widerstand zu treffen gegen 14.15 Uhr Teuchern.[2] Der Versuch einiger Hitlerjungen, sich den amerikanischen Truppen entgegenzustellen war rechtzeitig durch Erwachsene verhindert worden.[3] Mit drei bis vier Panzern voraus, gefolgt von Jeeps und Lastwagen, erreicht die Kolonne das Stadtzentrum. Während vor dem Rathaus die Verhandlungen mit einer Gruppe deutscher Offiziere mit Rot-Kreuz-Armbinde laufen, fallen mehrere Schüsse.[4] Amerikanische Soldaten haben einige deutsche Soldaten in einer leer stehenden Möbelfabrik an der Hauptstraße entdeckt und das Feuer auf sie eröffnet. Zum Glück gibt es keine Opfer. Ohne weitere Zwischenfälle wird die Stadt besetzt und die Kolonne setzt den Marsch fort. Vor Runthal versperrt eine 1,5 Meter hohe und drei bis vier Meter breite Straßensperre aus Sand und Geröll im Eingang der Unterführung der Bahnstrecke Zeitz – Weißenfels kurz den Weg, bevor es weiter über Gosserau und Keutschen in den Raum Nödlitz geht.[5] Hier kommt die Kolonne zum Halten, da die weit vorausgehenden Aufklärungskräfte des CT hart nördlich von Zeitz nur gesprengte Brücken über die Weiße Elster vorfinden und dabei unter starken Beschuss durch deutsche Flakabwehrbatterien geraten. Aufklärungskräfte an der Flanke des CT erreichen das durch Panzersperren gesicherte Hohenmölsen, wo am Stadtrand einige Schüsse fallen. Daraufhin schicken sie eine Aufforderung zur Kapitulation die Stadt und setzen ihren Vormarsch ohne auf die Antwort zu warten fort.[6]

Die strikten Befehle des CG der 3rd US Army, Gen. Patton und des CG des XX. US Corps, Lt.Gen. Walton H. Walker, verlangen von der 6th US AD den Angriff mit höchster Geschwindigkeit unter Umgehung sämtlichen Widerstandes mit dem Ziel der Eroberung von Brückenübergänge über die Weiße Elster als Voraussetzung für den letzten, entscheidenden Angriff. Nachdem dies jedoch durch die fehlenden Brückenübergänge im Raum Zeitz und starkes Flakfeuer nicht möglich ist, erhält das CCB und das 86th CC in Absprache zwischen dem beiden CG der 6th US AD und 9th US AD die Genehmigung zur Überquerung der Weißen Elster im Abschnitt der 9th US AD des V. US Corps, da sich deren Angriffskeile noch westlich der Autobahn befinden. Allerdings werden sie für diesen Zeitraum der 9th US AD unterstellt.[7]

Daraufhin schwenkt das CT 44 nach Norden und erreicht über Köttichau, Dobergast und Stöntzsch die Weiße Elster bei Pegau, wo ihm eine intakte Brücke östlich der Stadt in die Hände fällt. Die Stadt wird ohne Widerstand besetzt. Wäre es nach dem Willen der nationalsozialistischen Machthaber gegangen, hätte sie durch den Volkssturm verteidigt und die Elsterbrücke gesprengt werden sollen. Doch Bgm. Dr. Ernst Biebricher und der örtliche VS-Führer, der Drogist Johannes Behr, widersetzen sich dem Befehl.[8] Der für die Sprengung der Elsterbrücke Verantwortliche flieht bei der Annäherung der amerikanischen Truppen.

Pioniere der 6th US AD bei der Suche nach Brücken und der Schaffung von Übergängen
Filmauschnitte: Sgt. Russell Meyer, 166th Signal Photo Co., National Archives

In der Stadt wehen weiße Fahnen, als gegen 17.15 Uhr erste Panzer über die Zeitzer Straße ins Stadtzentrum vorrücken.[9] Biebricher übergibt die Stadt und begeht dann in seinem Dienstzimmer im Rathaus Selbstmord.[10]

Während ein Teil des CT 44 gegen 18.00 Uhr die Stadt und die Brücke sichert, rücken Vorauskräfte auf der Straße Pegau – Audigast vor, um den Brückenkopf vor Einbruch der Dunkelheit vor überraschenden Angriffen zu schützen. Gegen 17.30 Uhr erscheinen erste amerikanische Soldaten vor Audigast und nehmen das Dorf unter MG-Beschuss. Doch im Dorf befinden sich keine deutschen Truppen mehr.[11] Bis 18.00 Uhr (B) besetzen die Panzerinfanteristen mit Unterstützung der Co. C, 603rd TD Bn ohne Widerstand Audigast und fühlen vorsichtig nach Kobschütz vor.[12] In Kobschütz treffen sie auf kleinere Gruppen deutscher Soldaten, welche im Ort und in der Umgebung Stellung bezogen haben und ziehen sie sich nach einem kurzen Feuergefecht nach Audigast zurück. Gegen 19.00 Uhr sichten Posten an der deutschen Scheinwerferstellung bei Piegel erste amerikanische Fahrzeuge, welche sich von Audigast her dem Scheinwerk Böhlen über die Felder östlich der Stadt nähern. Eine Stunde später kommen Panzer, gefolgt von Infanterie, aus Richtung Wischstauden. Auf Grund der unklaren Lage und der hereinbrechenden Dunkelheit machen die Amerikaner aber kehrt und fahren nach Audigast zurück.

Daraufhin rücken deutsche Truppen nach und am Ortsausgang von Kobschütz Richtung Audigast werden vier 3,7cm Flakgeschütze der le.Flak.Abt. 729 in Stellung gebracht, die das Feuer in Richtung Audigast eröffnen. Bis in die Nachtstunden kommt es immer wieder zu Schießereien.[13] Dabei wird der Halftrack der Co. C, 44th AIB von Sgt. Andy Buric aus Westmoreland, Pennsylvania, in der Kurve vor dem Ortseingang von Audigast getroffen, als er vier Panzerinfanteristen zur Hilfe kommt, von denen einer verwundet ist. Buric wird durch eine Kugel tödlich getroffen. Für seinen Mut wird ihm posthum der Silver Star verliehen. Tec 4 Robert W. Burns aus Missouri, Cpl. Robert P. Park aus Massachusetts, Pfc. Gerald A. Wilson aus New York werden getötet und drei weitere werden verwundet.[14] Die Gräberliste des Friedhofes Rüssen – Kleinstorkwitz verzeichnet insgesamt fünf tote deutsche Soldaten, gefallen am 12. April 1945 in der Kampflinie Rüssen.[15] Die Toten werden auf dem Friedhof Rüssen beerdigt. Das CT 44 meldet neben den Gefallenen den Tec 5 John Woloch aus Pennsylvania im Raum Audigast als vermisst. Doch dieser ist ebenfalls tot und wird am 17. April 1945 gemeinsam mit dem Tec Sgt. Victor P. Cerasaro, der am 14. April 1945 fällt, in Zwenkau beerdigt.[16] Sie werden später umgebettet.

Kräfte des CT 44, welche parallel zum Vorstoß auf Kobschütz von Audigast nach Süden vorrücken, nähern sich in der Zwischenzeit Groitzsch. In Groitzsch waren unter Führung des K.Kdt. für Groitzsch und Pegau, RAD-Ostfm. Hans Rüdiger Thöldtau, der gleichzeitig Kommandeur der Großbatterie Groitzsch der s.Flak.Abt. 323 (o) ist, Verteidigungsvorbereitungen getroffen worden.[17] Thöldtau hatte seinen festen Willen zur Verteidigung am Morgen in einer Besprechung mit dem Bürgermeistern von Groitzsch und Pegau sowie den NSDAP-Führern und dem Führer des Volkssturms unmissverständlich zum Ausdruck gebracht. Während der Volkssturm an den Ausfallstraßen bezieht, warten die Geschützbedienungen in der Flakstellung in Feuerbereitschaft auf die anrückenden Amerikaner.

Nach der Einnahme von Audigast erreichen die Hauptkräfte des CT 44 den Raum westlich des Ortes, um hier ein Biwak für die Nacht zu beziehen. Doch als die Fahrzeuge in der Elsteraue auffahren, legen die 10,5cm Flakgeschütze der Groitzscher Großbatterie aus einer Distanz von 3000 Metern Sperrfeuer auf diese Kräfte.[18] Daraufhin befiehlt der CO des 128th AFA Bn, Lt.Col. Thomas R. Bruce Jr., der sich mit seiner Führungsgruppe bei den Hauptkräften befindet, dem BO der Btry. A, 128th AFA Bn, Capt. William T. Guly, die die Vorausabteilung der Artillerie bildet, mit den drei 105mm M-7 Panzerhaubitzen seiner 2nd, 3rd und die 4th How Sect. das Feuer zu erwidern. Diese fahren sofort auf der Straße in Feuerstellung und belegen innerhalb von 25 Minuten die Flakstellung mit 200 Granaten. Dann fallen auch die übrigen Batterien des 128th AFA Bn, welche bei Pegau stehen, unterstützt durch die Geschütze des 176th FA Bn, ein und bringen die Flak zum Schweigen. Trotzdem ziehen sich die Kräfte des CT in Anbetracht der Dunkelheit unter Zurücklassung von Sicherungsposten in Audigast und Schnaudertrebnitz für die Nacht zurück und nehmen westlich Audigast Verteidigungsstellungen ein. Der Raum Audigast erhält an diesem Tag von den Männern der 6th US AD den Namen „Flakallee".

Um 20.00 Uhr klingelt im Groitzscher Rathaus das Telefon. Als sich der Stellv. Bgm. Schulze meldet, teilt ihm der Anrufer aus Audigast im Auftrag des amerikanischen Kommandeurs mit, dass die Stadt geschont wird, wenn die Flak nicht weiter auf die amerikanischen Truppen feuert. Doch Schulze kann ihm lediglich mitteilen, dass die zivile Verwaltung keinen Einfluss auf die Entscheidungen des K.Kdt. hat. Ungeachtet der Gefahr begibt sich dennoch um 21.00 Uhr der Stadtschreiber und Ortschronist Albin Jahn in die Flakstellung zu Ostfm. Thöldtau, um ihn dazu zu bewegen, die Stadt zu verschonen, doch dieser lehnt ab.[19] Als Jahn zum Rathaus zurückkehrt, hat sich dort inzwischen eine Menschenmenge versammelt, die lautstark die kampflose Übergabe der Stadt fordert. Das Thöldtau dies abgelehnt hat, ist ihnen egal und vor der Polizei müssen sie sich nicht mehr fürchten. Diese hatte sich nach der Nachricht über die Besetzung von Pegau gegen 17.00 Uhr nach Borna abgesetzt. In dieser Situation klingelt erneut das Telefon. Der Müller Bemmann aus Audigast teilt im Auftrag der Amerikaner mit, dass Groitzsch am nächsten Morgen, 06.00 Uhr, in Schutt und Asche gelegt wird, wenn es sich nicht ergibt. Anbetracht dieser erneuten Drohung telefoniert Jahn nach Vermittlung durch den Pegauer Lederfabrikbesitzer Schwabe zwischen 24.00 und 01.00 Uhr mit dem CO des CT 44, Lt.Col. Charles E. Brown. Aus den Erinnerungen von Albin Jahn: *„Ich bat nochmals um Schonung der Stadt, die bereit sei, keinen Kampf zu führen und sich zu ergeben. Doch auf die Flak habe die Stadt keinen Einfluss, alle Mühe sei vergeblich gewesen. Nach längerer Zeit kam über*

Schwabe die Antwort: Die Stadt soll an den Häusern weiß flaggen und sich nicht verteidigen. Frühs werde einmarschiert." Doch das reicht der Menschenmenge nicht. Ohne die Bereitschaft der Flak zur Einstellung der Kämpfe ist die Gefahr keineswegs gebannt. So begibt sich Jahn in der Nacht noch einmal in Begleitung von M. Köhler mit einem Lastwagen zur Flakstellung. Hier empfängt sie Thöldtau und sein zweiter Offizier, Lt. Lenz, im Gefechtsstand der Batterie. Jahn schildert das weitere Geschehen so: *„Wir brachten die Bitte der Stadt vor, worauf uns unmissverständlich gesagt wurde, dass unser Begehren Verrat sei und wir eigentlich an die Wand gestellt werden müssten. Wir wurden dann doch noch entlassen und aufgefordert, alles weitere zu unterlassen. Die Bevölkerung tue klug, wenn sie frühzeitig die Stadt verlasse und aufs Land gehe, bis der Kampf vorbei sei. Nachdem wir wieder im Rathaus eingetroffen waren, wurde das Ergebnis der Menge bekannt gegeben, worauf sich diese langsam und bedrückt verzog. Frühs um 06.00 Uhr war ich wieder im leeren Rathaus."*[20] Erst der anbrechende 13. April 1945 wird für Groitzsch die Entscheidung bringen.

Das CT 69, 69th Tk Bn, unter dem Kommando von Lt.Col. Walter G Smith rückt an der rechten Flanke des CCB von Kleinheringen aus teils querfeldein über Prießnitz und Meyhen auf Beuditz vor, wo es gegen 11.20 Uhr (B) an einer Panzersperre am Ortseingang auf Gewehr- und Panzerfaustfeuer trifft. Sofort nehmen die Panzer die deutschen Stellungen unter Beschuss, wobei im Ort Feuer ausbricht. Dann ergeben sich die Verteidiger. Sechs getötete deutsche Soldaten bleiben zurück.[21]

Deutsche Soldaten laufen den Panzern der 6th US AD bei Meyhen entgegen
Filmausschnitt: Sgt. Russell Meyer, 166th Signal Photo Co., National Archives

Panzer und Panzerinfanteristen des CT 69 der 6th US AD zwischen Meyhen und Beuditz

Filmausschnitte: Sgt. Russell Meyer, 166th Signal Photo Co., National Archives

Bergung eines verwundeten deutschen Soldaten am Westeingang von Beuditz

Oben: Deutsche Kriegsgefangene im Ort

Mitte: Dorfmitte

Unten: Panzerinfanteristen des CT 69 auf der Wethau-Brücke am östlichen Ortsausgang

Filmausschnitte: Sgt. Russ Meyer, Tec 5 Charles Eugene Sumners, 166th Signal Photo Co., National Archives

Löbitz

Oben: Leichter Panzer am westlichen Ortseingang

Mitte: Dorfteich

Unten: Junger Flaksoldat ergibt sich

Filmausschnitte: Sgt. Russ Meyer, Tec 5 Charles Eugene Sumners, 166th Signal Photo Co., National Archives

Während sich amerikanische Sanitäter um die deutschen Verwundeten kümmern, fährt die Kolonne ohne Halt weiter nach Löbitz. Dabei kommt es erneut zu einer Schießerei mit versprengten deutschen Soldaten, bei der eine Feldscheune und eine Stallung in Brand geschossen werden. Dann stehen die Amerikaner gegen 12.00 Uhr (B) vor Löbitz. Dass es nicht auch dort zu Schießereien und Zerstörungen kommt, verdankt der Ort dem Löbitzer Bgm. Fritz Schmidt, dem es mit Hilfe eines Oberfeldwebels gelingt, eine, im Ort befindliche Flakeinheit zur Aufgabe zu überreden. Die Einheit, die ihre zwei 2cm Vierlingsflak westlich des Ortes in Stellung gebracht hatte, war erst am Morgen mit der Bahn von Zeitz-Tröglitz kommend in Osterfeld eingetroffen und entladen worden. Die, zumeist blutjungen, Flaksoldaten ergeben sich widerstandlos. Auch eine Gruppe von etwa 30 Infanteristen, die im Rittergut lagert, unternimmt Dank dem Zuspruch des Rittergutsbesitzers Voigt, der im 1. Weltkrieg Hauptmann war, keine Anstalten, sich zu verteidigen. Nur einige fliehen, während der Großteil mit erhobenen Händen in die Gefangenschaft marschiert. Da niemand weiter Verteidigungsanstrengungen unternimmt, bleibt auch die vorbereitete Sperre aus zwei, mit Pflastersteinen gefüllten, Rittergutswagen am Ortseingang unverschlossen. So wehen überall weiße Fahnen, als die Panzer durch das Dorf rollen.[22]

Panzerinfanteristen feuern auf fliehende deutsche Soldaten bei Pretzsch
Filmausschnitt: Sgt. Russell Meyer, 166th Signal Photo Co., National Archives

Im nahen Osterfeld wird um 12.00 Uhr „Feindalarm", auch als „Panzeralarm" bezeichnet, ausgelöst. Eine Wehrmachtseinheit, welche von Italien kommend, auf dem Weg nach Zeitz, die Nacht in der Löbitzer Schule verbracht und am Morgen Richtung Pauscha abgerückt war, löst sich fluchtartig auf, als sich die Amerikaner nähern.[23] Doch es kommt immer wieder zu Schießereien mit deutschen Soldaten, die ihr Heil in der Flucht suchen. Zwischen Löbitz und Pauscha werden zwei deutsche Soldaten getötet, die später auf dem Löbitzer Friedhof beerdigt werden.[24] Amerikanische Aufklärungskräfte schwenken in Lissen nach Pretzsch und gehen bis zur R 180 Zeitz – Naumburg vor. Um 13.30 Uhr erscheinen Parlamentäre des CT 69 auf dem Marktplatz von Osterfeld und fordern das Hissen weißer Flaggen als Zeichen der Bereitschaft zur Kapitulation. In der Zwischenzeit trifft um 13.45 Uhr die Hauptkolonne des CT 69 in Lissen ein. Ein Wehrmachts-Lastwagen, der sich dem Ort nähert, wird in Brand geschossen. Nur einigen Insassen gelingt die Flucht. Um 15.30 Uhr rollt dann der erste Panzer auf den Markt von Osterfeld, wo weiße Fahnen aus den Fenstern hängen und sie durch Bgm. Pollmächer empfangen werden. Ein deutscher Offizier, der mit einer kleinen Gruppe von Soldaten und VS-Leuten die Stadt verteidigen sollte und noch am Vormittag jegliche Kapitulationsaufforderungen abgelehnt hatte, hat zu dieser Zeit die Stadt bereits verlassen. Seine Leute hatten sich abgesetzt. Nach der kampflosen Besetzung der Stadt roll die Kolonne ohne Aufenthalt weiter nach Zeitz.[25]

Östlich von Pretzsch überquert das CT 69 die RAB München – Berlin, nachdem die Aufklärer fünf Brücken über die Autobahn zwischen Abfahrt Osterfeld und Droyßig mit je drei bis vier 250kg Bomben zur Sprengung vorbereitet vorgefunden haben.[26] Dann geht es südlich an Teuchern vorbei und erreicht über Trebnitz und Luckenau die kleine Stadt Theißen. Als die Panzer in Sichtweite der Stadt kommen, explodieren Granaten in unmittelbarer Nähe der Kolonne. Beobachter entdecken auf der Bahnstrecke Zeitz – Weißenfels, zwischen Theißen und Deuben, zwei Eisenbahnflakzüge mit je fünf schweren 12,8cm Flakgeschützen. Diese waren erst wenige Stunden zuvor auf Befehl des Stabes der s.Flak.Abt. 525 (Eisb.) in Zangenberg zum Bahnhof Theißen verlegt worden, um mit ihren Geschützen die amerikanischen Panzerspitzen aufzuhalten.[27] Nach den Aufzeichnungen des Bgm. von Theißen, Paul Schneider, ist es lediglich seiner Bitte zu verdanken, dass die Züge den Bahnhof Theißen wieder verlassen haben, bevor die amerikanischen Truppen die Stadt erreichen.[28] Nach einem kurzen Feuergefecht mit mehreren Toten und Verwundeten auf deutscher Seite ergibt sich die Besatzung einer der Flakzüge in der Nähe von Theißen. Der zweite Zug erleidet kurz darauf zwischen Deuben und Gröben das gleiche Schicksal. Einige Männer der Besatzung, denen die Flucht gelingt, kommen noch einmal infanteristisch zum Einsatz, bevor sie ebenfalls in Gefangenschaft geraten. Der G-2 Bericht der 3rd US Army meldet später Kriegsgefangene der 3./s.Flak.Abt. 543 (Eisb.) und der 2./s.Flak.Abt. 535 (Eisb.) bei Gröben und Droyßig.

Panzerjäger und Halbkettenfahrzeuge des CT 69 überqueren die RAB bei Osterfeld
Filmausschnitt: Sgt. Russell Meyer, 166th Signal Photo Co. National Archives

Dann rückt das CT 69 in Theißen ein, wo es am Bahnhof an einer Panzersperre aus hochgestellten Eisenschwellen zum Gefecht kommt. Pfarrer Schmidt schreibt: *„In der Bahnhofsgegend von Theißen kam es zu Straßenkämpfen mit den amerikanischen Panzern. Dabei fiel ein Unteroffizier, ein Wachtmeister, ein Obergefreiter und drei Soldaten der Flak."* Auch der Bahnhofsvorsteher Ramberg wird getötet.[29] Die Gefallenen werden auf dem Theißener Kirchhof bestattet. Doch noch ist die Gefahr für die Stadt nicht beseitigt. Zwischen Theißen und Nonnewitz liegt in der Nonnewitzer Flur um die Höhe 196 herum eine Großbatterie der s.Flak.Abt. 662 (o), Flak.UGr. Zeitz, mit 36 8,8cm Flakgeschützen auf Sockellafette. Die 300 Mann der zur Luftwaffe gehörenden 6./s.Flak.Bttr. 662 und der s.Flak.Bttr. z.b.V. 5553 sowie der RAD-Flak.Bttr. 6./156, in der Masse im Alter von 16 bis 19 Jahren, sind geführt von fanatischen Offizieren entschlossen, sich dem Feind entgegenzustellen. Angespornt durch einen deutschen Panzermajor, der kurz zuvor in der Stellung erschienen war und ihnen mitgeteilt hatte, dass Panzer zu ihrer Unterstützung aus Richtung Leipzig im Anmarsch wären, bereiten sie sich in der Stellung auf den Erdkampf vor.[30] Einwohner von Theißen, die weiße Flaggen zur Flakstellung bringen, werden vom Batteriechef der 6./156, Ofm. Alfred Quick, der im Zivilleben als Buchhändler tätig ist, und von Hptm. Knospe abgewiesen.[31] Noch bleiben aber die Rohre der Geschütze unten und die Kolonne des CT 69 fährt unbehelligt durch Nonnewitz ohne die Gefahr zu erkennen. Anbetracht des Feindfeuers aus Richtung Zeitz und der Meldung, dass die Brücken hart nördlich der Stadt zerstört sind, hatte sich der CO des CT 69 entschlossen, von Theißen einen Weg nach Nordosten zu suchen und die Weiße Elster ebenfalls im Abschnitt der 1st US Army zu überqueren.

Auf dem Weg nach Döbris geraten die Panzer des CT 69 erneut unter Flakbeschuss aus Richtung der Weißen Elster. Der unterstellte 2nd Plat. Co. A, 25th Armd Engr Bn verliert durch einen Granattreffer ein Halbkettenfahrzeug, ein Soldat wird getötet und fünf verletzt. Über Köttichau, von wo aus sie dem Weg des CT 44 folgen, erreicht die Kolonne am Abend den Raum Dobergast – Queisau[32] und versammeln sich für die Nacht. Der 1st Plat. Co. A, 25th Armd Engr Bn, der mit dem Co.HQ um 21.30 Uhr den Raum Queisau erreicht, verliert einen Anhänger durch Flakbeschuss. Auch der CP der 193rd FA Gp unter Col. H. A. Cooney, welche der 6th US AD zur artilleristischen Unterstützung zugeteilt wurde, gerät aus unmittelbarer Nähe unter Beschuss und bezieht in der Nacht ein Biwak auf offenem Feld in der Nähe von Queisau. Noch in der Nacht wird eine kleine Task Force des CT 69 aus Panzern und Panzerinfanterie entsandt, um im Schutz der Dunkelheit Übergangsmöglichkeiten über den Fluss zu erkunden. Ein polnischer Zwangsarbeiter führt sie querfeldein zu einer intakten Brücke über die Weiße Elster südlich von Pegau, wo sie unbemerkt den Fluss überqueren. Zügig wird ein Brückenkopf gebildet und gesichert.[33] In der Nacht kann der CO des CCB melden, dass seine Einheiten trotz Umwegen und gegen feindlichen Widerstand das Tagesziel erreicht haben und zwei Brücken über die Weiße Elster gesichert sind.

Entlang der Nordflanke des CCB setzen im Tagesverlauf die Aufklärer des 86th CC den Auftrag zum Schutz der Divisions- und Corpsflanke fort und erreichen über verstopfte Straßen, die voll von DP's sind, Obernessa, wo sie um 16.30 Uhr (B) Kontakt zu den vorderen Teilen des CCR der 9th US AD herstellen. Dann setzen sie auf Grund der gemeldeten Situation im Raum Zeitz den Vormarsch nach Nordosten in die Zone der 1st US Army fort und halten um 18.00 Uhr (B) vier Kilometer westlich von Pegau, wo sich zu diesem Zeitpunkt die Kräfte des CT 44 stauen. Um 23.00 Uhr (B) fährt das 86th CC nach Pegau hinein und bezieht bis Mitternacht Quartier in der Stadt. Im Zusammenwirken mit dem CT 44 sichern die Aufklärer die Brücke über die Weiße Elster und die Stadt und errichten Außenposten nach Norden und Nordosten.

An der Südflanke der Division beginnt das CT 15, 15th Tk Bn des CCA gegen 07.00 Uhr (B) seinen Vorstoß aus dem Brückenkopf bei Camburg. Um 08.55 Uhr (B) hat die Kolonne, gefolgt vom HQ CCA, die Saalebrücke überquert und rückt über Sieglitz nach Molau vor. Um 09.55 Uhr (B) passieren die Vorauskräfte Casekirchen und die Hauptkolonne erreicht über Utenbach den Ort Cauerwitz, der bis 10.20 Uhr (B) gesäubert ist.[34] In der Nähe des Ortes ergeben sich Soldaten einer Feldeisenb.Ers.-Einheit aus Zeitz ohne Widerstand.[35]

Flankenkräfte des CT 15 schwenken bei Utenbach nach Osten und rücken nördlich an Kaynsberg vorbei in Richtung Goldschau, wo sich versprengte deutsche Soldaten in den Wäldern befinden.[36] In Goldschau, das bereits vorher mit Brandmunition beschossen wurde, wehen weiße Fahnen. Doch ohne weiter nach Osten vorzudringen, ziehen sich die amerikanischen Truppen wieder aus dem Ort zurück und schließen sich der Hauptkolonne an.[37] Dann rückt das CT nördlich am Bahnhof Cauerwitz vorbei in Richtung der Zeilbäume auf die Höhe zwischen Haardorf und Pauscha vor, wo erste Aufklärungskräfte bereits gegen 10.00 Uhr von der Bevölkerung gesichtet wurden. Dort schwenkt die Kolonne nach Südosten. Eine Straßensperre aus einem, mit Kies beladenen, Wagen wird bei der alten Haardorfer Aschegrube an der Goldschauer Straße einfach umfahren. In einem Bogen zu den Gleisen der Bahnstrecke Camburg – Zeitz am Bhf. Osterfeld erreichen die Panzer von Norden kommend über die Pflasterstraße Haardorf.[38] Um 11.15 Uhr (B) ist das Dorf besetzt und die Kolonne versammelt sich. Ein Parlamentär, der mit einem Jeep in das benachbarte Osterfeld entsandt wird, kehrt trotz der Bereitschaft des Bgm. Pollmächer, die Stadt zu übergeben, ohne Resultat nach Haardorf zurück. Ein deutscher Offizier hatte eine kampflose Übergabe der Stadt abgelehnt.[39]

In Haardorf setzt sich die Kolonne erneut in Bewegung und rückt in Richtung Windmühle und Fabrik Waldau zur Brücke über die RAB München – Berlin bei Roda vor.[40] Als die Panzer in Sichtweite der Autobahn kommen, geraten ihnen vier deutsche Lastwagen vor die Rohre und werden in Brand geschossen.[41] Mit den leichten Stuart M 3 Panzern der Co. D, 15th Tk Bn voraus, rollt die Kolonne über die Brücke und nähert sich der Ortschaft Roda, wo sie am Ortseingang auf Widerstand trifft. Wehrmachtsangehörige, die in Weickelsdorf untergebracht sind und zur äußeren Verteidigung von Zeitz gehören und der örtliche Volkssturm, haben das Feuer eröffnet.[42] Der Spitzenpanzer wird durch eine Panzerfaust getroffen und zerstört.[43] Die Wucht der Explosion reißt dem Panzerkommandanten, dem Plat.Leader, 2nd Lt. Albert L. Kurtz III. aus Illinois, den Kopf ab. Kurtz hatte Lt. James K. Park erst kurz zuvor abgelöst, weil sich dieser von den Strapazen der vergangenen Tage erholen musste.[44] Die nachfolgenden Panzer eröffnen sofort das Feuer. Unterstützung bekommen sie durch Artillerie am Bhf. Waldau und an der Windmühle. Granate auf Granate schlägt in den dicht beieinanderliegenden Orten Roda und Weickelsdorf ein, Brände lodern auf. Alleine in Roda werden zehn Häuser Opfer der Flammen. Dann rücken die Panzer erneut vor, doch diesmal entlang der Bahnlinie und dann unter der Autobahn hindurch. Am frühen Nachmittag ist Roda und Weickelsdorf besetzt. Bei den Kämpfen werden acht deutsche Soldaten getötet, die auf dem Friedhof in Weickelsdorf ihre letzte Ruhestätte finden.[45]

Dann geht es weiter nach Romsdorf, wo die Kolonne erstmals deutschen Artilleriebeschuss aus Richtung Zeitz erhält. Als das CT 15 sich Hassel nähert, verlässt eine Hand voll deutscher Soldaten, die sich in der Nähe der Gaststätte Richtung Romsdorf auf einem Feld eingegraben hatten, ihre Stellung. Sie besorgen sich im Ort Zivilbekleidung und fliehen. Gegen 14.30 Uhr (B) erreicht die Kolonne den Ort Hassel und gerät erneut unter starken Artilleriebeschuss. Die Kolonne ist ohne Vorwarnung in das Schussfeld des mitteldeutschen Flak-Schutzgürtel geraten.

Eine, im Dreieck Kretzschau, Kleinosida, Näthern an den Tonteichen stehende, 12,8cm Flakbatterie der, zur 14. Flak.Div. gehörenden, Flak.UGr. Zeitz hat das Feuer eröffnen. Wenig später rasen P-47 „Thunderbolt"-Jagdbomber des XIX. TAC im Tiefflug über die Köpfe der Kolonne hinweg und werfen ihre Bomben über der Stellung ab. Rauchwolken steigen auf und die Geschütze schweigen. Am 12. April 1945 bilden die Stellungen der Flak.Gr. Böhlen-Zeitz, die bis zuletzt unter dem Kommando der 14. Flak.Div. steht, die letzte und einzige, wirkliche Verteidigungsstellung im Raum Zeitz. Wie in fast allen stationären Flakstellungen im mitteldeutschen Raum haben hier, an den Tonteichen bei Grana, die Männer der 3./s.Flak.Abt. 307 und 8./Flak.Abt. 154 bereits Wochen zuvor ihre fest installierten zwölf schweren 12,8cm Flakgeschütze für den Erdkampf gerüstet.[46] In den letzten Tagen haben sie die umgebenden Erdwälle soweit abgetragen, dass die Geschütze bei 0° Rohrerhöhung in alle Richtungen geschwenkt werden können und zur Bekämpfung von Erdzielen liegen Aufschlagzünder für die Flakgranaten bereit. Das Vorfeld der Stellung ist in Sperrfeuerabschnitte unterteilt und vorgeschobene Beobachter haben Beobachtungsposten zur Feuerleitung bezogen. Lediglich einen großen Mangel haben die Feuerstellungen, sie verfügen über keinen infanteristischen Schutz.[47] Den sollen im Raum Zeitz die Kräfte des Stellv. Gen.Kdo. IV. AK, W.Kr. IV Dresden übernehmen, welche wie die Flak nicht unter der Führung des XC. AK stehen. Doch diese bestehen nur aus den Teilnehmern eines Lehrgangs des W.Kr. IV und einem bunten Konglomerat von Angehörigen verschiedenster Truppenteile und Waffengattungen, Versprengten, Genesenden und Volkssturm.

Als am Abend des 12. April 1945[48] in Zeitz die Sirenen das 5minütige Signal „Feindalarm" geben, befinden sich neben den Flaksoldaten der Flak.UGr. Zeitz, Angehörigen des zum Wehrbezirksamt Naumburg gehörenden Wehrmeldeamtes Zeitz und des Standortzuges Zeitz sowie des Techn.Btl. 2 Zeitz, nur die Angehörigen eines Ausbildungslehrganges des W.Kr. IV Dresden, auch als Uffz.Schule bezeichnet, mit sieben Kompanien zu je 40 Mann unter Führung von Oberst Förster in Zeitz und Umgebung.[49] Verstärkt werden sie durch die örtliche Polizei, russische Freiwillige und Luftwaffensoldaten der 2. Flieger.Div. Dresden.[50] Hinzu kommt der Volkssturm aus Wehruntauglichen, Greisen und Jugendlichen der Jahrgänge 1884 bis 1928. *„Für die sogenannte Wehrhaftmachung des dritten Aufgebotes des Volkssturms verfügte Himmler am 1. Oktober 1944, das bereits Jugendliche im Alter von 15 Jahren in vierwöchigen Wehrertüchtigungslagern der Hitlerjugend vormilitärisch auszubilden."*[51] Der Jahrgang 1929 war als letzter Jahrgang am 5. März 1945 mit Masse zur Wehrmacht und Waffen-SS einberufen worden. Die Aufstellung des Zeitzer Volkssturms war wie im gesamten Reichsgebiet auf Grundlage des Führererlasses vom 25. September 1944 zur Erfassung aller „kampffähigen" deutschen Männer am 10. Oktober 1944 erfolgt.

Obstlt. Manfred Denso,
hier als Major, 1941
Foto: Familie Denso

Am 12. April 1945 teilt man an diese, neben einer unzureichenden Anzahl an Beutegewehren und Karabinern, auch Panzerfäuste aus, obwohl die Masse nicht einmal weiß, wie man sie bedient. Diese stammen aus der Produktion der HASAG-Werke Meuselwitz und Altenburg. Lediglich eine größere Anzahl von Hitlerjungen war von Anfang März bis April an den Zeitzer Schulen und im VS-Ausbildungslager Grana sowie im Wehrertüchtigungslager Breitenbach in der Bedienung von Karabiner, Panzerfaust und Handgranate eingewiesen worden.[52] Verstärkt werden sie durch das VS-Btl. 281 Leipzig und Volkssturm aus dem mittelsächsischen Flöha.[53] Diese Kräfte haben an einigen Stellen im Stadtgebiet, sowie angelehnt an die Flakstellungen westlich der Stadt, Verteidigungsstellungen bezogen. Unterstehen tun sie dem, vom W.Kr. IV eingesetzten, Stadt.Kdt. und StoÄ Zeitz Oberst Förster und dem Kdr. der s.Flak.Abt. 662, Obstlt. Manfred Denso, der als „K.Kdt. Hydrierwerke Mitteldeutschland", mit Gefechtstand in der Zeitzer Artillerie-Kaserne fungiert.[54] Deren einzige Führungsmittel sind neben den Stabshelfern des HJ-Banns 398 Zeitz/Mittelland, die als Melder fungieren, der Flaksender „Schneewittchen" der Flak.UGr. Zeitz, über den auf der Frequenz 291 MHz Verbindung zu den Flakstellungen gehalten wird.[55]

Die Hauptkolonne des CT 15 schwenkt vor Hassel nach Südwesten nach Weißenborn, während die unterstellten Panzerinfanteristen der Co. C, 9th AIB absitzen und den kleinen Ort säubern.[56] Dabei fällt ihnen der Ortsgendarm Menger in die Hände, den sie auf Grund seiner martialischen Uniform anfänglich für einen hochrangigen General halten.[57] George F. Hofmann schreibt in seinem Buch „The Super Sixth": *„Die Aufregung dauerte nicht lange, denn er bewies im Verhör, dass er der Polizeichef des Dorfs Hassel war."*

Im Rücken der Hauptkolonne des CT 15 erreichen jetzt auch die Artilleristen des 212th AFA Bn unter Führung von Lt.Col. Phillip H. Pope über Weickelsdorf gegen 15.00 Uhr (B) Romsdorf und bringen ihre Geschütze in Feuerstellung. Als kurz darauf die HQ Btry. Romsdorf erreicht, trifft ein Artillerieüberfall die, entlang der Straße aufgereihten, Fahrzeuge. Ein M 15 Halbkettenfahrzeug mit Vierlings-Flak der Btry. A des 777th AAA AW Bn von Lt.Col. Joseph H. Twyman Jr., das die Artilleristen vor Luftangriffen sichern soll, wird am Ortsausgang getroffen und völlig zerstört. Tec 5 Leslie H. Kirk und Pvt. Samuel J. Facas werden auf der Stelle getötet. Lt.

Neuswirth, Tec 5 Yocius und Tec 5 Westlund sowie Pvt. Albert A. DeMaris werden schwer verletzt. Tec 5 Vernon W. Westlund aus Michigan erliegt am 16. April 1945 seinen Verletzungen.[58] Dann schweigen die deutschen Geschütze. Die Jagdbomber haben die Geschütze der Flakstellung an den Tonteichen zum verstummen gebracht.

Inzwischen wird die Kolonne des CT 15 vor Weißenborn zum Halt gezwungen, weil aus Richtung Stolzenhain das CT 9 den Ort passiert. Lt.Col. William A Sussman, CO 15th Tk Bn, befiehlt seinen Truppen, sich zu versammeln und die Wartezeit zu nutzen, um die Panzer und Schützenpanzer aufzumunitionieren. Da sein Auftrag lautet, noch an diesem Tag einen Übergang über die Weiße Elster zu sichern, befiehlt er angesichts der knappen Zeit bis zum Einbruch der Dunkelheit die Bildung einer Task Force. Diese soll vor der Hauptkolonne südostwärts fahren und die Brücke über die Weiße Elster am Bhf. Haynsburg sichern. Schnell ist die kleine Task Force aus Panzern der Co. B, 15th Tk Bn und Panzerinfanteristen der Co. C, 9th AIB zusammengestellt. Mit einem Platoon Panzer als Vorhut voraus passiert die Kolonne unter Führung von Lt. Leander M. Neis, Co. B, 15th Tk Bn, hinter den letzten Fahrzeugen des CT 9 gegen 17:30 Uhr (B) Weißenborn und rollt Richtung Süden. An der Straßengabelung nach Weißenborn, Wetterzeube und Droyßig, an der Nordwestecke des Droyßiger Waldes, verlässt die Task Force die Straße, um querfeldein durch die Wälder nach Schkauditz vorzustoßen. Von dort soll der Vormarsch parallel zur Weißen Elster bis zur Brücke erfolgen.

Gegen 17.30 Uhr sieht sich westlich der Obstweinschenke die vorgeschobene Sicherung einer Gruppe von bewaffneten Jungmannen der N.P.E.A. Naumburg, die nach Droyßig evakuiert wurden, der herannahenden Vorhut gegenüber.[59] Als der erste Panzer mit dröhnenden Motoren auf die Lichtung rollt, eröffnen sie das Feuer. Aber ohne sich aufhalten zu lassen rollt die Vorhut um sich schießend durch den Staudenhain weiter nach Nordosten. Zurück bleibt ein schwerverwundeter Jungmann.[60] Inzwischen erreicht die Hauptkolonne der Task Force, die über Funk vorgewarnt wurde, die Lichtung. Hier eröffnen die Männer hinter den, auf den Türmen der Panzer und Ringlafetten der Halftracks montierten, schweren .50cal MG das Feuer. Eine der herumschwirrenden Kugeln trifft den 15-jährigen Werner Gressmann am Kopf und tötet ihn sofort.[61] Ungefähr zur gleichen Zeit wie die Hauptkolonne die Lichtung erreicht, verlässt die Vorhut an der Nordostecke des Droyßiger Waldes den Wald und schwenkt nach Osten ins freie Gelände. Als die Männer in den Türmen der Panzer Bewegungen östlich der Obstweinschenke ausmachen, werden diese sofort unter Beschuss genommen. Dabei wird der Jungmann Friedhelm Euler verwundet.[62] Auch die Hauptkolonne, die zirka eine halbe Stunde nach der Vorhut die Nordostecke des Waldes erreicht, feuert nun ebenfalls in Richtung der Stellungen der Jungmannen. Zum Glück schießt keiner der Jungmannen seine Panzerfaust ab, so dass auch diese Kolonne ohne Halt weiterfährt.

Ungehindert rollt die Task Force den Berg hinunter nach Schkauditz, wo sie auf die Straße nach Zeitz schwenkt.[63] Hinter dem Ort zwingt eine gesprengte Straßenbrücke über den Floßgraben die Kolonne auf das parallel zur Straße verlaufende Gleisbett der Bahnstrecke Zeitz – Gera auszuweichen. Dann behindert eine teilweise zerstörte Straßenbrücke, deren Trümmer die Bahnstrecke blockieren, den Vormarsch erneut. Als sich die Task Force gegen 20.00 Uhr endlich der Brücke über die Weiße Elster am Bhf. Haynsburg nähert, eröffnen deutsche Truppen mit Panzerabwehrwaffen das Feuer. Auf Grund des Widerstandes und der zunehmenden Dunkelheit erteilt Lt. Neis den Befehl zum Rückzug. Auf dem gleichen Weg, wie sie vorgerückt war, zieht sich die Task Force nach Weißenborn zurück.[64] Unbemerkt kreuzen sie dabei den Weg mehrerer kleiner Gruppen von Jungmannen, die sich wie die Gruppe unter Führung des Hauptzugführers Dr. Erich Müller hinter die Weiße Elster absetzen, um dort nach den Resten der Hundertschaft der N.P.E.A. Naumburg zu suchen. Weit kommen sie jedoch nicht, einige Tage später geraten sie bei Rippicha in Kriegsgefangenschaft. Von dort werden sie ohne Hauptzugführer Müller Richtung Altenburg abtransportiert. Müller wird weggebracht und erschossen, weil er den Jugendlichen den Befehl zum Schießen auf die amerikanischen Panzer gegeben hatte.[65]

Während die Task Force unter Lt. Nies noch unterwegs ist, entsendet Lt.Col. Sussman eine kleine Task Force nach Droyßig, um dort die Lage aufzuklären. Die Task Force, die unter dem Kommando von Sgt. Dean F. Gremillion steht, der den gefallenen Lt. Kurtz ersetzt hat, besteht aus einem Plat. der Co. D, 15th Tk Bn, einem aufgesessenen Plat. Panzerinfanterie sowie einer Section Panzerjäger. Am östlichen Ausgang von Hassel lässt Gremillion die Task Force anhalten und in Feuerstellung gehen, um die Lage zu erkunden. Hier erreicht ihn der Befehl, in dieser Position zu verbleiben. Bis zum nächsten Morgen stellt das CT 15 alle weiteren Aktivitäten ein.[66]

Das CT 9, 9th AIB, unter Maj. Gilman P. Morse beginnt um 10.15 Uhr (B) an der rechten Flanke des CCA im Raum Pfuhlsborn, östlich von Apolda, den Marsch nach Camburg, wo es durch die Kolonnen des CT 15 aufgehalten wird. Um 11.25 Uhr (B) überquert die Spitze den Fluss und rückt an der rechten Flanke des CCA auf Rodameuschel vor, das die Vorhut um 11.30 Uhr (B) erreicht. Dann geht es weiter nach Frauenprießnitz. Hier hatte erst kurz zuvor Gen. Petersen mit dem Stab des XC. AK den Ort auf seiner Flucht vor den angreifenden amerikanischen Truppen verlassen und war über Walpernhain und Breitenbach nach Lohma geflohen.[67]

Über Thierschneck und Grabsdorf erreicht das CT 9 gegen 12.00 Uhr (B) Schkölen, wo aus den Fenstern der Häuser weiße Tücher hängen.[68] In der Stadt wird eine Produktionseinrichtung zur Fertigung von Maschinengewehren erbeutet.[69] Gegen 12.55 Uhr (B) trifft das CT bei der Annäherung an Zschorgula auf leichten Widerstand, woraufhin die Panzer und Panzerjäger der Co. C, 15th Tk Bn und des 603rd TD Bn das Feuer auf den Ort eröffnen. Zwei Gebäude geraten in Brand und Kugeln der Maschinengewehre treffen die Kirche des Ortes. Dann wird der unverteidigte Ort besetzt.[70] Am Friedhof vorbei rollt die Kolonne zum Weiler Böhlitz, wo die Vorauskräfte um 13.20 Uhr (B) an der Straßenkreuzung östlich des Ortes auf eine stark verteidigte Straßensperre treffen. Während sie sich ein kurzes Gefecht mit den deutschen Verteidigern liefern, schwenken die Hauptkräfte westlich des Ortes nach Süden auf Großhelmsdorf. Das 274th AFA Bn, dass der Kolonne des CT 9 folgt, gerät in der Nähe von Böhlitz unter Beschuss und zwei Soldaten werden getötet. Daraufhin lenken die Artilleristen das Feuer auf den Ort.[71]

Als sich die Vorhut des CT 9 von Großhelmsdorf aus nordostwärts nach Lindau bewegt, wird sie um 14.00 Uhr (B) durch quer über die Straße liegende Bäume aufgehalten. Nachdem dieses Hindernis mühelos aus dem Weg geräumt ist, stoppt eine zu schwache Brücke über den Steinbach den Vormarsch endgültig. Daraufhin macht die Vorhut kehrt und bewegt sich südwärts nach Großhelmersdorf.[72] Dort erhält es den Befehl, die Trennungslinie zur südlich angreifenden 4th US AD zu missachten und auf direktem Weg zur Weißen Elster bei Wetterzeube zu fahren.[73] So fährt die Kolonne über Rudelsdorf, Lindau, Stolzenhain nach Weißenborn, wo sie gegen 15.00 (B) auftaucht.[74] Um 16.00 Uhr (B) stößt das CT 9 auf dem Weg nach Wetterzeube im Bereich der Nordwestecke des Droyßiger Waldes auf Widerstand. Deutsche Sicherungen feuern auf die anrückende Vorhut, bevor sie in die Wälder fliehen.[75] Die nachfolgenden Panzerinfanteristen sitzen ab und säubern in Schützenlinie die Waldränder entlang der Vormarschstraße. Um 17.00 Uhr (B) meldet der S-3, Capt. Robert S. Bennett, an den CP des CCA, dass Wetterzeube genommen ist und die Co. B, 9th AIB weitergeht, um Koßweda zu sichern. Dann sichern sie die unzerstörten Brücken über den Floßgraben, am Mühlendamm und über die Weiße Elster. Auf dem jenseitigen Ufer der Weißen Elster errichten die Panzerinfanteristen einen Brückenkopf. Als sich die unterstellten Panzer gegen 18.45 Uhr (B) der Brücke über die Weiße Elster nähern, gibt es eine Explosion. Erst jetzt zündet eine versteckte Zeitzünderbombe und zerstört die Brücke so, dass sie für Panzer unpassierbar wird.

Die Masse der VS-Männer aus Loitzschütz und Soldaten, die im angrenzenden Zeitzer Forst die Panzer aufhalten sollten, flieht bei der Annäherung der Amerikaner. Auch eine Pak, die in Dietendorf an der Kreuzung nach Sautzschen und Katersdobersdorf in Stellung gegangen war, war ohne einen Schuss abzugeben abgerückt.[76] Nur einige 15- bis 17-jährige Jugendliche aus dem Wehrertüchtigungslager Breitenbach nehmen unter Führung eines kriegsversehrten Offiziers und Ausbilders die heran rollenden Fahrzeuge von der Koßwedaer Schule aus unter Beschuss. *„Die Jungen feuerten mit einem MG sowie Karabinern auf die Amerikaner, die am rechten Elsterufer vor der gesprengten Brücke auf der Wiese standen. Die Amerikaner erwiderten das Feuer mit ihren schweren Turm-MG's der Panzer und Gewehren. Während des Gefechts wurden Günter Lange und drei seiner Kameraden tödlich verletzt."* Die anderen ziehen sich anschließend in die Wälder zurück.[77] *„Als dann keine US-Fahrzeuge mehr fuhren, sammelte mein Vater mit dem Ochsengespann die Gefallenen ein und brachte sie* *in den Zeitzer Forst. Diese jungen Männer hat man dann anschließend im Kessel verscharrt, da man nicht wusste, wohin mit ihnen.“* Im Pfarrbuch aus Pötewitz heißt es *„In einem Kameradengrab im Walde bei Koßweda liegen begraben der Schütze Günter Lange, ein Schüler (aus Berlin), sowie drei unbekannte Soldaten, die von der Kriegsmarine zur Infanterie gekommen waren.“*[78] Der Schlosser Willi Franke aus Podebuls-Wetterzeube wird bei den Kampfhandlungen schwer verletzt und erliegt am 15. April 1945 seiner Verwundung.[79] *„Der Loitzschützer Volksturmmann Paul Meyer fiel am 12. April 1945 im Forst von Koßweda.“*[80]

Während die Männer der Co. B, 9th AIB Koßweda säubern und sich das CT auf die weiteren Operationen vorbereitet, entsendet Maj. Morse Patrouillen entlang des Flusses nach Süden, um eine andere intakte Brücke zu finden. Das unterstellte 274th AFA Bn, dass am späten Nachmittag in der Nähe von Weißenborn Stellung bezogen hat, nimmt zwischen 19.00 bis 21.00 Uhr die gemeldete Flakstellung an den Tonteichen mit seinen 105mm Haubitzen unter Beschuss.[81] Dann folgt es dem CT nach Kleinpötewitz. Der CP des CT 9 trifft um 20.00 Uhr (B) in Wetterzeube ein und entfaltet im Ort. Im Tagesresultat meldet das CT 9 insgesamt 73 Kriegsgefangene.

Die dem CCA unterstellte Co. B, 25th Armd Engr Bn unter Capt. Wolfe, die am frühen Morgen eine Treadway-Brücke über die Saale bei Camburg errichtet hat, folgt dem CT 15 und fährt durch Sieglitz, Molau, Aue, Casekirchen, Utenbach, Haardorf nach Roda und bezieht um 21.00 Uhr (B) Quartier in Weickelsdorf. Dort hat um 16.00 Uhr (B) bereits der CP des CCA entfaltet. Langsam treffen auch die Trains des CCA mit den Versorgungsgütern ein, die gegen 13.00 Uhr (B) Ziel eines Luftangriffs von drei deutschen Messerschmidt Bf-109 geworden waren.[82] Doch die abgeworfenen Bomben hatten keine Schäden angerichtet. Die Aufklärer des unterstellten Tp. D, 86th CavRcnSq von Capt. Jimmie H. Bridges errichten an der Autobahn Straßensperren an der Nord- und Südgrenze des Abschnitts des CCA.

Das CCR, welches bis 03.30 Uhr (B) vollständig im Raum Bad Sulza eingetroffen ist, erhält um 10.00 Uhr (B) über einen Verbindungsoffizier den Auftrag zur Sicherung der Saalebrücken im Abschnitt der 6th US AD bis zur Ablösung durch die 76th US InfDiv. Daraufhin sichert das CT 50, 50th AIB die Saale-Brücken zwischen Groß- und Kleinheringen und in Bad Kösen und das CT 68, 68th Tk Bn die Ilm-Brücke Flurstedt und die Saale-Brücke in Camburg. Doch bereits um 11.30 Uhr (B) erfolgt die Ablösung und das CCR versammelt sich erneut im Raum Bad Sulza. Von hier aus soll es gemeinsam mit dem Div.HQ den anderen Combat Commands folgen. Es soll nicht lange dauern, bis der Marschbefehl nach Osterfeld eintrifft. Als Erstes überquert an der Spitze des CCR das CT 68, auch als TF Davall bezeichnet, um 13.10 Uhr (B) die Brücke bei Camburg und erreicht über Zschorgula das bisher unbesetzte Nautschütz. Direkt südlich von Goldschau entdeckt der Rcn Plat. und Teile von Capt. Raymond W. Raines Co. D, 68th Tk Bn, eine, zur Sprengung vorbereitete, Straßenbrücke. Nachdem die unterstellten Pioniere die Ladung entschärft haben, setzt sich die Kolonne wieder in Bewegung. Langsam bewegt sich die Vorhut bergaufwärts auf Goldschau zu, als es erneut zum Halt kommt. Eine gesicherte Straßensperre bremst den Vormarsch. Die führenden Elemente sitzen ab und Panzer werden herangeholt. Unter der persönlichen Führung des CO des 68th Tk Bn, Lt.Col. Harold C. Davall, wird der Widerstand schnell gebrochen und eine Anzahl deutscher Soldaten geht in die Gefangenschaft. Ohne weiteren Widerstand rückt das CT 68 in Goldschau ein.[83] Dort versammelt es sich und wartet auf weitere Befehle.

Das Div.HQ., dass dem CT 68 folgt, verlässt auf Grund des gemeldeten Widerstands die Marschstrecke und weicht auf eine nördlichere Route nach Osterfeld aus. Die Hauptkolonne des CCR mit dem CP und dem CT 50, die um 14.15 Uhr (B) hinter dem Div.HQ. Bad Sulza verlassen hat, schließt sich ihnen an. Um 16.00 Uhr (B) erteilt Maj.Gen. Robert W. Grow, CG 6th US AD, dem CCR den Befehl, sich nach vorne in das Zentrum des Divisionsangriffsstreifens zu bewegen und Zeitz einzunehmen. Den direkten Angriff soll das 1./304 der 76th US InfDiv unterstützen, welches den Panzern folgt, während das CT 50 in der Reserve verbleiben soll.

Um 17.50 Uhr (B) erhält Davall endlich den Befehl zur Fortsetzung des Vormarschs auf Zeitz und verlässt den Halteraum. Über Haardorf und Osterfeld bewegt sich die Kolonne mit der Co. C, 68th Tk Bn unter Führung von Capt. William H. Collins voraus zur RAB Berlin – München und nähert sich von Westen her dem Ort Meineweh. In der, in einem Hohlweg verlaufenden, Eisenberger Straße treffen Davall's Männer auf eine Straßensperre. Gewehrfeuer schlägt ihnen entgegen.[84] Sofort stoppt die Kolonne und Davall erteilt dem CO der Co. B, 68th Tk Bn, Capt. James R. Russell, den Befehl, den Ort zu umfahren und weiter vorzurücken. Russell's Panzer vollführen daraufhin einen Schwenk um Meineweh herum und rollen entlang der R 180 auf Döschwitz zu, um den Ort zu sichern. Inzwischen erfolgt der Angriff auf Meineweh mit der Co. C, 68th Tk Bn und den Panzerinfanteristen der Co. A, 50th AIB von Capt. Leonard M. Kirk, unterstützt von den Sturmgeschütze des AG Plat. Doch sie treffen keinen Widerstand an. Die Verteidiger haben sich nach den ersten Schüssen abgesetzt. Ohne Probleme wird der Ort besetzt und die Umgebung gesäubert.[85] Bereits um 18.45 Uhr (B) eröffnet der CP des CT 50 zusammen mit dem CP CCR in Meineweh und das nachfolgende CT 50 versammelt sich.

In der Zwischenzeit hat sich das restliche CT 68 Döschwitz bis auf Sichtweite genähert und erhält Beschuss durch deutsche Flak aus Richtung Kretzschau. So bleibt Davall nichts weiter übrig, als auf Grund der unklaren Situation zu halten, bis die anderen Teile seines CT 68 aufgeschlossen haben. Ohne Unterstützung der Infanterie, die noch bei Meineweh steht, ist das Risiko eines Panzerangriffs zu groß. Um die Situation zu verbessern, erhält das, in Meineweh eintreffende, CT 50, den Befehl des CCR, einen Plat. Co. B, 50th AIB und die Sturmgeschütze des AG Plat. 50th AIB zur Verstärkung zum CT 68 zu entsenden, während das CT 50 in Alarmbereitschaft verbleiben soll, um bei Bedarf zur Hilfe zu kommen. Doch dazu kommt es nicht, denn um 19.00 Uhr (B) kehren die Co. C, 68th AIB und A, 50th Tk Bn, die Meineweh gesichert hatten, zum CT 68 zurück.

Angesichts der anbrechenden Dunkelheit beginnt das CT 68 sofort mit zwei Panzerkompanien nebeneinander, verstärkt durch die Infanteristen und Sturmgeschütze, mit dem Angriff auf Döschwitz, während die Nordflanke in Richtung Theißen durch Aufklärungskräfte gesichert wird. Doch das Sperrfeuer der Flak hält an und so nehmen die Panzer zwischen 19.00 und 21.00 Uhr die Flakstellungen östlich von Kretzschau unter Beschuss. Kurz darauf ist Gladitz mit Unterstützung der Panzerinfanteristen und sieben Panzern genommen und bis 22.00 Uhr (B) sind Döschwitz und Gladitz sowie die Umgebung gesichert. In der Zwischenzeit hat um 20.00 Uhr (B) ein Plat. Co. B, 50th AIB des CT 50 die Orte Quesnitz und Kirchsteitz besetzt. Ein, zur südlichen Flankensicherung eingesetztes, Team aus Panzern und Panzerinfanteristen rollt um 22.00 Uhr in Richtung Droyßig und dringt bis zum dortigen Schloss vor.[86] Doch immer wieder zwingt Gewehrfeuer vom Ortsrand her die Männer in Deckung und so fährt die Task Force weiter, ohne den Ort zu besetzen. Bis 24.00 Uhr (B) wird auch Kretzschau besetzt und die führenden Elemente des CCR halten für die Nacht. Zur gleichen Zeit schließen die letzten Marschteile des CCR von Osterfeld kommend auf und der CP des CCR hat in Döschwitz entfaltet. Parallel dazu treffen um 23.55 Uhr (B) an der Spitze des RCT 304 der 76th US InfDiv die Infanteristen des 1./304 in Kretzschau ein, die man vorausgeschickt hatte, nachdem die Meldung über Widerstand im Abschnitt des CCR eingegangen war.

In der Nacht entsenden das CCR und das RCT 304 mehrere Patrouillen aus dem Raum Kretzschau – Döschwitz zur Aufklärung der Positionen der deutschen Verteidigung an den westlichen Stadträndern von Zeitz und zur Suche nach Übergängen über die Weiße Elster. Eine Patrouille des CT 68, die die Straßenbedingungen sowie den Zustand der Flussbrücke und der Bahnunterführung östlich von Grana erkunden soll, meldet beide Brücken intakt.[87] Der 1st Plat. Rcn Co., 603rd TD Bn wird zur Aufklärung möglicher Brückenübergänge südlich Zeitz ausgesandt und kehrt noch in der Nacht ohne Ergebnisse zurück.[88] Auf dem Div.CP der 6th US AD, der am Vorabend gegen 19.00 Uhr (B) Osterfeld erreicht hatte, laufen in der Zwischenzeit die letzten Vorbereitungen für den Angriff auf Zeitz. Insbesondere die Fernmelder der Kabelsektion von Capt. Thomas E. „Willie" Fisher's 146th Armd Sign Co. der 6th US AD, die an diesem Tag Osterfeld erreichen, haben alle Hände voll zu tun, um die, auf Grund des schnellen Vormarsches entstandene Lücke in der Telefonverbindung zum Corps zu schließen und gleichzeitig den Kontakt zu den Combat Commands herzustellen.

Bei der 76th US InfDiv wird das RCT 304 unter Col. Wallace A. Choquette, das sich am Vortag in der Reserve der Division befand, am Morgen mit 80 Lastwagen einer QM Co. des XX. US Corps motorisiert und erhält den Auftrag, der 6th US AD geschlossen zu folgen und umgangene Feindgruppen zu bekämpfen. Unterstützen sollen den Vormarsch die Panzer der Co. A, 749th Tk Bn unter Capt. Simmons, die Panzerjäger der Co. C, 691st TD Bn und die Artilleristen des 302nd FA Bn der 76th DivArty unter Brig.Gen. Henry C. Evans. Um 08.00 Uhr (B) verlässt das RCT seinen Versammlungsraum südlich von Straußfurt, passiert die Linien des RCT 417 und marschiert, das 417th und 385th InfRgt weit hinter sich lassend, in zwei Kolonnen an der Linken der Division in Richtung Weiße Elster. Den Vormarsch führt auf der Südroute das 1./304 an, das gefolgt vom 2./304, auf der Marschstrecke des CCA über Camburg am Abend Osterfeld erreicht und weiter nach Meineweh geht, wo es gegen 21.00 Uhr (B) eintrifft. Dort erhält es den Befehl, weiter nach Kretzschau zu gehen, und das CCR zu unterstützen. Das 3./304 folgt auf der nördlichen Marschstrecke dem CCB über die Saalebrücke in Bad Kösen, wo es um 17.30 Uhr (B) gemeldet wird, nach Osterfeld.[89] Bis nach Mitternacht des nächsten Tages treffen hinter dem 1./304 weitere Teile des 304th InfRgt im Raum Meineweh – Hollsteitz – Döschwitz ein. Das 2./304, das dem 1./304 um 23.00 Uhr (B) von Osterfeld aus gefolgt war, erreicht mit dem Bn.HQ und den Co. G und H Kretzschau, wo Lt.Col. Donald J. Richardson den Bn.CP errichten lässt. Jetzt erreicht auch der 1st Plat. Co. A, 749th Tk Bn, der dem 1./304 unterstellt ist, Kretzschau, nachdem er in Osterfeld zurück geblieben war, als das 1./304 zur Unterstützung des Angriffs des CCR auf Döschwitz nach vorne gerufen wurde. Die Panzer hätten den Vormarsch der Lastwagenkolonne zu sehr verlangsamt. Das 3./304 unter Lt.Col. Arnold T. Barber, das als letztes Osterfeld erreicht hat, trifft mit dem 3rd Plat. Co. A, 749th Tk Bn auf einer nördlich Marschstrecke über Unterkaka und Hollsteitz vorgehend um 24.00 Uhr (B) in Döschwitz ein. Lediglich die Co. E und F, 2./304 halten an der Saale und sichern die Brückenübergänge bei Kleinheringen und Camburg. Die Co. E verlegt nach ihrer Ablösung nach Bergsulza, wo sie bis zum nächsten Tag hält. Die Co. F von Capt. Retire, die den Auftrag hat, die Sicherung von Camburg zu übernehmen, nimmt am späten Abend in der Dunkelheit eine falsche Straße und kommt nach Wormstädt, östlich von Apolda. Dort macht sie kehrt und erreicht mit Verspätung Camburg. Bis 21.00 Uhr(B) entfaltet die HQ Co. 304 in Osterfeld den Regtl.CP. Die Cn Co. und die AT Co. 304 übernehmen mit Unterstützung des 2nd Plat. Co. A, 749th Tk Bn die Sicherung der Stadt und des Regtl.CP, während die Svc Co. 304 einen Versorgungspunkt in der Stadt einrichtet.

Die beiden anderen Regimenter säubern das Gebiet im Rücken der 6th US AD von verbliebenem Widerstand. Das RCT 385 folgt dem CCA mit dem 2./385 (mot.) an der Linken und dem 1./385 an der Rechten und das 2./385 überquert am Mittag die Saale bei Camburg. Dann rückt es mit zwei Kolonnen über Schinditz und Rodameuschel nach Osten vor. Nördlich von Rodameuschel treffen die Infanteristen auf leichten Widerstand. Über Sieglitz – Molau, Frauenprießnitz und Thierschneck erreichen die Kolonnen Schkölen, von wo es nach Nordosten weitergeht. Gegen 21.00 Uhr (B) erreichen die Vorauskräfte die Umgebung von Unterkaka, östlich der RAB Berlin – München. Das 1./385 beginnt den Vormarsch auf Apolda und erreicht

Niederroßla. Hier hält es, um vor dem Angriff auf die Stadt die Lage zu erkunden. Noch während man auf dem CP des 1./385 berät, wie man die Stadt besetzen will, kommt ihnen OBgm. Julius Dietz und der Apoldaer Walter Städtler entgegen und übergeben die Stadt. Das 3./385 geht nach Dornburg. Der Regtl.CP fährt nach Camburg, wo er um 16.45 Uhr entfaltet.

Das RCT 417 folgt mit dem 1. und 3./417 hinter dem RCT 304. Das 1./417 fährt mit dem 1st Plat. Co. B, 749th Tk Bn unter Capt. Redfort bis Hassenhausen, wo es absitzt und die Lastwagen zum 3./417 sendet. Dann marschiert es zu Fuß über Saaleck, Kleinheringen, Lobschütz, Heiligenkreuz, Janisroda bis in die Nähe von Neidschütz, wo es biwakiert. Der Bn.CP geht nach Janisroda. Das 3./417 übernimmt mit dem 3rd Plat. Co. B, 749th Tk Bn als TF Levy in Eckartsberga den bisherigen Auftrag der TF Mette, 1./417 und überquert die Saale bei Kleinheringen. Dann stellt sie den Kontakt zu rückwärtigen Teilen der 6th US AD her, die sich noch in ihrem Abschnitt befinden und fährt nach Süden. Gegen Mitternacht steht sie zwischen Schieben und Altlöbnitz. Das 2./417 geht mit dem 2nd Plat. Co. B, 749th Tk Bn über Abtlöbnitz, Leislau, Prießnitz nach Osterfeld. Der Regtl.CP fährt nach Bergsulza, wo auch der Co.CP Co. B, 749th Tk Bn eintrifft.

Der 76th Rcn Tp. geht nach Tromsdorf, das 301st Engr C Bn nach Bad Sulza und das 778th AAA AW Bn mit dem DivArty CP nach Daasdorf. Das 691st TD Bn verlegt mit seinem Bn.CP nach Osterfeld. Es ist ein besonderer Tag für die Panzerjäger, denn es ist der letzte, an dem das Bataillon als gemischtes Bataillon aus zwei Kompanien gezogener Pak und einer SFL-Kompanie besteht. Ab jetzt verfügen alle Kompanien über die frisch eingetroffenen modernen Jagdpanzer M-36 „Jackson" mit 90mm Kanone. Die Co. D, 749th Tk Bn und die Svc Co. 749th Tk Bn erreichen am Abend Oberreißen und der Bn.CP 749th Tk Bn Nirmsdorf. Der Div.CP verlegt über Buttelstedt nach Schkölen, wo er um Mitternacht entfaltet. Der 2nd Plat. Co. A, 33rd Sign Construction Bn der 3rd US Army erweitert die zentrale Telefonverbindung des XX. US Corps von Eisenach nach Gotha.

Kurz vor Mitternacht erfährt die Welt aus dem Radio, dass der amerikanische Präsident Franklin D. Roosevelt am Nachmittag in Palm Springs verstorben ist. Während die amerikanische Generalität und die alliierten Soldaten bestürzt auf diese Nachricht reagieren, löst sie bei Hitler und seiner Gefolgschaft Euphorie aus. Doch die Hoffnung, dass der Tod Roosevelt die westlichen Alliierten im weiteren Vorgehen bremsen und dem deutschen Oberkommando eine Atempause für die Stabilisierung der Westfront verschaffen würde, erfüllt sich nicht.

Die amerikanischen Angriffe zerreißen die lückenhafte Front des XC. AK endgültig. Das Korps, das seit dem Absetzen aus dem Raum Weimar keinen Kontakt zu seinen Verbänden hat, verliert den Anschluss an den rechten Nachbarn, das LXVII. AK, das in den Harz gedrückt wurde und an das LXXXV. AK an der Linken, das sich südlich der RAB Erfurt – Jena zur Saale zurückzieht, wo sich Hoth's verbliebene „Saale-Verteidigung“ ebenfalls auflöst. Aber auch der Rückzug zur Weiße-Elster-Linie als nächstes natürliches Hindernis bringt nicht die gewünschte Konsolidierung der Lage, denn es fehlt dem XC. AK nicht nur an Führungsmitteln, sondern vor allem an Truppen. Der Pz.Vbd. Feller ist zersprengt und seine Reste setzen sich unkontrolliert nach Osten ab. Nur einige wenige schaffen es in den geplanten Sammelraum Zeitz, wo sie teilweise in die Verteidigung eingegliedert werden. Andere erreichen über Altenburg die Zwickauer Mulde. Von der alten Div.z.b.V. 469 sind nach dem Rückzug hinter die Saale ebenfalls nur noch zersprengte Reste übrig, die sich nach Osten absetzen. Und der Versuch, sich jetzt die Kräfte der 14. Flak.Div. Leipzig im Raum Böhlen – Zeitz und die Truppen des Stellv. Gen.Kdo. IV. AK, W.Kr. IV in der sogenannten „Elster-Stellung“ zwischen Zeitz und der RAB nördlich Gera, einzugliedern, wie es laut der Befehlsgebung des OKW für den Fall der Rücknahme der Front vorgesehen ist, scheitert an fehlenden Führungsmitteln und den bestehenden Befehlsverhältnissen.

Denn ausgerechnet in dieser Situation beginnt am 12. April 1945 die Unterstellung der 14. Flak.Div. Leipzig, die über die stationären Flakbatterien des mitteldeutschen Flakgürtels verfügt, unter das neu aufzustellende XXXXVIII. PzK der 12. Armee, das bis zum 14. April 1945 die Kampfführung im Vorfeld von Leipzig übernimmt und somit auch die Befehlsgewalt über die Flakstellungen im Bereich des Stellv. IV. AK, W.Kr. IV erhält. Doch damit setzt sich eigentlich nur fort, was dem W.Kr. IV bereits vorher erhebliche Probleme bereitet hatte. Denn die Luftwaffeneinheiten im Wehrkreis, zu denen auch große Teile der 14. Flak.Div. gehören, unterstehen auch im Rahmen der territorialen Verteidigungsmaßnahmen nicht dem Stellv. Gen.Kdo. IV. AK, sondern dem OKL. Nicht für umsonst beschwert sich der Komm.Gen. Stellv. IV. AK und Befh. W.Kr. IV, Gen.d.Inf. Hans-Wolfgang Reinhard, der am 10. April 1945 mit Wirkung vom 13. April 1945 wegen Querelen mit dem Gauleiter Sachsen Martin Mutschmann in die Führerreserve versetzt wird, über das herrschende Befehlschaos, was sich mit dem Näherrücken der Westfront immer weiter vergrößert. Dabei hat er schon genug Probleme, die Lage im Osten seines Befehlsbereiches unter Kontrolle zu halten. Denn der Schwerpunktauftrag für das Stellv. Gen.Kdo. IV. AK ist seit Februar 1945 die Verteidigung der Elbe-Linie nach Osten.

Diese hatte man in drei Abschnitte aufgeteilt:
- Abschnitt Leitmeritz bis Pirna unter dem Kommando eines Gen.Maj. der Führerreserve.
- Abschnitt Mitte von Pirna bis Meissen (ausschließlich), mit dem erweiterten Verteidigungsbereich Dresden, den Hitler am 10. März 1945 befiehlt und der anfangs direkt unter dem Kommando des Befh. W.Kr.. IV als Kdt. Dresden gestellt wird. Am 15. März übernimmt dann Gen.d.Inf. Werner Frhr. von und zu Gilsa als K.Kdt. Dresden.

- Abschnitt von Meissen bis Wittenberg, der anfangs vom Kdr. der Div.Nr. 464 geführt wird, dann von einem Gen.Maj. der Führerreserve.

Nur mit großer Mühe kann man deren Besetzung mit den vorhandenen regionalen Kräften gewährleisten und dies mit dem Chef des Stabes des Ersatzheeres, SS-Ogruf. u. Gen.d.Waffen-SS Hans Jüttner, der für die Ersatztruppen in den Garnisonen zuständig ist, dem Chef des Gen.Stabs des Heeres, der den Aufbau der Elbe-Front befohlen hatte, Gen.Obst. Adolf Strauß, dem Kdt. des Festungsbereichs Ost und damit Generalbevollmächtigen für die Elbe-Verteidigung und dem OB der H.Gr. Mitte, GFM Ferdinand Schörner, dessen Truppen in Ostsachsen stehen, koordinieren. Gar nicht erst zu sprechen von den Dingen, die in die Zuständigkeit von Gauleiter Mutschmann als Reichsverteidigungskommissar für Sachsen, einem der einflussreichsten Gauleiter des Deutschen Reiches, fallen und der Tatsache, dass neben dem Unterstellungsproblem bei den Luftwaffenverbänden auch die Verbände der Waffen-SS ebenfalls nicht in die Zuständigkeit des Wehrkreises fallen.

Somit erfolgte die Besetzung der Verteidigungsbereiche hauptsächlich mit den Truppenkontingenten des Ersatzheeres im W.Kr. IV, durch die Div.Nr. 404 Dresden und 464 Chemnitz. Während die Div.Nr. 404 ab Februar 1945 ostwärts der Elbe in den Raum Bautzen – Löbau verlegt und mit Stab in Dorfhain bei Tharandt Quartier bezieht, geht die Div.Nr. 464 an die Elbe in den Abschnitt Riesa – Großenhain – Elsterwerda – Herzberg – Wittenberg – Torgau mit Gefechtsstand in Torgau. Wenig später wird sie auch noch eine H.K.L. an der Schwarzen Elster aufbauen und die Städte Großenhain, Riesa, Torgau und Wittenberg zur Rundumverteidigung vorbereiten. Bis dahin hatte sich die Besetzung der Verteidigungsabschnitte noch verhältnismäßig unproblematisch gestaltet. Das hatte sich jedoch im März 1945 schlagartig geändert, denn die Ersatzdivisionen wurden im Rahmen der „Leuthen-Bewegung" mobil gemacht, um in die Aufstellung der Korps.Gr. Moser unter Gen.d.Art. Willi Moser zu fließen, die als Reserve der 4. PzA des Gen.d.Pz.Tr. Fritz-Herbert Gräser der H.Gr. Mitte dient und im Zuge der „Ostgoten-Bewegung" der Ostfront zugeführt werden soll. Damit fehlen auf einen Schlag große Teile der Besatzungen für die Verteidigungsabschnitte. Und so hatte man das getan, was man in diesen Tagen immer dann machte, wenn man nicht über ausreichende Truppen verfügte, man hatte die Divisionen des Ersatzheeres in eine Ausbildungs- und Ersatzdivision geteilt und so auf dem Papier verdoppelt.

Aus der Div. Nr. 464 unter Führung von Gen.Lt. Rudolf Pilz wird nach der Mobilmachung die Div. Nr. 464 (A), die aus dem Raum Torgau zum PzK „Großdeutschland" der 4. PzA in den Raum verlegt.[90] Der Reststab unter Oberst Victor Freytag[91] bildet aus den verbliebenen Stamm-, Genesenen- und Marscheinheiten des Gen.d.Pz.Tr. IV Dresden im Raum Leisnig die Div. Nr. 464 (E), die auch als Div. z.b.V. 464 bezeichnet wird und beim Stellv. IV. AK bleibt. Diese hat eine Gesamtstärke von fünf bataillonsstarken Verbänden und verfügt über eine gepanzerte

Gruppe. Die gepanzerte Gruppe besteht aus 10 bis 15 veralteten PzKpfw II und III, einer schweren Kompanie SPW und einer Pz.Jg.Kp. mit 7,5cm Geschützen auf SFL, wobei es sich zumeist um Übungsfahrzeuge handelt. Diese Division wird später am 15. April 1945 von Gen.Lt. Otto Heidkämper übernommen.[92]

Aus der Div.Nr. 404, die unter der Führung von Gen.Maj. Gerhard Sturt steht, wird die Div.Nr. 404 (A) unter Gen.Maj. Sturt. Die Div.Nr. 404 (E) übernimmt der RK-Träger Gen.Lt. Hermann Meyer-Rabingen, der vor Sturt von Juli 1944 bis zum 1. Februar 1945 Kdr. der Div.Nr. 404 war, dann am 1. Februar 1945 Kdt. der Festung Frankfurt/Oder und wenig später am 19. Februar 1945 Kdt. der Elbübergänge im W.Kr. IV wurde.[93] Während die Div.Nr. 404 (A) zur 4. PzA tritt und ostwärts der Elbe zum Einsatz kommt, bleibt die Div.Nr. 404 (E) beim Stellv. IV. AK in ihren Standorten. Aber auch diese Lösung ist nur von kurzer Dauer, denn Anfang April 1945 erhält das Stellv. Gen.Kdo. IV. AK den Auftrag, jetzt auch Verteidigung nach Westen zu beziehen. Doch womit? Neben den beiden Ersatzdivisionen hat der W.Kr. IV jetzt nur noch den Stadt.Kdt. Halle mit der H.Na.S. und Ln.S., eine Pi.Ers.Kp. des Pi.Ers.Btl. 14 in Weißenfels, den StoÄ Naumburg, einen Ausbildungslehrgang desW.Kr. IV in Zeitz, den StoÄ Altenburg mit dem Luftwaffen-Flugplatz und dem WBK, den StoÄ Glauchau mit der II. Staffel des W.Kr.Kdo., den StoÄ Zwickau, ein Gren.Ers.Btl.[94] in Plauen, den Sto Leipzig, die Vet.Ers.Abt. 4 und die Wehrersatzinspektion Chemnitz sowie das WBK in Frankenberg und den Stadt.Kdt. Chemnitz mit der Art.Ers.Abt. 50 und dem WBK.[95]

Gen-Lt. Hermann Meyer-Rabingen
Foto: Heimatverein Melle

So bleibt nichts weiter, als aus den stärksten Garnisonen Halle, Leipzig und Chemnitz Verteidigungsbereiche unter Führung eines K.Kdt. zu bilden und den westlichen Teil des Wehrkreises in zwei Verteidigungsabschnitte zu untergliedern, die man unter Führung je eines Generals stellt. Das fällt im Norden angesichts der beiden K.Kdt. Halle und Leipzig einfacher als im Süden. So unterstellt man den Nordabschnitt Leipzig – Altenburg (einschließlich) kurzerhand unter die Führung der Div. z.b.V. 464, doch für den Südabschnitt Altenburg (ausschließlich)– Plauen fehlen die Truppen, denn die Div.Nr. 404 (E) steht in den östlichen Verteidigungsabschnitten des Wehrkreises. Um dies auszugleichen erfolgt die Bildung eines schwachen Fü.Stabes aus der, frisch aus der Aufkl.Ers.Abt. 10 der Div.Nr. 404 aufgestellten, Aufkl.Ers.Kp. 404 Freiberg, die mit dem Div.Kdr. Meyer-Rabingen am 6. April 1945 nach Voigtlaide bei Glauchau verlegt, um von dort aus im Raum westlich Chemnitz eine weitere neue Division, die 404. InfDiv, aufzustellen, die den Südabschnitt übernehmen soll. Doch zur Neuaufstellung dieser 404. InfDiv dürfen keine Truppenteile und Verbände der Div.Nr. 404 (E) herangezogen werden. So verbleiben diese unter der gemeinsamen Führung von Meyer-Rabingen in ihren alten Standorten, wo sie als Teil der Ostverteidigung zum Einsatz kommen und lediglich Ersatz für die neue 404. InfDiv liefern.[96] Durch diesen Schachzug werden aus der Div.Nr. 404 in wenigen Wochen drei Divisionen 404, von denen bis auf die Div. Nr. 404 (A) keine die Bezeichnung Division wirklich verdient. Nur eins erreicht man, weder Feind noch Freund weiß jetzt noch, mit welcher der Divisionen er es gerade zu tun hat.

H.K.L. der neuen 404. InfDiv bildet die Weiße Elster, die rechte Grenze die Linie Eisenberg – Schmölln – Burgstädt – Freiberg, die linke Grenze die Linie Hof – Adorf – Klingenthal – Weipert und der Ostrand von Chemnitz bildet die rückwärtige Grenze. Hierfür werden Meyer-Rabingen alle vorhandenen Wehrmachtseinheiten und Truppenteile der Standorte Glauchau, Zwickau, Gera, Greiz und Plauen unterstellt und die NSDAP-Kreisleitungen Chemnitz, Stollberg, Schwarzenberg, Oelsnitz, Plauen, Zwickau, Glauchau, Auerbach, Greiz und Gera angewiesen, die vorhandenen VS-Einheiten zur Verfügung zu stellen. Aus dem Art.Ers.Rgt. Chemnitz erfolgt bereits einen Tag später die Bildung eines Bataillons, das der Division zugeführt wird. Auch die Gestellungen aus den Garnisonen Glauchau und Zwickau erfolgen unproblematisch. Ganz anders im Fall Gera, Greiz und Plauen. Deren Garnisonstruppen hatte sich bereits der K.Kdt. Thüringen eingegliedert. Somit bleibt nur noch der Volkssturm, doch der verfügt weder über ausreichend Waffen, noch Ausrüstung und Uniformen. Während es zu mindestens gelingt, die nötigsten Waffen aus den Lagern Königsbrück und Zeithain zu beschaffen, gelingt dies bei der Ausrüstung und Bekleidung nicht. Bürokratische Hürden verhindern die rechtzeitige Auslieferung der vorhandenen Bekleidung aus einem Lager der NSDAP-Kreisleitung in Aue. Auch sonst sind die Kreisleiter keine Hilfe. *„Die Kreisleiter versprachen zwar alles, waren aber meist unfähig, ihren Anordnungen Nachdruck zu verleihen, dachten in erster Linie an ihre eigene Sicherheit und brachten kein Verständnis für die Truppe auf, die bestrebt war, den Kampf ritterlich und zum Wohle des deutschen Volkes zu führen. So musste sich die Division in erster Linie selbst helfen.“*[97] Trotz der Probleme gelingt es, bis zum Abend des 8. April 1945 die H.K.L. entlang der Linie Meerane – Crimmitschau – thüringisch-sächsische Landesgrenze westlich von Werdau – Reichenbach – Plauen bis nördlich Oelsnitz zu besetzen. Schwerpunkt bildet die RAB Gera – Dresden zu deren Schutz zusätzlich nach rückwärts versetzte Stellungen bei Limbach bezogen werden. In Glauchau und Zwickau, die zu Ortstützpunkten erklärt wurden, werden K.Kdt. eingesetzt. Für Plauen bleibt der K.Kdt., der bereits vom K.Kdt. Thüringen eingesetzt wurde, der aber ostwärts der Weißen Elster Quartier bezogen hat und so der Division zur Verfügung steht. Eine, in Chemnitz aufgestellte, Art.Abt. zur Sonderverwendung, die zur Aufstellung einer VolksGrenDiv vorgesehen war, wird ebenfalls der Division unterstellt und bezieht westlich von Glauchau Stellung. Durch ein Pionierkommando erfolgt die Vorbereitung der Brückensprengungen an der Weißen Elster und in der Tiefe, doch es fehlt an Sprengmitteln. Die Führung der Truppen erfolgt auf Grund fehlender Nachrichtenmittel über Post und Kuriere. Geführt werden die Kräfte der Westfront des Wehrkreises durch die II. Staffel des Stellv. Gen.Kdo. IV. AK, W.Kr. IV, die man bereits im Februar 1945 nach den verheerenden alliierten Luftangriffen auf Dresden zur Dezentralisierung nach Glauchau verlegt hatte, während der Fü.Stab nach Nöthnitz gegangen war.

Aber auch diese Gliederung ist an diesem 12. April 1945 hinfällig, denn nicht nur die 14. Flak.Div. tritt unter das XXXXVIII. PzK der 12. Armee, sondern auch die K.Kdt. Halle und Leipzig. Bereits kurz zuvor war der K.Kdt. Halle erheblich geschwächt worden, als der OB West, GFM Albert Kesselring Kraft seiner Befehlsgewalt die Ln.S und die H.Na.S. Halle, herausgezogen hatte, die er der 11. Armee für die Sperrung der Linie Sangerhausen – Artern – Nebra zuführen lies. Somit waren nur noch die Verteidigungsabschnitte der Div.z.b.V. 464 und der 404. InfDiv und der K.Kdt. Chemnitz übriggeblieben. Und bei der 404. InfDiv, die ihre H.K.L. zwar besetzt hat, aber noch immer bemüht ist, ihre Sollstärke einzunehmen, kommt es zu Problemen, als Gen.Obst. Hoth, dessen Wünsche nach Verstärkung an das Stellv. Gen.Kdo. IV. AK aus Mangel an Kräften abgelehnt wurden, versucht, sich Teile der Garnisonstruppen des W.Kr. IV im Abschnitt der Division selber zu unterstellen.[98]

Geheime Tagesberichte der Deutschen Wehrmachtsführung vom 13. April 1945:

OB West, 7. Armee, XC. AK: *Zeitz wurde vom Gegner, der weiter nach Osten vorstieß, genommen. Im weiteren Angriff nach Osten drang der Gegner bis südlich Altenburg und entlang der Autobahn nach Einnahme von Gößnitz und Waldenburg bis nördlich Hohenstein-Ernstthal vor.*

OB West, 7. Armee, LXXXV. AK: *Die Lage in Gera und Weida ist ungeklärt. Entlang der Autobahn nach Süden stoßend, drang der Gegner bis nördlich Triptis vor. Aus Stadtroda stieß er nach Süden bis nördlich Neustadt a.d. Orla vor.*

Täglicher Wehrmachtsbericht vom 13. April 1945:

Der Schwerpunkt der Kampfhandlungen lag gestern im mitteldeutschen Raum... Seine Angriffsspitzen erreichten unter Verlust zahlreicher Panzer die Linie Eisleben – Weißenfels – Jena. Weimar fiel nach hartem Kampf in Feindeshand.

Am **Freitag,** dem **13. April 1945**, setzt die 6th US AD und 76th US InfDiv des XX. US Corps die am Vortag begonnene Operation zur Überquerung der Weißen Elster und Einnahme von Zeitz fort. Ziel ist es auch hier, mit den Panzerverbänden nach

Osten vorzustoßen, während die Infanterie die zurückbleibenden Widerstandsnester beseitigt. Noch am späten Vorabend um 22.10 Uhr (B) hatte das Corps seinen Panzerdivisionen befohlen: *„Nehmt Brücken über die Zwickauer Mulde im Abschnitt der Phasenlinie T bei der 6th AD und von der Phasenlinie S bis T im Abschnitt der 4th AD. Errichtet Brückenköpfe in diesen Abschnitten. Seid vorbereitet, das euch die Infanterie in den Brückenköpfen ablöst und errichtet einen Aufklärungsschleier an den festgelegten Linien.“*[99] Nur eins ist an diesem Tag neu. Nach Tagen des *„freien Laufens“* hatte Gen. Omar Bradley am Vortag seinen Armeeoberbefehlshabern befohlen, den Angriff nach Osten an der Elbe und Mulde einzustellen. Begründet hatte er diesen Befehl mit Versorgungsproblemen. Doch die Wahrheit ist, dass für Eisenhower Berlin nicht das Ziel ist und das es keine Notwendigkeit gibt, den Angriff fortzusetzen und eigenes Blut zu vergießen. Die Wehrmacht ist im mitteldeutschen Raum für die Westalliierten keine Gefahr mehr und die Grenzen der Alliierten sind in den internationalen Vereinbarungen klar definiert. Patton stellt Bradley damit ruhig, indem er ihm einen neuen Auftrag, den Angriff Richtung Süddeutschland und Alpen, in Aussicht stellt. Die Gefahr einer deutschen „Alpenfestung“ bewegt die Amerikaner mehr, als die Zerschlagung der Reste der Wehrmacht in einem Raum, der später den Russen gehören wird. Doch erst gilt es die Mulde zu erreichen.

Und dabei gilt es einige Probleme zu lösen, denn noch immer bewegt sich das CCB der 6th US AD nördlich von Zeitz im Abschnitt der 1st US Army und ist so dem Zugriff der 3rd US Army entzogen und am Nachmittag wird sich dann auch noch herausstellen, dass sich die Trennungslinie zwischen dem XX. US Corps und dem V. US Corps der 1st US Army durch einen Fehler auf einer Länge von vier Kilometern überlappt und so die Gefahr der gegenseitigen Behinderung besteht.[100] Und nicht nur das, im schlimmsten Fall könnten die eigenen Truppen aufeinander schießen.

Das CCB der 6th US AD, das seit dem Vortag der 9th US AD unterstellt ist, hat im Abschnitt Groitzsch – Pegau in der Morgendämmerung mit den Vorbereitungen zum Angriff in Richtung der eigenen Divisionszone begonnen. In Groitzsch wartet unterdes die Bevölkerung nach einer unruhigen Nacht in den Kellern auf den Einmarsch der Amerikaner. Nach dem letzten, erfolglosen Versuch des Stadtschreibers Jahn, nach Mitternacht den Kdt. der Flak, Ostfm. Thöldtau, zur Aufgabe zu bewegen, herrscht Angst in der Stadt. Jahn war gegen 06.00 Uhr ins Rathaus zurückgekehrt und hatte dieses leer vorgefunden. Bgm. Scholz, der am Vortag noch verkündet hatte: *„Die, die die weißen Fetzen raushängen, denen wird's schlecht ergehen“*, ist nicht mehr aufzufinden.[101] Um 09.15 Uhr trifft dann die telefonische Botschaft des Postmeisters Schaarschmidt aus Pegau ein, der mitteilt, dass sich die Bevölkerung ab 10.00 Uhr in die Keller begeben soll. Ob er dies im Auftrag der Amerikaner mitteilt und es sich dabei um ein Ergebnis des nächtlichen Telefongesprächs zwischen Jahn und dem amerikanischen Kommandeur handelt, oder ob er auf anderem Weg von dem bevorstehenden Beschuss erfahren hat, ist ungeklärt. Gegen 11.00 Uhr erschüttern die ersten Schüsse die Stadt. Der amerikanische Angriff hat begonnen.

Lt.Col. Brown's CT 44, 44th AIB verlässt den Versammlungsraum östlich von Pegau und rückt über die Straße Pegau – Groitzsch und Audigast – Schnaudertrebnitz auf Groitzsch vor. Beobachtungsposten am Stadtrand von Groitzsch melden erste Panzer aus Richtung Audigast. An der Leipziger Straße überzeugen einige Bürger zwei Posten mit Panzerfäusten von der Sinnlosigkeit ihres Vorhabens und diese setzen sich ab. Auch an anderen Stellen haben die VS-Männer ihre Posten verlassen und sind nach Hause gegangen. Um 12.00 Uhr treffen die amerikanischen Einheiten vor Groitzsch auf Sperrfeuer der deutschen Flakbatterien, die jetzt, wie bereits am Vortag, das Feuer eröffnen. Dabei erhält auch die Pegauer Schlossfabrik Treffer.[102] Der Vormarsch kommt zum stocken. Erst am Nachmittag dringen abgesessene Panzerinfanteristen vorsichtig in die Stadt vor. In der Stadt hängen weiße Bettlaken aus den Fenstern. Auch am Kirchturm weht die weiße Fahne. Jetzt treffen deutsche Flakgranaten die Stadt, die bisher von den Amerikanern weitestgehend verschont wurde. Der Wasserturm, wo amerikanische Beobachter vermutet werden, erhält einen Treffer.[103] Als Resultat des Beschusses der Stadt verzeichnet das Sterberegister der Stadt Groitzsch drei Tote, unter ihnen ein Mann und eine Frau, getötet durch Granatbeschuss in ihrer Wohnung am Lindenplatz um 16.00 Uhr des 13. April 1945.[104] Deutsche Truppen schießen auf die eigene Bevölkerung, Krieg macht vor niemand halt.

Erst als die Flakstellung von Süden her niedergekämpft ist, besetzt das CT 44 ohne weiteren Widerstand die Stadt vollständig. Bei der Besetzung von Groitzsch verzeichnet das CT 44 an diesem Tag lediglich einen Toten. Pfc. Alvin A. Broedbeck aus Kentucky stirbt am Morgen durch Kopfschuss. Ein Hitlerjunge hatte auf ihn gefeuert, als Broedbeck, der bereits am Vortag mit den Vorauskräften Schnaudertrebnitz erreicht und mit seiner Gruppe die Nacht im Keller eines Bauernhauses in Sichtweite des RAD-Lagers auf dem Sportplatz Groitzsch verbracht hatte, am Morgen den Keller verlässt, um die Lage zu erkunden.[105] Die begleitende Co. C, 603rd TD Bn verzeichnet einen Toten und zwei Verwundete durch einen Treffer auf einen der M 18 „Hellcat"-Panzerjäger. Dabei wird der Fahrer Tec 4 James B. Cox aus Marshall County Indiana getötet, Sgt. Hershel Tipton und Tec 5 Millard Foster verwundet.[106] Das unterstellte 128th AFA Bn verzeichnet während des Feuerduells mit der Groitzscher Flak fünf Gefallene und zwölf Verwundete. Dann bringt der Angriff der TF Shaughnessy, 3./273 des CCR der 9th US AD von Süden her das Ende für die Flakstellung. Während die Pioniere des 3rd Plat, Co. A, 25th Armd Engr Bn des CT 44 gemeinsam mit den Infanteristen in der eroberten Stellung 22 Flakgeschütze zerstören, beziehen die Panzerinfanteristen für die Nacht Quartier in der Stadt.

Die Aufklärer des 86th CC der 6th US AD, die den Schutz der Nordflanke des Corps fortsetzen und bei Bedarf das CT 44 des CCB unterstützen sollen, sichern während des Tages mit dem Tp. A die Elsterbrücke bei Pegau und mit Außenposten des Tp.

C und D die Stadt Pegau. Aufklärungspatrouillen tasten sich im Tagesverlauf über Audigast nach Kobschütz vor und werden nach kurzem Feuergefecht durch deutsche Sicherungen abgewiesen. Dort ist in der Nacht eine 8,8cm Flak der 4./323 am Bahngleis in Stellung gebracht worden und verstärkt die deutsche Verteidigungslinie. Ein Spähwagen wird am Ortsausgang Audigast Richtung Peres zerstört und brennt aus.[107] Ein Mann wird getötet und drei verwundet. Während des Tages machen die Aufklärer neun Gefangene in der Umgebung von Pegau. Kobschütz, Kleinstorkwitz, Rüssen sowie die Orte östlich davon liegen während des Tages immer wieder unter amerikanischem Beschuss, wobei in Kleinstorkwitz ein Soldat getötet wird.[108] Das Hauptquartier des 86th CC, das in Erwartung des zügigen Verlassens des Raumes Pegau auf einem Feld am Rand von Pegau aufgefahren ist, gerät am Nachmittag unter starken Artilleriebeschuss und um 17.05 Uhr (B) ziehen sich die Aufklärer nach Pegau zurück.

Das CT 69, 69th Tk Bn des CCB der 6th US AD hat im Gegensatz zum CT 44 bereits am Morgen mit Unterstützung des 1st Plat. Co. A, 25th Armd Engr Bn und des 231st AFA Bn von Lt.Col. Thomas M. Crawford aus dem Brückenkopf an der Trautzschener Brücke den Angriff begonnen.[109] Ohne unter Beschuss zu geraten rollen die Panzer durch das weißbeflaggte Gatzen und Löbnitz-Bennewitz nach Südosten.[110] Auch die nachfolgende 193rd FA Gp passiert den Bereich ohne auf Widerstand zu treffen. Noch am Morgen waren die Artilleristen im Versammlungsraum beschossen worden, wobei ein Lastwagen mit Munition nach einem Volltreffer explodiert. Erst die rückwärtigen Teile der FA Gp geraten später südlich von Groitzsch unter Flakbeschuss. Über Methewitz fahren die Panzer nach Osten nach Käferhain, wo sie auf Widerstand treffen. Im Verlauf des nachfolgenden Feuergefechtes kommt es im Ort zu schweren Zerstörungen. Ein Mann und ein Kind werden getötet, vier Frauen schwer verletzt.[111] In Ort schwenkt die Kolonne südwärts nach Zschagast und um 13.00 Uhr nähern sich die Panzer auf ihrem Vormarsch nach Lucka der Bahnstrecke Meuselwitz – Groitzsch, westlich der Stadt. Am Stadtrand werden sie bereits von der Luckaer Bevölkerung erwartet, die nach dem heftigen Geschützfeuer aus Richtung Groitzsch Ausschau nach dem Feind hält. Einige VS-Männer, die nach dem Willen des örtlichen VS-Führers, einem zuversetzten Schullehrer aus dem Saarland, an der Zeitzer Straße mit einer Panzerfaust Posten bezogen haben, fliehen ohne einen Schuss abzugeben. Weitere „Verteidiger“ befinden sich zum Glück nicht in der Stadt. Dort macht sich inzwischen der couragierte Bgm. Oswin Brunner in Begleitung eines kriegsgefangenen französischen Korporals mit der weißen Fahne auf den Weg zu den amerikanischen Truppen, um jegliche Gefahr für die Stadt abzuwenden. Wenig später marschiert amerikanische Infanterie mit aufgepflanztem Bajonett durch die Zeitzer Straße Richtung Marktplatz. Die Panzer folgen kurz darauf. Auf dem Marktplatz erfolgt die offizielle Übergabe der Stadt. Der Krieg hat für das kleine ostthüringische Städtchen Lucka ein unblutiges Ende gefunden.[112]

Während Teile des CT 69 die Stadt besetzen, rücken Vorauskräfte weiter nach Südosten vor und erreichen Hagenest, wo sie für die Nacht anhalten. Eine Panzergruppe der rechten Flankensicherung erreicht den Ort Falkenhain, nachdem sie eine verlassene Flakstellung der s.Flak.Abt. 307 (o) an der Straße Maltitz – Falkenhain im Bereich des Weinbergs passiert hat. Von der dortigen Doppelbatterie war die 5./s.Flak.Abt. 432 bereits im Februar an die Ostfront in den Raum Ruhland bei Lauchhammer – Senftenberg verlegt worden. Die Männer der zweiten Batterie, der 1./707, hatten bei der Annährung der amerikanischen Truppen die Stellung verlassen. Auch der Volkssturm, der die Stellung sichern sollte, war geflohen. Nachdem ein Panzer einen Warnschuss auf den Ort abgefeuert, der ein Loch in den Giebel eines Hauses schlägt, wehen weiße Fahnen in Falkenhain. Dann fahren die Panzer in den Ort. Doch die zu schwachen Brücken über den 30 Meter breiten und 10 Meter tiefen Einschnitt der Bergbau-Großraumbahn des Werkes „Phönix" zwingen, sie kehrt zu machen. Im Raum Lucka schließen sie sich den Hauptkräften an. Falkenhain wird erst am frühen Nachmittag des 21. April endgültig aus Richtung Busendorf besetzt.[113] Das CCB versammelt sich im Raum Lucka, um auf das CT 44 zu warten und den Angriff am nächsten Tag fortzusetzen. Col. Hanson lässt den CP des CCB in Lucka entfalten. Das HQ der Co. A, 25th Armd Engr Bn erreicht gegen 18.00 Uhr (B) den neuen Versammlungsraum und bezieht ebenfalls Unterkunft. Mit zwei Gruppen unterstützt ihr 2nd Plat. die Sicherung von Straßen nördlich von Lucka.

Während das CCB weiter der 1st US Army unterstellt bleibt, überqueren die Hauptkräfte des XX. US Corps der 3rd US Army die Weiße Elster südlich von Zeitz und stoßen in Richtung Zwickauer Mulde vor. Aus seinem Versammlungsraum bei Hollsteitz – Kretzschau heraus beginnt am Morgen das CCR gemeinsam mit dem 1./304 der 76th US InfDiv den Angriff auf Zeitz. In der Nacht waren Patrouillen in Richtung der Stadt entsandt worden und hatten um 03.20 Uhr (B) gemeldet, dass die Brücke bei Grana gesprengt ist. Neben den Kräften des CCR patrouillieren an diesem Tag die Aufklärer der 3rd CavRcnSq von Col. James H. Polk's 3rd CavGp im Raum westlich Zeitz. Die Aufklärer haben den Auftrag, eine Brücke über die Weiße Elster zu nehmen, um den Einheiten des CCR den Weg in die Stadt zu bahnen. Doch auch sie finden nur noch zerstörte Brücken vor und geraten unter den Beschuss der deutschen Flak.

Ab 06.00 Uhr läutet das Geschützfeuer der Artillerie und Panzer des CCR und des RCT 304 der 76th US InfDiv den Angriff auf Zeitz ein. In Zeitz haben die Verteidiger nach der Sprengung aller Brücken über die Weiße Elster in der Stadt um 03.00 Uhr ihre Verteidigungsstellungen eingenommen. In der Morgendämmerung stoßen die Angriffsgruppen aus Panzer und Infanterie das CT 68, 68th Tk Bn zum Fluss vor. Die Panzer gehen entlang des westlichen Flussufers der Weißen Elster in Zeitz in Feuerstellung, nun bereit den Angriff der Infanteristen des RCT 304 über den Fluss mit dem Feuer ihrem Kanonen zu unterstützen. Die, den Panzern folgenden, Panzerinfanteristen des CT 50, 50th AIB treffen bei Grana auf Granatwerferbeschuss und MG-Feuer. In kurzer Zeit wird der Widerstand niedergekämpft. Dann werden die Panzerinfanteristen durch das CCR angehalten. Zu diesem Zeitpunkt erhält das 1./304 den Befehl, verstärkt durch die Co. G von Capt. Roberts und den 2nd und 3rd Plat, Co. H des 2./304 und die Cn Co. des Regiments durch das CCR hindurch den Fluss zu forcieren. Von seinem CP in Kretzschau aus gibt der CO des 1./304, Lt.Col. John D. Lawlor, jetzt seinen Kompanien den Befehl zum Angriff.

Nur kurz schweigen noch einmal die Waffen, als Col. Lagrew der Stadt ein Ultimatum zur kampflosen Übergabe zukommen lässt, welches jedoch abgelehnt wird.[114] Dann setzt erneut der Beschuss der Stadt ein und die Infanteristen des 1./304 arbeiten sich unter dem Feuerschutz der Panzer der CT 68 an das Ufer der Weißen Elster heran. Unter Feindfeuer überqueren die Infanteristen über die Trümmer der zerstörten Brücken den Fluss. Bis 14.00 Uhr haben einige Panzer des CT 68 hinter den Infanteristen des 1./304 die Weiße Elster durchwatet und dringen ebenfalls in die Stadt ein.[115] Der Versuch der Pioniere, für die Panzer eine Furt zu bauen, um später eine Bailey-Brücke zu errichten, scheitert im Feuer deutscher Flakbatterien und wird bis zur Beendigung der Kämpfe abgebrochen.

In der Stadt kommt der Angriff der Infanteristen stellenweise nur langsam voran. Um 18.00 Uhr erteilt Col. Lagrew dem CT 50 den Befehl, den Fluss abgesessen zu furten. Über die Reste der drei Brücken überqueren die Panzerinfanteristen des 50th AIB unter Lt.Col. Albert N. Ward die Weiße Elster und dringen zur Unterstützung der Infanteristen des 304th InfRgt in die jenseits des Flusses gelegenen Stadtteile ein. Erst gegen Mitternacht haben alle Teile des CT 50 den Fluss überschritten, während die ersten Vorauskräfte bereits nach Südosten vorgehen, um südlich der Stadt befindliche deutsche Flakbatterien zu bekämpfen. Die CT 68 auf dem westlichen Ufer des Flusses bereitet sich in der Zwischenzeit darauf vor, dem CT 50 zu folgen. In der Nacht entwickeln sich um die Kasernen südlich der Stadt schwere Kämpfe. Am Abend übergibt der CG der 6th US AD, Gen. Grow, die Verantwortung für die Einnahme der Stadt an die 76th US InfDiv. In der Nacht erreicht dessen RCT 417 unter Col. George E. Bruner über Osterfeld vorrückend Zeitz und beginnt mit der Entlastung das RCT 304 und der in der Stadt befindlichen Kräfte des CT 50.

Südlich von Zeitz setzt am Morgen des 13. April 1945 das CCA der 6th US AD mit Unterstützung des 212th AFA Bn den Angriff fort. Das CT 15, 15th Tk Bn formiert sich am frühen Morgen in seinem Versammlungsraum bei Weißenborn und beginnt den Vormarsch mit einer starken Task Force aus Panzern und Panzerinfanterie voraus. Diese soll die Elsterbrücke am Bhf. Haynsburg sichern und bis zum Eintreffen der Hauptkräfte halten. Auf der gleichen Route wie am Vortag rollen die Panzer durch den Droyßiger Wald, doch diesmal treffen sie nicht auf Widerstand. Die letzten Jungmannen, die die Nacht im Wald verbracht hatten, haben sich noch in der

Dunkelheit des anbrechenden Tages hinter die Weiße Elster abgesetzt.[116] Zwischen 10.00 und 11.00 Uhr meldet der Beobachtungsposten auf dem Bergfried der Haynsburg etwa 20 Panzer mit aufgesessener Infanterie aus Richtung Droyßig.[117] Jetzt beginnen für die Einwohner von Haynsburg Stunden, die sie nicht so schnell vergessen werden. Haynsburg wird für kurze Zeit zum Zentrum des Widerstandes südlich von Zeitz.

Im Ort hat sich seit dem Vortag ein Konglomerat aus Wehrmacht, Volkssturm und Hitlerjugend unter Führung eines K.Kdt., eines Majors der Wehrmacht, versammelt. Kern dieser Truppe bildet ein Lehrgang Fähnriche, der sich im Schloss und in der Johannismühle zwischen Sautzschen und Dietendorf einquartiert hat.[118] Hinzu kommen versprengte Soldaten und VS-Männer, die bei Schkauditz und Dietendorf zum Sperrenbau eingesetzt werden und Sicherungsposten bezogen haben. Die Masse des bisher im Ort befindlichen Stabes der s.Flak.Abt. 307 hat sich zu diesem Zeitpunkt jedoch bereits Richtung Bergisdorf abgesetzt.[119] Gegen 22.00 Uhr des Vorabends war die Schar der Verteidiger durch eine Gruppe Hitlerjungen aus dem Wehrertüchtigungslager Breitenbach verstärkt worden. Diese hatte sich nach einer Schießerei mit amerikanischen Panzern bei Koßweda befehlsgemäß durch den Zeitzer Forst nach Haynsburg zurückgezogen und die Nacht im Haynsburger Kuhstall verbracht.[120] Am Morgen hatte der K.Kdt. dann an alle Eiserne Rationen verteilen lassen. Den Hitlerjungen aus dem Lager Breitenbach hatte er die martialische Bezeichnung „HJ-Panzervernichtungstrupp“ verpasst und ihnen befohlen, gemeinsam mit den Fähnrichen und Soldaten entlang des Dorfrandes zwischen Teich und Weinberg Stellung Richtung Elstertal zu beziehen.[121] Einen Panzervernichtungstrupp in Stärke von einem Dutzend Jugendlichen und einem Unteroffizier hatte er zum Panzerjagdeinsatz Richtung Koßweda ausgesandt, woraufhin diese über Goßra nach Breitenbach marschiert waren.[122] Der Haynsburger Volkssturm, der sich zu diesem Zeitpunkt noch beim Sperrenbau befindet, kommt erst am nächsten Tag zurück und entgeht so dem kommenden Unheil.[123]

Als sich die Panzer des CT 15 aus dem Droyßiger Wald schieben und auf Schkauditz zurollen, fallen erste Schüsse. Deutsche Sicherungen, die nach dem Rückzug der amerikanischen Task Force am Vortag wieder nachgerückt waren und bei Schkauditz Stellung bezogen hatten, eröffnen das Feuer. Nach einem kurzen Feuergefecht ziehen sich die Verteidiger durchs Elstertal nach Haynsburg zurück.[124] Nachdem die Kolonne Schkauditz passiert hat, behindern erneut die zerstörte Straßenbrücke über den Floßgraben und die gesprengte Eisenbahnbrücke zwischen Schkauditz und Bhf. Haynsburg den Vormarsch. Nach kurzer Aufklärung durch Capt. Wolfe von der Co. B, 25th Armd Engr Bn überbrücken die Pioniere des 1st Plat. zuerst mit einem Element einer Treadway-Brücke den Floßgraben und räumen dann die Reste der Eisenbahnbrücke von der Straße.[125] Jetzt nähern sich die Panzer vorsichtig der Elsterbrücke am Bahnhof, während Artilleriebeobachtungsflugzeuge über dem Elstertal

Oblt. Macholz, hier noch als Uffz.
Foto: Schlockwerder

kreisen, um mit dem Feuer der Artillerie den Vormarsch zu decken.[126] Die Brücke ist zwar mit acht Bomben an den Brückenpfeilern zur Sprengung vorbereitet, aber noch intakt. *Am frühen Morgen des 12. April sah ich ihn (den Bruder meiner Mutter, den Oberleutnant Reinhard Macholz im Zivilberuf Pfarrer, der auf abenteuerlichen Wegen nach Haynsburg gekommen war) in Uniform hinüber zum Gasthaus gehen, wo sich der Stab der Scheinwerfereinheit unter Führung eines Oberleutnants befand. Der stellte er sich zur Verteidigung des Ortes zur Verfügung und erhielt den Befehl, vor dem Herannahen der Amerikaner die Elsterbrücke im Tal zu sprengen... Als der Oberleutnant Macholz am nächsten Morgen bei der Brücke eintraf, fand er dort einige mit französischen Beutegewehren bewaffnete Volkssturmmänner vor. Gemeinsam mit ihnen machte er die an der Brücke angebrachten Sprengladungen unschädlich und schickte seine Helfer nach Hause...".*[127] Nachdem ihnen die Brücke um 13.30 Uhr (B)[128] unzerstört in die Hände gefallen ist, rollen die Panzer langsam nach Haynsburg und Raba.

In Haynsburg herrscht hektisches Treiben, nachdem sich gegen 14.00 Uhr auch von Südwesten her eine amerikanische Kolonne dem Ort nähert. Doch ohne einen Schuss abzugeben, fährt diese am Teich vorbei nach Goßra. *„Kein Schuss. Ich glaubte, nun sind sie da und wir haben Ruhe, der Krieg ist aus! Aber nein, es sollte doch noch anders kommen, denn diese amerikanische Einheit war durchgefahren und war nicht wieder zu sehen."* schreibt ein Zeitzeuge in seinem Bericht.[129] Was ist geschehen? Bei Haynsburg kommt es an diesem Tag wie überall entlang der Trennungslinien der vorrückenden amerikanischen Truppen immer wieder zu Überschneidungen der Vormarschstrecken. In diesem Fall sind es Flankenkräfte der 4th US AD des XX. US Corps, die parallel zur 6th US AD vorrücken und bei Haynsburg deren Abschnitt durchqueren. Es sind die Aufklärer der Co. D, 25th CavRcnSq und die Panzerjäger der Co. C, 704th TD Bn des CCB der 4th US AD.

Während die 4th US AD ohne große Probleme nach Osten vorrückt, nähert sich die Vorhut des CT 15 der 6th US AD gegen 15.00 Uhr der Haynsburg und trifft auf starkes Abwehrfeuer.[130] Als der erste Sherman-Panzer, der über den Waldweg den Hundsberg hinauf fährt, auf der Kuppe auftaucht, wird er von einer Panzerfaust getroffen. Mit einer heftigen Detonation explodiert die Munitionskammer, Flammen lodern aus dem Inneren des Panzers, dessen Turm durch die Wucht der Explosion weggeschleudert wird.[131] Drei Mann der Besatzung werden getötet. Die nachfolgenden Panzer ziehen sich zurück.[132] Die Kolonne stoppt und Lt.Col. Sussman, der mit seinem CP nach Raba geht, formiert sein CT zum Angriff. Eine Hälfte der Kolonne verbleibt in Warteposition, während die andere am Weinberg in Feuerposition fährt.[133] Dann nehmen die Panzer um 17.45 Uhr Haynsburg unter Beschuss. Unterstützung erhalten sie durch das 212th AFA Bn, das um 17.00 Uhr (B) seine Feuerstellung von Romsdorf nach Weißenborn vorverlegt.

Die ersten Granaten treffen die vier Meter dicken Mauern des Bergfrieds der Haynsburg, wo sie ohne Wirkung abprallen. Hier vermuten die Amerikaner das Zentrum des Widerstandes.[134] Ein Augenzeuge schreibt: *„Um 17.45 beginnt die zwei Stunden dauernde Beschießung des Dorfes und der Burg. Scheinbar vermuten die Amerikaner eine stärkere Besatzung.“*[135] In der Burg bricht Panik aus. Soldaten, die nach dem Beginn des Beschusses Schutz im Keller der Burg gesucht haben, verlassen diesen und fliehen.[136] Überall im Dorf setzen sich die Verteidiger mehr oder weniger geordnet ab.[137] Einige entledigen sich ihrer Uniformen und mischen sich in Zivil zwischen die verängstigten Einwohner.[138] Als die Panzerinfanteristen des CT 15 im Schutz der Panzer in Haynsburg eindringen, ist der Widerstand erloschen. Überall lodernde Brände.[139] Und um das Szenario vollständig zu machen, rasen auch noch neun deutsche Jagdflugzeuge über den Ort. Die Kugeln aus den Turm-MG's der Panzer fliegen ihnen hinterher, als sie in der Ferne verschwinden.[140] *„Zwei Stunden dauerte der Kampf um das kleine Dorf mit seinen 24 Häusern. Wir saßen verängstigt im Keller. Plötzlich hieß es ‚der Amerikaner!‘ Die Treppe herunter kamen zwei GI's mit vorgehaltenem Gewehr. Der Leutnant (Oberleutnant Macholz) riss die Hände hoch und ging auf die Amerikaner zu. Seine Frau versuchte ihn zu umarmen, die Soldaten machten eine Bewegung in Richtung Treppe, gingen hinter dem Gefangenen die Treppe hinauf, gefolgt von dessen Frau, die mit Englischbrocken flehte, doch ja ihren Mann nicht zu erschießen.“*[141]

Nach der Einnahme von Haynsburg rücken die Hauptkräfte des CT 15 auf Breitenbach vor. Zwischen beiden Orten kommt es immer wieder zu Schießereien mit zurückweichender Wehrmacht und Volkssturm. In Breitenbach, dass am Nachmittag schon einmal besetzt worden war, wird dabei ein Gebäude am Anger in Brand geschossen.[142] Dann ist auch für Breitenbach endgültig der Krieg vorbei. Bis 21.00 Uhr (B) haben alle Elemente des CT 15 den Fluss überquert und das CT versammelt sich im Ort und der Umgebung für die Nacht.

An der äußersten Südflanke der 6th US AD setzt das CT 9, 9th AIB des CCA die Suche nach einer intakten Brücke über die Weiße Elster am Morgen fort. Da Maj. Morse die Hoffnung auf eine weitere Übergangsmöglichkeit noch nicht aufgeben hat, wird die bereits in Koßweda stehende Co. B, 9th AIB um 09.00 Uhr (B) wieder hinter den Fluss zurückgezogen. Eine nach Crossen und Tauchlitz entsandter Aufklärungstrupp stellt bei Ahlendorf den Kontakt zur 4th US AD her, findet aber keinen weiteren Übergang im Divisionsabschnitt und wird zurückbefohlen. Jetzt befiehlt Morse den unterstellten Pionieren der Co. B, 25th Armd Engr Bn den Bau eines Behelfsübergangs bei Wetterzeube. Lt. Schlenk findet eine geeignete Stelle neben der zerstörten Brücke und ab Mittag beginnt der 2nd Plat. und 3rd Plat. mit Hilfe der Planierraupe der Eng Sect. mit den Arbeiten. Als Erstes wird das Wehr unterhalb der Brücke geöffnet, so dass sich der Wasserstand der Weißen Elster von vier auf drei Fuß absenkt.[143] Bis 17.00 Uhr (B) installieren die Pioniere einen Übergang, indem sie drei Segmente einer Profilbrücke in den Fluss legen und auf beiden Seiten mit Baumstämmen verankern und bereits um 17.45 Uhr (B) beginnt das CT mit der Überquerung des Flusses.[144] Dann rückt es über Koßweda und Dietendorf auf der gleichen Route vor, die am Mittag die Flankensicherung der 4th US AD genommen hat. Um 18.55 Uhr (B) kommt der Vormarsch zum Halten, da das CT 15 vor der Front des CT 9 im Kampf bei Raba und Breitenbach steht. Das CT 9 zieht von der Straße und versammelt sich. Zirka 12 bis 15 deutsche Flugzeuge, die um 19.20 und 19.45 Uhr (B) angreifen, werden von der Btry. A, 777th AAA AW Bn mit Btry.CP in Weißenborn unter Flugabwehrfeuer genommen. Obwohl eine Bombe in der Nähe des HQ der Pioniere in Kleinpötewitz einschlägt, gibt es keine Schäden. Um 19.30 Uhr (B) sind die Kämpfe vor den Linien dem CT 9 beendet und es geht weiter über Katersdobersdorf, Haynsburg, Goßra nach Breitenbach. Das unterstellte 274th AFA folgt. Bei Breitenbach passiert das CT 9 die dort versammelten Hauptkräfte des CT 15 und rückt weiter nach Osten auf Droßdorf vor.

„An der Rippichaer Mühle hatte eine deutsche Einheit hinter der Mühlscheune eine Pak eingegraben. Gegen 20 Uhr kamen die Amerikaner ins Dorf... Als der erste Panzer auf die R 2 fuhr, eröffneten die deutschen Soldaten von der Rippichaer Windmühle aus das Feuer... Die Front kam zum stehen.“ Es ist das gleiche Geschütz, das bereits bei Dietendorf in Stellung stand und sich hierher zurückgezogen hat. Durch den Pak-Beschuss gerät eine Scheune in Droßdorf in Brand. Doch Löschversuche werden auf Grund der nahen Front unterbunden.[145] *„Als die US-Panzer in Droßdorf waren, zogen sich nach 20 Uhr deutsche Soldaten, HJ und Volkssturm durch Rippicha zurück und liefen in Richtung Röden.“*[146] Um 22.00 Uhr (B) versammelt sich das CT 9 und der CP in Droßdorf und Umgebung für die Nacht. Der CP des CCA verlegt nach Weißenborn. Zum Tagesende haben alle Elemente des CCA die Weiße Elster überquert und bereiten den Angriff in der Morgendämmerung des 14. April 1945 vor.

Während das verstärkte 1./304 der 76th US InfDiv mit dem CCR im Tagesverlauf in Zeitz kämpft, bereiten sich im Raum Kretzschau die anderen Teile des RCT 304 auf die Fortsetzung des Vorstoßes zur Mulde vor. Auf dem, um 06.00 Uhr (B) in Kretzschau entfalteten Regtl.CP 304 laufen indessen die letzten Planungen. Außerdem gilt es zuvor die letzten deutschen Widerstandsnester in der Umgebung zu beseitigen, nachdem es am Morgen mehrfach zu Zwischenfällen gekommen war.

So war am frühen Morgen eine Patrouille der AT Co. 304 mit zwei Jeeps in der Nähe von Kretzschau in einen Hinterhalt geraten. Sie waren unter starken Gewehrfeuerbeschuss aus Richtung des Höhenrückens östlich des Ortes gekommen. Dabei war der Fahrer verwundet worden. Während einigen der Männer unter Zurücklassung der Fahrzeuge die Flucht gelungen war, waren acht Mann in Gefangenschaft geraten.[147] Nach Kretzschau zurückgekehrt, hatten sie sofort den CO des 2./304, Lt.Col. Richardson, informiert, der daraufhin seine Co. F, die die Nacht in Camburg verbracht hatte und auf dem Marsch nach Kretzschau ist, alarmiert.[148] Diese verlässt daraufhin ihre Marschstrecke und fährt mit Lastwagen in Begleitung von zwei Panzern des 2nd Plat. Co. A, 749th Tk Bn und zwei Panzerjägern der Co. C, 691st TD Bn nach Droyßig.[149] Von dort aus rückt sie auf der Straße Droyßig – Näthern über den Mannsdorfer Berg auf die Flakstellung vor. *„Als die Amerikaner von Droyßig herunterrollten, kam ein ganz junger Soldat mit einer Panzerfaust bewaffnet aus der zweiten Batterie (8./s.154) heraus und robbte im rechten Straßengraben den Panzern entgegen. Zuerst kam ein Panzer, hinter ihm folgte ein Mannschaftswagen. Der Soldat feuerte plötzlich mit der Panzerfaust auf den Mannschaftswagen. Dieser ging durch die Explosion sofort in Flammen auf. Der junge Soldat hatte keine Chance zu entkommen. Die Amerikaner erwiderten sofort das Feuer auf ihn. Dabei wurde er total durchlöchert."* berichtet ein Augenzeuge.[150] Das Kretzschauer Kirchenbuch enthält den Eintrag: *„Der Gefallene wurde am Sonntag, den 15. April 1945 begraben... Der Flaksoldat war erst 17 Jahre alt. Er wurde am 3. April 1928 in Greiz geboren."*[151] *„Die Besatzung der vorderen Flakstellung schossen nun mit Maschinengewehren und anderen Infanteriewaffen auf die ankommenden Panzer."*[152]

Sie sind auf die Flakstellung an den Tonteichen gestoßen, welche den Truppen des CCR bereits am Vortag Probleme bereitet hatte. Anscheinend ist eine kleine Gruppe noch immer gewillt, den Kampf trotz der mehr als aussichtslosen Lage fortzusetzen. In der Zwischenzeit nähren sich auch aus Richtung Döschwitz auf der R 180 andere Kräfte des 2./304 der Stellung. Dann fahren die Panzer und Panzerjäger in Feuerposition und mit der Unterstützung einer MG Sect. der Co. H wird die Stellung unter Beschuss genommen. Capt. Retire's Infanteristen der Co. F schwärmen aus und rücken in einer Umfassungsbewegung vor. Als am Mittag das Schießen endet, haben sich 95 Soldaten ergeben, unter ihnen auch vier Luftwaffenhelferinnen. Sie hatten sich zuletzt in einem kleinen Wäldchen zwischen den Stellungen versteckt und werden nun mit erhobenen Armen nach Kretzschau abgeführt.[153] Zehn 12,8cm Flakgeschütze, eine Radaranlage und ein Flakscheinwerfer fallen den Angreifern in die Hände.[154] Kurz darauf finden sie auch die zwei Jeeps und die acht gefangengenommenen Männer der AT Co. wieder. Bis auf den Fahrer sind alle unversehrt. Um 15.15 Uhr (B) meldet das Regiment den Abschluss der Eroberung der Flakstellung mit dem Zeitpunkt 15.05 Uhr (B) an die Division. In Kretzschau ergeben sich wenig später der HQ Co des 2./304 zwölf weitere Luftwaffenhelferinnen.[155]

Das 3./304, welches sich im Raum Hollsteitz – Döschwitz versammelt hat, bereitet sich tagsüber darauf vor, dem CCB der 6th US AD von Groitzschen[156] aus in den Abschnitt östlich der Weißen Elster zu folgen. Doch zuerst werden die Co. I und L zur Sicherung des Zeitzer Stadtteils Aue entsandt und die Co. M marschiert gemeinsam mit Panzern des CT 68 von Hollsteitz nach Theißen, wohin die Co. K zuvor in Marsch gesetzt wurde. Die Kolonne wird dabei zeitweise durch den Widerstand umgangener deutscher Kräfte aufgehalten. Der Regtl.CP des RCT 304 verlegt hinter dem 3./304 im Tagesverlauf nach Theißen. Und am späten Abend nach Zeitz. Dem 2./304, dass sich mit der HQ Co. und der Co. F bei Kretzschau versammelt hat, wird der Befehl zur Vorbereitung der Verlegung nach Droßdorf erteilt. Von dort aus soll es am nächsten Tag dem Angriff des CCA der 6th US AD zur Mulde folgen. Hierfür sollen die, nach Mitternacht des 13./14. April in Zeitz abgelösten, Elemente des 2./304 nach Kretzschau unter die Kontrolle des Bataillons zurückkehren. Die Co. E, die seit dem Vortag zwei Brücken bei Bad Kösen, zwei Brücken bei Bad Sulza und Flurstedt und bei Camburg gesichert hatte, erreicht kurz nach Mitternacht Kretzschau und vereinigt sich mit dem Bataillon. Um 17.30 Uhr (B) geht das 3./304 in Groitzschen in die Regtl.Res. und fährt gegen 19.00 Uhr (B) Richtung Pegau, um sich dem CCB der 6th US AD anzuschließen. Hinter dem RCT 304 schließen jetzt die RCT 385 und 417 der 76th US InfDiv auf.

Im Südabschnitt der Division folgt das RCT 385 mit den Sherman-Panzern der Co. C, 749th Tk Bn und einem Plat. leichter Panzer der Co. D, 749th Tk Bn dem Weg des CCA der 6th US AD in den Raum westlich von Zeitz. Das 2./385 unter Lt.Col. James K. Schmidt rückt mit dem 2nd Plat. Co. C, 749th Tk Bn aus dem Raum Sieglitz – Molau, wo es noch um 04.00 Uhr (B) gemeldet wird, auf Schkölen vor und säubert die Orte Willschütz und Hainichen. Dabei erhält es um 09.00 Uhr (B) den Befehl der Division, der an alle Einheiten geht: *„An alle Kommandeure, Einheiten, unterstellte Einheiten. Alle Heuhaufen und Holzstapel sind mit MG-Feuer in Brand zu setzen. Die Schussrichtung ist zu beachten, um keine eigenen Truppen zu gefährden!"*[157] Die Annahme einiger deutscher Zeitzeugen, dies wäre erfolgt, um den Truppen und den Jagdbombern den Weg zu weisen, ist jedoch unwahrscheinlich. In den amerikanischen Quellen finden sich keine Hinweise, wahrscheinlich handelte es sich jedoch um eine Vorsichtmaßnahme gegen Hinterhalte, nachdem immer wieder deutsche Soldaten versucht hatten, sich dort zu verstecken, um im richtigen Moment das Feuer zu eröffnen oder auf diese Art in den Rücken des Feindes zu kommen. Bis 09.35 Uhr (B) hat das Bataillon Seidewitz besetzt und erreicht mit Vorauskräften Zschorgula. Dann werden bis 10.00 Uhr (B) die Orte Nautschütz und Pratschütz gesichert. Um 11.50 Uhr (B) erreichen die Infanteristen Böhlitz und bis 12.05 Uhr (B) Kleinhelmsdorf. Um 13.05 Uhr (B) setzt die Co. E von Kleinhelmsdorf aus den Vormarsch fort und besetzt bis 13.15 Uhr (B) Roda. Die Co. G schwenkt nach Süden und sichert zur gleichen Zeit Lindau. Dann hält das Bataillon im Raum Weickelsdorf – Roda – Stolzenhain und bereitet es sich darauf vor, dem 1./385 nach

Droyßig zu folgen. Am Abend fährt es von Stolzenhain nach Hassel, überquert die Weiße Elster über die Brücke am Bhf. Haynsburg und geht nach Sautzschen. Gegen 22.45 Uhr (B) bezieht das Bataillon Quartier in Katersdobersdorf. Die Co. E, die um 21.00 Uhr (B) motorisiert wurde, um die rechte Flanke des RCT 385 zu sichern, fährt über Sautzschen aus nach Schleckweda, wo es gegen 23.50 Uhr gemeldet wird.

Das 1./385 (mot.) unter Lt.Col. George C. Clowes überquert gemeinsam mit dem 1st Plat. Co. C, 749th Tk Bn aus dem Raum Apolda kommend die Saale in Camburg, nachdem das Regiment um 04.00 Uhr (B) Priorität für die dortige Brücke erhalten hatte, und marschiert nach Osten. Im Raum Stolzenhain passiert es die Linien des haltenden 2./385 und geht parallel auf Walpernhain und Weißenborn vor, die bis 10.15 Uhr (B) gesichert werden. Der Fwd Regtl.CP 304 erreicht hinter dem 1./385 um 10.40 Uhr (B) Schkölen. Hassel, das bereits am Vortag eingenommen wurde, wird gegen 11.35 Uhr (B) von den Vorauskräften erreicht. Dort geht es erst einmal nicht weiter, da die Panzer der 6th US AD die Straße blockieren. Die Hauptkräfte halten auf Befehl der Panzer zwischen Weißenborn und Hassel, damit es nicht zu Vermischungen kommt. Sie sollen warten, bis diese weg sind. Unabhängig davon rücken die Infanteristen des 1./385 vorsichtig auf das unbesetzte Droyßig vor, wo der amtierende Bürgermeister um 14.00 Uhr den Ort kampflos übergibt.[158] Dann ist der Weg frei und der Vormarsch geht gegen leichten Widerstand nach Mannsdorf weiter. Dabei wird südlich des Droyßiger Friedhofs in der Nähe der Flak-Baracke ein Panzer 200 Meter von einer Panzerfaust getroffen und zerstört.[159] Mannsdorf wird besetzt und bis 17.00 Uhr (B) ist auch Salsitz gesäubert. Das 1./385 versammelt sich mit dem Bn.CP in Mannsdorf für die Nacht. Bis 23.30 Uhr (B) hat die Co. C über ein Fußbrücke am Elster-Wehr Großosida gesichert. Dabei gerät die Kleinosidaer Einwohnerin Elli Vogt, die mit dem Fahrrad nach Großosida gefahren war, um die Ankunft der Amerikaner zu melden, damit man weiße Fahnen zum Schutz aufhängen kann, auf dem Rückweg nach Hause genau vor die Gewehre die Amerikaner, die in der Dunkelheit sofort das Feuer eröffnen. Sie wird am nächsten Tag in der Nähe des Wehrs tot aufgefunden. *„Danke, du hast uns gewarnt und das mit deinem Leben bezahlt"* schreibt in Großosida Kurt Kutzschbauch in sein Tagebuch.[160]

Das 3./385 unter Lt.Col. James C. Leighton, dass am Vorabend in Dornburg unter Beschuss vom Ostufer der Saale aus Dorndorf lag, beginnt um 05.30 Uhr (B) den Flussübergang mit Sturmbooten, nachdem um 03.54 Uhr (B) die Meldung eingegangen war, das Material für eine Pionierbrücke nicht vor 14.00 Uhr (B) zur Verfügung stehen würde. Zuvor hatten die begleitenden Panzer Dorndorf unter Beschuss genommen, woraufhin dort weiße Fahnen gehisst wurden.[161] Bis 07.00 Uhr (B) haben alle Kompanien bis auf die Co. K den Fluss überquert, während die Fahrzeuge über die Brücke in Camburg folgen. Bis 09.35 Uhr (B) erreicht das Bataillon die Kreuzung der Straßen nach Steudnitz, Tautenburg und Wetzdorf, südlich von Frauenprießnitz, und den Westrand von Frauenprießnitz. Bis 10.05 Uhr (B) wird Frauenprießnitz gesäubert und Vorauskräfte nehmen Wetzdorf. Poppendorf wird 10.25 Uhr (B) besetzt und Dothen gegen 10.30 Uhr (B). Bis 11.25 Uhr (B) hat das Bataillon auch Tünschütz gesichert, bevor es erstmals östlich des Ortes an einer zerstörten Brücke zum Halten kommt. Doch es wird schnell ein Ersatzübergang gefunden[162] und gegen 12.30 Uhr (B) wird Großhelmsdorf durch Vorauskräfte gesichert. Bis 13.15 Uhr (B) ist Rudelsdorf besetzt, wo man 50 Kriegsgefangene macht. Dann wird gegen 13.30 Uhr (B) Königshofen erreicht und nach einem kurzen Halt geht es um 14.10 Uhr (B) nach Buchheim, das von den Vorauskräften um 14.38 Uhr (B) erreicht wird. Als nächstes geht es nach Kleinpötewitz, wo es gegen 19.00 Uhr (B) gemeldet wird, bevor es bis 21.00 Uhr (B) den Vormarsch in den Raum Wetterzeube fortsetzt. Um 22.00 Uhr (B) erreicht der Bn.CP Trebnitz und um 23.50 Uhr (B) ist das 3./385 in Wetterzeube. Der Regtl.CP 385th InfRgt trifft gegen 14.10 Uhr (B) von Camburg über Schkölen, Böhlitz und Roda kommend in Droyßig ein und bezieht bis zum 15. April 1945 dort Quartier. Wenig später erreicht der Co.CP, Co. C, 749th Tk Bn unter Capt. Hartzell den Ort.

Auch das RCT 417, das an diesen Tag mit der unterstellten Co. B, 749th Tk Bn und einem Plat. Co. D, 749th Tk Bn die Div.Res. der 76th US InfDiv bildet, rückt ebenfalls zügig nach Osten vor. Das 1./417 beginnt die Bewegung aufgesessen auf den Panzern des 1st Plat. Co. B, 749th Tk Bn aus dem Raum Neidschütz – Boblas und rückt über Mertendorf, Wettaburg, Beuditz, Droitzen, Löbitz, Görschen, Pretzsch, Korseburg und Schleinitz vor. Östlich der Autobahn geht es über Kistritz, Unterkaka, Zellschen, Meineweh, Priesen, Hollsteitz und Gladitz, wo es um 11.22 Uhr (B) gemeldet wird, sowie Streckau und Weidau[163] weiter. Der Bn.CP geht nach Hollsteitz und erreicht 17.30 Uhr (B) Weidau. Dann rückt das Bataillon gegen Abend nach Aue vor und gerät in einen deutschen Luftangriff. Es gelingt den Männern von Capt. Marcinkowskis Co. D, 749th Tk Bn mit den .30cal Fla-MG's eines der Flugzeuge abzuschießen.[164] Ohne Verluste erreicht das Bataillon die Auebrücke, wo es hält. Dann bekommt der Bn CO, Lt.Col. Mette, auf seinem neuen CP in Reußen den Befehl, seine Infanteristen zur Ablösung des 1./304 und der Kräfte des CT 50 über den Fluss zu führen. In den späten Abendstunden überquert das Bataillon unter Beschuss die Weiße Elster über die Reste der gesprengten Brücke. Das 2./417 rückt mit Unterstützung des 3rd Plat. Co. B, 749th Tk Bn aus dem Abschnitt Leislau – Prießnitz nach Osten über Kleingestewitz, Meyhen, Köckenisch, Casekirchen, Seidewitz, Großgestewitz, Cauerwitz, Utenbach, Kaynsburg, Seiselitz[165], Pitzschendorf, Haardorf, Goldschau und Waldau vor. Bei Osterfeld unterquert es die Autobahn und geht nach Weickelsdorf und Thierbach, wo es gegen 11.22 Uhr (B) gemeldet wird, und weiter über Quesnitz, Kirchsteitz und Döschwitz. Vorauskräfte erreichen Grana. Bei dem Vorstoß werden insgesamt 173 Gefangene gemacht. Das Bataillon versammelt sich im Raum zwischen Kirchsteitz – Döschwitz. Die TF Levy, gebildet aus dem 3./417 (mot) und dem 2nd Plat. Co. B, 749th Tk Bn, bleibt in der Regtl.Res. und bezieht einen Versammlungsraum in der Nähe von Löbitz, wo es um 11.22 Uhr

(B) erstmals gemeldet wird. Erst am Abend geht es in einen Versammlungsraum nach Pauscha, wo es um 22.00 Uhr (B) gemeldet wird. Der Regtl.CP verlegt am frühen Morgen von Bergsulza nach Osterfeld und entfaltet um 07.25 Uhr (B) in der Stadt sein Quartier.

Einen wesentlichen Anteil am erfolgreichen Vormarsch leisten die kampfunterstützenden Verbände der 76th US InfDiv. Hier insbesondere die DivArty, deren CP am Morgen in Daasdorf schließt und nach Molau fährt, von wo aus ab 08.25 Uhr (B) über Funk die zentrale artilleristische Feuerunterstützung durch die 155mm Geschütze des 364th FA Bn und der 416th FA Gp geleitet wird, während die abgestellten Bataillone direkt von den Regimentern geführt werden. So unterstützt das 302nd FA Bn von Kretzschau aus den Angriff des RCT 304, das 355th FA Bn unter Lt.Col. E. N. Smith von Zschorgula und ab 20.30 Uhr (B) von Kleinhelmsdorf aus das RCT 385 und das 901st FA Bn von Stellungen bei Neidschütz und am Abend bei Meineweh das RCT 417. Gesichert werden ihre Stellungen durch die Batterien des 778th AAA AW Bn, dessen Bn.CP am Abend Quesnitz erreicht. Während der Bn.CP des 301st Engr C Bn in Bad Sulza verbleibt, machen die Kompanien in vorderster Front der RCT's den Weg für die Infanteristen und Panzer frei. Gleiches gilt für die Aufklärer des 76th Rcn Tp, deren CP von Tromsdorf über Rehehausen nach Meyhen fährt, wo er um 09.30 Uhr (B) eintrifft. Dann geht es bis 13.45 Uhr (B) zur RAB Hermsdorf – Weißenfels östlich von Osterfeld, wo er nach Norden schwenkt und um 13.55 Uhr (B) die Autobahn zwischen Prittitz und Nessa nach Osten quert. Mit einem erneuten Schwenk nach Süden erreicht er bis 17.00 Uhr (B) Thierbach.

Der Bn.CP des unterstellten 749th Tk Bn von Lt.Col. Donaldson verlässt um 10.00 Uhr (B) Nirmsdorf und fährt über Osterfeld nach Bonau, wo er gegen 19.00 Uhr (B) eintrifft. Die Co. D sowie die Svc Co. 749th Tk Bn von Capt. Euclid K. Willis erreichen von Oberreissen kommend einen Versammlungsraum bei Theißen. Der Bn.CP des unterstellten 691st TD Bn erreicht Kretzschau. Der Adv. Div.CP folgt am Morgen von Molau aus direkt hinter den vorrückenden Truppen. Der Div.CP der 76th US InfDiv verlässt um 11.30 Uhr (B) Buttelstedt und verlegt überMolau bis 18.15 Uhr (B) nach Hollsteitz. Der Kriegsgefangenensammelpunkt Nr. 5 der Division eröffnet um 09.00 Uhr (B) in Bad Sulza und die Clearing Co., 76th Med Bn, verantwortlich für die vorübergehende Behandlung und Weiterleitung der Verwundeten in die Feldlazarette bzw. die Behandlung und Rückführung der Leichtverwundeten zu ihren Einheiten, eröffnet 08.00 Uhr (B) in Niedertrebra.

Die 3rd CavRcnSq der 3rd CavGp erreicht an der Nordflanke des Corps mit dem CP, dem Tp. E und F Co Osterfeld, dem Tp. A mit einem Plat. Teuchern und dem Tp. C Gaumnitz. Der Gp.CP hält in Magdala. Der CP des XX. US Corps entfaltet um 12.00 Uhr (B) in Weimar.

Für die deutschen Truppen im mitteldeutschen Raum verschlechtert sich auch an diesem Tag die Lage weiter. Anbetracht der undurchsichtigen Unterstellungsverhältnisse unterstellt sich das XC. AK der 7. Armee nach dem Zurückweichen hinter die Weiße Elster kurzerhand die Div.z.b.V. 464 des Stellv. Gen.Kdo. IV. AK im Raum Geithain. Wie die anderen Einheiten des XC. AK erhält die Division den Befehl, in der Nacht vom 13./14. April 1945 alle westlich der Zwickauer Mulde stehenden Truppen hinter den Fluss zurückzunehmen und den Abschnitt ausschließlich Grimma bis einschließlich Penig zur Verteidigung einzurichten. Dort soll sie Anschluss an die 404. InfDiv halten.[166] Da sie dabei fast zeitgleich mit den Einheiten der Korps.Gr. Moser der H.Gr. Mitte, zu der auch die Div.Nr. 464 (A) im Mulde-Abschnitt zwischen Geithain und Waldheim gehört, zum Einsatz kommt, wird es später zu einigen Verwirrungen kommen. Vor allem, als am 15. April 1945 eine „K.Gr. Moser" bei Mittweida zum Einsatz kommt, die laut Kriegsgefangenenaussagen über vier gepanzerte Fahrzeuge mit 7,5cm Kanone, sechs 10,5cm Haubitzen, 12 Granatwerfer und fünf Sturmgeschütze mit 15cm Kanone verfügt.[167] Da Gen.d.Inf. Petersen, der Komm.Gen. XC. AK, bei der Unterstellung der Div.z.b.V. 464 befohlen hatte, dass auch die gepanzerte Gruppe der Division nach Mittweida soll, handelt es sich daher bei Mittweida wohl eher um diese gepanzerte Gruppe als um Teile der Korps.Gr. Moser.

Mit der Div.z.b.V. 464 verfügt Petersen nunmehr erstmals seit seinem Eintreffen in Süßenborn über einen geschlossenen Verband, denn die Div.K.Gr. Theilacker war mit Masse im Raum Erfurt zerschlagen worden, der Pz.Vbd. Feller hatte sich beim Rückzug aufgelöst und die „Saale-Verteidigung" war zerbrochen. So hatte Petersen zwar den Div.Stab z.b.V. 469, den Uckermann zur Führung seiner Kräfte als K.Kdt. Thüringen genutzt hatte und der mit dem Eintreffen seines Stabes de facto arbeitslos war, beauftragt, eine neue Div.Nr. 469 aus Versprengten aufzustellen, wofür dieser nach Hain, nördlich von Gera, verlegt hatte[168], aber dabei war es geblieben. Daran ändert sich auch nichts, als am 14. April 1945 Gen.Maj. Eugen Theilacker die Führung dieses Stabes übernimmt. Es soll noch bis zum 22. April 1945 dauern, bis er an der Nordflanke des XC. AK zum Einsatz kommt. Eine Division bleibt sie nur auf dem Papier.[169] Nicht anders verhält es sich mit der sogenannten „Div. Bachmann". Der Stab Oberst Bachmann war kurz vor Eintreffen der Amerikaner in Jena erschienen, um dort den Auftrag des K.Kdt. zu übernehmen, wozu es angesichts der Lage nicht mehr gekommen war. Daraufhin hatte er sich mit den Truppen des XC. AK hinter die Saale abgesetzt und aus Mangel an Truppen den Auftrag erhalten, mit einem kleinen Stab die Verteidigung des örtlichen Volkssturms zwischen Leipzig und Zeitz zu organisieren. Ein, von vorne herein, sinnloses Unterfangen, denn die vorhandenen VS-Einheiten sind längst an anderen Stellen im Einsatz und der Einsatz der Verbliebenen, die nur unzureichend bewaffnet und ausgebildet sind, ist ohne Führungsmittel nicht zu koordinieren. Bis auf ganz wenige Ausnahmen löst er sich bei Annäherung der Amerikaner kampflos auf. So dürfte Bachmann, der kurzzeitig seinen Gefechtsstand in Meuselwitz eingerichtet hatte, nichts anderes übrig geblieben sein, als zuvor in Jena. Er setzt sich weiter ab, ohne etwas zu bewirken. In den Unterlagen des XC. AK taucht er wie im Bezug zu Jena gar nicht erst auf. Lediglich Kriegsgefangene melden auch diesmal seine Anwesenheit vor der Front der amerikanischen Truppen.[170] In Nöthnitz bei Dresden übernimmt in der Zwischenzeit Gen.d.Pz.Tr. Eugen Walter Krüger offiziell den Befehl über den W.Kr. IV Dresden, nachdem er seinen Vorgänger Reinhard, der mit Wirkung vom 10. April 1945 in die Fü.Res. versetzt wurde, aber in der Verantwortung geblieben war, abgelöst hat.

Geheime Tagesberichte der Deutschen Wehrmachtsführung vom 14. April 1945:

H.Gr. G, 7. Armee, XC. AK:

Ein Feindangriff aus dem Raum Pegau nach NO wurde hart Zwenkau abgewiesen. Gegen aus 71 nach NO vorgehenden Feind wurde ein Flankenangriff durchgeführt, durch den der Gegner 22 Panzer verlor. Über Borna drangen Feindkräfte bis hart W Colditz vor. 6 Feindpanzer wurden vernichtet. In Zeitz sind Kämpfe noch im Gange. ....Hart W Rochlitz erreichte der Gegner den Mulde-Abschnitt."

Täglicher Wehrmachtsbericht vom 14. April 1945:

Nach schweren und verlustreichen Kämpfen haben die Amerikaner die Südostausläufer des Thüringer Waldes überwunden und stehen im Kampf um die Saale-Übergänge zwischen Jena und Saalfeld, dessen Besatzung wiederholte Angriffe abwehrte.

Am **Sonnabend**, dem **14. April 1945**, geht die Offensive auf der gesamten Breite weiter. Im nördlichen Angriffstreifen der 1st US Army erreicht die 104th US InfDiv des VII. US Corps den Stadtrand von Halle. Die 3rd US AD des gleichen Corps erreicht die Elbe westlich von Dessau. Im südlichen Angriffstreifen der 1st US Army nehmen beim V. US Corps die vorderen Teile der 9th US AD den Angriff aus dem Elsterabschnitt nach Osten wieder auf. Das CCB und das 89th CC der 6th US AD, welche sich noch immer im Abschnitt der 9th US AD befinden, erhalten von ihr den Befehl zum Angriff nach Südosten. Aber deren Hauptziel ist die Rückkehr unter das Kommando der 6th US AD. So kommt es zu Kontroversen als der CG der 9th US AD dem CCB den Befehl zur Einnahme von Altenburg erteilt, obwohl dies im Angriffstreifen der 6th US AD liegt. Doch bevor es zur offenen Konfrontation zwischen Leonard und Grow kommt, verliert der Befehl seine Wirksamkeit, denn das CCB erreicht den Abschnitt der 3rd US Army und kehrt so zur 6th US AD zurück.

Das CT 69, 69th Tk Bn, verlässt, gefolgt vom 231st AFA Bn, um 10.00 Uhr (B) den Versammlungsraum Lucka mit dem Tagesziel Zwickauer Mulde und fährt über Hagenest, Wildenhain, Wintersdorf, Lehma und Gerstenberg nach Südosten in den Abschnitt der 6th US AD. Hinter Gerstenberg treffen die Vorauskräfte auf Gewehr- und Panzerfaustfeuer.

Panzer des CT 69 nehmen deutsche Truppenbewegungen unter Feuer
Filmausschnitte: Sgt. Russell Meyer, 166th Signal Photo Co., National Archives

Nach dem Feuergefecht ergeben sich deutsche Soldaten
Filmausschnitte: Sgt. Russell Meyer, 166th Signal Photo Co., National Archives

Der Vormarsch geht weiter nach Windischleuba
Filmausschnitte: Sgt. Russell Meyer, 166th Signal Photo Co., National Archives

Feindfeuer zwingt die Panzerinfanteristen an der Zschaschelwitzer Kreuzung in Deckung
Filmausschnitte: Sgt. Russell Meyer, 166th Signal Photo Co., National Archives

Deutsche Soldaten ergeben sich, während ein Sanitäter einen Verwundeten versorgt
Filmausschnitte: Sgt. Russell Meyer, 166th Signal Photo Co., National Archives

Ein junger deutscher Soldat läuft vor die Gewehrläufe und wird in Deckung gebracht
Filmausschnitte: Sgt. Russell Meyer, 166th Signal Photo Co., National Archives

Auch Zivilisten ergeben sich. Sanitäter transportieren den Verwundeten ab.
Filmausschnitte: Sgt. Russell Meyer, 166th Signal Photo Co., National Archives

Kreuzung der R 93 Leipzig – Zwickau westlich von Windischleuba mit Gehöft
Filmausschnitte: Sgt. Russell Meyer, 166th Signal Photo Co., National Archives

Ein junger deutscher Soldat wird mit vorgehaltener Pistole aus seiner Deckung geholt
Filmausschnitte: Sgt. Russell Meyer, 166th Signal Photo Co., National Archives

Durchsuchung nach versteckten Waffen und Abnahme der Ausrüstung
Filmausschnitte: Sgt. Russell Meyer, 166th Signal Photo Co., National Archives

Die Kolonne des CT 69 erreicht den Ortseingang von Windischleuba
Filmausschnitt: Sgt. Russell Meyer, 166th Signal Photo Co., National Archives

Eine Nachhut der Altenburger Besatzung aus Angehörigen der Art.Ers.Abt., Volkssturm und der Luftwaffe leisten zwischen der Zschaschelwitzer Kreuzung und der Flur Borgishain auf der Straße nach Windischleuba Widerstand. Es kommt zu einem kurzen Feuergefecht, dann ergeben sich die Verteidiger. Als die Kolonne weiterfährt, bleiben zehn Tote im Alter zwischen 15 und 68 Jahren zurück, sechs Artilleristen, ein Fliegerleutnant und drei VS-Männer. Alle gemäß Zeitzeugenberichten gefallen durch Kopfschüsse. Ob sie in ihren Stellungen getroffen oder anschließend erschossen wurden, ist nicht bekannt.[171] Von der Segelflugschule der NSFK-Gruppe 8 (Mitte), 2. NSFK-Sturm 1/43 Altenburg, NSFK-Standarte 43, zur Ausbildung der Flieger-HJ und somit zukünftiger Piloten der Luftwaffe auf dem Lohberg nehmen sie keine Notiz. In Windischleuba schert eine kleine Gruppe aus und fährt zur Flankensicherung nach Nordosten nach Eschefeld. Doch dort treffen sie auf die Kolonne des CT 44 und kehren zur Hauptkolonne zurück. Gegen 14.30 Uhr heulen in dem kleinen Dorf Gnandstein mit seiner, den Ort überragenden, Burg die Sirenen Feindalarm. Ohne Widerstand rollt die Kolonne durch den Ort, der erst zwei Wochen zuvor, am 31. März 1945 beim Absturz eines amerikanischen Bombers zwischen

Gnandstein und Kohren mit acht toten Besatzungsmitgliedern mit den Schrecken des Krieges direkt konfrontiert wurde. Eine Pz.Ausb.Kp. der Pz.Ers.u.Ausb.Abt. 18 aus Kamenz, die seit Mitte März 1945 in dem kleinen Ort stationiert war, war bereits Anfang April 1945 Richtung Ostfront abgerückt.[172] Über Kohren geht es in Richtung Narsdorf. Der kleine Ort Terpitz, wo weiße Fahnen aus den Fenstern hängen, nachdem acht Panzer südöstlich des Ortes gehalten und ihre Rohre auf den Ort gerichtet hatten, wird von einer Halbkompanie besetzt.[173] Dann fahren die Panzer über Narsdorf Richtung Carsdorf.

Zwischen der Kreuzung der Straßen Geithain – Wechselburg und Penig – Rochlitz und der Unterführung der Bahnstrecke Rochlitz – Penig kurz vor der Bahnhaltestelle Breitenborn kommt es zu einem kurzen Gefecht. 30 Mann einer Gen.Kp. aus Mittweida unter Führung eines Oberleutnants waren bewaffnet mit belgischen Karabinern, denen die Munition fehlt, und Panzerfäusten, am Vortag auf Befehl des Bataillonsstabs[174] im Rochlitzer Schloss, zur „Gaststätte zur Grünen Tanne“ an der Straßenkreuzung bei Narsdorf in Marsch gesetzt worden, um dort den Vormarsch der Amerikaner auf Rochlitz zu stoppen. Doch die Männer sind sich der aussichtslosen Lage bewusst. So hatten die meisten von ihnen beim Herannahen der Panzer Schutz in hastig ausgegrabenen Deckungslöchern an einem Gehöft nördlich der Gaststätte gesucht. Aber die Panzersoldaten hatten die Deckungslöcher an dem frischen Erdaushub erkannt und das Feuer eröffnet. Gleichzeitig hatte einer der Deutschen seine Panzerfaust auf den vorderen Panzer abgeschossen. Der getroffene Panzer wird dort, wo er getroffen wurde, noch wochenlang stehenbleiben. Nach ein kurzem Schusswechsel endet der Widerstand. Zwei deutsche Soldaten sind tot, der Rest flieht. Zehn von ihnen ergeben sich wenig später in einer Scheune. Dank der Besonnenheit eines erfahrenen älteren Unteroffiziers gibt es keine weiteren Toten. In Zweierreihen marschieren sie zum Bhf. Narsdorf, wo man sie filzt und vier Stunden im Wartesaal einsperrt. Dann beginnt für sie der lange Weg in die Kriegsgefangenenschaft, der sie zuerst in die Nähe von Rochlitz führt, bevor es am nächsten Tag über Altenburg Richtung der großen Rheinwiesenlager geht. Aber sie haben überlebt. Tragisch ist der Umstand, dass man den Männern am Vormittag noch angeboten hatte, sich aus der Wehrmacht entlassen zu lassen, doch sie hatten aus Angst vor der Feldgendarmerie abgelehnt. Ein junger Leutnant hatte sogar aus Wut über dieses Angebot einen Straßenwegweiser mit fünf Handgranaten in die Luft gesprengt und dabei alle Fensterscheiben im Umkreis zerstört.[175] Dann fahren die Panzer zum weißbeflaggten Noßwitz, wo der Großteil der Bevölkerung in den Kellern die Ankunft der Amerikaner erwartet. Einige Warnschüsse der Panzer und Salven amerikanischer Tiefflieger hatten sie eingeschüchtert, aber keinen Schaden angerichtet. Im Ort ergeben sich einige deutsche Soldaten widerstandslos.[176] Dann rollen die Panzer weiter nach Stollsdorf, wo sie auf Grund der einbrechenden Nacht halten.[177] Der begleitende 1st Plat., Co. A, 25th Engr Bn zerstört mehrere Eisenbahnwaggons, ein Stellwerk und mehr als 100 Panzerfäuste in der Nähe von Narsdorf.

Das CT 44, 44th AIB das am Vortag nur wenige Fortschritte gemacht hatte, verlässt mit dem 128th AFA Bn, um 05.00 Uhr (B) Groitzsch und fährt durch Cöllnitz in den Sammelraum des CCB bei Lucka, wo es um 09.00 Uhr (B) ankommt. Um 12.00 Uhr (B) fährt es gemeinsam mit dem Tp. A und B, 86th CavRcnSq, der sich ihnen anschließt, über Ramsdorf, Wildenhain, Breitingen und Haselbach bis Treben, wo es nach Osten schwenkt, um ab hier erneut parallel zum CT 69 vorzugehen. Unter Umgehung von vereinzeltem Widerstand nähert es sich über Fockendorf, Pahna und Eschefeld gegen 13.00 Uhr von Westen dem kleinen Ort Streitwald.

Ein PzKpfw I hinter dem Jägerhaus in Streitwald nach der amerikanischen Besetzung
Foto: Sammlung Günter Neubauer, Streitwald

Dort stehen zu diesem Zeitpunkt östlich des Ortes im angrenzenden gleichnamigen Wald hinter dem Jägerhaus noch 12 Panzer einer Kompanie der Pz.Ers.u.Ausb.Abt. 18 des Kdr.d.Pz.Tr. im W.Kr. IV Dresden mit Stab im nahen Frohburg. Die Abteilung, die von Kamenz, wo sie seit 1943 stationiert war, Anfang März 1945 nach Frohburg verlegt wurde, war am 28. März 45 im Rahmen der „Leuthen-Bewegung" mobil gemacht worden, wobei sie in die Pz.Ausb.Abt. 18 und die Pz.Ers.Abt. 18 geteilt wurde.[178] Während die Pz.Ausb.Abt. 18 mit drei Ausb.Kp. im Zuge der „Ostgoten-Bewegung", das heißt, der Verlegung von gepanzerten Verbänden an die Ostfront, zum Pz.Ausb.Vbd. „Böhmen" in den Raum Bautzen abgerückt war, war die Pz.Ers.Abt. 18 im Raum Frohburg verblieben. Und während man die Kompanie in Streitwald mit ihren teils veralteten Fahrschulpanzern in die Div.z.b.V. 464 eingegliedert und dem gepanzerten Verband dieser Division zugeteilt hatte[179], hatte man eine zweite Kompanie in Altmörbitz zur Auffüllung des Pz.Vbd. Fellers vorgesehen. Diese war dann als K.Gr. Gittermann mit 13 PzKpfw III und V im letzten Moment zum gemeldeten Gefechtsstand des Pz.Vbd. Feller nach Bad Lausick in Marsch gesetzt worden.[180]

Doch die Kompanie in Streitwald stellt sich nicht den amerikanischen Angriffsspitzen entgegen. Stattdessen eröffnen eine Hand voll Soldaten, Hitlerjungen und Volkssturm aus Geithain, die im Straßengraben zwischen der Gaststätte „Grauer Wolf" und dem Schloss Wolftitz in Sichtweite einer Panzersperre Stellung bezogen haben, das Feuer, als sich die Vorauskräfte des CT 44 mit einigen Jeeps und Lastwagen auf der heutigen B 7 über das Eschefelder Kreuz dem Ort im Bereich der Schäferei auf 300 Meter nähern. Auch ein deutsches MG, das im Bereich der alten geschleiften Wolfsburg in Stellung gebracht worden war, jagt kurze Salven Richtung Straße. Während die Fahrzeuge halten und die Insassen Deckung suchen, schließt die nachfolgende Kolonne auf und die vorderen Panzer fahren beiderseits der Straße auf den Feldern in Feuerposition. Der Versuch eines Hitlerjungen, einen der Panzer aus den Wald südlich der Straße heraus mit einer Panzerfaust abzuschießen, scheitert wegen der zu großen Entfernung von über 100 Metern. Sie explodiert vor den Fahrzeugen. Dafür trifft eine Kugeln den Ladeschützen eines der ersten Panzer, Pfc. Charles R. Harsham aus Chili Indiana, der das Turm-MG seines Panzers bedient, tödlich.[181]

Jetzt eröffnen die Fahrzeuge der Kolonne mit ihren Turmwaffen und MG das Feuer. Granaten treffen den „Grauen Wolf" und schlagen im Ort ein und treffen fünf Häuser und Scheunen. Zwei Bauergehöfte an der Wyhra-Furt und das Bahnhofsgebäude werden getroffen. Brände brechen aus. Den erzwungenen Halt der Kolonne des CT 44 nutzen die Besatzungen der Panzer im Streitwald zur Flucht. Unter Zurücklassung von drei Fahrschulpanzern I, die später gesprengt werden, setzen sie sich durch den Wald östlich des Flüsschens Wyhra nach Südosten Richtung Kohren an. Von dort fahren sie über Terpitz Richtung Mulde bevor sich ihre Spur verliert.[182] Ein Hinweis findet sich jedoch im Tagebuch eines Kompanietruppführers einer

Kompanie der Panzertruppe, die hinter der Zschopau zur K.Gr. Gruse tritt. Dieser notiert am 14. April 1945 um 19.00 Uhr vier Gefallene an der Mulde, 1,5km nordöstlich Berthelsdorf bei Lunzenau, die wegen Feindkontakt nicht geborgen werden konnten. Danach wird die Einheit am 15. April im Hainichener Wald an der RAB Chemnitz – Dresden gemeldet, bevor sie an der Zschopau zum Einsatz kam. Dort wird der Tagebuchführer als Zg.Fhr. eingesetzt und die Einheit in die 1.Kp., Pz.Gren.Rgt. Gruse eingegliedert.[183]

In der Zwischenzeit ist der Widerstand am „Grauen Wolf" erloschen. Im Ort erscheinen weiße Fahnen. Die Hand voll Verteidiger flieht, wie es bereits kurz vor dem Eintreffen der Amerikaner eine Gruppe Hitlerjungen aus Roda getan hatte, die ursprünglich bei der Schäferei nördlich der Straße in Stellung lag.[184] Eine Gruppe von 10 bis 12 deutschen Soldaten, die an einer Scheune Stellung bezogen hatte, flieht genau in dem Moment über die Wiese Richtung des Streitwaldes, als die Scheune von einer Phosphorgranate getroffen wird. Eine andere Gruppe versucht über die Dorfstraße zur Wyhra-Furt zu entkommen. Doch während die einen den Wald unbehelligt erreichen, wird die andere Gruppe entdeckt und von einem der Jeeps verfolgt. An der kleinen Fußgängerbrücke über die Wyhra an der Auewiese ergeben sich drei der Flüchtenden mit erhobenen Händen ihren Verfolgern. Doch diese kennen kein Erbarmen. Wohl aus Rache für ihren getöteten Kameraden töten sie nach Zeitzeugenberichten die drei noch auf der Brücke durch Kopfschüsse mit ihren Pistolen. Dann werfen sie sie über das Geländer in das Flüsschen und verbieten den Anwohnern deren sofortige Bergung. Erst am Abend erhält der örtliche Förster den Befehl, die Leichen gemeinsam mit einigen Ortsbewohnern zu bergen. Der herbeigeholte Frohburger Landarzt Dr. Döring kann nur noch den Tod bescheinigen.[185] Es sind der Hauptwachmeister Friedetzki von der Flak.Sw.Abt. 367 (o), Flak.Sw.Rgt. 73, 14. Flak.Div., Wachtmeister G. Churlas und der Schütze Rudolf Jakusch. Sie werden mit den Opfer des Vortages am 15. April in Greifenhain in einem Gemeinschaftsgrab beigesetzt.[186]

Am Vortag hatte um 12.00 Uhr eine Gruppe amerikanischer Jagdbomber einen Güterzug, zu dem auch drei bis vier Kesselwagen gehörten, im Bhf. Streitwald angriffen, als deren Besatzung gerate eine Pause machte. Dabei waren die Kesselwagen sofort in Brand geraten und hatten den Bahnhof und das umliegende Gelände in Brand gesetzt. Brennendes Benzin lief in die Wyhra. Als die Flieger Richtung Kohren abdrehten, hatte die Lokbesatzung unter Einsatz ihres Lebens versucht, den Zug aus dem Bahnhof durch den Wald in Richtung Kohren zu ziehen, doch in diesem Moment waren einige der Flieger zurückgekommen. Diesmal war die Lok ihr Ziel. Getroffen blieb der Zug auf Höhe der letzten Häuser von Streitwald stehen. Nur mit größtem Einsatz war es den Einwohnern unter Führung des Försters mit Hilfe der im Ort befindlichen Zwangsarbeiter gelungen, das Feuer zu löschen. Dabei fand man am Bahnhof den fünf Jahre alten Erhart Jehnich aus Streitwald und den neun

Jahre alten Paul Richter aus Berlin, die durch Bordwaffenbeschuss schwer verwundet worden waren. Während Jehnisch noch auf dem Transport mit einem Privat-Pkw von Frohburg ins Krankenhaus Borna verstorben war, erlag Richter noch am gleichen Tag dort seinen Verletzungen. Als offenbar alarmierte deutsche Jagdflugzeuge eine Stunde später im Luftraum über Streitwald – Kohren erschienen waren, waren die amerikanischen Jagdbomber längst auf dem Rückflug zu ihren Einsatzflughäfen.[187] Auch der gefallene Amerikaner findet seine vorläufige Ruhestätte in Greifenhain. Er wird am 16. April 1945 neben den Deutschen beerdigt. Am 4. Mai 1945 wird er exhumiert und in die Staaten überführt, wo er auf dem Chili Cemetery seiner Heimatstadt seine letzte Ruhestätte fand.[188] Nach diesem kurzen Intermezzo rollt die Kolonne des CT 44 über Roda und Niedergräfenhain nach Geithain.

Um 13.45 Uhr liegt Geithain unverteidigt vor den anrückenden Truppen.[189] Der Stab der Div.z.b.V. 464, der bisher im Raum Geithain lag, hatte sich auf Befehl des Gen.Kdo. XC. AK hinter die Muldelinie zurückgezogen, nachdem auch der Korpsstab am Vortag um 16.00 Uhr Lehma in Richtung Grünlichtenberg bei Waldheim verlassen hatte.[190] Mit den Stäben haben sich auch letzte Wehrmachtsverbände und Gruppen von Volkssturm auf die Zwickauer Mulde zurückgezogen. Darunter auch eine Gruppe von zehn Hitlerjungen aus Geithain, welche im örtlichen Wehrertüchtigungslager in Uniformen eingekleidet, unter Führung eines Lt. Lütte die Stadt in Richtung Colditz verlassen hat.[191] Durch den Abmarsch des Militärs bleibt der Stadt weiteres Unheil erspart, denn am Nachmittag des Vortages hatte der einzige Luftangriff auf die Stadt, ein Tieffliegerangriff auf einen Eisenbahnzug, der vom Haltepunkt Frauendorf kommend in den Bhf. Geithain einfahren wollte, dreizehn Tote und eine große Anzahl Verwundeter gefordert, als die Kugeln der Bord-MG die dort wartendenden Menschen trafen.[192] Um dennoch sicher zu gehen, dass die Stadt nicht beschossen wird, geht der stellv. Bgm. Kurt Müller im Altdorf den Panzerspitzen mit der weißen Fahne entgegen. Kurz darauf rollt die Kolonne durch die Stadt, in der jetzt überall weiße Fahnen wehen. Zu einem Vorfall kommt es, als in der Bruchheimer Straße ein ziviler Pkw den Haltezeichen der Soldaten nicht nachkommt und unter Beschuss genommen wird. Der Fahrer wird dabei lebensgefährlich getroffen und stirbt kurz darauf.[193]

Flankenkräfte des CT 44 besetzen im Zusammenwirken mit den Aufklärern von Süden her widerstandslos Frohburg mit dem großen Schloss. Der Stab der Pz.Ers.Abt. 18 hatte sich mit der Stamm.Kp. befehlsgemäß hinter die Mulde abgesetzt. Von dem Lager mit 500 französischen Zwangsarbeitern im nahegelegenen Benndorf, nordwestlich von Frohburg, bekommen sie nichts mit. Es wird erst am 15. April 1945 durch Kräfte der 1st US Army gesichert. Dann fahren sie über Greifenhain nach Roda, wo sie sich der Hauptkolonne anschließen.

Von Geithain strebt die Hauptkolonne des CT 44 auf der heutigen B 7 über die Königsfelder Höhe in Richtung Rochlitz. Über Poppitz erreichen sie von Norden kommend die Muldestadt Rochlitz, die mit ihre weit sichtbaren Schlosstürmen *„wie auf dem Präsentierteller"* vor ihnen liegt. Dort war bereits am Vormittag Feindalarm ausgelöst worden. Doch zum Glück für die, bisher vom Krieg verschonte, Stadt, stellen sich den Vorauskräften keine Verteidiger entgegen. Auch so scheint alles friedlich. Deshalb bleibt es auch bei einem Schuss aus einer Panzerkanone, die die Lok eines Eisenbahnzuges, der abfahrbereit auf dem Bhf. Rochlitz steht, trifft und zerstört. Doch Personen kommen dabei nicht zu Schaden. Die Eisenbahner hatten beim Auftauchen der Panzer Deckung gesucht. Dann rollt die Kolonne in die Stadt hinein und erreicht den Marktplatz, wo ihnen Bgm. Emil Starke mit der weißen Fahne in der Hand die Stadt übergibt. Aber die Vorauskräfte haben es eilig, denn das Ziel ist die Muldenbrücke. So befehlen sie kurzerhand dem Bürgermeister auf dem ersten Panzer aufzusitzen und fahren weiter zum Clemens-Pfau-Platz. Dabei kommt es an der Einmündung der Fischergasse zu einem ernsten Vorfall. *„Ein Feldwebel der Wehrmacht hatte an der Ecke des Eingangs der heutigen Bäckerei Meichsner mit einer Panzerfaust Position bezogen und schoss diese auf den herankommenden Panzer. Zum Glück kann man sagen, schoss der Feldwebel vorbei und die Panzerfaust landete im Laden des damaligen Schlossermeisters Hartmann."*. Die Stadt hat doppeltes Glück, denn wäre der Panzer getroffen worden und in Brand geraten, hätte dies eine Feuerkatastrophe in der Stadt auslösen können. Und die Panzerbesatzungen bleiben ruhig und schießen nicht sofort wild um sich. Vorsichtig fahren sie weiter über den Platz und die Dresdner Straße zum Sophienplatz vor der Muldenbrücke. Dort müssen sie feststellen, dass die Brücke mit einer teerbestrichenen Barrikade gesperrt ist. Am gegenüberliegenden Brückenplatz sind Waldarbeiter gerate dabei, mächtige Lindenbäume zu fällen. Als die Amerikaner das Feuer auf sie eröffnen, fliehen sie im letzten Moment. Gleichzeitig eröffnet die deutsche Brückensicherung am Südufer das Feuer.

Maj. Rudolf Paulick
Foto: Archiv dob Berlin

Erst jetzt sind sie auf die eigentliche Verteidigungsstellung gestoßen. Rochlitz war als Teil der „Mulde-Stellung" des W.Kr. IV zum Ortsstützpunkt erklärt worden und die Verteidiger hatten gemäß des Befehl zum Halten das Ostufer der Mulde dort ihre Stellung bezogen. Aber der Rochlitzer Volkssturm war dem Aufruf nicht gefolgt und hatte sich aufgelöst. Lediglich einige Hitlerjungen des HJ-Bann 214, Sachsen-Mitte, Rochlitz hatten sich gemeldet. So stellt sich den Amerikanern nur eine Kompanie Ungarn und versprengte deutsche Soldaten, die man auf Befehl des K.Kdt. Maj.d.R. Rudolf Paulick[194] an der Brücke eingesammelt und in die Verteidigung

Luftaufnahme der USAAF von Rochlitz und der Muldenbrücke vom 16. April 1945
Luftbild Nr.1063, Luftbilddatenbank Ingenieurbüro Dr. Carls, Estenfeld

eingegliedert hatte, entgegen. Paulick, der nach der Verwendung als Kdr. einer Flak.Abt. der Luftwaffe in Skandinavien bei der Eisenbahnflak in Mitteldeutschland gelandet war, war nach dem Verlust seines Zuges entweder vom W.Kr. IV oder der Div.z.b.V. 464 zum K.Kdt. von Rochlitz ernannte worden. Aus MG-Stellungen auf dem Schmiedeberg und mit einer 2cm-Flak auf dem Galgenberg feuern seine Männer jetzt auf die Panzerinfanteristen der Co. C, 44th AIB, die in Brückennähe an der Uferstraße in Deckung gehen. MG-Trupps nisten sich in den Häusern ein. Die amerikanischen Geschosse treffen *„die Villa an der Geringswalder Straße, die Schmiede, die Brückenschänke und die Gebäudereinigung neben der Brückenschänke sowie das Gut Kaden"*. Nur das Schweizerhaus bleibt verschont, denn französische Zwangsarbeiter hatten die Amerikaner informiert, dass sich dort ein Lazarett für französische Kriegsgefangene befindet. Es kommt zu heftigen Schusswechseln über die Mulde hinweg. Daraufhin greift die amerikanische Artillerie aus Stellungen bei Königsfeld in die Kämpfe ein. Auch Granatwerfer lenken ihr Feuer auf das Südufer. Gegen 18.00 Uhr erreicht das amerikanische Feuer seinen Höhepunkt, dann überqueren Panzerinfanteristen mit herangebrachten Sturmbooten des 25th Armd Engr Bn den

Fluss unterhalb der Brücke beim Stadtbad. Gleichzeitig stürmen Panzerinfanteristen und Pioniere die Brücke und beginnen mit der Beseitigung der Barrikade. Bis Mitternacht halten die Kämpfe an. Erst nachdem sich die Verteidiger Richtung Gröblitz und Seelitz zurückgezogen haben, gelingt es in der Nacht die intakt gebliebene Brücke zu sichern. Aber der Preis ist hoch.[195] Bei den Kämpfen wird u.a. SSgt. John R. Rutter von der Co. C, 44th AIB im Eckhaus Uferstraße/Muldenbrücke getötet und mehrere seiner Kameraden schwer verwundet, darunter der Cpl. Chester C. Elliott.

Für ihre Tapferkeit werden Tec Sgt. Lawrence E. Andes von der Co. C, 44th AIB, der seinen Platoon beim Angriff über die Brücke angeführt hatte, mit dem Silber Star ausgezeichnet. Für seine Tapferkeit erhält auch Pfc. Walter H. DuBard Jr. vom Med Det. des 44th AIB den Silber Star. Er hatte unter schwerem Beschuss einem verwundeten Kameraden im Brückenkopf Hilfe geleistet. Gleiches gilt für den Kompaniesanitäter Pvt. Harold E. Edwards. Der war zwei Schwerverwundeten zu Hilfe geeilt und dabei selber getroffen worden. Dennoch hatte er weiter erste Hilfe geleistet und war bei dem Versuch, einen verwundeten Offizier mit seinem eigenen Körper vor den Kugeln zu schützen, tödlich getroffen worden. Ihm wird posthum der Silver Star verliehen.[196] Auf deutscher Seite kommen an diesem Tag mindestens elf Soldaten ums Leben, die ihr Grab auf dem Rochlitzer Friedhof finden. Weitere sterben in den Tagen danach an ihren erlittenen Verwundungen, darunter auch Paulick, der am 29. April 1945 im Res.Laz. Rochlitz seinen Verletzungen erliegt.[197] Unter den Toten ist auch der gerade einmal 17 Jahre alte Ludwig Wolf aus Zwiesel im Bayerischen Wald.[198] Eine Gedenktafel an der Brücke erinnert heute an die Geschehnisse an jenem 14./15. April 1945.

Erst jetzt überqueren auch die unterstellten Panzer der Co. C, 69th Tk Bn unter Führung von Capt. Donald T. Kirchner die Brücke und unterstützen die Panzerinfanteristen bei der Sicherung des Brückenkopfes. Bei der Durchsuchung der Stadt stossen die Panzerinfanteristen auf das verlassene Außenkommando Rochlitz des KZ Flossenbürg bei der Mechanik GmbH Rochlitz, einem Produzenten von Flugzeugteilen. Die weiblichen Häftlinge waren bereits im 28. März 1945 evakuiert worden.[199] Das HQ der unterstellten Co. A, 25th Engr Bn erreicht mit dem 2nd Plat. um 21.00 Uhr (B) Stollsdorf und hält über Nacht. Die Co. B, 76th Armd Med Bn, die dem CCB zugeteilt wurde, geht am Nachmittag nach Waltersdorf, verlegt dann nach Ossa, wo sie 19.00 Uhr (B) gemeldet wird und erreicht 22.00 Uhr (B) Carsdorf. Der CP CCB entfaltet in Stollsdorf. Das 86th CC, 86th CavRcnSq bewegt sich ab 06.15 Uhr (B) den Anweisungen des V. US Corps folgend von Pegau aus nach Südosten und vereint sich mit dem CCB. Nach der Rückkehr in die Zone der 6th US AD übernimmt es erneut den linken Flankenschutz des Corps und bewegt sich entlang der Nordroute des CCB, wobei es den Kontakt zur 9th US AD hält. Als das 86th CC um 16.45 Uhr die Stadtränder von Geithain erreicht, erhält der CG der 6th US AD, Gen. Grow, den Befehl des Corps zum Halt an der Mulde.

Luftaufnahme der USAAF von der Flakstellung Wildenborn vom 8. April 1945
Luftbild: Luftbilddatenbank Ingenieurbüro Dr. Carls, Estenfeld

Südlich von Zeitz beginnt um 07.00 Uhr (B) das CCA der 6th US AD mit der Kolonne des CT 15 auf der Nordroute und der Kolonne des CT 9 auf der Südroute seinen Angriff. Um 06.45 Uhr (B) versammelt der CO CT 9, 9th AIB, Maj. Morse, seine Kompaniechefs und erteilt die Befehle für den weiteren Vormarsch. Um 07.15 Uhr (B) setzt das CT 9 den Vorstoß von Droßdorf aus fort und besetzt kampflos das weißbeflaggte Rippicha. Doch beim weiteren Vorrücken Richtung Nedissen treffen sie am Rödener Holz auf die Einheit, die sich mit ihrer Pak am Vortag von der Rippichaer Windmühle zurückgezogen hatte. Daraufhin nehmen die Panzer den Wald unter Beschuss, aber erst als ein Jagdbomber zwei Bomben über ihren Positionen abwirft, ergeben sie sich. 30 Mann marschieren in Gefangenschaft.[200] Über Nedissen und Großpörthen geht es weiter in die Umgebung von Wildenborn, wo die Vorhut um 08.40 Uhr (B) auf deutsche Panzervernichtungstrupps trifft. Daraufhin zieht sich die Co. A, 9th AIB gemeinsam mit dem HQ 9th AIB zurück und einige Sherman-Panzer in Begleitung von zwei Plat. Panzerinfanteristen der Co. A, 9th AIB, rücken vor und beseitigen den Widerstand. Dabei erhalten sie starkes Feindfeuer aus Richtung Wildensee.

Die 8,8cm Flakgeschütze der Großbatterie der s.Flak.Abt. 307 (o), Flak.UGr. Böhlen-Zeitz, zwischen Wildenborn, Wildensee und Geußnitz die bereits am Vortag die Nordkolonne des CCB der 4th US AD zu einem Umweg gezwungen hatten, nehmen jetzt die anrückende Kolonne unter direkten Beschuss.[201] Erst wenige Tage vorher hatte man die Geschütze der Wildenseeer Batterie mit Hilfe von KZ-Häftlingen angehoben und so erdkampffähig gemacht.[202] Der Vormarsch kommt zum Halten.

Das 274th AFA Bn der 193rd FA Gp, das den Vormarsch des CCA direkt unterstützt, fährt in Stellung und nimmt die Flakstellung unter Beschuss, während die Co. B, 9th AIB, den Widerstand umgeht und über Großpörthen und Wittgendorf nach Mahlen vorrückt. Beide Orte waren bereits am 13. April 1945 von Einheiten der 4th US AD passiert, aber nicht besetzt, worden. Um 11.15 Uhr (B) wird das CT 9 durch die zurückgebliebenen Teile verstärkt und um 11.50 Uhr (B) werden ihm die Co. E und F, 2./304 sowie von der Co. G eine Sect. 60mm Granatwerfer und die lMG Sect. mit ihren .30cal MG und die Cn Co. 304 zugeteilt, die sich daraufhin von Droßdorf aus mit Lastwagen auf den Weg machen. Gegen 11.50 Uhr (B) erreichen die Panzerinfanteristen der Co. B in Schützenkette über das freie Feld vorgehend aus Richtung Westen den Ort Kayna, wo weiße Fahnen wehen. Von Roda her folgen die Panzer und Halftracks des CT 9.

Als die Soldaten vorsichtig, nach allen Seiten sichernd, in den Ort einrücken, hören sie plötzlich aus einigen der Häuser vertraute Stimmen: *„Do not fire, here are good people (Schießt nicht, hier wohnen gute Leute).“* Dann öffnen sich die Türen und aus den Häusern kommen ihnen freudenstrahlende Gestalten in amerikanischen Uniformen entgegen. Glücklich fallen sie den überraschten Panzerinfanteristen in die

Arme. Es sind amerikanische Soldaten, die zu einer Marschgruppe von zirka 200 bis 300 amerikanische Kriegsgefangenen gehören, die man wenige Tage zuvor aus Zeitz evakuiert hatte. Unter der Bewachung von vier älteren Landesschützen waren sie auf dem Marsch nach Altenburg, als sie am 12. April 1945 bei einer Rast auf dem Schützenplatz in Kayna in einen amerikanischen Tieffliegerangriff geraten waren. Einige Jagdbomber, deren Angriffsziel die Flakstellungen bei Wildenborn und Nißma waren, hatten vor der Rittergutscheune in Kayna einen Panzerspähwagen und einige Wehrmachtsfahrzeuge ausgemacht und die in der Nähe lagernde Kolonne der Kriegsgefangenen für deutsche Truppen gehalten. Ihre verzweifelten Versuche, die anfliegenden Jagdbomber durch Winken und Rufen zum Abdrehen sie bringen, waren erfolglos geblieben. Als die ersten Geschosse der Bordkanonen im Ort einschlugen, hatten sie in den Kellern der umliegenden Häuser Schutz gesucht. Zehn Bomben waren im Ort eingeschlagen und hatten zu Zerstörungen geführt. Zwei der Bomben hatten das Schützenhaus am Schützenplatz getroffen, obwohl es als Behelfslazarett gekennzeichnet war. Zum Glück wurde aber niemand dabei getötet. Das Gebäude brannte bis auf die Grundmauern nieder. Zwei weitere Bomben hatten die Quellmalz'sche Mühle am Kirchplatz getroffen und in der Weinbergstraße töteten die Bomben den Umsiedler Franz Löhrer.[203] Dann war der Spuk vorbei. Als der Dorfgendarm Schumacher und die Bewacher die, überall in Kellern und Häusern verstreuten, Kriegsgefangenen zum Weitermarsch zusammentreiben wollten, war es kleinen Gruppen von ihnen gelungen, sich mit Hilfe der Bewohner zu verstecken. Erst nachdem die Kolonne unter Bewachung von drei Mann in der Nacht den Ort in Richtung Altenburg verlassen hatte, waren die Verbliebenen aus ihren Verstecken hervorgekommen. Doch was sollten sie jetzt machen? Noch war die Gefahr, durch deutsche Truppen, Polizei oder überzeugte Nazis entdeckt oder verraten zu werden, zu groß. Aber der, vom Feuerschein erhellte, westliche Nachthimmel und das immer lauter werdende Donnern der Geschütze kündete von der, sich unaufhörlich nähernden, Front. So hatten sie sich entschlossen, in Kayna zu bleiben und hier auf ihre Befreiung zu warten. Erst als anschwellende Motorengeräusche an diesem 14. April 1945 das Heranrücken der amerikanischen Kolonnen ankündigte und die ersten Soldaten zwischen den Häusern auftauchten, hatten sie ihre Verstecke auf dem Friedhof, in den Kellern und auf den Dachböden verlassen und sich als Dank für die Hilfe durch die Bevölkerung schützend vor ihre Helfer gestellt.[204]

Während die Co. B in Kayna steht, meldet gegen 14.15 Uhr (B) der Vorgeschobene Beobachter des 274th AFA Bn, dass die Geschütze der Flakstellung Wildenborn zerstört und die Masse der Besatzung verwundet oder getötet wurden. Aber erst als vom CT 15 die Nachricht kommt, dass deren Panzer jetzt die Stellung angreifen, setzt die Co. A, 9th AIB mit der Comd Sect und die unterstellten Panzer den Marsch fort. Sie folgen der Route der Co. B über Großpörthen, Wittgendorf und Mahlen und in Kayna vereinigt sich das CT 9. Gegen 16.10 Uhr (B) setzt sich die Kolonne erneut Richtung Zettweil in Marsch. Doch schon hinter dem Ortsausgang von Kayna zwingt Panzerabwehrfeuer den Rcn Plat. an der Spitze der Kolonne in Deckung. Eine deutsche Pak am Kreuzweg Kayna – Zettweil nimmt die amerikanischen Truppen unter Beschuss. Die nachfolgende Comd Sect zieht sich sofort in den Schutz des Dorfes zurück. Eine zweite deutsche Pak am Ende des Steingrunds nimmt amerikanische Fahrzeuge ins Visier, die sich über die Jägerstraße dem Wasserbehälter nähern. Dabei wird ein, mit Munition beladenes, Halbkettenfahrzeug des AG Plat. am Waldrand unterhalb des Wasserbehälters getroffen und geht in Flammen auf. Jetzt wird die Situation für die Kaynaer Bevölkerung doch noch einmal gefährlich. Die Wut über den plötzlichen Beschuss bekommen die in der Nähe befindlichen Bewohner zu spüren. Ruppig werden sie zum Verlassen der Häuser aufgefordert.[205] Während die Verwundeten versorgt werden, stoppt Maj. Morse den Vormarsch und versammelt das CT 9 wieder in Kayna. Das nutzen die deutschen Panzerjäger, die zur Pz.Jg.Ers.u.Ausb.Abt. 4 Borna gehören, und setzen sich Richtung Osten ab.[206] Die Abteilung, die zur Div.z.b.V. 464 gehört, hat sich zu diesem Zeitpunkt bereits von Borna zur Mulde bei Colditz zurückgezogen.

Um 17.00 Uhr (B) werden deutsche Geschütze bei Dobraschütz gemeldet.[207] Feindliches Feuer wird auch von Naundorf her beobachtet. Daraufhin wird Luftunterstützung angefordert. Um 18.30 Uhr (B) schwenkt das CT 9, ohne weiter zu versuchen, Richtung Zettweil vorzurücken, nach Süden und weicht dem feindlichen Widerstand in einem großen Bogen über Roda, Hohenkirchen und Bröckau, Pölzig, Sachsenroda und Hartha aus. Eine kleine Gruppe marschiert von Kayna über Wernsdorf, Tanna und Oberkossa, dass ähnlich wie Wittgendorf und weitere Orte südlich von Roda bereits am Vortag von der 4th US AD passiert wurde. In Dobitschen, das ein deutscher Stab kurz zuvor fluchtartig verlassen hat, vereinigen sich die Kräfte des CT 9 und beziehen um den Ort ein Biwak für die Nacht.[208] Das 274th AFA Bn folgt nach Oberkossa. Im Tagesergebnis meldet das CT 9 insgesamt 74 deutsche Gefangene.

Das CT 15, 15th Tk Bn, verlässt am Morgen seinen Versammlungsraum bei Breitenbach und passiert Droßdorf, von wo aus sich kurz zuvor das CT 9 aufgemacht hat.[209] Über Rippicha und Röden rollt die Kolonne Richtung Geußnitz und gerät wie die Südkolonne zuvor unter direkten Beschuss aus Richtung Wildensee. Ein Beobachter auf dem Turm der Kirche in Geußnitz leitet zielsicher das Feuer der Flakgeschütze zwischen Geußnitz, Wildensee und Wildenborn. *„Als der erste US-Panzer am Kreuzacker die Straße Zeitz – Großpörthen erreichte, fiel der erste Artillerieschuss. Auf einmal hielt die ganze Kolonne. Lastkraftwagen und Jeeps fuhren an die Seite. Die Panzer fuhren vor. Sie verteilten sich auf den Feldern des Rödener Berges und schossen in Richtung Flakstellung Geußnitz"*.[210] Hinter den Panzern fahren die Haubitzen des 274th AFA Bn in Stellung und erwidern das Feuer. Erst als der Kirchturm von Geußnitz zerschossen wird, lässt der gezielte Beschuss nach.[211] Ein deutscher Soldat, der dort als Melder zur Poststelle eingesetzt ist, die sich neben der Kirche befindet, stirbt bei dem Beschuss auf dem Kirchenvorplatz.[212]

Geschütz Dora in der Flakstellung Wildensee
Foto: Herbert Ebeld, Sammlung Volker Thurm, Kayna

Gegen Mittag dringen die Panzer in Geußnitz ein. Eine Einheit deutscher Soldaten, die am Nachmittag des Vortages westlich von Geußnitz Stellung bezogen hatten, hatte glücklicherweise den Ort am Morgen mit Lastwagen verlassen.[213] So sind die Schützengräben am Westrand des Dorfes, die die Geußnitzer Bevölkerung graben musste leer und die, vom Volkssturm errichtete Barrikade aus hochgestellten Bauernschlitten unbesetzt.[214] Im Ort, wo die Bevölkerung seit Auslösung des Feindalarms am Vortag Schutz im LS-Bunker und Kellern gesucht hat, ergeben sich den Panzersoldaten in einem Bunker am Schwanenteich widerstandslos mehrere Angehörige der Flakstellung, die hier Schutz gesucht hatten. Dann setzt sich die Kolonne wieder in Bewegung und rollt nach Wildenborn. Beim Eindringen in das Dorf wird vor dem Großpörthener Tor des Rittergutes ein junger deutscher Soldat erschossen. Dann gehen die Panzer hinter dem Wildenborner Wasserturm in Feuerposition und nehmen die Flakstellung unter direkten Beschuss. Ein Geschütz der Wildenseeer Flakbatterie erwidert auf Befehl eines Leutnants das Feuer, trifft einen der Panzer aber nur an der Kette. Die nächste Panzergranate zerstört das Geschütz vollständig. Ein Flaksoldat stirbt, ein zweiter namens Böttger wird schwer verwundet und wird zum Verbandsplatz in das Scheider'sche Gut in Wildensee gebracht.[215]

Mit Unterstützung der Artillerie werden bis 14.15 Uhr (B) die Geschütze der Flakstellung zum Schweigen gebracht. Dabei erhalten auch die Scheune und der Stall des

Scheider'schen Gutes Treffer und brennen ab.[216] Rauchwolken stehen über der Stellung, als die Panzer gegen 15.20 Uhr (B) eindringen. Die meisten Luftwaffen- und RAD-Bedienungen der 2. und 3./s.Flak.Abt. 458 und der 7./s. RAD Flak.Abt. 357 haben zu diesem Zeitpunkt bereits die Stellung verlassen und sind trotz eines, am Morgen durch einen Offizier vom Stab der 14. Flak.Div. per Motorrad überbrachten, Durchhaltebefehls geflohen.[217] Die Verbliebenen ergeben sich und marschieren über Geußnitz in die Kriegsgefangenschaft. In der Stellung werden fünfunddreißig Geschütze vorgefunden.[218] Später bergen Anwohner sieben tote deutsche Soldaten in der Stellung und Umgebung und beerdigen sie am 17. April 1945 auf dem Friedhof Geußnitz.[219] Während die begleitenden Infanterie die Umgebung der Flakstellung nach versteckten Soldaten absucht, sichten sie zwischen 16.00 und 18.00 Uhr bei Stockhausen einige Ortsbewohner, die das Geschehen beobachten und halten sie irrtümlich für deutsche Soldaten. In der Annahme, dass ein Gegenangriff erfolgen soll, nehmen sie die Beobachter unter Panzerbeschuss. Zwei Wochen später findet man auf Schramm's Feld an der Bockwitzer Ecke einen gefallenen deutschen Soldaten und beerdigt ihn auf dem Geußnitzer Friedhof.[220]

Dann rollen die Panzer weiter über den Geußnitzer Berg, wo sie 16.30 Uhr (B) gemeldet werden, und Suxdorf auf Würchwitz zu. Hier hatte eine Gruppe deutscher Soldaten eines Pz.Jagd.Kdos., die am 13. April 1945 unter Führung eines Offiziers mit Fahrrädern und Panzerfäusten aus Borna eingetroffen war, Stellung bezogen. Als sie kurz darauf wieder abrückten, waren sie in der Nähe des Bauerngutes von Werner Schneider unter Tieffliegerbeschuss geraten, wobei ein junger Soldat getötet wurde. Nachdem ihm der Offizier die Erkennungsmarke abgenommen hatte, waren sie Richtung Spora davon geradelt. Der Tote wurde noch am gleichen Tag von Bauern nach Lobas gebracht, wo er nachts heimlich als unbekannter Soldat beerdigt wurde.[221] Jetzt schlagen Granaten in Würchwitz und Lobas ein, wo einige Gebäude in Flammen aufgehen. Als sich gegen 19.00 Uhr die Panzer querfeldein Würschwitz nähern, wehen weiße Fahnen. Gutsbesitzer Schneider hisst auf dem Glockenturm ein weißes Bettlaken.[222] Ohne Aufenthalt geht es Richtung Spora, wo auf dem Kirchturm ebenfalls die weiße Fahne weht. Vor dem Ort kommt es zu einem Feuerwechsel mit einer Gruppe Soldaten, wobei der Ofw. Bräutigam aus Plauen und Uffz. Einer aus Dresden getötet werden.[223] *„Die amerikanischen Panzer standen auf dem Feld zwischen den Straßen nach Zettweil und zur Meutitzmühle. Otto Beyer und der Lehrer Otto Schmidt gingen mit einer weißen Fahne in der Hand den Amerikanern entgegen und meldeten, dass sich im Hause des Lehrers drei Verwundete befinden. Daraufhin wurden die drei Verletzten noch am Abend von den Amerikanern abgeholt und in das Zeitzer Krankenhaus gebracht."*[224]

Erneut geraten die vorausfahrenden Aufklärungskräfte unter Flakbeschuss. Jetzt feuern aus Richtung Nißma die 8.8cm Geschütze der ebenfalls zur s.Flak.Abt. 307 (o) gehörenden „Hermann-Göring-Flakstellung" zwischen Nißma und Kleinröda auf

Oben: Luftaufnahme der USAAF von der Flakstellung Nißma vom 8. April 1945
Luftbild: Luftbilddatenbank Ingenieurbüro Dr. Carls, Estenfeld
Unten: Die neuen Flakgeschütze sind in Nißma eingetroffen, August 1944
Foto: Werner Landau, Sammlung Volker Thurm, Kayna

die Fahrzeuge. Die Stellung war in den Jahren 1943/44 auf der Anhöhe zwischen Kleinröda und Nißma entstanden und umfasste Ende 1944 drei Batterien mit 36 Geschützen. Hinzu kommen eine Flakscheinstellung mit Holzattrappen bei der Leesener Delle und eine Scheinwerferstellung bei Posa. Ein mit Glühbirnen beleuchtetes Scheinwerk Richtung Tegkwitz bis Schlauditz und eine Raketen-Startanlage, im Volksmund, „Wilder Max" genannt, zum Verschießen von Leuchtraketen, die die alliierten Bomber täuschen und zum Scheinwerk führen sollten, an der Kreuzung nach Leesen und Meuselwitz ergänzen die Anlagen zum Schutz der DEA-Mineralölwerke Rositz.[225] An diesem 14. April 1945 befinden sich jedoch nur noch 31 intakte Geschütze in der Stellung, die jetzt den Kampf mit den anrückenden amerikanischen Truppen aufnehmen.[226] Noch in der Nacht vom 11./12. April 1945 hatte man vier Geschütze der 8./Flak.Abt. 307 auf Behelfslafette verladen und unter dem Kommando des Batteriechefs, Hptm. Theiß, zur RAB Berlin – München, nordöstlich von Weißenfels, gebracht, um dort durchbrechende Panzer aufzuhalten. Ein Geschütz, das bei der Beladung beschädigt wurde, war zurückgeblieben.[227]

Doch die Geschütze feuern nicht nur auf die amerikanischen Truppen. Auch der Kirchturm von Spora mit der weißen Fahne wird unter Beschuss genommen. Nach Angaben des Flakkanoniers Gerhard Richter, hatte das Geschütz, welches sich in Schussrichtung der Kirche befand, den Befehl zum Schießen erhalten. Aber die Granaten treffen, ob gewollt oder ungewollt, nicht. Ob der Befehl gegeben wurde, weil man dort amerikanische Beobachter vermutete oder ob die Granaten der weißen Fahne galten, ist jedoch nicht überliefert. Beides ist in diesen Tagen möglich. Daraufhin fahren die Panzer in Deckung und erwidern das Feuer. Auf Grund des Widerstandes und der einbrechenden Dunkelheit halten die vorderen Teile der Kolonne des CT 15 für die Nacht. Sechs amerikanische Haubitzen, die bei Wittgendorf im Pfarrholz in Stellung gehen, eröffnen gemeinsam mit dem 212th AFA Bn, das gegen 17.00 Uhr (B) den Panzern nach Würchwitz folgt, das Feuer und schicken bis gegen 21.00 Uhr ihre Granaten in Richtung der Flakstellung.[228] Dabei trifft eine Granate in Zettweil eine Scheune.[229]

In der Nacht werden von der Flakstellung Nißma Patrouillen in die Umgebung ausgesandt, um einen Überraschungsangriff zu verhindern. Man vermutet einen Angriff aus Richtung Neupoderschau. Doch die Patrouillen kehren ohne Feindberührung zurück.[230] Trotz der aussichtslosen Lage sind die Batterieoffiziere, Hptm. Schenk und Oblt. Gnann nicht bereit, aufzugeben und damit das Leben der überwiegend 17 bis 19-jährigen Flaksoldaten zu retten. Lediglich die wenigen verbliebenen Luftwaffenhelfer werden noch in der Nacht nach Hause geschickt.[231] Doch nicht alle folgen diesem Angebot. Fanatischer Siegesglaube, falsches Ehrgefühl oder Angst vor dem Danach halten sie von diesem Schritt ab. Gründe für sinnlose Entscheidungen gibt es in diesen Tagen viele. Aber einige von ihnen wissen auch einfach nicht wohin, denn ihr Zuhause liegt in den bereits besetzten Gebieten. So stapeln die jungen Kanoniere die Granaten für den letzten Kampf in den Stellungen neben den Geschützen.[232] Ängstlich horchen die Posten in ihren Schützenlöchern in die Nacht, wo immer wieder das Rasseln von Panzerketten und heulende Panzermotoren von der Nähe des Feindes zeugen.

Hptm. Schenk
Foto: Sammlung Volker Thurm, Kayna

Die Co. B, 25th Armd Engr Bn, die den Vormarsch des CCA begleitet, verlässt mit dem 3rd Plat. um 07.45 Uhr (B) Wetterzeube und wird bereits nach kurzem Marsch durch die haltende Kolonne des CT 15 gestoppt. Erst nachdem die Flakstellung bei Wildensee genommen ist, folgen am Nachmittag die Pioniere und zerstören die Flakgeschütze. Um 19.00 Uhr (B) Abend setzen die Pioniere den Marsch fort und werden aber wenig später erneut zum Halt und zur Umkehr gezwungen, da jetzt der Vormarsch bei Nißma zum stocken kommt. Außerhalb von Droßdorf warten sie auf den nächsten Tag. Auch die Co. C. 76th Armd Med Bn, die dem CCA zugeteilt wurde, hält in Droßdorf. Die HQ Co. CCA hält mit dem Btry.CP Btry. A, 777th AAA AW Bn ab 20.00 Uhr (B) in Röden.

Das CCR der 6th US AD, bei dem noch immer das CT 50, 50th AIB in Zeitz im Kampf steht, erhält um 07.00 Uhr (B) den Befehl, mit dem CT 68 die Weiße Elster südlich von Zeitz zu überqueren und sich dann östlich der Stadt mit dem CT 50, das durch die 76th US InfDiv abgelöst werden soll, zu vereinen. Dann soll das vereinte CCR dem CCA nach Altenburg zu folgen. Um 10.00 Uhr (B) besetzt das CT 50 das Kasernengelände in Zeitz und ab Mittag verlassen die ersten Teile die Stadt, die jetzt unter die Kontrolle der 76th US InfDiv geht. Es soll jedoch bis 16.00 Uhr (B) dauern, bis auch die letzten Teile den vorläufigen Versammlungsraum am südöstlichen Stadtrand erreicht haben. Dort müssen sich die Männer, die durch die Kämpfe völlig ausgelaugt sind, erst einmal erholen und neu organisieren.

In der Zwischenzeit hat sich das versammelte CT 68, 68th Tk Bn so gruppiert, dass es nach Überquerung der Weißen Elster ohne Halt nach Osten vorrücken kann und dabei in der Lage ist, den Kampf aus der Bewegung zu führen. Die Vorauskräfte, die den Vormarsch anführen sollen, bestehen aus der Co. D, 68th Tk Bn ohne ein Plat., dem Rcn Plat. HQ Co. 68th Tk Bn, einer Sect. mittlerer Panzer und einer Sect. Pioniere des 1st Plat. Co. C, 25th Armd Engr Bn. Die nachfolgende Vorhut der Hauptkolonne bilden die Co. A, 50th AIB ohne zwei Plat. und ein Plat. mittlerer

Panzer. Ihr folgen unmittelbar die Sturmgeschütze des AG Plat. HQ Co. 68th Tk Bn, um sofort bei der Bekämpfung auftretende Widerstandsherde unterstützen zu können. Dann folgen die Hauptkräfte die Co. C, 68th Tk Bn, der sich südlich von Zeitz die Co. B, 68th Tk Bn anschließen soll, mit je einem Platoon aufgesessener Panzerinfanteristen der Co. A, 50th AIB, dem Mort Plat. HQ Co. 68th Tk Bn, dem 1st Plat. Co. C, 25th Armd Engr Bn und den zugeteilten Sanitäts- und Versorgungselementen. Das Ende der Kolonne bildet ein Platoon der Co. D, 68th Tk Bn als Nachhut.

Dann überquert das CT 68 bei Grana die Ablauflinie für den Marsch nach Süden. Bei Wetterzeube führt Lt.Col. Davall seine Kolonne über den Fluss und fährt nach Osten. Westlich von Geußnitz schwenkt sie nach Norden, um in ihren geplanten Vormarschabschnitt zu kommen und erreicht über Hainichen die R 180 Zeitz – Meuselwitz. Dort nimmt sie die Co. B, 68th Tk Bn, die gemeinsam mit der Co. A, 68th Tk Bn das CT 50 in Zeitz unterstützt hatte, auf. Die Umgebung säubernd, geht das CT 68 weiter nach Gleina, wo eine größere Gruppe von 400 alliierten Kriegsgefangenen bei Burtschütz befreit wird und Gefangene gemacht werden. Zwischen Gleina und Sabissa wird die Kolonne aus Richtung Nißma beschossen.[233] Wenig später wird der Kontakt zum CT 50 hergestellt, das gerade mit dem Marsch in den Raum Prehlitz, südwestlich von Meuselwitz, beginnt. Anschließend werden die Orte Sabissa, Zipsendorf und eine Eisenbahnbrücke in der Nähe des Ortes gesichert.

Dann erreichen sie die Kleinstadt Meuselwitz, die schwer gekennzeichnet ist von den Spuren früherer Luftangriffe, der 85% der Gebäude der Stadt zum Opfer gefallen sind. Als Standort der Braunkohleindustrie des sogenannten Meuselwitz-Rositzer Braunkohlereviers und des Werks Meuselwitz der Hugo Schneider AG, HASAG, dem Alleinproduzenten von Panzerfäusten, war die Stadt und Umgebung am 30. November 1944 Ziel eines Luftangriffs der 8th USAAF und in der Nacht vom 19./ 20. Februar 1945 von Bombern des britischen Royal Bomber Commands geworden. Insgesamt rund 200 Tonnen Bomben waren auf die Stadt niedergegangen und hatten neben materiellen Schäden 250 Menschen getötet, darunter 42 Zwangsarbeiterinnen. Sie gehören zu den vielen Zwangsarbeitern, die neben Kriegsgefangenen und KZ-Häftlingen in den Lagern der Stadt untergebracht sind und in den Werken und in der Grube Phönix bei Mumsdorf Sklavenarbeit verrichten.[234] Dabei kommt es auch zu erheblichen Zerstörungen am Meuselwitzer Schloss der Familie von Seckendorff.[235]

Da trotz des zu vorherigen Abwurfs von Flugblättern[236] mit Verhaltensanweisungen bei einer bevorstehenden Besetzung keine Zeichen von Kapitulationsbereitschaft erkennbar sind, feuern die Panzer mehrere Granaten in Richtung Stadt ab, die aber lediglich geringe Schäden verursachen. Dennoch kommt es zu Opfern. *„Eine Frau kam in der Horst-Wessel-Straße gegenüber dem Gaswerk ums Leben.“*[237] Dann erscheint die weiße Fahne auf dem Rathausturm. *„Meine Mutter opferte ein Betttuch. Dieses wurde einmal zerrissen. Dann ging mein Vater mit Herrn Otto zum Rathaus. Beide stiegen auf den Rathausturm. Eine Betttuchhälfte wurde als Zeichen der Kapitulation am Rathaus-*

turm gehisst, die andere Hälfte wurde über die Brüstung gehängt. Danach wurde das Feuer der Amerikaner sofort eingestellt.“[238] Meuselwitz wird kampflos besetzt. Der örtliche Volkssturm, der unter anderem in der Straße der HJ (Georgenstraße) an der Eisenbahnbrücke Posten bezogen hatte, hat sich aufgelöst. Die Panzersperren Richtung Neupoderschau sind unbesetzt.[239] Als die ersten Panzer auf der Hauptstraße durch die Stadt rollen, werden sie freudig von befreiten Zwangsarbeitern aus dem HASAG-Werk an der Ringstraße (heute Nordstraße) begrüßt. Das Außenkommando HASAG Meuselwitz des KZ Buchenwald hatte man bereits Anfang April 1945 aufgelöst und die weiblichen KZ-Häftlinge per Bahn am 9. April 1945 Richtung Protektorat evakuiert, die 325 männlichen Häftlinge wurden praktisch im letzten Moment am 12. April 945 in Richtung Theresienstadt im Marsch gesetzt.[240] Über den Verbleib der Flak.Bttr. z.b.V. 5560 mit ihren vier 8,8cm Flakgeschützen 41, deren Stellung sich im Raum Meuselwitz befand und die bis April 1945 existiert haben soll, ist nichts bekannt.[241] In der Stadt wird Bgm. Kurt Sachse abgelöst.[242]

Nach kurzem Halt rollt die Kolonne *„auf der Reichsstraße 180 ohne Gegenwehr in Richtung Altenburg“*[243] und erreicht am Abend Rositz, wo nichts auf eine Verteidigung hindeutet. Widerstandslos besetzt sie den Ort, nachdem ihnen zwischen 20.00 und 21.00 Uhr Bgm. Reißenweber auf der R 180 mit der weißen Fahne entgegen kommt. Eine Einheit der Waffen-SS, dies sich zeitweise im Ort aufhielt, ist längst abgerückt und der Volkssturm hat sich aufgelöst. Der Führer des örtlichen VS-Btl. hatte sich trotz ausdrücklichen Befehls des NSDAP-Kreisleiter Max Hauschild, der seinen Befehl in einem Telefonat noch einmal ausdrücklich betont hatte, geweigert, die vorbereiteten Panzersperren auf der Reichsstraße zu schließen. Auch die große Brücke ist noch intakt. Der zuständige VS-Kp.Führer hatte die Sprengladungen entfernt.[244] Wie in Meuselwitz interessieren sich die Panzerinfanteristen auch diesmal nicht für die Industrieobjekte, in diesem Falle die nahegelegenen Mineralölwerke Rositz der Deutschen Erdöl-AG DEA. Um die Fabrik und die anderen Betriebe kümmern sich erst später die nachfolgenden Infanteristen.

Vom ehemaligen Flakschutz des Industriestandortes Rositz ist zu diesem Zeitpunkt nichts mehr übrig. Dabei hatte man bereits 1940 vor dem Überfall auf Frankreich mit dessen Aufbau begonnen und ihn nach dem ersten Erscheinen britischer Bomber im Herbst 1940 durch Scheinwerferstellungen und Sperrballons verstärkt. 1943 verfügte er über 43 Flakgeschütze verschiedener Kaliber, vier Scheinwerfer und ein Horchgerät, die der Flak.UGr Altenburg unterstanden. Noch einmal wurde er dann im Juni 1944 verstärkt, nachdem am 12. Mai 1944 die allliierten strategischen Bomberverbände mit der Luftoffensive gegen die deutsche Treibstoffwirtschaft begonnen hatten.[245] Waren doch die Dörfer und Ortschaften im Raum Meuselwitz – Rositz – Altenburg bereits ab 1942 wiederholt Ziel alliierter Luftangriffe geworden. So waren in der Nacht zum 20. Februar 1944 britische Bomben auf Meuselwitz und Frohnsdorf gefallen. Am 24. März 1944 hatten dann erneut britische Bomber, deren

Ziel deutsche Großstädte waren, auf der Suche nach Ausweichzielen ihre Bomben als Notabwurf über Knau, Unterzetscha, Gerstenberg, Lehma und Rositz ausgeklinkt. Am 12. Mai 1944 fielen Bomben auf die Flur bei Obermolbitz, Waltersdorf und Wintersdorf, die von Bombern der 8th USAAF abgeworfen wurden, deren Ziel am 1. Tag der Treibstoff-Offensive die Werke bei Zeitz und Böhlen waren. Weitere Einzel-Bombenabwürfe von Mai bis Juli 1944 erfolgten bei Bockau, Pahna, Petsa und Frohnsdorf. Am 16. August 1944 wurde dann das Mineralölwerk Rositz zum Ziel, als 234 B-17 Bomber „Flying Fortress" der 8th USAAF die Mineralölindustrie in Zeitz und Rositz angriffen. 105 Bomber warfen ihre Last über Rositz ab und beschädigten das Werk zu 70%. 24 Menschen kamen ums Leben.[246] Am 11. September 1944 fielen dann wieder ungezielt abgeworfene amerikanische Bomben auf Plottendorf, Kammerforst, Neupoderschau und Petsa, die für Böhlen und Chemnitz bestimmt waren und am 7. Oktober 1944 trafen Bomben der 8th USAAF, die für Böhlen bestimmt waren, Fichtenhainischen und Rasephas.[247] Am 30. November 1944 hatte es dann Meuselwitz schwer getroffen, wie bereits berichtet.

Auch im neuen Jahr geht es mit unverminderter Härte weiter. Am Abend des 14. Februar 1945 werfen Bomber ihre Last im Raum Altenburg ab. Es sind Bomber der RAF, die in Fortsetzung der Operation „Thunderclap", die zuvor Dresden getroffen hatte, in dieser Nacht Chemnitz angreifen.[248] Es kommt zu Toten in den Dörfern Molbitz, Oberlödla, Steinwitz, Kosma und Altenburg-Zschernitzsch. 106 Menschen verlieren ihr Leben. In Molbitz werden bei dem Angriff 13 Gebäude total zerstört und 79 Gebäude beschädigt.[249] In Schelditz sterben 21 Personen. Im Kriegsgefangenenlager zwischen Schelditz und Rödigen sterben 15 Franzosen und neun deutsche Wachsoldaten.[250] Die Bombenopfer finden ihre letzte Ruhestätte auf dem Friedhof in Lödla und Altenburg-Zschernitzsch. Aber auch zehn alliierte Piloten werden auf dem Friedhof Altenburg-Zschernitzsch bestattet, von denen einer, dem der Absprung mit dem Fallschirm gelungen war, in Molbitz Opfer von staatlich sanktionierter Lynchjustiz geworden war. Die Piloten werden 1947 in ihre Heimat überführt.[251] Der bereits geschilderte Bombenabwurf der RAF in der Nacht vom 19./20. Februar 1945, der Böhlen galt, trifft neben Meuselwitz auch das nahe Oberlödla und in Starkenberg, wo einer der Avro Lancaster-Bomber einen Notabwurf macht und es zu elf Opfern kommt. Am schlimmsten trifft es dann am 17. März 1945 Altenburg, als die 8th USAAF die Mineralölproduktion bei Böhlen angreift und als offizielles Ausweichziel Altenburg mit seinen Bahnanlagen festlegt. So kommt es, wie es kommen muss. 36 B-17 Bomber greifen das Stadtgebiet von Altenburg an. Sie treffen dabei kaum noch auf Widerstand, denn im März 1945 erfolgt der Abzug der Masse der Flak aus dem Raum Altenburg zum Einsatz an der Ost- und Westfront. [252]

Während die Einwohner von Rositz ängstlich auf das warten, was jetzt wohl kommen mag, ist die Freude bei den Zwangsarbeitern in den Lagern Rositz I–IV und im nahegelegenen Untermolbitz und Schelditz um so größer. Endlich sind sie frei.

Dann marschiert das CT 68 unbehindert bis zum Stadtrand von Altenburg, wo die Aufklärung auf Gewehr- und Panzerfaustfeuer trifft und sich zurückzieht. Jetzt rückt die Vorhut vor. Doch Anbetracht der einbrechenden Nacht wird auch wieder zurückgezogen.[253] In der Zwischenzeit wird nahe Rositz der kleine Ort Gorma über den Kriebitzscher Weg besetzt und die Panzer beziehen Stellung südlich der katholischen Kirche.[254] Gegen 23.00 Uhr (B) trifft der CP in Rositz ein und um 23.45 Uhr (B) hat sich das CT 68 auf dem Höhenrücken, der Altenburg überblickt, versammelt, um auf die Infanterie zu warten.

Aufklärung an der Nordflanke des CCR erreicht gegen 11.30 Uhr aus Richtung Techwitz den Ort Rehmsdorf, wo weiße Fahnen aus den Fenstern hängen. Ohne auf Widerstand zu treffen, fahren zwei Aufklärungspanzer, gefolgt von sechs Jeeps in den Ort. Der Volkssturm, der alarmiert worden war und mit Panzerfäusten und Karabinern ausgerüstet, zur Verteidigung nach Zeitz marschieren sollte, hatte sich trotz Drohungen des NSDAP-Ortsgruppenleiters aufgelöst. Der unmittelbare Flakschutz des BRABAG-Werkes Tröglitz hatte schon lange vorher die Gegend verlassen. So waren die, mit je vier 3,7cm Flak ausgerüsteten, Züge der le.Flak.Bttr. 1/729, die im Herbst 1943 um das Werk stationiert wurden, im November 1944 abgezogen und den Großbatterien der Flak.UGr. Zeitz zugeteilt worden. Im Dezember 1944 wurden sie dann wieder in Zeitz zur Flak.Bttr. z.b.V. 6552 zusammengefasst und an die Westfront verlegt.[255] Aber obwohl niemand Rehmsdorf verteidigt, fordert der amerikanische Einmarsch Opfer. Ein deutscher Soldat, der zu fliehen versucht, wird erschossen.[256] Warnschüsse, die abgegeben werden, töten ein Pferd.[257] Dann nehmen die GI's den Rehmsdorfer Gendarmen Weber fest und setzen ihn als Wegführer auf den ersten Spähpanzer. Ohne langen Aufenthalt fährt die kleine Gruppe in Richtung Wuitz – Altenburg weiter, wo sie den Gendarmen laufen lassen.[258]

Das bei Rehmsdorf befindliche Außenkommando Tröglitz des KZ Buchenwald, der Braunkohle Benzin AG, Deckname „Wille", entdecken die Aufklärer nicht. Das Lager war erst kurz vor dem Eintreffen der Amerikaner evakuiert worden. Nach Untersuchungen der Mahn- und Gedenkstätte Buchenwald aus den 80er Jahren war die Masse der Häftlinge am 9. April 1945 mit der Eisenbahn nach Wittenberg abtransportiert worden. Teile dieses Transportes erreichen später das KZ Bergen-Belsen. Dennoch soll die Stärke des Lagers Rehmsdorf am 11. April 1945 noch 2208 Häftlinge betragen haben und erst am 13. April 1945 soll das Lager endgültig aufgelöst worden sein. Ein Großteil der verbliebenen Häftlinge wird in offenen Güterwagen über Flöha in Richtung Leitmeritz (Litoměřice)/KZ Theresienstadt (Terezín) in Bewegung gesetzt. Die verbliebenen SS-Wachmannschaften des Lagers setzen sich ab.[259] Wie viele den Transport überlebten oder durch Hunger, Entbehrungen und die Kugeln der SS-Bewacher umkamen, ist unbekannt.

Gegen 21.00 Uhr (B) entfaltet der Div.CP der 6th US AD in Zeitz, um von hier aus am nächsten Tag die letzte entscheidende Etappe des Angriffs zur Mulde zu führen.

Panzerinfanteristen des CT 69 bei der Besetzung von Ortschaften im Raum Zeitz
Filmausschnitte: Sgt. Russell Meyer, 166th Signal Photo Co., National Archives

Beseitigung von Straßensperren durch Soldaten und die Zivilbevölkerung
Filmausschnitte: Sgt. Russell Meyer, 166th Signal Photo Co., National Archives

Hierfür verlegt auch die 146th Armd Sign Co. von Osterfeld nach Zeitz. Die Co. C, 25th Armd Engr Bn unter Capt. Henry G. Geel Jr. geht um 15.30 Uhr (B) in einen Versammlungsraum nördlich von Sautzschen und von dort um 16.45 Uhr (B) nach Rositz, wo sie 21.30 Uhr (B) eintrifft. Ihr 3rd Plat. Co. C, 25th Armd Engr Bn übernimmt mit einer Squad den Nachschubtransport für das CT 68 durch die Furt bei Wetterzeube. Der Bn.CP des 603rd TD Bn hält 21.00 Uhr (B) in Rasberg.

Bei der 76th US InfDiv, die den Panzern der 6th US AD folgt, wird beim RCT 304 in der Nacht vom 13./14. April 1945 mit der Entlastung des 1./304 in Zeitz durch das RCT 417 begonnen, damit es gemeinsam mit dem RCT den Kolonnen der 6th US AD nach Osten folgen kann. Nach der Ablösung verlegen die Kompanien mit dem Bn.CP bis 09.55 Uhr (B) nach Grana und versammeln sich in Kretzschau, wo die Männer verpflegt und die Einheiten frisch aufmunitioniert werden. Dort erhält das 1./304 den Auftrag, motorisiert dem CCR nach Osten zu folgen, die Weiße Elster südlich von Zeitz zu überqueren und Altenburg einzunehmen. Aufgesessen auf Lastwagen der Artillerie verlässt es bis gegen 12.30 Uhr (B) mit dem unterstellten 1st Plat. Co. A, 749th Tk Bn den Versammlungsraum und fährt zur Überquerung der Weißen Elster nach Wetterzeube. Doch vor Wetterzeube wird es gegen 13.20 Uhr (B) bei Schkauditz aufgehalten, denn die Brücke wird noch vom vorausfahrenden CT 68 des CCR blockiert. Nordwestlich des Ortes bezieht es im Wald ein Biwak. Doch der Halt ist nur kurz und gegen 16.10 Uhr (B) nähert es sich zur Flussüberquerung Wetterzeube. Nach der Überquerung versammeln sich die Infanteristen bei Droßdorf für die Nacht auf freiem Feld.

Zu diesem Zeitpunkt hat das 2./304 an der Spitze des RCT Droßdorf bereits wieder verlassen. Das Bataillon hatte am frühen Morgen ohne ihre Co. G und H, die sich noch beim 1./304 in Zeitz befinden, seinen Versammlungsraum bei Kretzschau verlassen und war zur Elsterbrücke bei Wetterzeube marschiert, wo es bis 09.55 Uhr (B) den Fluss überquert. In Droßdorf, das es gegen 13.00 Uhr (B) erreicht, teilt sich das Bataillon, um dem CCA der 6th US AD in zwei Kolonnen nach Osten zu folgen. Die Bn Cmd Gp., die gefolgt vom 212th AFA Bn die Nordroute hinter dem CT 15 des CCA nehmen wollte, kommt jedoch von Anfang an nur langsam voran, denn vor ihnen stehen die Panzer im Gefecht mit den Flakstellungen. So kommt es, dass der Bn.CP um 16.55 Uhr (B) noch immer in Droßdorf gemeldet wird. Erst spät geht es endlich vorwärts. Vereinzeltes Gewehrfeuer bei Geußnitz bleibt unbeachtet. Nahe Ölsen schließt sich die Co. G, die sich gemeinsam mit der Co. H beim 1./304 in Zeitz befunden hat, der Kolonne an. Die Kompanie hatte um 01.00 Uhr (B) die Stadt verlassen und war mit dem 1./304 erst nach Kretzschau und dann nach Droßdorf gefahren, von wo aus sie selbstständig dem Bataillon folgte. Die Co. H, die mit dem CT 50 des CCR Zeitz verlässt, schließt sich später an. Anders sieht es bei der Co. E und F aus, die auf der Südroute dem CT 9 des CCA folgen sollen. Als das CT 9 auf starken Widerstand trifft, werden die Kompanien, die kaum in Droßdorf eingetroffen sind, gemeinsam mit der Cn Co. 304 alarmiert, um ihnen bei Bedarf zur Hilfe zu eilen Aufgesessen auf Lastwagen folgt die Co. F den Panzern und trifft bei Mahlen auf Abwehrfeuer und eine gesprengte Brücke. Nach einer kurzen Verzögerung geht sie weiter nach Dobitschen, wo sie für die Nacht hält. Die Co. E folgt ab 14.00 Uhr (B) im Pendelverkehr von Droßdorf nach Dobitschen, wobei sie unterwegs ebenfalls durch Feuer deutscher 8,8cm Flak aufgehalten wird und bei Mahlen bis zum nächsten Morgen hält.

Das 3./304 (mot), das sich weiterhin in der Regtl.Res. befindet, wird bei seinem Marsch nach Pegau, den es am Vortag begonnen hatte, um dem CCB der 6th US AD zu folgen, gegen 10.00 Uhr (B) durch Kolonnen der 69th US InfDiv des V. US Corps aufgehalten. Nach den Unstimmigkeiten über den Verlauf der Armee- und Corps-Trennungslinie zwischen dem V. US Corps der 1st US Army und dem XX. US Corps der 3rd US Army war in der Nacht um 01.00 Uhr (B) als neue Grenze die Linie zwischen Droitzen und Görschen, westlich Stößen – RAB Berlin – München östlich Osterfeld – südöstlich Quesnitz – nordwestlich Näthern – westlich Tröglitz – südwestlich Mumsdorf festgelegt worden, womit die Priorität zur Nutzung der Straßen an das V. US Corps gegangen waren. Die 76th US InfDiv soll sich nur noch auf die Straßen südlich dieser Linie beschränken.[260] So hält das Bataillon bei Profen, wo es gegen 16.00 Uhr (B) die Information erhält, dass es auf Grund der Situation nicht mehr dem CCB über die Brücke bei Pegau folgen soll. Um 16.15 Uhr (B) geht der folgende Funkspruch an den Bn.CP: *„Das 3./304 soll mit Priorität in Zeitz über die Brücke der 6th AD nach Altenburg, damit das CCB weiter nach Osten kann. Ihr werdet nicht der 6th AD unterstellt. Der Bereich östlich Zeitz ist noch nicht gesäubert von der 6th AD. Ihr könnt in Gefechte verwickelt werden."*[261]

Daraufhin macht das 3./304 kehrt und geht nach Kretzschau zurück, wo sich ihnen die Kräfte des Bataillons anschließen, die zur Unterstützung der Pioniere des 301st Engr C Bn, beim Bau einer Treadway-Brücke zwischen der Aue- und Dreierbrücke in Zeitz zurückgeblieben waren. Dann geht es über die Elsterbrücke bei Wetterzeube nach Droßdorf. Dort treffen auch die anderen Teile des Regiments ein, die bis 15.45 Uhr (B) die Ablauflinie bei Grana passiert hatten. Die AT Co. 304 geht nach Droßdorf und die Cn Co. 304 nach Rippicha, von wo aus der Co. E und F, 2./304 folgt. Als letztes trifft die unterstellte Co. C, 749th Tk Bn um 23.45 Uhr (B) ein. Der Regtl.CP stellt in Droßdorf den Kontakt zur Comd Gp der 6th US AD her und geht nach Rippicha. Die HQ Co. 304 verhaftet in Droßdorf einen Schullehrer, welcher den Ort mit 15-jährigen Hitlerjungen verteidigen wollte.[262] Somit haben alle Teile des RCT 304 den Kontakt zur 6th US AD hergestellt.

Diese Kontaktaufnahme geschieht jedoch nicht immer problemlos. Bei der ständigen Bewegung und den häufig unterbrochenen Fernmeldeverbindungen geht immer wieder der Kontakt zwischen den Truppen und Stäben verloren. So ist der Einsatz von Meldern und Kontaktpatrouillen oftmals die einzige Möglichkeit zur Übermittlung von Befehlen und Informationen. Und das ist mit Gefahren verbunden, da sich noch immer versprengte deutsche Truppen zwischen den amerikanischen Verbänden bewegen. Dies bekommt auch der S 2 Offizier des 304th InfRgt, Maj. Clark, zu spüren, als er sich mit einer Squad des I&R Plat. des 304th InfRgt und einer weiteren Squad unter Führung von Lt. Cloud in der Nacht vom 13./14. April 1945 von Kretzschau aus auf getrennten Routen auf den Weg macht, um den Kontakt zwischen dem RCT 304 und der 6th US AD herzustellen. Während Lt. Cloud, der mit einigen Jeeps und einem M 8 Halftrack des 76th Rcn Tp. unterwegs ist, erst einen Verbindungsoffizier und später einen Stabsoffizier der 6th US AD trifft und nach einigem hin und her den Kontakt herstellen kann, hat Maj. Clark weniger Glück. Bei der Suche nach dem CP des 3./304 gerät seine Gruppe mit drei Jeeps in einen Hinterhalt. Bei einem Halt an der Kreuzung einer angeblich „sicheren" Straße eröffnen 30 bis 40 eingegrabene Deutsche das Feuer. Als die Männer aus den Jeeps springen und im Straßengraben Deckung suchen, wird Maj. Clark's Fahrer, Pfc. John N. McInerney, tödlich getroffen. Auch der Pfc. Walter Stern stirbt noch im Jeep. Jetzt feuern die Deutschen mit Panzerfäusten auf die Jeeps. Pfc. Walter Maier und Sgt. Ridley werden verwundet. Im Schutz des schweren MG's des zweiten Jeeps gelingt dem Pfc. David mit dem dritten Jeep die Flucht. Maj. Clark ergibt sich angesichts der aussichtslosen Lage mit seinen Männern einem deutschen Leutnant. Doch die Gefangenschaft dauert nicht lange. David, der inzwischen auf Kräfte des CCR getroffen ist, kehrt mit diesen zum Ort des Überfalls zurück und kurze Zeit später sind die Männer befreit.[263]

Toter deutscher Soldat im Schützenloch
Foto: Army Signal Corps, National Archives

Das RCT 385 setzt am Morgen mit dem 1st Plat. Co. C, 749th Tk Bn den Angriff im Süden der Divisionsabschnitts fort. Das 1./385 geht von Salsitz zur Elsterbrücke am Bhf. Haynsburg, um den Fluss zu überqueren. Die Co. C, die die Nacht am Wehr bei Großosida verbracht hat, beginnt um 06.30 Uhr (B) mit dem Vormarsch auf Bergisdorf. Während die Hauptkräfte des Bataillons durch die Kolonne des CT 68 der 6th US AD und des RCT 304 aufgehalten werden, die mit Priorität zur Brücke bei Wetterzeube streben, erreicht die Co. C gegen 07.15 Uhr (B) Bergisdorf, wo sie auf starken Widerstand trifft. Neben Handwaffenfeuer schlägt ihnen Artillerie-und Granatwerferfeuer entgegen. Auf Anforderung wird der Ort durch die amerikanische Artillerie unter Beschuss genommen. Aber der Widerstand hält bis nach Mittag an. Erst dann schließen auch die Hauptkräfte langsam auf. Als um 14.00 Uhr (B) das Bataillon den Auftrag erhält, den Kontakt zum RCT 417 in Rasberg herzustellen, wird in Bergisdorf noch immer gekämpft, auch wenn der Widerstand an Intensität nachlässt. Um 14.50 Uhr (B) meldet das Bataillon, das den Bn.CP vorübergehend in Kleinosida entfaltet hat, 114 Gefangene und 55 getötete Deutsche. Wenig später endet der Widerstand. Unter Zurücklassung von Kräften, die die Umgebung durchsuchen, geht der Vormarsch weiter. Bis gegen 16.45 Uhr (B) erobern die Infanteristen den Sendemast des Flaksenders der Flak.UGr. Zeitz südlich der Einmündung der, von Bergisdorf kommenden, Straße in die R 92 Zeitz – Gera.

Der CO 1./385 meldet: *„Haben alten Gefechtsstand erobert. Möglicherweise haben wir wichtige Dokumente erbeutet."*[264] Um 18.30 Uhr (B) geht das Bataillon weiter nach Kuhndorf, das bis 18.45 Uhr (B) genommen wird. Im Knittelholz finden die Infanteristen in einem, in den Berg getriebenen, Bunker neben Bewohnern der Zeitzer Bergsiedlung auch eine Anzahl französischer Zwangsarbeiter.[265] Nordöstlich von Kuhndorf stoßen sie auf die verlassene Stellung der Flak-Großbatterie Kuhndorf der Flak.UGr. Zeitz.[266] Deren 3./s.Flak.Abt. 437 hatte mit ihren 10,5cm Geschützen bereits im Februar 1945 an die Oderfront verlegt. Die aus italienischen Freiwilligen bestehende zweite 8,8cm Flak Batterie hatte ihre Munitionsvorräte verschossen und war in der Nacht unter Entledigung ihrer Uniformen geflüchtet.[267] Acht Geschütze werden erbeutet.[268] Auch die Flakscheinwerferstellung Kuhndorf ist geräumt.[269] In der Zwischenzeit geht der Bn.CP nach Bergisdorf. Dort meldet er um 20.20 Uhr (B), dass der hartnäckige Widerstand bei Bergisdorf dem Feind 50 Tote gebracht hat und das zwei Sturmgeschütze zerstört wurden. In der Nähe wird ein Munitionsdepot gesichert.[270] Gegen 21.00 Uhr (B) besetzt das Bataillon Geußnitz, dass die Panzer bereits passiert haben und hält auf der Straße zwischen dem Ort und Wildenborn.

Das 2./385 rückt um 08.00 Uhr (B) von Dietendorf und Katersdobersdorf aus auf Sautzschen vor. Dann geht es nach Goßra, wo es um 08.15 Uhr (B) gemeldet wird und um 09.05 Uhr (B) meldet sich die Co. F von 1st Lt. Joseph DeHart aus Haynsburg.. Bis 12.20 Uhr (B) hat das Bataillon den CP in Haynsburg eröffnet und die Co. F geht weiter nach Breitenbach und Schlottweh. Die Co. G von Capt. Thomas B. Windsor geht um 13.56 Uhr (B) nach Droßdorf, wo sie 14.20 Uhr (B) eintrifft und die Co. E erreicht über Frauenhain, Röden und Zetzschdorf um 16.20 Uhr (B) Großpörthen. In den Orten, die am Vortag und in der Nacht noch nicht besetzt wurden, verläuft die Besetzung unspektakulär und ruhig. Letzte versprengte deutsche Soldaten sind angesichts der starken Truppenbewegungen in der Umgebung längst getürmt oder verstecken sich im Zeitzer Forst. Überall hängen weiße Fahnen aus den Fenstern und die Bevölkerung wartet auf die Besetzung. So erschrickt auch niemand in Frauenhain, als die Infanteristen einrücken. Bereits am Vormittag waren einige Jeeps auf den Dorfplatz gefahren und die Soldaten hatten mit vorgehaltenen MPi die Häuser durchsucht. Aber sie waren nur kurz geblieben und dann weitergefahren.[271] Jetzt wird der Ort endgültig besetzt. Um 16.30 Uhr (B) meldet das Bataillon, dass es direkten Artilleriebeschuss zwischen Großpörthen und Wildenborn hat. Es sind die letzten Zuckungen der Flakstellung Wildenborn, die zum Meldezeitpunkt bereits erobert ist. Der Bn.CP hält mit der Co. H von Capt. Archie F. Hay in Droßdorf, wo er 18.30 Uhr (B) gemeldet wird. Dort erhält das 2./385 um 19.45 Uhr (B) über einen Verbindungsoffizier den Befehl, dass die Co. E für die Nacht in Wildenborn halten soll, die Co. F in Großpörthen und die Co. G in Rippicha – Frauenhain und um 20.10 Uhr (B) ist Wildenborn gesichert.

Das 3./385 (mot), das aus der Regtl.Res. kommt, verlässt am frühen Morgen Trebnitz und fährt zur Brücke bei Wetterzeube. Dann geht es durch das 2./385 in Dietendorf und ist um 08.45 Uhr (B) in Katersdobersdorf. Von dort geht es durch Droßdorf nach Rippicha, wo es durch die Kolonnen des RCT 304 und der 6th US AD aufgehalten wird. Daraufhin entfaltet der Bn.CP um 21.00 Uhr (B) in Frauenhain für die Nacht. Der Regtl.CP bleibt in Droyßig. Die unterstellte Co. B, 691st TD Bn verlegt ihren CP nach Bergisdorf. Der einzige Tote, den das Regiment an diesem Tag verzeichnet ist der Pfc. Jack R. Kremer aus Pennsylvania.

Das RCT 417 übernimmt nach Mitternacht vom RCT 304 die Verantwortung für Zeitz. Während das 2./417 das CT 50 beim Kampf um die Kasernen unterstützt und die südlichen der Stadtteile besetzt, sichert das 1./417 die nördlichen Stadtteile. In Rasberg kommt es zu Haus-zu-Haus-Kämpfen. Der Regtl.CP 417 erreicht am Mittag von Osterfeld kommend Zeitz-Aylsdorf und Col. Bruner richtet seinen Beobachtungsposten in einem Gebäude ein, das die Kaserne überragt. Von hier aus will er sich persönlich ein Bild von den Kämpfen in diesem Abschnitt machen. Das 3./417 (mot), TF Levy, verbleibt weiter in der Regtl.Res. und verlegt bis 08.00 Uhr (B) in einen Versammlungsraum in der Umgebung von Gladitz. Von dort geht es im Tagesverlauf nach Zeitz in die Tiergartenstraße, wo es um 16.00 Uhr (B) gemeldet wird. Das RCT 417 meldet an diesem Tag, dass in Zeitz 1000 französische Zwangsarbeiter und in einem nahegelegenen Kriegsgefangenenlager 250 Russen befreit wurden.

Der Div.CP der 76th US InfDiv erreicht von Molau kommend um 18.00 Uhr (B) Hollsteitz, wo er Quartier bezieht. Die Co. D, 749th Tk Bn und die Svc Co. 749th Tk Bn befindet sich in Theißen. Die DivArty unterstützt während des gesamten Tages die Aktivitäten der Infanteristen. Das RCT 304 wird durch das 302nd FA Bn von Droßdorf aus unterstützt. Das 355th FA Bn unterstützt des RCT 385 von Zschorgula aus und das 901st FA Bn das RCT 417 von Meineweh und später von Kretzschau aus. Der CP des 778th AAA AW Bn hält gegen 10.30 Uhr (B) in Quesnitz. Bis zum Abend haben die Pioniere des 301st Engr C Bn mit dem Bn.CP in Kirchsteitz im Divisionsabschnitt drei Brückenstege über die Weiße Elster gebaut.

Der 2nd Plat. Co. A, 33rd Sign Construction Bn, welcher am 13. April 1945 nach Ingersleben verlegt hatte, geht nach Mellingen und verbindet den neuen CP des XX. US Corps in Weimar von Gotha aus mit einem Vierer-Kabel. Um die Distanz zum CP der 3rd US Army zu überbrücken, werden Verstärkerstationen in Eisenach und Ingersleben installiert. Der CP der XX. CorpsArty bezieht in Gera Quartier.

Geheime Tagesberichte der Deutschen Wehrmachtsführung vom 15. April 1945:

H.Gr. G, 7. Armee, XC. AK:

Im Raum Colditz – Rochlitz wurden etwa 100 Panzer erkannt. Im Vorstoß nach O drang der Gegner bis hart W Geringswalde vor. Aus Burgstädt stieß der Feind über Mittweida in Richtung Hainichen vor. Crimmitschau und Lichtenstein gingen verloren. Der Feinddruck auf den W-Rand Chemnitz, das unter Artilleriebeschuss liegt, verstärkte sich.

Täglicher Wehrmachtsbericht vom 15. April 1945:

Die Abwehrschlacht in Mittelldeutschland nahm gestern an Ausdehnung und Heftigkeit zu... Die auf Leipzig und Chemnitz vordringenden Angriffsgruppen wurden von Eingreifreserven und Flakkampfgruppen im Vorfeld der Städte zum Stehen gebracht.

Am **Sonntag**, dem **15. April 1945**, präzisiert der Oberkommandierende der Alliierten Streitkräfte, Gen. Eisenhower, auf Grundlage der Lageentwicklung die Aufträge seiner Army Groups. Während die 1st und 9th US Army weiter entlang der alliierten Haltelinie an der Elbe und Mulde aufschließen und Verteidigungsstellungen einnehmen sollen, um auf die Russen zu warten, soll die 3rd US Army nach Süden einschwenken und mit einem Stoß zur Donau vorrücken.

Die Divisionen des V. US Corps der 1st US Army beginnen mit der Umsetzung des am Vortag erhaltenen Befehls zur Einnahme von Leipzig. Hierzu sollen Teile der Panzer die Stadt in einer südlichen Schwenkbewegung umgehen und östlich und nördlich der Stadt alle Zugänge blockieren während die anderen Teile zur Muldelinie vorstoßen. Die 69th US InfDiv setzt die Säuberung ihres Abschnittes von Widerstandsnestern fort und bewegt sich zügig hinter der 9th US AD vorwärts, um die südlichen und südöstlichen Außenbezirke von Leipzig zu erreichen und Positionen für den Angriff in die Stadt hinein zu beziehen. Die 2nd US InfDiv soll aus dem Raum Merseburg – Leuna aufschließen und von Westen Leipzig angreifen.

Das XX. US Corps der 3rd US Army baut seine Erfolge vom Vortag weiter aus. Das CCB der 6th US AD, das bereits am Vortag die Mulde erreicht hat, säubert die Stadt Rochlitz und sichert mit zwei Kompanien Panzern und Panzerinfanterie des CT 44, 44th AIB am Morgen einen eine Meile tiefen Brückenkopf über die Zwickauer Mulde gegen schweres deutsches Artillerie- und Panzerfaustfeuer. Dann rückt es nach Nordosten Richtung Zettlitz vor und um 15.30 Uhr (B) wird es nordöstlich von Döhlen gemeldet.

Panzerjäger M-18 „Hellcat" des 603rd TD Bn an der Zschopau
Foto: Tec 5 Charles Eugene Sumners, 166th Signal Photo Co., National Archives

Das CT 69, 69th Tk Bn, fährt Richtung Erlau zur Zschopau und besetzt der Ort, wo weiße Fahnen wehen, ohne Widerstand.[272] In unmittelbarer Ortsnähe entdecken die Panzersoldaten die Stellung „Mistkäfer" der 11. mittleren Flugmelde-Leit.Kp. der II. Abt./Ln.Rgt. 231 Weißenfels. Als Funkmess-Gerätestellung 2. Ordnung der Reichsluftverteidigung verfügte sie über ein „Freya"- und zwei „Würzburg-Riesen"-Geräte. Die Besatzung hatte die Stellung fluchtartig verlassen.[273] Die Pioniere der unterstellten Co. A, 25th Armd Engr Bn verlegen nach Rochlitz und beziehen um 17.30 Uhr ein Biwak im Bereich des Schwimmbades. Der 1st Plat., Co. A, 25th Armd Engr Bn vernichtet im Abschnitt des CT 69 etwa 200 Panzerfäuste, sprengt mehrere Eisenbahnwaggons in Cossen, zerstört vorgefundene deutsche Feldtelefonleitungen und untersucht die eroberten Brücken auf Beschädigungen. Am Ende des Tages hat der Brückenkopf Rochlitz eine Tiefe von zwei Meilen und Voraussicherungen stehen weit östlich davon. Die 2nd Sq, 2nd Plat., Co. A, 25th Armd Engr Bn bewacht die Brücke in Rochlitz, wo sich der CP des CCB in der Stadt befindet. Die Co. B, 76th Armd Med Bn verlegt um 17.30 Uhr (B) von Carsdorf nach Noßwitz.

Im Abschnitt des CCA der 6th US AD setzt das CT 9, 9th AIB, am frühen Morgen südwestlich von Altenburg den Vormarsch von Dobitschen über Oberkossa – Dobraschütz fort und erreicht mit der Spitze gegen 09.40 Uhr (B) die R 7 südlich von Altenburg zwischen dem Abzweig Burkersdorf und Möckern. Nördlich an Zschaiga vorbei, wo es 11.00 Uhr (B) gemeldet wird, geht es weiter über Dippelsdorf und Hauersdorf nach Norden, bevor es am Mittag nach Osten auf Langenleuba-Niederhain schwenkt, wo es gegen 12.55 Uhr (B) gemeldet wird. Über Langenleuba-Oberhain und Oberelsdorf erreichen die Vorauskräfte um 13.15 Uhr (B) die Zwickauer Mulde bei Lunzenau. Mit eingeschalteten Sirenen preschen die Panzer des CT 9 in die Stadt und besetzen eine intakte Brücke über den Fluss. Die letzten deutschen Verteidiger waren Hals über Kopf geflohen.

Trotz des Haltebefehls an der Mulde fährt die Kolonne weiter und erreicht über Göritzhain, wo die Bevölkerung kurz zuvor mehrere Eisenbahnwaggons mit Uniformstoffen für die Wehrmacht im Bahnhof geplündert hatte[274], und Wiederau den Ort Königshain. Als sie von dort zur Straße Claußnitz – Altmittweida weiterfährt, trifft sie auf eine VS-Einheit, die unterstützt von einigen 8,8cm Flakgeschützen in Stellung liegt, um die Amerikaner, die aus Richtung Burgstädt erwartet werden, aufzuhalten. Es gelingt ihnen einen Sherman-Panzer abzuschießen.[275] Daraufhin macht die Kolonne kehrt und nimmt die Straße nach Frankenau. Pfarrer Lössnitz aus Frankenau schreibt in seinem Tagebuch: *Wir schreiben den 15. April 1945, jenen denkwürdigen Tag in der Geschichte unseres Dorfes... Nach 4 Uhr hören wir das Mahlen der Panzerketten das Dorf herauf... Vom Hausdach aus sehe ich die feindlichen Fahrzeuge von Königshain her vor Mittweida stehen. Schüsse fielen in Richtung Mittweida... Halb 5 Uhr preschen die ersten Panzer herauf ins Dorf. Sie kommen! Diesen Augenblick wir wohl keiner vergessen, der ihn erlebte. Was wird geschehen?... Staub und Dreck wirbelt auf, die Antennen der Fahrzeuge fetzen durch Obstbäume entlang der Straße. Aber sie fahren durch, fahren weiter, eine endlose Kette von Panzern, Lastwagen und Personenwagen. Und gegen solche Massen sollten Greise und Krüppel, Frauen und Kinder in letzter Verzweiflung anrennen?...* “[276]

Von dort erreicht sie um 15.00 Uhr (B) Mittweida am Westufer der Zschopau, wo bereits am 13. April 1945 am Nachmittag *„erstmals Panzeralarm gegeben“* wurde.[277] Die Stadt, die zum Ortstützpunkt erklärt worden war und unter Führung eines SS-Ostuf. Matthes[278] verteidigt werden sollte, liegt friedlich vor ihnen. Auch als sie näher kommen, treffen sie auf keinen Widerstand. Stattdessen kommen ihnen der örtliche VS-Führer, der Hptm.d.R. Werner Stache, Mitinhaber der Weberei Stache, sowie ein Herr Domsch und Dr. Baumgarten am Stadtrand entgegen.[279] *„Die Stadt wird kampflos an die Amerikaner übergeben.“*[280] Stache hatte seine Männer nach Hause geschickt, nachdem alle militärischen Einheiten, die bisher in der Stadt lagen, abgerückt waren.[281] Auch Matthes war verschwunden.[282] So wird die Brücke über die Zschopau intakt erbeutet. Dennoch fallen mindestens fünf Deutsche bei der Besetzung, die auf dem Mittweidaer Friedhof ihre letzte Ruhestätte finden. Und es werden weitere folgen.[283] Denn es wird nicht die letzte Besetzung von Mittweida durch die Amerikaner bleiben. Als sich die Amerikaner Ende April hinter die Mulde als Demarkations- und Haltelinie zurückziehen, wird die Stadt wieder von den Deutschen besetzt. Erst als klar ist, das der Russe noch nicht nachrückt, kehren sie noch einmal in die Stadt zurück. Hierzu mehr in einem späteren Buch.

In der Stadt stossen sie unweit der ehemaligen Weißthaler Spinnerei auf das Barackenlager des Außenkommando des KZ Flossenbürg des Elektro-Konzern C. Lorenz AG. Das Lager war erst kurz zuvor überstürzt aufgelöst worden. Die 500 Frauen hatten man unter Führung des Kdo.Führers, SS-Osch. Adolf Nies zu Fuß nach Freiberg in Marsch gesetzt, von wo aus sie in offenen Waggons Richtung tschechische Grenze gebracht wurden. *„Einige Häftlinge befreien sowjetische Truppen Anfang Mai 1945 in Prag. Andere werden weiter nach Budweis (České Budějovice) transportiert und dort von der amerikanischen Armee befreit.“*[284] Dann werden Aufklärungstrupps entlang der Zschopau entsandt, die weitere Brücken bei Weißthal und Sachsenburg besetzen. Davon, dass sich unterhalb des Schlosses in Sachsenburg an der Zschopau eines der ersten KZ Deutschlands befand, wo Männer, wie der spätere Lagerkommandant von Buchenwald, Karl Otto Koch, seine Laufbahn begannen, zeugt zu diesem Zeitpunkt nichts mehr. Das, Anfang Mai 1933 eingerichtete, Lager war bereits im Juli 1937 geschlossen worden, die Häftlinge hatte man in das KZ Buchenwald verlegt.[285] Altmittweida, Dreiwerden, das Eltwerk bei Mittweida und die Hainhäuser werden besetzt. Als Jeeps die Zschopau bei Weißthal überqueren und durch Ringethal nach Hermsdorf fahren, geraden sie unter Beschuss und ziehen sich hinter die Zschopau zurück. Daraufhin werden in Weißthal sMG und Granatwerfer zum Schutz des Brückenkopfes in Stellung gebracht.[286]

Das CT 15, 15th Tk Bn, des CCA, dass am Vortag südlich von Zeitz, bei Spora, aufgehalten wurde gerät am Morgen mit Beginn der Bewegung in Richtung Poderschau erneut unter Beschuss durch die deutsche Flak bei Nißma. Obwohl nur dort nur noch eine Batterie feuerbereit ist und die Besatzungen der anderen beiden Batterien geflohen sind, sind die verbliebenen Flaksoldaten entschlossen, den ungleichen Kampf aufzunehmen.[287] Wieder sind die Panzer zum Halten gezwungen. Von einer Höhe aus leitet der CO 15th Tk Bn jetzt die Bekämpfung der Stellung, während Luftbeobachter der Artillerie über der Stellung kreisen und das Feuer der bei Wittgendorf und Ölsen stehenden Artillerie leiten. Nachdem diese die Stellung mit weißem Phosphor markiert hat, greifen um 09.55 Uhr (B) P-47 „Thunderbolt“-Jagdbomber des XIX. TAC der 9th USAAF die Stellung an. *„Die Jabos griffen von zwei Seiten die Stellung an und schossen jedes Mal aus allen Rohren. Wir erwiderten nur mit Flieger-MG's das Feuer. Schon beim ersten Mal erhielt der Hauptbefehlsstand einen Volltreffer. Dadurch gab es mehrere Tote und Verletzte. Auch Oberleutnant Gnann befand sich unter den Gefallenen. Dann fielen noch weitere Bomben auf die Flakstellung nieder... Durch die Bombardierung und den intensiven Bordwaffenbeschuss wurde die Flakstellung in nur wenigen Minuten außer Gefecht gesetzt. Ein Großteil der Flakbesat-*

zung, die kaum Schutz vor den Angriffen der Jabos hatte, verlor dabei ihr Leben oder wurde verletzt. Die Kampfmoral war nun ganz gebrochen. Viele Flaksoldaten verließen nun fluchtartig die Stellung" berichtet der Kanonier Herold Bergmann.[288]

Nach dem dreistündigen Feuerduell rollen Sherman-Panzer über die Hauptstraße nach Nißma hinein und greifen querfeldein die letzte kämpfende Batterie nördlich des Weges nach Neuposa – Kleinröda an.[289] Mit Unterstützung der unterstellten Panzerinfanteristen dringen sie in die Stellung ein. Panzervernichtungstrupps stellen sich ihnen am Rand der Stellung entgegen. Dabei stirbt mindestens ein deutscher Soldat unter den Ketten eines Panzers. Die Abschüsse einzelner Flakgeschütze, deren Besatzung auf Grund fehlender Erdzielvorrichtung durch das Rohr visieren, vermischen sich mit den Abschüssen der Panzer und Gewehr- und Maschinengewehrsalven. Der Zwillingsbruder des Kanoniers Gerhard Richter, der 16-jährige Kanonier Rudolf Richter, dessen Geschütz bis zum Schluss schießt, wird von Gewehrkugeln tödlich getroffen. Überall in der Stellung ist der Ruf „Hands up" zu hören und verängstigte Gestalten tauchen mit erhobenen Händen aus den Laufgräben und Geschützständen auf. Mit vorgehaltenen Gewehren werden sie erst durchsucht und dann abgeführt.[290]

In der Stellung bleiben 31 Flaksoldaten, viele von ihnen im Alter von 16 bis 19 Jahren, als Resultat der zweitägigen Kämpfe tot zurück und werden später von der Bevölkerung geborgen und auf dem Friedhof Nißma und Großröda begraben.[291] *„Dort (in der Flakstellung d.A.) erwartete sie das große Grauen. Einige Flaksoldaten waren bis zur Unkenntlichkeit verstümmelt und teilweise verschüttet. Sie bargen Leichen bzw. Leichenteile, wickelten sie in Armeeplanen bzw. Decken und luden die Gefallenen auf."*[292] Der Batteriechef Hptm. Schenk nimmt sich das Leben. Günter Lorenz berichtet: *„Als kurz nach der Mittagszeit die amerikanischen Panzer aus Nißma nach Neuposa kamen, lief Hauptmann Schenk ins nahe gelegene Getreidefeld zwischen Neuposa und Kleinröda. Dort erschoss sich der Batteriechef mit seiner Dienstwaffe. Kurz darauf wurde der Offizier von einem Augenzeugen, in einer Blutlache liegend, gesehen. Die Schädeldecke war angehoben und er atmete sogar noch."*[293] Die Überlebenden und Verwundeten werden nach Eisenberg gebracht, von wo aus sie nach vier Tagen und Nächten im Regen auf freier Wiese in die großen Gefangenenlager abtransportiert werden.[294] Pioniere der Co. B, 25th Armd Engr Bn zerstören die intakt eroberten Geschütze. Der G 2 Bericht der 3rd US Army meldet um 18.00 Uhr (B) 31 zerstörte Geschütze.

Zu diesem Zeitpunkt hat das CT 15 den Vormarsch bereits wieder aufgenommen und fährt über Burkersdorf, wo es gegen 13.00 Uhr (B) gemeldet wird, südlich an Altenburg vorbei auf der Route des CT 9 über Langenleuba-Niederhain nach Osten bis Königshain. Dort schwenkt es nach Südosten und übernimmt am Abend die Brücke bei Sachsenburg vom CT 9. Die Co. C, 76th Armd Med Bn, die seit 08.40 Uhr (B) den Kolonnen folgt, erreicht um 21.00 Uhr (B) Frankenau. Der CP CCA geht nach Thalheim und der Btry.CP der Co. A, 777th AAA AW Bn nach Krumbach.

Das CT 68, 68th Tk Bn, des CCR, welches seit dem Vortag auf dem Höhenrücken vor Altenburg auf die Infanteristen des RCT 304 gewartet hat, um den Angriff auf die Stadt fortzusetzen, entsendet in der zweiten Nachthälfte Patrouillen in Richtung der Stadt, welche ohne Feindkontakt zurückkehren. Die letzten Reste der Garnison Altenburg, die in der Stadt verblieben waren, haben sich in der Nacht abgesetzt.

Bereits am 13. April 1945 hatte sich abgezeichnet, dass es nicht zu einer Verteidigung kommen würde. Zwar hatte man, noch bevor um 14.42 Uhr der Anruf der LS-Warnzentrale *„Wir geben Altenburg Feindalarm und verabschieden uns."* kam und um 15.00 Uhr die Sirenen heulten, um 12.45 Uhr alle VS-Männer zu ihren Sammelplätzen befohlen, doch nur wenige waren der Gestellungsaufforderung nachgekommen.[295] Der Altenburger Volkssturm, der unter dem Befehl des NSDAP-Kreisleiters Hauschild und eines SS-Offiziers als Stabsführer steht, hatte unmittelbar nach der Neufestlegung der Einzelbestimmungen zur Gliederung des VS-Aufgebote vom 23. Februar 1945 das 1. und 2. Aufgebot aufgerufen. Aber nur das 1. Aufgebot war in vier Einsatzkompanien zu je 40 Mann zum VS-Btl. 1 Altenburg unter Führung des Btl..Führers Uhlig zusammengefasst, in Wehrmachtsuniformen eingekleidet und bewaffnet kaserniert worden. Jeweils eine Kompanie hatte man in der Altenburger Kaufmännischen Berufsschule, in Nobitz und Wilchwitz stationiert. Doch im Gegensatz zu anderen Einsatzkompanien aus Thüringen, die unmittelbar nach der Mobilmachung an die Ostfront an der Oder bei Berlin verlegt wurden, verbleiben die Altenburger Kompanien bis zum Eintreffen der Amerikaner in ihren Quartieren. Das 2. Aufgebot, zu dem auch die freiwilligen Feuerwehren und Werksfeuerwehren, die Einheiten der TeNo und die Ordnungspolizei gehören, durfte vorläufig wieder nach Hause gehen, wo es sich jedoch jederzeit bereit halten muss. Erst später erfolgt auch der Aufruf des 3. Aufgebotes der Jugendlichen zwischen 16 bis 19 Jahren des HJ-Bann 361, Mitte Thüringen, Altenburg und dem 4. Aufgebot mit dem, nicht zum „Kampfeinsatz tauglichen", Rest der erwachsenen männlichen Bevölkerung.[296]

Nachdem klar ist, dass bis auf wenige Ausnahmen die Angehörigen des 2. bis 4. Aufgebotes nicht erschienen sind, besetzen die Männer der kasernierten Einsatzkompanien die befohlene Verteidigungslinie von Treben nördlich der Stadt bis Paditz, südlich der Stadt. Eine Patrouille der Einsatzkompanie aus der Berufsschule, die nach Paditz verlegt, meldet am Abend des 13. April 1945 in Richtung Lossen, Göhren und Mehna keine amerikanischen Truppen. Am Westrand von Windischleuba bezieht eine VS-Einheit aus Lehma und Gerstenberg in Stärke von 25 Mann mit einigen MG Stellungen. Doch sie bleiben nur kurz, denn wütende Bürger fordern sie, auf abzuhauen, um Schaden vom Ort abzuwenden.[297] Das rettet wohl auch das Schloss Münchhausen in Windischleuba, den Wohnsitz des nationalsozialistischen, völkischen Balladendichters Börries von Münchhausen, einem Nachfahren des berühmten „Lügenbarons", der im März 1945 Selbstmord begangen hatte.[298]

Altenburg selber sollte ursprünglich von der Wehrmacht verteidigen werden.[299] Doch wer ist das? In den Jahren 1935/1936 erfolgt wie in vielen Städten Deutschlands auch in Altenburg, das zum W.Kr. IV Dresden gehört, auf der Grundlage des Gesetzes für den Aufbau der Wehrmacht vom 16. März 1935 der Wiederaufstieg zur Garnisonsstadt. Während die Herzog-Franz-Kaserne keine Truppenbelegung erhält, ziehen in der Herzog-Ernst-Kaserne des ehemaligen 8. Thür. InfRgt in der Leipziger Straße die ersten Truppenteile der neuen Wehrmacht ein. Den Anfang bildet am 15. Oktober 1935 die I./Art.Rgt. 60, die aus der IV./Art.Rgt. 14 Naumburg hervorgeht. Bei der Mobilmachung 1939 wird sie als IV. s.Art.Abt. dem Art.Rgt. 24 zugeteilt. Parallel zur I./Art.Rgt. 60 erfolgt die Aufstellung des II./InfRgt 102 aus dem II./InfRgt 53 und des Erg.Btl. 19. Aus dem Erg.Btl. 19 geht im Oktober 1936 das Erg.Btl. des InfRgt 102 hervor, das 1938 nach Freising/Bayern verlegt. Das Jahr 1938 bringt noch weitere Veränderungen. So erfolgt am 10. November 1938 die Aufstellung des Stabes Inf.Kdr. 24, aus dem bei der Mobilmachung 1939 der Div.St. der 87. InfDiv hervorgeht. Auch der Stab und die I./Art.Rgt. 24 der 24. InfDiv verlegt im Herbst 1938 von Jena nach Altenburg. 1939 bringt eine weitere Vergrößerung der Garnison. Kurz vor Kriegsbeginn erfolgt am 26. August 1945 die Aufstellung des Lds.Schtz.Btl. II/IV, das schon im September 1939 nach Westpreußen verlegt. Zuvor hatten das II./InfRgt 104, das bereits bei der Besetzung der Tschechoslowakei zum Einsatz kam, und das Art.Rgt. 24 in ihre Versammlungsräume für den Überfall auf Polen verlegt. Sie sollen im Anschluss noch einmal kurz nach Altenburg zurückkehren, bevor sie im Oktober 1939 mit der 24. InfDiv in die Eifel verlegen, um 1940 am Westfeldzug teilzunehmen. Von dort geht es direkt zum Russlandfeldzug. Damit bestimmen ab 1939 die Ersatzeinheiten das Bild der Garnison.

Gemeinsam mit dem Lds.Schtz.Btl. erfolgt am 26. August 1939 die Aufstellung des Art.Ers.Rgt. 24 Altenburg und zwei Tage später der le.Art.Ers.Abt. 24 des Art.Ers.Rgt. Die le.Art.Ers.Abt. 24 wird der Div.Nr. 154 unterstellt und geht 1940 unter die Div.Nr. 174. Am 1. Oktober 1942 erfolgt ihre Teilung in eine Art.Ers.Abt. und eine Res.Art.Abt. Während die Res.Art.Abt. mit der ResDiv 154 ins Generalgouvernement abrückt, verbleibt die Art.Ers.Abt. 24 in Altenburg und tritt mit dem Art.Ers.Rgt. 24 unter die Div.Nr. 464. März/Anfang April 1945 wird sie als Art.Ers.u.Ausb.Abt. 24 mobil gemacht. Während die Art.Ausb.Abt. mit der Div.Nr. 464 (A) an die Ostfront geht, verbleibt die Art.Ers.Abt., die der Div.z.b.V. 464 unterstellt wird, in Altenburg. Auch die Infanterie ist ab 1941 wieder im Standort vertreten. Am 26. März 1941 erfolgt die Aufstellung des Inf.Ers.Btl. Altenburg als Ersatztruppenteil für die Geheime Feldpolizei der Wehrmacht. Am 18. November 1942 wird es in Ers.Btl. 600 umbenannt und im Februar 1943 nach Lissa/Wartheland (Leszno) verlegt. Am 1. Dezember 1942 trifft in Altenburg das Inf.Ers.Btl. 101 des Kdr.d.Schnellen.Tr. W.Kr. IV ein, das 1939 in Leisnig aufgestellt wurde und zum Pz.Gren.Ers.Btl. 101 des Kdr.d.Pz.Tr. IV wird. Es wird am 11. März 1944 aufgelöst. Ab dem 10. März 1943 übernimmt die Ers.Kp.f.Pi.Zg. (mot) 4 in

Altenburg die Pionierausbildung für die Panzertruppen des W.Kr. IV und im Januar 1945 kommt kurzzeitig die Reit.u.Fahr.Abt. Altenburg hinzu.[300] Neben den Truppenteilen der Wehrmacht befindet sich das WBK Altenburg unter Obstlt. Windig[301], das Wehrmeldeamt Altenburg, diverse Einrichtungen der Heeresverwaltung, darunter ein HVA und die San.Staffel Altenburg in der Stadt. Somit befinden sich Anfang April 1945 nur noch die Art.Ers.Abt. 24 und die Wachmannschaft des Kriegsgefangenenlagers gemeinsam mit den Angehörigen der Wehrverwaltung in der Stadt.

Und auch diese spärlichen Truppen der Wehrmacht haben bereits am 13. April 1945 mit dem Rückzug aus der Stadt begonnen. Denn Altenburg steht unter dem Kommando der Div.z.b.V. 464 des W.Kr. IV und diese war an diesem Tag unter das Kommando des XC. AK der 7. Armee gestellt worden. *„Sie (die Div. 464, d.A.) erhielt den Befehl, in der Nacht vom 13./14.4. alle ihre vor dem Zwickauer-Mulde-Abschnitt stehenden Truppen hinter den Fluss zurückzuziehen…"*[302] Und dazu gehört auch die Art.Ers.Abt. Angehörige dieser Abteilung werden gemäß den amerikanischen Gefangenenmeldungen unter anderem bei Lehma registriert. Dieser Rückzugsbefehl dürfte den wenigen verbliebenen Wehrmachtsangehörigen gerade zum richtigen Zeitpunkt gekommen sein, zumal Altenburg im Verteidigungskonzept des W.Kr. IV von vorne herein keine Rolle zugeteilt worden war. Und auf die Flakstellungen, die sich westlich von Altenburg befinden, hat der Wehrkreis keinen Zugriff. So hätte lediglich das Offenhalten des Flugplatzes als Zwischenlandeplatz für fliegende Verbände Richtung Protektorat und Süddeutschland für eine gewisse Zeit eine Verteidigung gerechtfertigt. Aber auch das wäre angesichts der amerikanischen Lufthoheit sinnlos gewesen. Außerdem hat die Flucht längst begonnen. Bereits beim Auftauchen der ersten amerikanischen Panzer hatte eine Flakscheinwerfer-Einheit zwischen Burkersdorf und Mockern ihre Geräte zerstört und sich kampflos abgesetzt. Am 14. April 1945 hatten sich dann nur noch letzte versprengte deutsche Truppen in der Stadt aufgehalten, wo die Bevölkerung ungestört die Vorratslager in der Stadt plündert. Die deutschen Verteidigungsstellungen auf dem Höhenzug Oberlödla zwischen Wasserwerk und dem Ort mit einem 15cm-Geschütz, MG-Stellungen und Schützenlöchern waren bereits hastig geräumt worden, nachdem der Ort unter Beschuss genommen wurde, wobei es mehrere Gefallene gab. Ein Junge wurde in einem Keller durch Splitter getötet. Die Teile der Besatzung von Altenburg, die man wegen der ständigen Bedrohung durch Luftangriffe in die Dörfer nördlich der Stadt verlegt hatte und die dort offenbar den Rückzugsbefehl hinter die Mulde nicht erhalten hatten, hatte auch ohne Befehl die Flucht ergriffen, nachdem amerikanische Truppen nördlich an Altenburg vorbeigestossen waren.[303] Und die wenigen, bei denen die Gefahr bestünde, dass sie sich einem Rückzugsbefehl entgegen stellen könnten, haben sich längst selber abgesetzt. So hatte die SD-ASt. Altenburg auf Befehl des Leiters des SD-Abschnitts Weimar, Stubaf. Gerhard, die Stadt Richtung Süddeutschland verlassen.[304] Und SS befinden sich nicht in der Stadt.

Um 06.30 Uhr (B) fährt ein Verbindungsoffizier des CCR dem 3./304 entgegen, dass 07.00 Uhr (B) Droßdorf verlassen hat, und führt das Bataillon und das 364th FA Bn nach Rositz in den Sammelraum für den Angriff auf Altenburg, wo es auf den Einsatzbefehl warten soll. Während sich das CT 50 des CCR, das um 04.00 Uhr (B) nach einem Nachtmarsch über Stockhausen Prehlitz bei Meuselwitz erreicht hat und sich bei Posa versammelt, erteilt um 08.30 Uhr (B) der CO CCR, Lt.Col. Lagrew, auf seinem CP bei Heuckendorf-Pflichtendorf dem CT 68 den Befehl zum Angriff auf Altenburg in einer nördlichen Umfassungsbewegung. Das 3./304 erhält den Auftrag, durch die Stellungen des CT 68 hindurchzugehen und mit einer Kompanie entlang der Hauptstraße nach Norden vorzurücken. Ein Kompanie soll nach Süden gehen und gemeinsam mit der unterstellten Rcn Co., 603rd TD Bn entlang der Bahnstrecke auf die Stadt vorgehen. Als Angriffsbeginn wird 11.00 Uhr (B) festgelegt. In Anbetracht der Patrouillenmeldungen und dem Umstand, dass die eigenen Truppen bereits am Stadtrand stehen, verbietet der CG 6th US AD, Gen. Grow, jedoch dem 364th FA Bn, die Stadt unter Beschuss zu nehmen. Zu groß ist die Gefahr, dass irrtümlich eigene Truppen unter Beschuss geraten. So bleibt es bei acht Granaten, die in Richtung des evangelisches Kinderhospitals abgeschossen werden, um der Stadt klar zu machen, was droht, wenn man jetzt nicht schnell ein Signal der Bereitschaft zur Kapitulation zeigt.[305]

In dieser Situation klingelt zehn Minuten vor 11.00 Uhr auf dem Verbandsplatz des Med Detachments des 3./304 im Haus einer deutschen Ärztin in Rositz der öffentliche Fernsprecher. *„Ein Anruf für die deutsche Ärztin mit einer Serie hektisch gesprochener und unverständlicher (...) Sätze, und dann die Frau, die atemlos zu uns sagt: „Das war der Bürgermeister von Altenburg. Er rief an, um zu sagen, dass sich die Stadt ergibt. Es wird keine Verteidigung stattfinden. Weiße Fahnen werden aufgezogen. Es ist keine Beschießung notwendig!'"* Schnell wird Capt. Kowalec von der Coll. Co., 301st Med Bn, dem die Ärztin den Inhalt des Telefonats mitteilt, klar, dass Eile geboten ist, um den Angriff im letzten Moment zu verhindern Sofort macht sich auf Befehl des Leiters des Verbandsplatzes, Capt. James Ryan, Lt. Helmer Miller mit einem Jeep auf den Weg zum CP des 3./304. Kurz vor 11.00 Uhr stürmt er in den CP. *„Doch Maj. Lyle Griffis sah ihn verschlafen an, gähnte und sagte: ‚Ja. Wir wissen es. Unsere Patrouillen haben gerade die Stadt betreten' Eine Enttäuschung, wenn man es so betrachtet!"*[306]

OBgm. Dr. Otto Grimm hatte die Kapitulation von Altenburg vor einem Sanitätsoffizier der 76th US InfDiv in dem Moment vollzogen, als die Angreifer bereits die Stadtgrenzen überschritten hatte. Grimm, der als getreuer Gefolgsmann der NSDAP galt, hatte sich nicht, wie die meisten seiner Amtskollegen, befehlsgemäß abgesetzt, sondern war in der Stadt geblieben. Über das Warum kann nur spekuliert werden. Indizien sprechen jedoch dafür, dass er die Zeit genutzt hatte, um belastende Beweise seiner Tätigkeit nachhaltig zu vernichten. Und Grimm hat das Glück, dass sich zu dieser Zeit kein anderer fanatischer Nazi oder pflichtgetreuer Militär in der Stadt befindet, der sich ihm entgegenstellen würde. Kreisleiter Hauschild war zwar ebenfalls nicht dem Befehl des Gauleiters gefolgt, aber in der Stadt untergetaucht.[307] Er wird jedoch aufgespürt und gemeinsam mit Grimm gefangengenommen.

Ohne auf Widerstand zu treffen marschieren die Infanteristen in die, von früheren Luftangriffen erheblich zerstörte, Stadt ein, die bis um 11.15 Uhr (B) besetzt ist. Die thüringische Spielkartenstadt Altenburg hat diesmal Glück gehabt. Jetzt folgt das CT 68 über den Grüntaler Weg von Oberlödla nach Altenburg und unterstützt die Infanterie bei der Durchsuchung und Sicherung der Stadt mit zwei Kompanien Panzer und zwei Plat. Panzerinfanterie. Wachen werden an den wichtigen Einrichtungen und Lagern in der Stadt aufgestellt, darunter am Werk Altenburg der HASAG, in dem noch immer große Mengen an Panzerfäusten lagern.[308] Das Werk, mit dessen Bau 1936 begonnen wurde und das sich im Bereich des heutigen Gewerbegebietes „Poststraße“ zwischen Kauerndorf und Zschernitzsch befand, war das größte Werk der HASAG-Gruppe in Deutschland. Die werkseigenen Unterkünfte auf dem Gelände beherbergen tausende Zwangsarbeiter, die jetzt ihre Befreier freudig begrüßen.[309] Im KZ-AL HASAG Altenburg des KZ Buchenwald finden die Amerikaner nur noch wenige Häftlinge vor. Die Masse der Häftlinge war am 12. April 1945 zu Fuß über Gößnitz – Meerane – Glauchau – Remse – Waldenburg Richtung Erzgebirge evakuiert worden. 800 weibliche Häftlinge aus dem KZ Ravensbrück und 200 männliche von den insgesamt 2500 Häftlingen Ende März 1945 werden bei Meerane von den Amerikanern befreit, nachdem die Wachen geflohen waren.[310]

Unweit davon stossen sie auf das Kriegsgefangenen-Stammlager Stalag IV F/Z, einem Ableger des Stalag IV F Hartmannsdorf. Das Lager war als Stalag IV E mit der Verwaltung auf im Fliegerhorst Altenburg-Nobitz ab Februar 1940 als „Schattenlager“ des Stalag IV B Mühlberg im Fliegerhorst Altenburg-Nobitz entstanden. *„Der Begriff Schattenlager war inoffiziell und bezeichnete die aus dem Kriegsgefangenen-Mannschafts-Stammlager IV B zur regionalen Verwaltung von Arbeitskommandos ausgegliederten Zweiglager.“*[311] Der französischer Kriegsgefangene Joseph Moalic berichtet von seiner Ankunft in Altenburg im Oktober 1941: *„Vier Kilometer, um ... mit unseren Sachen (vom Bahnhof d.A:) durch die sehr hügelige Stadt zum Stalag IV E in einen Theatersaal zu kommen, der von einem schneebedeckten Sportplatz umgeben war.“* Der Bericht einer Delegation des Internationalen Roten Kreuzes IRCO, die am 13. Mai 1941 das Lager im ehemaligen Altenburger Schützenhaus am Anger besuchte, bemängelt, das für 300 bis 350 Männer lediglich 15 Kaltwasserhähne zur Verfügung standen und es keinerlei Duschen gab, so dass überall Ungeziefer war.[312] Daraufhin hatte man das Lager in einen ehemaligen Wehrmachtsbereich in Kauerndorf[313] in unmittelbare Nähe des HASAG Werks Altenburg, verlegt. Am 1. Juni 1942 hatte man dann den Stamm des Lagers als Stalag 384 nach Russland verlegt, um dort den riesigen Massen an Kriegsgefangenen Herr zu werten. Das, in Altenburg verbliebene, Lager wurde dem Stalag IV F Hartmannsdorf als Stalag IV F/Z zugeordnet.[314]

Kriegsgefangenenunterkunft des Stalag IV E Altenburg, aufgenommen von einer Delegation des Internationalen Roten Kreuz IRCO
Foto: V-P-HIST-01571-35, IRCO

Besondere Aufmerksamkeit gilt dem Flugplatz östlich der Stadt, der 1936/37 auf dem Gelände des Exerzierplatzes der Garnison Altenburg eingerichtet wurde, nachdem das Gelände während des 1. Weltkrieges ab 1916 von der Fl.Ers.Abt. 1 als Militärfliegerschule genutzt und nach Kriegsende geschleift worden war. 1937 war dann der Fliegerhorst Leinawald, Deckname „Alpendohle“ mit dem Flugplatz Altenburg-Nobitz, eingeweiht worden. Noch vor der Einweihung war bereits am 1. April 1936 die III./KG 153 mit dem Verbandsabzeichen „Altenburger Spielkarten“ auf dem Platz aufgestellt worden, die im August 1937 mit Junkers Ju 86 ausgerüstet wurde. Die Gruppe verlässt am 1. April 1937 Altenburg und geht nach Liegnitz (Legnica/Polen), bevor sie 1939 in Heiligenbeil in III./KG 3 umbenannt wird. Neben dieser Stationierung kommt es zu einem zweitägigen Aufenthalt der fliegenden Teile des I./JG 132 „Richthofen“ am 16./17. März 1938. Ab 1938 liegt der Schwerpunkt der Nutzung des Platzes bei der Ausbildung des fliegenden Personals der Luftwaffe. Ab dem 5. Mai 1938 beherbergt der Fliegerhorst die FFS C 9, die aus der FFS E (C) Altenburg, vorher Flieger-Übungsstelle Roth-Kiliansdorf, des Höh.Fl.Ausb.Kdo. 4 hervorgegangen war. Ihr Schwerpunkt ist die Ausbildung des fliegenden Personals für den zweimotorigen Ju 88 Bomber. Im September 1938 verlässt sie Altenburg und kehrt nach mehreren Standortwechseln im November 1939 noch einmal nach Altenburg zurück. Im August 1942 verlässt sie Altenburg endgültig Richtung Pretzsch an der Elbe.

Luftaufnahme der USAAF vom Flugplatz Altenburg-Nobitz vom 15. Juni 1945
Luftbild Nr. 7061, Luftbilddatenbank Ingenieurbüro Dr. Carls, Estenfeld

Vom 12. Mai 1939 bis zum 9. November 1939 beherbergt der Fliegerhorst die FFS A/B 31 des Fl.Ausb.Rgt. 31 Heiligenbeil. Am 29. Juli 1942 kommt die FFS A/B 33 des Höh.Fl.Ausb.Kdo. 4 Finsterwalde nach Altenburg, die neben dem Platz die Flugplätze Jena-Rödigen und Delitzsch zur Ausbildung nutzt. Am 10. Mai 1943 wird sie in Blindflugschule 10 umbenannt und dient der Ausbildung der Piloten der aufzustellenden „Wilde Sau"-Nachtjagdgeschwader JG 300, 301 und 302. Aus ihr erfolgt am 15. Oktober 1943 in Altenburg die Aufstellung des Stabes und der I. Gruppe, JG 110. Das JG 110 wird im April 1944 der neuaufgestellten 4. Fliegerschul-Div. unterstellt. Doch nur der Stab unter Oberst Max Gerstenberger verbleibt bis zu seiner Auflösung am 15. März 1945 in Altenburg. Die I. Gruppe verlegt im Februar 1945 nach Braunschweig-Waggum. Ihre 4. Staffel, die ab dem 15. Oktober 1943 auf dem Feldflugplatz Pomßen bei Leipzig stationiert wurde und die abgesehen von einem kurzen Stopp in Altenburg ab dem 13. Mai 1944 von Feldflugplatz Euba bei Chemnitz zum Einsatz kam, verlegt nach Wesendorf bei Gifhorn. Mit der Ausbildung der Nachtjagdpiloten beginnt am 1. Oktober 1943 in Altenburg die Aufstellung der II./JG 301 unter Hptm. Graf Resugier aus der 10. Staffel, JG 4, die jedoch über keine eigenen Flugzeuge verfügt. Für ihre Einsätze nutzt sie die Maschinen der I./JG 110. Anfang November 1943 wird die Gruppe in Ludwigslust in II./JG 302 umbenannt. Im Zeitraum 2. Juni bis 20. Juli 1944 dient der Platz zur Auflösung des aus Russland zurückkehrenden Stabes und der I./KG 3 „Blitz", ausgerüstet mit Ju 88A. Ihre Flugzeuge werden am Platzrand abgestellt, die Piloten zu Jagdpiloten umgeschult. Das nicht mehr benötige Personal geht zu Bodenverbänden der Luftwaffe.[315] Im Herbst 1944 wurden *„etwa 40 000 Luftwaffenangehörige, die vor allem den,... besonders wertvollen Jahrgängen 1914 und jünger angehörten, ... als Ersatz für die Fallschirmtruppe umgeschult. Weitere 50 000 Luftwaffensoldaten waren als personeller Grundstock für die Aufstellung weiterer Fallschirmverbände vorgesehen."*[316] Als letzter fliegender Verband wird im Februar 1945 die I./NJG 5 der 1. Jagd-Div., ausgerüstet mit Ju 88G, von Parchim nach Altenburg verlegt. Auch die II./NJG 5 erreicht von Ohlau/Niederschlesien (Olawa/Polen) Altenburg. Am 30. März 1945 erfolgt die Auflösung des Stabes und der 2. und 3. Staffel, I./NJG 5. Die Reste werde zusammengefasst und verlegen im Bestand der 1. Staffel nach Redlin in Brandenburg. Auch die 5. und 6. Staffel, II./NJG 5 werden aufgelöst. Deren Reste verlegen mit der 4. Staffel nach Lübeck-Blankensee.[317] Nicht mehr benötigtes Personal, darunter auch Flugzeugführer, werden auf Befehl des Gen.Kdo. IX. (J) Fliegerkorps der Luftflotte Reich herausgelöst und Bodenverbänden zugeführt.[318] So war nur noch die Fl.H.Kdtr. A (o) 35/III unter Führung von Maj. Georg Vrbancik bis kurz vor Eintreffen der Amerikaner im Fliegerhorst Altenburg-Nobitz verblieben. Erst in Vorbereitung des Feldzuges gegen Polen war am 1. Juli 1939 in Altenburg das Flughafen-Bereichs.Kdo. Altenburg[319] aufgestellt worden, das am 30. März 1941 in Flughafen-Bereichs.Kdo. 1/IV umbenannt das Kommando über die Fl.H.Kdtr. Altenburg, Zwickau, Plauen und Leipzig-Mockau inne hatte. Mit der Vorbereitung des Russland-Feldzuges, an dem das Kommando ab Oktober 1941 in Charkow teilnehmen sollte, erfolgte im Mai 1941 die Unterstellung der Fl.H.Kdtr. Altenburg unter das Flughafen-Bereichs.Kdo. 2/IV in Großenhain. Parallel hierzu erfolgte die Umbenennung in Flugplatz-Kdo. A 27/IV. Am 20. Februar 1943 wurde aus dem Flughafen-Bereichs.Kdo. 2/IV das Flughafen-Bereichs.Kdo. 7/III und das Flugplatz-Kdo. A 27/IV Altenburg wechselt unter das Flughafen-Bereichs.Kdo. 5/III in Erfurt. Am 1. April 1944 wird aus dem Flugplatz-Kdo. A 27/IV die Fl.H.Kdtr. A (o) 35/III und im Dezember 1944 geht die Fl.H.Kdtr. A (o) 35/III unter das Flughafen-Bereichs.Kdo. 7/III Großenhain zurück, unter dessen Führung es bis zum Schluss verbleibt. Die Flak.Bttr. z.b.V. 5553 zum Schutz des Flugplatzes verlegt im Juni 1944 nach Nonnewitz.

Jetzt ist der Platz und der Fliegerhorst verlassen und während die Infanteristen das Gelände sichern, sprengen Pioniere, des, dem CT 68 unterstellten, 3rd Plat. Co. C, 25th Armd Engr Bn einige verlassene Flakgeschütze am Rand des Platzes.

Zerstörtes deutsches Flugzeug am Rand des Flugplatzes Altenburg-Nobitz, Mai 1945
Foto: SC-26740017.450500, National Archives, Sammlung Schmidt, Weimar

Bei der Erkundung der Umgebung findet eine Patrouille der Div.Trains der 6th US AD, die das CCR begleiten, zufällig das Lager eines der Arbeitskommandos des Kriegsgefangenen-Stammlager Stalag IV F/Z. Als sie plötzlich vor dem Lagertor stehen, können sie kaum glauben, was sie sehen. *„Als die GI das Lager erreichten, fanden sie einen, am Holztor mit Hufnägeln angenagelten Amerikaner vor, der im Sterben war. Dieser Kriegsgefangene hatte versucht, aus dem Lager zu fliehen, um seine Landsleute zu informieren. Auf Befehl des deutschen Lagerkommandanten, einem Oberst, wurde er lebend zur Abschreckung und Bestrafung an das Holztor genagelt".*[320] Im Lager ergeben sich ihnen die verbliebenen Wachmannschaften aus durchweg älteren Landesschützen der 4./Lds.Schtz.Btl. 400 widerstandslos.[321] Die meisten haben sich bereits im Schutz der Nacht abgesetzt. Was dann folgt, ist zwar nachzuvollziehen, aber rechtlich nicht zu rechtfertigen. Angesichts des sterbenden Kameraden greifen sich die Männer der Patrouille kurzerhand *„einige der Offiziere und erdrosseln sie mit Drähten, die sie für den Fall einer Gefangennahme in den Nähten ihrer Uniformhosen versteckt hatten".*[322] Die Insassen des Lager sind endlich frei. Wie viele allerdings im Hauptlager und den unzähligen Arbeitskommandos auf Grund Hunger, Unterernährung oder der häufig unmenschlichen Arbeitsbedingungen ums Leben kamen, ist jedoch nicht bekannt. Erst Jahrzehnte später stößt man 2012 bei Grabungen im Leinawald auf die Gebeine von über 100 Toten, meist Russen, die wahrscheinlich in einem Außenkommando auf dem nahegelegenen Flugplatz zu Arbeitszwecken eingesetzt wurden und an Krankheiten und Unternäherung verstarben.[323]

Bis zum späten Nachmittag ist die Stadt vollständig gesichert und die Infanteristen des 3./304 haben neben den Lazarettinsassen in der Stadt und Umgebung 650 Kriegsgefangene gemacht.[324] Damit endet die eher unspektakuläre Besetzung von Altenburg. Erst in den 60iger Jahren wird man versuchen, aus ihr eine Heldengeschichte zu machen, die von mutigen Antifaschisten handelt, die sich den verteidigungswilligen Nazis entgegen stellten, SS und Wehrmacht durch falsche Funksprüche zum Rückzug brachten und letztendlich die Stadt persönlich an die Amerikaner übergaben. Diese hatten natürlich vorher völlig sinnlos in die Stadt geschossen und nur wegen ihres Eingreifens damit aufgehört. Eine Geschichte ganz im damaligen Zeitgeist, die 1960 in mehrerer Beiträgen des Kulturspiegels unter dem Titel „Es begann im Februar" von Eberhard Heinze veröffentlich wurde und die 1966 als Grundlage für das DDR-Abenteuerheft Nr. 22 der KAP-Reihe „Schüsse im Rathaus" von H. Germar diente. Unkorrigiert konnte sie bis weit nach der Wende 1990 überleben und auch heute noch finden sich Auszüge aus ihr in einigen Berichten zu den damaligen Ereignissen. Es ist also Zeit dieses zu korrigieren. Interessanterweise zeigt diese Geschichte erhebliche Parallelen zu Zeitz, wo 1964 eine ähnliche Geschichtsverfälschung mit dem Tatsachenheft Nr. 33 des Militärverlages der DDR „Flaksender Schneewittchen" erfolgte.[325]

Bereits um 12.45 Uhr (B) erhält das CT 68 den Befehl, die Stadt zu verlassen und den Angriff mit dem Ziel Mittweida fortzusetzen. Über Windischleuba fährt die Kolonne auf der Strecke des CT 69 vom Vortag über Dolsenhain nach Kohren, wenn sie nach Süden schwenkt und über Rathendorf und Corba Wechselburg erreicht, wo die Brücke vor der Kolonne gesprengt wird. Daraufhin schwenkt sie nach Süden und findet schnell einen Übergang zwischen Göhren und Cossen. Ihnen fällt die unversehrte Muldenbrücke und das Göhrener Viadukt, die drittgrößte Eisenbahnbrücke Sachsens, in die Hände. Um 21.30 Uhr (B) wird es in Göritzhain gemeldet, als es dem Weg des CT 50 über Wiederau und Thalheim folgt.

Das CT 50, das gewartet hatte, bis Altenburg genommen ist, verlässt seine Versammlung bei Posa und fährt an den haltenden Panzern des CT 68 vorbei quer durch den Leinawald über Neuenmörbitz nach Penig. Als sich die Spitze auf der R 95 hinter Langenleuba-Oberhain dem Örtchen Wernsdorf kurz vor Penig nähern, werden sie durch Personen am Straßenrand gestoppt, die sie auf ein Lager aufmerksam machen. In einem stacheldrahtumzäunten Areal in einer alten Kiesgrube stossen sie auf verlassene Baracken. Und inmitten der Baracken eine mit 80 siechenden Frauen. Es sind die zurückgelassenen marschunfähigen Frauen des KZ-AL Penig des KZ Buchenwald, dessen Insassen in den Max Gehrt- Werken Penig, einem wichtigen Zulieferer für Flugzeugteile der Junkers Flugzeug- und Motorenwerke, als Arbeitskräfte eingesetzt waren. Das Außenkommando, das aus 700 Ungarinnen aus dem KZ Ravensbrück bestand, hatte man am 13. April 1945 aufgelöst. Die marschfähigen Frauen hatte man zusammen mit 100 Frauen eines Evakuierungstransportes

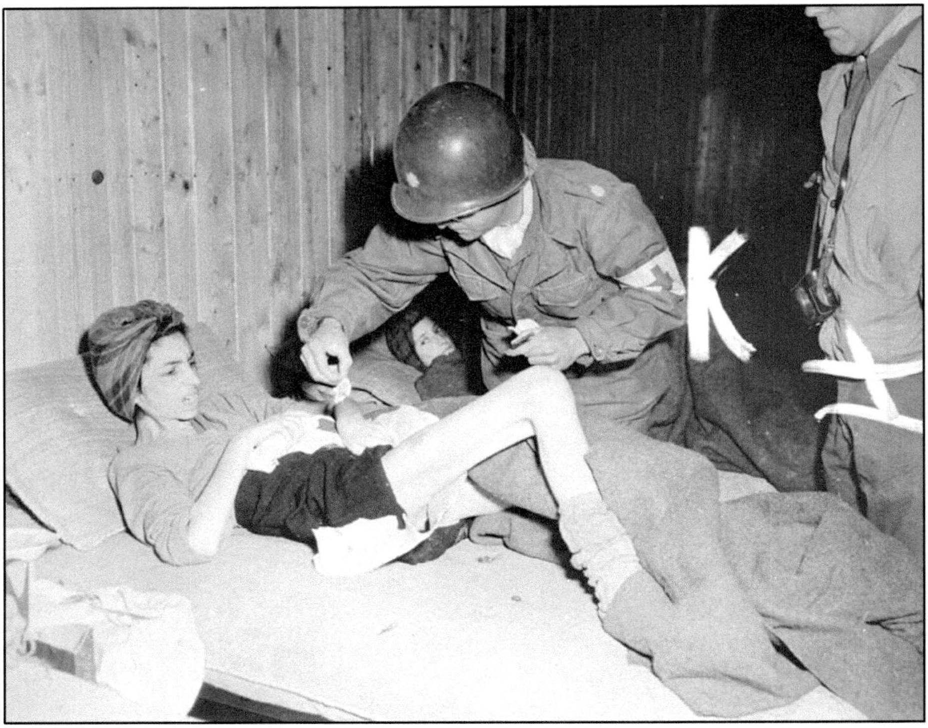

Lt.Col. J. W. Branch versorgt eine Überlebende Foto: Sam Gabriel, USHMM, #04444

Denkmal an der B 95 bei Wernsdorf Fotos: WIKIPEDIA, Autor Michael w

des KZ-AL Abteroda, Deckname „Anton", der kurz zuvor im Lager eingetroffen war, zu Fuß Richtung Chemnitz in Marsch gesetzt worden. Viele von ihnen kommen dabei ums Leben, als die Kolonne wenige Kilometer vor Chemnitz in einen Luftangriff gerät. Die Piloten der Jagdbomber hatte den Elendszug wohl für zurückweichende deutsche Truppen gehalten. Die Überlebenden des Marsches werden erst bei Leitmeritz (Litoměřice/Tschechien) befreit, nachdem das Wachpersonal geflohen war.[326] Während sich sofort einige der begleitenden Sanitäter des 76th Armd Med Bn von Maj. Leonard E. Rothman um die Frauen kümmern und weitere Hilfe herbeigerufen wird, die kurz darauf unter Führung des Divisionsarztes der 6th US AD, Lt.Col. J. W. Branch eintrifft, rollt die Kolonne ohne Halt weiter. Die kranken Frauen werden anschließend nach Nobitz abtransportiert, wo sie in der Krankenstation des Fliegerhorstes versorgt werden.[327]

Dann schwenkt das CT 50 nach Norden und fährt nach Lunzenau, um dort die Mulde zu überqueren, denn Penig, das bereits am Vortag besetzt wurde, liegt im Abschnitt 4th US AD. Von Lunzenau geht es über Wiederau nach Thalheim und von dort fährt die Kolonne mit den Panzern der Co. A, 68th Tk Bn voraus um 17.30 Uhr (B) nach Erlau. Um 18.00 Uhr (B) erreicht sie Lauenhain, nordwestlich von Mittweida und bis 20.30 Uhr (B) hat sich das CT in der Umgebung versammelt.

In der Nähe von Lastau stellen die Aufklärer des Tp. A, 86th CavRcnSq von 1st Lt. Harold Lenahan an diesem Tag den festen Kontakt zur 9th US AD her. Der Div.CP verlegt am Morgen von Zeitz nach Dolsenhain, wo er bis gegen 15.30 Uhr (B) hält, bevor er um 17.00 Uhr (B) in Rochlitz eröffnet. Dort trifft auch der Bn.CP des 603rd TD Bn ein. Die Co. A, 76th Armd Med Bn verlegt über Stolzenhain, wo sie 11.50 Uhr (B) gemeldet wird, nach Breitenborn bei Rochlitz, wo sie zusammen mit der HQ Co. 76th Armd Med Bn entfaltet. Von hier aus erfolgt die Organisation des Abtransportes der Verwundeten zur Stationären Station des Bataillons in Romsdorf bei Zeitz. Die 146th Armd Sign Co. erreicht von Zeitz kommend Rochlitz. Im Ergebnis des Tages hat die 6th US AD bis 20.00 Uhr (B) neben der Brücke in Rochlitz auch Brücken über die Mulde bei Göhren und Cossen und über die Zschopau in Mittweida erobert und mit fast allen Teilen die befohlene Haltelinie östlich Geringswalde – Kriebstein an der Zschopau – Krumbach an der Mulde erreicht. Nur die Brücke in Wechselburg hatte man zerstört vorgefunden. Sofort wird mit der Sicherung des Abschnittes gegen deutsche Gegenangriffe begonnen, denn ab jetzt heißt es für die Männer um Maj.Gen. Grow *„Warten auf die Rote Armee"*.

Der nachfolgenden 76th US InfDiv erteilt das XX. US Corps den Auftrag, den Raum hinter den Panzern zu säubern und dann Teile der 6th US AD in den Brückenköpfen an der Zwickauer Mulde und der Zschopau abzulösen. Das 1./304, das als letztes der drei Bataillone des RCT 304 den Raum Zetzschdorf – Droßdorf verlässt, nachdem um 12.05 Uhr (B) ein Funkspruch an die 6th US AD geht, der ankündigt, dass das RCT 304 nach Altenburg unterwegs ist und ohne Halt durch die Panzer hindurch nach Osten gehen soll, erreicht am Nachmittag Altenburg. Von dort folgt es um 19.00 Uhr (B) mit dem 1st Plat. Co. A, 749th Tk Bn der Route des CT 68 nach Osten und wird um 21.30 Uhr (B) auf der Straße Bocka – Dolsenhain gemeldet.

Beim 2./304 verlassen am Morgen die Kräfte der Nordkolonne mit dem Bn.HQ, die am Vortag aufgehalten wurden, um 08.00 Uhr (B) Droßdorf. Die Co. G fährt, aufgesessen auf Lastwagen, nach Würchwitz, wo sie um 08.50 Uhr (B) gemeldet wird und bis 10.15 Uhr (B) erreicht sie die Straße Loitzsch – Spora. Zu diesem Zeitpunkt hat die Co. E, die in Mahlen für die Nacht gehalten und am Morgen zur Co. F in Dobitschen aufgeschlossen hat, hinter dieser über Romschütz – Schlöpitz bereits Mockern, südlich von Altenburg Beim weiteren Vorrücken trifft die vorausgehenden Co. F bei Ehrenberg auf deutsche Soldaten, die berichten, dass sich eine größere deutsche Einheit im Raum östlich des Ortes befinden soll. Da sie auf keinen direkten Widerstand treffen, befiehlt das Bataillon den Raum Ehrenberg – Stünzhain – Kotteritz – Modelwitz in einem nördlichen Bogen einzukreisen und bis 15.30 Uhr (B) erreicht es Hauenberg. Bei dieser Einkreisungsbewegung ergeben sich ihnen kampflos *„ein bataillonsstarkes Regiment unter Führung eines Oberstleutnant"*. 400 Mann gehen in Kriegsgefangenschaft. Doch es ist kein geschlossener Verband und schon gar kein Regiment, sondern es handelt sich den Rest der Altenburger Garnison unter dem Kommando von Obstlt. Krietzsch und um eine Gen.Kp. aus Mühlhausen/Thür. in Paditz.[328] Nach dem Rückzugsbefehl der Div.z.b.V. 464 hinter die Zwickauer Mulde, und nicht wie später geschrieben *„hinter die Wyhra"*, war es ihnen nicht gelungen, sich befehlsgemäß aus dem Raum Altenburg abzusetzen, nachdem bereits am 13. April 1945 amerikanische Panzerkolonnen südlich an Altenburg vorbeigestoßen waren.[329]

In der Zwischenzeit hat sich die Co. G der Kolonne des CT 15 angeschlossen, die dem CT 9 folgt. Nachdem Ehrenberg, Stünzhain, Kotteritz und Modelwitz gesäubert sind, folgt auch der Rest des Bataillon geschlossen dem Weg des CCA der 6th US AD und um 17.20 Uhr (B) wird die Kolonne zwischen Langenleuba-Oberhain und Oberelsdorf gemeldet und um 21.30 Uhr (B) in Elsdorf. Während die Co. E die Brücke bei Hohenkirchen und Lunzenau sichert, geht die Co. F nach Königshain und die Co. G sichert in Mittweida den Brückenkopf über die Zschopau. Der Co.CP Co. G geht nach Altmittweida und bezieht Quartier. Wenig später nähert sich einem der Vorposten aus Feindrichtung ein ziviler Pkw mit zwei ungarischen Offizieren, die sich sofort ergeben und verlangen, zum Co.CP gebracht zu werden. Hier erklären sie gegenüber dem dort befindlichen Lt. Byrnes, dass sie zu einer Kompanie eines Rekr.Ausb.Rgt. der Kgl.Ung. Honvéd Armee in Stärke von 250 Mann gehören, die sich bedingungslos ergeben will. Der Sache nicht ganz trauend, befiehlt Byrnes daraufhin erhöhte Wachsamkeit, während er mit Pfc. Muller als Dolmetscher in das Fahrzeug der Ungarn steigt, um diese zu begleiten. Im nächsten Ort treffen sie auf eine voll bewaffnete, abmarschbereit angetretene Einheit mit einem Küchentroß und

Reitpferden für die Offiziere, die nur darauf warten, in Gefangenschaft zu marschieren. Ohne Bewachung folgen sie dem Fahrzeug mit Byrnes und Muller zuerst zum Co.CP, wo alle Waffen auf einem Haufen abgelegt werden. Von dort geht es nur begleitet von einer kleinen Wachmannschaft weiter zur Kriegsgefangenensammelstelle. Es werden nicht die letzten Ungarn sein, die sich kampflos ergeben.[330]

Sie sind die Angehörigen der Kgl.Ung. Honvéd Armee, die im Dezember 1944 zur Aufstellung von zwei Divisionen und mehreren selbstständigen Verbänden in einer Gesamtstärke von 45000 Mann nach Deutschland verlegt wurden und nun versuchen der russischen Kriegsgefangenschaft zu entgehen. So ergeben sich immer wieder ganze Einheiten geordnet den amerikanischen Verbänden.[331] Froh, nicht nur den Russen entgangen zu sein, sondern auch froh, nicht für die Deutschen ihr Leben opfern zu müssen. Man hatte sie nach der Machtübernahme der faschistischen „Pfeilkreuzler" unter Ferenc Szálasi im Oktober 1944 praktisch der Wehrmacht ausgeliefert. *„Die ungarischen Kommandeure gewannen nicht selten den Eindruck, dass die Deutschen keine Scheu hatten, unausgebildete oder ausgezehrte Verbände der Ungarn ‚abschlachten zu lassen'."*[332]

In Altenburg vereint sich der, dem 3./304, unterstellte, 3rd Plat. Co. A, 749th Tk Bn, der mit seinen Panzern das begleitende 364th FA Bn nach Rositz eskortiert hat, mit dem Bataillon. In der Nacht erreicht auch die AT Co. 304 unter Capt. Donald N. Friend und die Cn Co. 304 unter Capt. Bernhard G. Robbins Altenburg. Gemeinsam mit der AT Co. 304 folgt die unterstellte Co. A, 749th Tk Bn von hier aus mit ihrem 2nd und 3rd Plat. Co. A, 749th Tk Bn, zwei Sturmgeschützen und den leichten Panzern der Co. D, 749th Tk Bn dem Regiment in den neuen Abschnitt an der Zschopau und erreicht Bucha. Der Regtl.CP verlässt am 11.45 Uhr (B) Rippicha und fährt nach Altenburg, wo er Quartier bezieht bis er um 20.10 Uhr (B) dem 2./304 folgt.

Das 385th InfRgt setzt ab 07.00 Uhr (B) den Vormarsch an der rechten Flanke der 76th US InfDiv fort. Das 1./385 rückt mit dem 1st Plat. Co. C, 749th Tk Bn und den Panzerjägern der Co. B, 691st TD Bn am späten Morgen von Geußnitz aus nach Osten vor. Um 08.45 Uhr (B) erreicht die Co. A unter Capt. Gilbert T. Owren das weiß beflaggte Bockwitz, wo bereits in der Nacht eine amerikanische Patrouille auf der Suche nach deutschen Soldaten aufgetaucht war. Eine Gruppe VS-Männer im Alter von 55 bis 65 Jahren, die am Vormittag des 13. April 1945 mit Panzerfäusten bewaffnet angerückt war, um den Ort zu verteidigen, hatte sich da bereits abgesetzt, nachdem ihr Führer verschwunden war. Am 14. April 1945 war dann ein deutscher Offizier auf einem Motorrad erschienen, der den Einwohnern zurief: *„Wenn ihr euch eure Buden nicht zusammenschießen lassen wollt, hängt 'ne weiße Fahne heraus!"*[333] So kommt den Infanteristen im Ort nur ein deutscher Sanitäter entgegen, der sie zu einer Gruppe von Verwundeten führt, welche zu einer Einheit gehören, die Tage zuvor mit Lastwagen im Ort eingetroffen war. Sie hatten sie bei ihrem Abmarsch in der Nacht zum 13. April 1945 zurückgelassen. In der Zwischenzeit nähern sich die anderen Teile des Bataillons Suxdorf und werden um 09.30 Uhr (B) nördlich der Steinbruchhäuser gemeldet, wo es zu einem Halt kommt, denn jetzt geht das 3./385 durch ihre Linien nach Würchwitz. Bis diese gegen 11.00 Uhr (B) die Linien passiert haben, hat die Co. A die Einnahme von Bockwitz abgeschlossen und befindet sich mit der nachfolgenden Co. C von Capt. Donald E. Robblee auf dem Marsch nach Lobas. Lobas, das am Vortag während der Besetzung von Würschwitz beschossen, aber nicht besetzt worden war, wird bis 11.15 Uhr (B) genommen.[334] Dann erreicht das Bataillon 14.00 Uhr (B) Zettweil, das zuvor von 2./385 gesichert wurde und rückt weiter auf Kleinröda vor, wo es gegen 16.00 Uhr (B) hält und auf die Fahrzeuge wartet, die das Bataillon für den nächsten Tag motorisieren sollen. Als diese nicht kommen, geht es in einen Sammelraum in Pöhla, wo sich das Bataillon reorganisiert und gegen 17.30 Uhr (B) in die Regtl.Res. geht. Hier treffen bis 23.00 Uhr (B) endlich auch die Lastwagen ein.

Das 2./385 rückt von Wildenborn aus mit den Hauptkräften und dem 2nd Plat. Co C, 749th Tk Bn durch Lindenberg zum bereits besetzten Kayna vor, das es 08.00 Uhr (B) mit der Co. E von Capt. Terrance Vangen erreicht. Zur gleichen Zeit befindet sich die Co. F an der Linken des Bataillon auf dem Weg über Zettweil, von wo aus am Vortag zurückgehende deutsche Truppen das CT 9 zur Umkehr gezwungen hatten. Doch die sind zum Glück abgezogen, so dass dem Ort, der seit dem 13. April 1945 zwei Tote durch Bomben und Beschuss zu beklagen hatte[335], kein weiteres Unheil geschieht. 12.15 Uhr (B) ist Zettweil ohne Widerstand besetzt. Dann geht es nach Kostitz und Pöhla, weiter, die ebenfalls ohne Widerstand bis 14.05 Uhr (B) genommen werden. In Pöhla werden 250 russische Kriegsgefangene befreit. Die Co. F erreicht an der Linken gegen 14.10 Uhr (B) Großröda, wo es 150 amerikanische und 250 russische Kriegsgefangene befreit.[336] Hier erhält das Bataillon um 15.20 Uhr (B) den Befehl, die Kriegsgefangenen unter leichte Bewachung zu stellen, damit diese nicht unkontrolliert abmarschieren. Dann werden 16.47 Uhr (B) Kreutzen und Tegkwitz und 17.11 Uhr (B) Gödern besetzt. In Gödern werden von der Co. E drei Gefangene gemacht. Elemente erreichen 19.50 Uhr (B) den Raum südlich Tegkwitz. Während der Bn.CP in Gödern hält, erreichen Vorauskräfte den Raum zwischen Kosma und Altendorf, südwestlich von Altenburg, wo sie um 21.30 Uhr (B) gemeldet werden.

Das 3./385, welches am Vortag bei Rippicha durch die Kolonnen des RCT 304 und der 6th US AD aufgehalten wurde, rückt motorisiert mit dem 3rd Plat. Co. C, 749th Tk Bn aus dem Raum Haynsburg nach Osten vor und geht östlich von Geußnitz durch das 1./385. Vorauskräfte erreichen Würschwitz. Beim weiteren Vorrücken kommt es gegen 11.15 Uhr (B) zwischen Würchwitz und Meititz zu einem Halt, den vor ihnen befinden sich die Panzer in Spora noch immer im Kampf mit der Flakstellung Nißma. Um 12.00 Uhr (B) meldet der CO 3./385, dass sie planen, den Panzern zu folgen, wenn diese die Flakstellung genommen haben. Als sich die Kolonne des

CT 15 wieder in Bewegung setzt und nach Südosten weiterrollt, folgt das 3./385 am Nachmittag bis zur Straße Meuselwitz – Schmölln bei Neupoderschau und schwenkt dort nach Osten Um 15.45 Uhr (B) erreicht es Zechau und rückt auf Großpetsa vor, das bis 16.42 Uhr (B) gesichert wird. Unterlödla wird 17.00 Uhr (B) eingenommen und das Bataillon geht nach Oberlödla , das 17.15 Uhr (B) besetzt ist. Von dort geht es weiter nach Grünthal bei Altenburg, das bis 17.42 Uhr (B) gesäubert ist und 19.00 Uhr (B) erreicht das Bataillon Altenburg. Der Regtl.CP erreicht von Droyßig kommend gegen 14.40 Uhr (B) Würchwitz, wo das RCT um 15.25 Uhr(B) den Auftrag erhält Brückenwachen nach Wetterzeube und zum Bhf. Haynsburg abzustellen. Um 18.00 Uhr (B) erreicht der CP Zechau. Dorthin verlegt auch der Co.CP Co. C, 749th Tk Bn. In Kayna erhält der CO 385th InfRgt um 16.50 Uhr (B) sobald wie möglich nach Altenburg zu gehen und das 304th InfRgt abzulösen. In der Nacht zum 16. April 1945 kommt es um 24.00 Uhr (B) zu einem kurzen Feuergefecht bei Zechau, als eine Gruppe von sieben deutschen Versprengten auf einen Posten trifft.[337]

Das RCT 417 beendet an diesem Tag die Säuberung von Zeitz und folgt mit dem 1./417 im Norden und dem 3./417 im Süden entlang der linken Flanke des XX. US Corps den Panzern nach Osten. Das 1./417, das den Nordteil von Zeitz gesäubert hatte, beginnt am Vormittag mit dem 1st Plat. Co. B, 749th Tk Bn als Task Force mit dem Vorrücken auf Rehmsdorf, das bis 11.15 Uhr (B) genommen wird. Dann geht es über Wuitz, Mumsdorf, Rusendorf, Wintersdorf, Pflichtendorf, Trebanz, Pöschwitz, Primmelwitz, Fockendorf, Pahna und Eschefeld nach Roda. Teile des Bataillons bleiben zurück und säubern bis 20.00 Uhr (B) den Kammerforst nördlich von Lehma. In Roda, wo die Panzer der 6th US AD am Vortag ohne Halt durchgefahren sind, werden 75 Gefangene gemacht und 500 französische Offiziere befreit.[338] Um 21.30 Uhr (B) wird ein Teil des Bataillons südlich von Streitwald gemeldet. Das 3./417, TF Levy geht in der Regtl.Res. mit dem 2nd Plat. Co. B, 749th Tk Bn von Gladitz kommend in Zeitz durch die Linien des 2./417 hindurch und besetzt östlich von Zeitz die Orte Burtschütz, Hainichen, Gleina-Puschendorf und rückt über Kadischen, Sprossen, Zipsendorf, Ölsen, Brossen, Penkwitz, Prehlitz auf Meuselwitz vor, das die Spitzen gegen 12.50 Uhr (B) erreichen und bis 13.30 Uhr (B) ist die Task Force in der Stadt versammelt. Dann geht es weiter über Kriebitzsch und Gorma nach Rositz und Fichtenhainichen, wo es gegen 15.40 Uhr (B) gemeldet wird, als es darauf wartet, dass die Straßen vor ihnen frei sind. Unter Umgehung von Altenburg geht es weiter über Gerstenberg, Knau, Windischleuba, Dolsenhain und Gnandstein nach Kohren, wo es um 21.30 Uhr (B) gemeldet wird. Das 2./417 stürmt in der Zwischenzeit in Zeitz das letzte verteidigte Gebäude in der Artilleriekaserne, nachdem es durch Panzer und Panzerjäger unter starkem Beschuss genommen wurde. Dann endet endlich der fanatische Widerstand und Oberst Förster, Obstlt. Denso und vier weitere Offiziere ergeben sich an der Spitze von 100 Mann. Nach einer kurzen Erholungspause wird das Bataillon dann motorisiert und mit dem 3rd Plat. Co. B, 749th Tk Bn zur TF Barre umgebildet. Am Abend löst es die TF Levy, 3./417 in der Regtl.Res. ab und übernimmt die Aufrechterhaltung von Sicherheit und Ordnung in Zeitz. Der Regtl.CP verlässt um 15.00 Uhr (B) Zeitz und erreicht 17.00 Uhr (B) Meuselwitz. Der Co.CP Co. B und ein Plat. Co. D, 749th Tk Bn verlegen 15.00 Uhr (B) von Zeitz nach Lehma, wo sie 19.30 Uhr (B) eintreffen.

Der Div.CP der 76th US InfDiv verlegt um 16.45 Uhr (B) nach Rositz-Gorma, wo er um 18.30 Uhr (B) eröffnet. Hier trifft auch der CP des 691st TD Bn ein. Der Bn.CP 749th Tk Bn verlässt 15.00 Uhr (B) Bonau und geht nach Wintersdorf, wo er 19.00 Uhr (B) eintrifft und die Co. D und die Svc Co. 749th Tk Bn gehen um 17.00 Uhr (B) von Theißen nach Pflichtendorf. Das 301st Engr C Bn erreicht Meuselwitz und das 778th AAA AW Bn Rositz. Der CP 76th RcnTp fährt am Abend nach Zipsendorf.[339] Die DivArty bezieht am Abend ihr HQ in Meuselwitz, während das 302nd FA Bn in Rositz, das 355th FA Bn in Zechau und das 364th FA Bn gemeinsam mit dem 901st FA Bn ihren Bn.CP in Dolsenhain einrichten.

Hinter den Kampfdivisionen des XX. Corps schließen die Corpstruppen in den eroberten Gebieten auf. So erreicht an diesem Tag der CP der XX. CorpsArty Meerane und das 736th FA Bn trifft mit seinen 155mm Haubitzen von Großgestewitz kommend in Weißenborn ein. Der 2nd Plat. Co. A, 33rd Sign Construction Bn erweitert die Telefonverbindung des Corps von Weimar nach Gera und verlegt dorthin. Mit dem Eintreffen der Corpstruppen erfolgt auch die Ablösung der Einheiten der 76th US InfDiv, die beim Vormarsch zurückgeblieben waren, um wichtige Objekte im Hinterland der Front zu sichern. Am Mittag erhält das RCT 385 die Information, dass die Bewachung des Kriegsgefangenenlagers Ettersburg bei Weimar, des Kriegsgefangenen.Laz. Apolda und der Saalebrücke Camburg zurückkommt und das RCT 417 wird über die Rückkehr der Bewachung des Zweigwerkes Sömmerda der Rheinmetall-Borsig AG und der Brückenwachen Bad Sulza, Flurstedt und Kleinheringen informiert. Die AT Co. 417, die die Ordnung und Sicherheit in Sömmerda aufrechterhalten hat, wird jedoch zuerst nach Schkölen dirigiert, um dort die 76th Qm Co., die unter dem Befehl von Lt.Col. Clark steht, bei der Durchsuchung der Wälder östlich des Ortes zu unterstützen, wo sich nach Meldungen eine Gruppe von 100 Deutschen versteckt haben soll. Die QM Co. hatte am 14. April 1945 zusammen mit der 776th Ord Co. zwei Kilometer östlich von Schkölen an der MSR[340] der Division den Div.Versorgungsraum eingerichtet. Eine unmittelbare Bedrohung dieses wichtigen und sensiblen Punktes muss unbedingt ausgeschaltet werden und da man bisher kaum auf deutsche Panzer getroffen ist, kann man die AT Co. auch weiterhin entbehren. Als am weitesten zurückgebliebene Einheit kehren außerdem zwei Offiziere und 48 Mann von der Bewachung von Lagern in Langensalza und Umgebung zur Division zurück.[341] Dafür bleibt für das RCT 385 der Auftrag zur Bewachung der Brücken bei Wetterzeube und am Bhf. Haynsburg erhalten.

Mit der Vernichtung der letzen großen Flakstellungen des Flak.Rgt. 120 Böhlen-Zeitz der 14. Flak.Div. im Raum Zeitz und der Kapitulation der Reste der Garnison

Zeitz endet der Widerstand der Kräfte des Stellv. IV. AK und des XC. AK der 7. Armee zwischen Weißer Elster und Mulde im gesamten Abschnitt zwischen der Linie Groitzsch – Borna – Grimma und einer Linie entlang der RAB Gera – Chemnitz. Resten der Div.z.b.V. 464 haben sich auf die Muldelinie zwischen Grimma und Colditz zurückgezogen, wo sie südlich von Grimma den Kontakt zum XXXXVIII. PzK der 12. Armee herstellen. Lediglich kleinere K.Gr. der Div.z.b.V. 464, die sich nicht vom Feind lösen können, leisten weiter gemeinsam mit den verbliebenen Verbänden der 14. Flak.Div. nördlich der oben genannten Linie weiter Widerstand. Andere Teile weichen am Nordflügel in den Abschnitt des XXXXVIII. PzK aus und werden in die Verteidigung des K.Kdt. Leipzig bzw. in die Kampfabschnitte Mulde und Elbe eingegliedert. Südlich Colditz sind andere Teile gezwungen, bis hinter die Zschopau ausweichen. Ungeachtet dessen versucht Gen.d.Inf. Petersen weiter von seinem Gefechtsstand südöstlich von Waldheim aus eine Verteidigungslinie entlang der Flussläufe aufzubauen und nach Osten den Anschluss zu den vor der russischen Front zurückweichenden Kräften der 4. PzA westlich von Dresden herzustellen.

Geheime Tagesberichte der Deutschen Wehrmachtsführung vom 16. April 1945:

H.Gr. G, 7. Armee, XC. AK:

Im weiteren Vordringen nach O erreichte der Gegner die allgemeine Linie 9 km NW Leisnig – 6 km N und 4 km NO Colditz – Raum W Hartha – 4 km O Geringswalde – 5 km O Rochlitz – 3 km S Mittweida – hart NW und W Frankenberg. Schönau (W Chemnitz) in eigener Hand. K.Kdt. Chemnitz meldet Ausschreitungen ausländischer Arbeiter und Angehöriger der Zivilbevölkerung (Plünderung eines Verpflegungstrosses, weiße Fahnen in Chemnitz und in den Vororten, Plünderungen auf Güterbahnhof, Beseitigung von Sperren in verschiedenen Orten durch Zivilpersonen). Verfügbare Polizei und Wehrmacht sind zur Aufrechterhaltung der Ordnung eingesetzt.

Täglicher Wehrmachtsbericht vom 16. April 1945:

Während sich die Lage im Raum Halle – Leipzig nicht wesentlich veränderte, hielt der starke Druck weiter südöstlich gegen die Mulde an. Eine aus dem Raum von Meerane vorgebrochene amerikanische Panzerkampfgruppe wurde nordöstlich Chemnitz durch Eingreifreserven im Gegenangriff aufgefangen, schwächere, in den Westteil von Chemnitz eingedrungene Kräfte wurden im Gegenstoß geworfen. Der Feind verlor in diesem Kampfraum 32 Panzer.

Am **Montag,** dem **16. April 1945**, setzen im Bereich der 1st US Army die Divisionen des V. US Corps die Einnahme der Ausgangsstellungen für den Angriff auf Leipzig gegen teils heftigen Widerstand fort. Südlich davon hat das XX. US Corps der 3rd US Army die Haltelinie erreicht und beginnt mit der Umgruppierung. Gemäß den Befehlen des Corps wird den Divisionen jeder weitere Vorstoß über die Zwickauer Mulde und Zschopau hinaus verboten. Die 6th US AD, die an diesem Tag ihre am weitesten nach Osten vorgeschobene Frontlinie erreicht, hält an und beginnt mit Ausnahme der vorgeschobenen Sicherungsposten auf der Linie Altgeringswalde – Hoyersdorf – Reinsdorf mit einem befohlenen Instandhaltungs-, Rehabilitations- und Reparaturprogramm. Die 6th US AD verbleibt bis auf begrenzte Korrekturen, die von Zeit zu Zeit von höheren Stelle befohlen werden, bis zur Beendigung des Krieges auf diesen Positionen und hat danach keine ernsthaften Kämpfe mehr zu bestreiten. Neuer Hauptauftrag der Division wird die Wahrnehmung der Military Government Funktion. Auch der Vormarsch der 76th US InfDiv wird auf Befehl des Corps angehalten und die Division beginnt mit der Ablösung von Teilen der 6th US AD.

Das CCA, 6th US AD fährt nach Westen zurück und versammelt sich im Raum südlich Rochlitz bis Wiederau. Das HQ des CCA geht mit dem Btry.CP der Btry. A, 777th AAA AW Bn nach Rochlitz. Das 9th AIB versammelt sich bei Wiederau und das 15th Tk Bn bei Meusen. Die unterstellte Co. B, 603rd TD Bn verlässt Frankenau und geht nach Zöllnitz. Die Co. C, 76th Armd Med Bn fährt von Frankenau in einen Versammlungsraum bei Wechselburg. Das CCB entsendet aus seinem Abschnitt östlich von Rochlitz Patrouillen nach Dittmannsdorf und Schweikershain, um die Außenpostenlinie zu befestigen und stellt den Kontakt mit dem RCT 417 her, dass an der linken Flanke der 76th US InfDiv den Abschnitt nördlich von Mittweida erreicht. Der CP des CCB befindet sich in Zöllnitz, südlich von Rochlitz und die unterstellte Co. C, 603rd TD Bn hat ihren Co.CP in Rochlitz. Das CCR wird im Abschnitt Erlau vom eintreffenden 1./417 abgelöst und bezieht einen Versammlungsraum in der Umgebung von Seelitz. Der CP des CCR eröffnet am gleichen Tag seinen Gefechtstand in Seelitz, wo um 15.00 Uhr (B) auch die unterstellte Rcn Co. 603rd TD Bn eintrifft. Teile des CCR übernehmen bis zum 30. April 1945 verschiedene Aufgaben zur Aufrechterhaltung von Recht und Ordnung in der Divisionszone in der Nähe von Rochlitz. Eine kleine Task Force aus der Co. B, 50th AIB und dem Military Government Plat. der Division fährt um 15.00 Uhr (B) in den Rochlitzer Forst und durchkämmt das Waldgebiet., nachdem am Vormittag die Meldung eingegangen, dass eine Gruppe Deutscher die Mulde über die Fußbrücke zwischen Fischheim und Sörnzig überquert hat und in den Wäldern untergetaucht war. Beim Durchkämmen der Wälder werden 25 Deutsche getötet. Um 18.30 Uhr (B) kehrt die Task Force mit vier Gefangenen zurück. Auch nördlich von Rochlitz werden am Vormittag 50 bis 60 Deutsche im Bereich der Steinbrüche beobachtet, doch eine Suche ergibt nichts.[342] Die 86th CavRcnSq geht von Rochlitz nach Milkau und versammelt sich dort bis zum 18. April 1945. In dieser Zeit erhält die Squadron den Befehl, den Kontakt zur 9th US AD herzustellen. Die Co. A, 603rd TD Bn geht aus der Unterstellung unter die 3rd CavGp und erreicht um 20.00 Uhr (B) Seelitz. Das HQ der DivArty eröffnet seinen CP in Zschoppelshain und der Div.CP verbleibt in Rochlitz. Die Co. A, 76th Armd Med Bn schließt ihre Stationäre Station in Romsdorf und verlegt sie nach Breitenborn.

Bei der 76th US InfDiv überquert das RCT 304 im südlichen Abschnitt die Mulde in Lunzenau und übernimmt den Abschnitt des CCA der 6th US AD bei Mittweida. Das 1./304 fährt am frühen Morgen bei Dolsenhain los und erreicht über Lunzenau, Königshain und Frankenau Altmittweida. Von dort aus beginnt es mit der Ablösung des CCA in den Brückenköpfen Mittweida und Ringethal. Noch während der Ablösung kommt es gegen 20.00 Uhr bei Ringethal zu einem deutschen Gegenangriff von Kräften des Pz.Gren.Rgt. Gruse, die mit Beteiligung einiger Panzer versuchen zur Brücke vorzudringen, um diese zu zerstören. Aber sie haben keine Chance. Der Angriff wird durch die Infanteristen gemeinsam mit den Panzern der 6th US AD abgewehrt. Dabei fallen mindestens drei deutsche Soldaten die zu einem Zug der 1. Kp., Pz.Gren.Rgt. Gruse gehören. Damit erhöht sich Zahl der Tagesverluste dieses einen Zuges auf sechs Mann, denn bereits im Rastraum Hainichener Wald hatte es noch vor dem Vorrücken zur Zschopau drei Gefallene durch Beschuss gegeben. Unter den Gefallenen von Ringethal befindet sich der Gren. Hans-Otto Wittenberg, der durch eine Kopfschuss auf einem Panzer getötet wird. Die Reste ziehen sich nach Moosheim zurück.[343] Auf amerikanischer Seite verliert Cpl. John Charles Leahy aus Groton, Massachusetts sein Leben, als ihn eine Kugel in seinem Schützenloch trifft.[344] Das Westufer der Chemnitz liegt immer wieder unter deutschem Nebelwerferbeschuss. Am Nachmittag geht das 1./304 nach Röllingshain in den Regimentsversammlungsraum.

Zurückgelassener deutscher PzKpfw III oder IV in Ringethal, Aufnahme von Mai 1945. Foto: Archiv dob Koch, Berlin

Das 2./304, dessen Co. E in der Nacht die Brücken über die Mulde bei Lunzenau, Hohenkirchen und Cossen sowie die Brücke über die Chemnitz bei Göritzhain gesichert hat und mit der Co. F und G gemeinsam mit der 6th US AD im Brückenkopf Mittweida steht, verlegt den Bn.CP bis 02.00 Uhr (B) nach Wiederau. Am Mittag geht der Bn.CP mit der Co. F nach Frankenau, während die Co. E als Brückenwache auf ihre Ablösung wartet, die ab 14.00 Uhr (B) erfolgt. Die Co. G trifft am Vormittag bei Altmittweida auf Granatwerferfeuer aus Richtung Dreiwerden. Um 13.35 Uhr (B) wird sie mit der Co. F alarmiert, da die Division durch Kriegsgefangene erfahren hatte, dass sich im Ottendorfer Wald mindestens ein Bataillon Waffen-SS befinden soll und ein weiteres Bataillon SS-Panzergrenadiere zwischen Sachsenburg und Frankenberg bereits steht, um in der Nacht einen Gegenangriff nach Westen zu unternehmen. So rückt die Co. G nach Süden vor und sichert dass bisher unbesetzte Ottendorf und Krumbach. Von dort aus durchsucht sie ab 14.15 Uhr (B) den Ottendorfer Wald und dringt bis in das Waldstück an der RAB Hermsdorf – Dresden im Raum Auerwalde – Draisdorf – Glösa – Oberlichtenau vor, das zuvor von der Artillerie unter Beschuss genommen wurde. Die Co. F, die nach Krumbach gefolgt war, geht nach Ottendorf und schließt sich der Co. G bei der Suche an. Dabei stossen sie im Wald zwischen Ottendorf und Oberlichtenau auf die H.Neben.Muna Chemnitz und sprengen Teile davon in die Luft. Beinahe kommt es dabei zu eigenen Verlusten durch herumfliegende Splitter.[345]

Keine Notiz nehmen sie hingegen von dem, in unmittelbarer Nähe, befindlichen H.N.Z.A. Auerswalde, dem ehemaligen Kgl.Sächs. Artilleriedepot Auerswalde. Erst später entdecken sie dort das größte Eisenbahngeschütz der Welt, die 80cm-Kanone (E) „Schwerer Gustav", bei der Artillerie ab 1942 auch „Dora" genannt, von dem nur zwei hergestellt wurden.[346] Nur das erste war während des Krieges zum Einsatz gekommen. Es hatte unter der Einheitsbezeichnung s.Art.Abt. 672 (E) im Juni 1942 bei der Belagerung von Sewastopol auf der Krim fünf Tage lang die sowjetischen Befestigungsanlagen beschossen, bis der gesamte Munitionsvorrat aufgebraucht war. Gefeiert als großartiger Propagandaerfolg wurde es anschließend dennoch nach Deutschland zurückgeholt und auf den Schießplatz der schweren Artillerie Rügenwalde-Bad gebracht.[347] Der Aufwand, um das 1350to schwere Geschütz, für dessen Transport und Ausrüstung mehrere Eisenbahnzüge und 4500 Mann Besatzung benötigt wurden, hatte in keinem Verhältnis zum Ergebnis seines Einsatzes gestanden.[348] Im September 1943 wurde es von dort nach Auerswalde gebracht, wo es zusammen mit nur noch acht Soldaten der s.Art.Abt. 672 (E) bis zum Eintreffen der Amerikaner verbleiben sollte. Es wird am 14. April 1945 durch Sprengung der Wiege und des Verschlusses unbrauchbar gemacht und später von den sowjetischen Truppen mit unbekanntem Ziel abtransportiert.[349] Das zweite Geschütz, das keinen einzigen Schuss abgeben sollte, war im Februar 1945 in Auerswalde eingetroffen. Von dort wurde es Ende März 1945 begleitet von 40 Mann Besatzung mit 12 Eisenbahnwaggons nach Metzendorf bei Kirchenthumbach an den Rand des Oberpfälzer

TrÜbPl Grafenwöhr gebracht. Als die Amerikaner am 19. April 1945 bereits in Kirchenthumbach stehen, erfolgt dort im letzten Moment durch ein eintreffendes Sprengkommando die Sprengung. Die Besatzung ergibt sich.[350] Am Abend steht das 2./304 mit der Co. E bei Röllingshain und die Co. G bezieht mit Co. F im Abschnitt Ottendorf – Krumbach Verteidigungsstellungen.

Das 3./304, das eine Kompanie zur Aufrechterhaltung der Ordnung in Altenburg zurückgelassen hat, erreicht Wiederau und beginnt mit der Ablösung der 6th US AD. Dann geht es als Regtl.Res. nach Röllingshain. Die HQ Co. 304 erreicht in einem Nachtmarsch um 02.00 Uhr (B) Wiederau und errichtet bis zum Morgen den Regtl.CP, bevor der über Claußnitz gegen 14.15 Uhr (B) Mittweida erreicht und am Abend nach Röllingshain geht, wo er 21.30 Uhr (B) gemeldet wird. Die AT Co. 304 errichtet mit ihren 57mm Pak einen Panzerabwehrriegel bei Claußnitz und die Cn Co. 304 geht ohne den 1st und 2nd Plat. nach Röllingshain. Zur Feuerunterstützung bezieht am Mittag das 302nd FA Bn bei Mittweida und das 364th FA Bn bei Altmittweida Feuerstellung. Die Svc Co. 304 erreicht mit 20 Wagenladungen Artilleriemunition um 16.00 Uhr (B) Diethensdorf und errichtet im Wald zwischen dem Ort und Schweizerthal eine Munitionszwischenlager. Mit dem Ende des Vormarsch wird das RCT aufgelöst und am Abend sichert das 304th InfRgt mit dem 1st und 2nd Bn den Abschnitt Altmittweida – Ottendorf.

Nachdem die 1. Staffel der 76th US InfDiv die Haltelinie erreicht und mit der Ablösung von Teilen der 6th US AD begonnen hat, treffen weitere Kräfte der Division im Muldeabschnitt ein. Beim RCT 385 beginnen noch in der Nacht vom 15./16. April 1945 die Vorbereitungen für die Fortsetzung des Vormarschs am nächsten Morgen. Gegen Mitternacht werden dem 1./385, das sich in der Regtl.Res im Versammlungsraum bei Pöhla befindet, 15 2½to Lastwagen zur Verfügung gestellt, damit es seine Infanteristen im Shuttle-Verkehr zu einem Punkt westlich von Altenburg bringen kann, wo es um 07.00 Uhr (B) durch die Linien des 2./385 hindurch gehen und im Zusammenwirken mit dem 3./385 den Leinawald östlich der Stadt durchkämmen soll. Ab dort soll es sechs der Fahrzeuge behalten, während die anderen zum 3./385 gesandt werden sollen, um die zurückgebliebenen Wachen an Brücken, Lazaretten und den befreiten Lagern mit alliierten Soldaten einzusammeln. Außerdem werden Veränderungen in der Zuordnung der unterstützenden Einheiten vorgenommen. So erhält das 3./385 den Befehl, die bisher unterstellte Cn Co. 385 bis auf einen Platoon an das Regiment zurückzugeben. Einen der freiwerdenden Platoons erhält jetzt das 1./385. Außerdem erhalten alle Bataillone vom CO 385th InfRgt, Col. Onto P. Bragan, den Befehl, auf Grund mehrerer Vorfälle ab sofort alle Gebäude zu zerstören, aus denen auf die Truppen geschossen wird.[351]

In den frühen Morgenstunden verlässt das 1./385 Pöhla und fährt durch die Linien des 2./385 durch Altenburg zum Flugplatz. Dann beginnt es ohne die Co. C, die zur Sicherung des Flugplatzes zurückbleibt, mit dem 3./385, das von Osten vorgeht, bis zum Mittag den Leinawald von Westen und Süden gründlich zu durchkämmen. Immerhin hatte Bragan mit einem handschriftlichen Zusatz auf seinem Einsatzbefehl ausdrücklich gefordert, besonderen Augenmerk auf die vollständige Säuberung des Leinawaldes zu legen.[352] Dabei stoßen sie auf 400 amerikanische, britische und französische Kriegsgefangene des Stalag IV F/Z, die am Vortag durch das Eintreffen eines Aufklärungstrupps der Div.Trains der 6th US AD befreit wurden. Am Mittag beendet das Bataillon den Säuberungsaufrag und versammelt sich. Dann kommt um 14.50 Uhr (B) der Befehl der Division, sofort das 2./304 bei der Brückenbewachung in Lunzenau abzulösen und das Bataillon fährt im Shuttle-Verkehr zur Zwickauer Mulde. Um 16.00 Uhr (B) wird der Auftrag auf die Brücken bei Cossen und Göritzhain erweitert und bis 18.00 Uhr (B) versammelt sich das Bataillon bei Taura, wo der Kontakt zum 318th InfRgt der 80th US InfDiv hergestellt wird. Der Bn.CP geht nach Diethensdorf.

Das 3./385, das am Morgen auf die zugeteilten Lastwagen warten muss, die vom 1./385 kommen sollen, beginnt mit Verspätung von Altenburg aus mit der Verlegung nach Neuenmörbitz, dessen Umgebung gesäubert wird. Besondere Aufmerksamkeit gilt dabei dem Bereich Altmörbitz, wo Kriegsgefangene 13 PzKpfw in den Wäldern gemeldet hatten.[353] Doch die sind längst weg. Dann beginnt es mit dem Durchkämmen des Ostteiles des Leinawaldes, das bis Mittag beendet wird, nachdem der Kontakt zu 1./385 hergestellt ist. Anschließend wird eine Meldung des 1./385 überprüft, nachdem sich laut Aussagen deutscher Kriegsgefangene SS-Truppen im Waldstück südlich Meusdorf verstecken sollen. Aber auch hier wird nichts gefunden. Gegen 13.35 Uhr (B) beendet das 3./385 seinen Auftrag und verlässt Neuenmörbitz Richtung eines neuen Versammlungsraumes. Wahrscheinlich überquert es die Mulde in Lunzenau, denn es wird 16.20 Uhr (B) zwischen Hohenkirchen und Berthelsdorf gemeldet, bevor es sich bis 18.00 Uhr (B) östlich der Mulde im Raum Berthelsdorf – Arnsdorf versammelt. Dort erhält das Bataillon um 19.00 Uhr (B) den Befehl des CG, dass der Plat. leichter Panzer, der der Co. M, 3./385 von Capt. Earle K. Johnson zugeteilt worden war, sofort zum 749th Tk Bn zurückkehren soll, da die Co. D, 749th Tk Bn in die Div.Res. geht.

Das 2./385 lässt am Morgen das 1./385 seine Linien passieren und fährt dann nach Altenburg hinein, wo es Teile des 304th InfRgt bei der Aufrechterhaltung der Ordnung in der Stadt ablöst und in die Regtl.Res. geht. Um 12.30 Uhr (B) meldet es dem Regtl.CP, das sich in der Stadt ein Vielzahl an alliierten Kriegsgefangenen befindet, unter ihnen 100 Amerikaner, 700 Franzosen, 50 Briten und 420 Tschechen. Aber es gibt auch eine große Zahl deutscher Kriegsgefangener als Ergebnis der bisherigen Durchsuchung der Stadt. Ungeachtet dessen geht die Durchsuchung weiter, für die man die Stadt unter den Kompanien des Bataillons in fünf Abschnitte aufgeteilt hatte. Am Abend versammelt sich dann das Bataillon und beginnt unter Zurücklassung von Sicherungen mit dem Marsch in einen befohlenen vorgezogenen Versammlungsraum bei Arnsdorf, südwestlich Lunzenau, den es bis 21.00 Uhr (B) erreichen soll. Doch das hat fatale Konsequenz, denn in der Stadt, wo sich jetzt nur noch wenige Wachen und Posten befinden, nutzt die Bevölkerung und die DP's die Gelegenheit zu umfangreichen Plünderungen. Alarmiert durch eintreffende Meldungen sendet um 18.20 Uhr (B) der CG 76th US InfDiv daraufhin folgenden Funkspruch an des RCT 385: *„Zivilisten und DP's plündern Kasernen und Warenlager in Altenburg, rauben Likör, Decken, Gegenstände, Seife etc. Der Kommandeur, dessen Truppen in der Stadt sind, hat unverzüglich einzugreifen."* Doch welche Truppen? Erst jetzt wird klar, dass durch den Befehl an das 2./385 die Stadt zu verlassen, unbewusst eine Lücke entstanden ist, denn es gibt keine Einheit mehr, die den Befehl hat, die Verantwortung über die Stadt zu übernehmen. Sofort befiehlt darauf der CG um 20.00 Uhr (B) die Rückkehr des Bataillon in die Stadt. Aber das ist über Funk nicht mehr zu erreichen. So wird um 20.10 Uhr (B) ein Verbindungsoffizier zum 2./385 entsandt, um den Befehl a zu übermitteln. Doch bis dieser das 2./385 endlich gefunden hat und zurückgekehrt ist, vergeht geraume Zeit. Erst 23.45 Uhr (B) kann der Verbindungsoffizier endlich melden, dass er das Bataillon fünf Kilometer außerhalb der Stadt erreicht hat und es umgekehrt ist. Noch in der Nacht werden Wachen an allen wichtigen Objekten in der Stadt aufgestellt und rigoros gegen die Plünderer vorgegangen.

Der Regtl.CP 385 verlegt am Mittag von Zechau nach Neuenmorbitz und von dort nach Lunzenau, wo er 16.20 Uhr (B) gemeldet wird. Um 18.00 Uhr (B) ist der CP Co. B, 81st Cml Mort Bn in Lunzenau, die Co. B, 301st Med Bn in Rochsburg, die Cn Co. 385 von 1st Lt. John P. Gardner Jr. in Lunzenau, die Co. B, 301st Engr C Bn in Burkersdorf, die Co. B, 749th Tk Bn, die seit 17.00 Uhr (B) in die Regtl.Res. ist, in Mohsdorf und die Panzerjäger in Burkersdorf. Das 355th FA Bn ist in Oberelsdorf und die Btry. B, 778th AAA AW Bn in Lunzenau.

Beim RCT 417 beginnt dass 1. und 3./417 um 07.30 Uhr (B) mit dem Fortsetzen des Vormarschs in einen zeitweiligen Sammelraum bei Rochlitz, um von dort die Mulde zu überqueren. Das 1./417, dass am Vorabend in Roda angehalten hatte, erreicht gegen 08.00 Uhr (B) Geithain und bereitet sich gegen 09.00 Uhr (B) darauf vor, in Rochlitz die Mulde zu überqueren. Um 10.05 Uhr (B) erreicht es Poppitz. Von Rochlitz geht es dann nach Erlau. Dabei gelingt es der zugeteilten Flak der Btry. C, 778th AAA AW Bn hart westlich Erlau eine FW 190 abzuschießen. Die Infanteristen nehmen den Piloten gefangen.[354] Um 12.30 Uhr (B) erreicht es dann mit Teilen Altmittweida, während der Bn.CP in Erlau verbleibt. Das 3./417 verlässt Kohren-Salis und wird um 09.00 Uhr (B) am Großen Vorwerk bei Walditz gemeldet. Von dort geht es über Seifersdorf bis südwestlich Rochlitz, wo es gegen 11.30 Uhr (B) im Bereich Rochlitzer Berg, nördlich der Porphyr-Steinbrüche, hält. Dann erreicht es 15.30 Uhr (B) Mittweida und löst Teile des 2./304 ab. Das 2./417, TF Barre, das von Zeitz kommend in der Nacht um 04.00 Uhr (B) Fockendorf erreicht hat und den beiden vorderen Bataillonen folgen soll, versammelt sich am Morgen im Raum Fockendorf – Primmelwitz – Pahna. Von dort fährt es zur Mulde nach Altmittweida – Königshain, wo die Task Force aufgelöst wird und das Bataillon in die Regtl.Res. geht. Der Regtl.CP 417 verlässt um 06.30 Uhr (B) Meuselwitz und geht nach Kohren und von dort nach Mittweida, wo er 16.20 Uhr (B) eintrifft und am Westrand der Stadt Quartier bezieht. Das 901st FA Bn bezieht bis 16.00 Uhr (B) Feuerstellungen bei Topfseifersdorf. Bis 18.00 Uhr(B) hat sich das Regiment im Raum Erlau – Mittweida – Altmittweida versammelt und sendet Patrouillen in die Umgebung aus. Die Cn Co. 417 geht nach Frankenau. Die AT Co. 417, die ihren Säuberungsauftrag bei Schkölen beendet hat, kehrt bis auf einen Platoon zurück, der zur Sicherung verblieben ist. Im Resultat der Säuberungsaktion bei Schkölen meldet die AT Co. 18 Kriegsgefangene und einen getöteten Deutschen. Insgesamt wurden 13 Orte in der Umgebung nach Waffen und versteckten Soldaten durchsucht.[355] In der Nacht wird das Regiment alarmiert, dass sich deutsche Truppen bei Höfchen, südwestlich von Kriebstein, für einen Gegenangriff bereitstellen und die Artillerie legt konzentriertes Feuer auf diesen Bereich.

Der Div.CP der 76th US InfDiv verlässt Rositz-Gorma und befindet sich ab 15.00 Uhr (B) in Wiederau. Dort trifft in der Nacht die Meldung des 304th InfRgt ein, dass zwischen dem Regiment und der südlich angrenzenden 80th US InfDiv eine Lücke von fünf Kilometern besteht, durch die deutsche Truppen die Linien infiltrieren können. Daraufhin nimmt die DivArty diesen Abschnitt unter Beschuss. Dabei wird sie vom 416th FA Bn der CorpsArty unterstützt, die mit ihrem 687th FA Bn zusätzlich das Feuer des 302nd FA Bn verstärkt. Die Co. D, 749th Tk Bn verlegt als Div.Res. nach Frankenau und die Svc Co. 749th Tk Bn geht nach Topfseifersdorf. Der 76th RcnTp geht nach Thierbach und der CP des 778th AAA AW Bn nach Wiederau. Die 776th Ord Co. eröffnet um 18.00 Uhr (B) den Div.Versorgungsraum im Bereich des Flugplatzes Altenburg, während die Versorgungskolonnen mit Verpflegung und Treibstoff am nächsten Tag, dem 17. April 1945, einen Ausgabepunkt bei Wiederau eröffnen sollen. Um 20.20 Uhr (B) werden alle Kompanien des 691st TD Bn aus der Unterstellung unter die Infanterieregimenter herausgelöst. An diesem Tag macht die Division ihren 20.000sten Kriegsgefangenen, als ihnen in der Nacht vom 16./17. April 1945 bei Rochlitz der Hptm. Willi Winkler von der Flakschule der Panzertruppen, von Beruf Lehrer aus Bayern, in die Hände fällt. Die Flakschule, die zur K.Gr. Moser gehört, hatte ursprünglich den Aufrag der Verteidigung im Raum Merzdorf, und verfügte über 300 Mann.[356] Was Winkler bei Rochlitz wollte, ist unbekannt. Vielleicht war er einfach nur auf dem Weg nach Hause. Der CP der XX. CorpsArty geht nach Penig und beginnt mit der Planung der Einnahme von Chemnitz. In der Annahme, die Stadt zu besetzen und in Kürze den Kontakt zu den Russen herzustellen, feuern das 943rd FA Bn und 177th FA Bn insgesamt 500 Schuss 155mm Munition auf militärische Ziele in Chemnitz ab.[357] Auch das 736th FA Bn der XX. CorpsArty, das die 76th US InfDiv aus Feuerstellungen bei Stein, östlich Lunzenau unterstützt, feuert 168 Granaten auf Chemnitz.[358]

Reichsautobahn Gera – Chemnitz Foto: Army Signal Corps, National Archives

Und wie stellt sich die Situation der Deutschen Wehrmacht im mitteldeutschen Raum an jenem Tag dar, an dem die sowjetischen Armeen aus den Brückenköpfen an der Oder den Sturmangriff auf die Seelower Höhen und Berlin begonnen haben? Das XC. AK, das im Nordabschnitt der 7. Armee entlang der Linie Grimma – Riesa an die 12. Armee Wenck und im Süden entlang der Linie Chemnitz – Zschopau an die 404. InfDiv des Stellv. Gen.Kdo. IV. AK grenzt, verfügt nur noch über Restkräfte der Div.z.b.V. 464 und 469, die sich hinter die Mulde und Zschopau zurückziehen konnten, aber nicht mehr handlungsfähig sind. Als schwere Waffen stehen dem Korps nur noch drei Geschütze, zwei Batterien 15cm-Nebelwerfer, vier 7,5m Feldkanonen, 40 pferdegezogen und zwei 7,5cm Pak 40 (mot) zur Verfügung. Der Stab des XC. AK verlegt auf Grund der Feindbedrohung aus dem Raum Waldheim in Richtung Erzgebirge, nach Oberbobritzsch, südöstlich Freiberg, wo er um 10.00 Uhr ankommt, wo er bis zum 6. Mai 1945 verbleibt. Von dort führt er gemeinsam mit dem Stellv. Gen.Kdo. IV. AK Dresden die Verteidigung nach Westen, während das LXXXV. AK und das Stellv. XII. AK die Nordwest- und Westausgänge des Erzgebirges sperren. Eine deutsche Front im mitteldeutschen Raum existiert nur noch auf dem Karten des deutschen Generalstabs und in den Köpfen der militärischen und politischen Führung des Deutschen Reiches. Lediglich der von Oberkommandierenden SHAEF, General Eisenhower, erteilte Haltebefehl an Mulde und Zschopau und die bevorstehende Umgruppierung der 3rd US Army zum Angriff Richtung Süddeutschland verhindert an diesem Tag den Vorstoß der amerikanischen Verbände des XX. US Corps zur Elbe und die damit verbundene Aufspaltung des XC. AK, was später Teilen der deutschen Verbände das Ausweichen in Richtung Erzgebirge ermöglicht.

* * *

[1] Friedhofsverwaltung Weißenfels.
[2] Zeitzeugenbericht Karl H. Hutans, Rotterdam, NY, U.S.A., damals Teuchern.
[3] Gem. Karnstedt, Teuchern.
[4] Hutans spricht von fünf bis sechs Offizieren.
[5] Gem. Hutans.
[6] Gem. Reck, Hohenmölsen.
[7] In „The Super Sixth".
[8] „Die Amis kommen!" Bericht Richard Hänsel, Pegauer Heimatblatt 6/2000.
[9] Pegauer Heimatblatt 6/2001.
[10] Ebenda.
[11] Gem. Herling, Audigast, damals 13 Jahre.
[12] „Blindgänger traf die überfüllte Pfarrscheune", MZ Groitzsch-Pegau-Elstertrebnitz v. 1.5.05.
[13] Zwenkauer Heimatblätter Nr. 14, Kopie des Briefes von Paul Weidner an die Witwe des Uffz. Franz Zwettler vom 3.12.45.
[14] valour.militarytimes.com. Herling, Audigas berichtet von dem getroffenen Halbkettenfahrzeug.
[15] Gräberübersicht Gemeinde Rüssen - Kleinstorkwitz. Ob weitere Tote an anderer Stelle beerdigt oder später umgebettet wurden, ist nicht bekannt. Es gibt Abweichungen bei den Angaben.
[16] Aufzeichnungen Pfarrer Knorr, Zwenkau, Archiv Wünschmann.
[17] Unterschiedliche Angaben zum Dienstgrad, Oberfeldmeister (entspricht Oberleutnant) oder Oberstfeldmeister (entspricht Hauptmann). Albin Jahn nennt Oberstfeldmeister. Auch bei der Namenschreibung von Thöldtau gibt es verschiedene Schreibweisen. Thöldtau entspricht der Inschrift auf dem Grab neben der Kirche in Hohendorf.
[18] Kieritzscher Blätter 2/2005 und MZ v. 1.5.05.
[19] Leipzigs Neue Nr. 8/95, Archiv der Stadt Groitzsch.
[20] Ebenda.
[21] Gem. Mundstock.
[22] Erinnerungen v. Manfred Schmidt, Sohn des Bürgermeisters, damals Hitlerjunge. Naumburger Tageblatt v. 21.4.05 und Gespräche mit J. Möller 2006/2007.
[23] Gem. Schmidt. Siehe auch Mundstock.
[24] Gem. Schmidt.
[25] Gem. Mundstock.
[26] G-2 Periodic Report 76th US InfDiv.
[27] Das Flak.Rgt. 120 Böhlen-Zeitz verfügte über die s.Flak.Abt. 525 (Eisb.) mit insgesamt vier Batterien (Eine Batterie entspricht einem Eisenbahnzug mit vier Geschützen) und einer Stabsbatterie. Die Stabsbatterie befand sich in Zangenberg. Die Züge waren mit 10,5 bzw. 12,8cm Geschützen ausgestattet.
[28] Zeitungsartikel MZ, 19. und 29.4.00.
[29] „Die Flakstellung Theissen II. Teil" v. Volker Thurm, Kleefestverein Würchwitz 1851 e.V., 2016, S. 17.

[30] Die Bezeichnung „PzDiv Zeitz" steht wahrscheinlich im direkten Zusammenhang mit dem Versuch, die Reste des Pz.Vbd. Feller im Raum Zeitz zu sammeln. Nachgewiesen ist aber, dass deutsche Panzer, die entweder Reste des Pz.Vbd. Fellers waren oder zur Div.z.b.V. Nr. 464 gehörten, kurzzeitig bei Wiederau, nördlich von Pegau, standen. Dies und weitere Aktivitäten im Abschnitt Zwenkau deuten daraufhin, dass ein deutscher Gegenangriff geplant war, der aber bereits im Ansatz abgebrochen wurde.

[31] Zeitungsartikel MZ, 19.4.00.

[32] Die Ortschaften Queisau und Dobergast wurden nach 1945 ebenso wie Döbris, Pirkau, Mutschau, Köttichau, Steingrimma und Stöntzsch Opfer des Braunkohle-Tagebaugebietes Profen.

[33] „The Super Sixth" v. G. F. Hofmann. Gemeint ist die Trautzschener Brücke.

[34] G-2 Meldung der 3rd US Army v. 12.4.45, 18.00 Uhr.

[35] Gem. G-2 Bericht der 3rd US Army gehen östlich von Utenbach am 14.4.45 Angehörige des Feldeisenb.Ers.Abt. Zeitz, der Feldeisenb.Ers.Abt. 10-2, 53-2, 12-3, 56-1 und 147-1 sowie der Feldeisenb.Marsch.Kp. 45 in amerikanische Gefangenschaft.

[36] G-2 Bericht der 3rd US Army.

[37] Gem. Mundstock.

[38] Gem. Mundstock in „Osterfelder Kultur- und Heimatblatt Nr. 22". Die Bahnstrecke zwischen Camburg und Molau wurde nach dem Krieg demontiert. Personenverkehr gab es bin in die 60er Jahre, dann wurde die Strecke bis Osterfeld verkürzt und im Jahr 2000 erfolgte die vollständige Stilllegung.

[39] Gem. Mundstock.

[40] Ebenda.

[41] AAR 6th US AD.

[42] „Amerikaner in Roda" v. W. Börner, Heimatspiegel Wethautal, 9.2.11. Gem. H. Graupner sollen die Wehrmachtsangehörigen zur s.Flak.Abt. 662 Zeitz gehört haben, deren Stellung sich nördlich von Weickelsdorf befand. Da sich dort keine Flakstellung befand, muss es sich u eine Scheinwerfer- oder Horchstellung gehandelt haben.

[43] AAR 6th US AD.

[44] Aus „The Super Sixth". Der genaue Name wurde der Datenbank der, auf amerikanischen Soldatenfriedhöfen in Europa beerdigten, Soldaten auf www.abmc.gov entnommen. Mundstock nennt vier getötete amerikanische Panzersoldaten. Der AAR des CCA nennt an diesem Tag aber nur einen Toten und einen Verwundeten beim 15th Tk Bn.

[45] Gem. Mundstock. Siehe auch „Amerikaner in Roda" v. W. Börner, Heimatspiegel Wethautal, 9.2.2011.

[46] G-2 Unterlagen nennen die 3./s.Flak.Abt. 307 und die 2./Flak.Abt. 154 (auch Res.Flak.Abt. 154, März 45 mit 5 12,8cm Geschützen aus Stettin kommend) bei Droyßig. Das 2./304 der 76th US InfDiv erobert am 13.4.45 12 12,8cm Geschütze und meldet Gefangene der 8./154 bei Droyßig. Der AAR des 304th InfRgt meldet die 8./154. Da die 8./154 aus Stettin kam, während die 2./154 in Berlin war, handelt es sich mit hoher Wahrscheinlichkeit um die 8./154.

47 Zeitzeugenbericht des Flaksoldaten Kilian, Heiligenstadt über den Umbau einer Flakstellung bei Knapendorf/Merseburg zum Erdeinsatz.

48 Gem. Zabel, MZ v. 7.4.95.

49 Einheiten, Verbände des Standortes Zeitz gem. Tessin. Gem. G-2 Report 3rd US Army gingen Angehörige der Uffz.Schule und des Techn.Btl. im Raum Hassel – Droyßig – Kretzschau in Kriegsgefangenschaft.

50 Gem. Zabel befanden sich in Zeitz russische Freiwillige. Entweder handelt es sich bei ihnen um die Wachmannschaften von Arbeitskommandos oder Kriegsgefangenen. Woher die Angehörigen der 2. Flieger.Div. kamen ist unbekannt. Die Division war bis 1939 in Dresden stationiert und der letzte Standort des Stabes vor seiner Auflösung am 6.9.44 war der Flugplatz Giebelstadt bei Würzburg. Die Reste dienten zur Aufstellung des Komm.Gen. der Deutschen Luftwaffe in Italien. Wahrscheinlich hatte man die Mannschaftsdienstgrade in die Bodentruppen eingegliedert.

51 „Wehrmacht und Niederlage" v. A. Kunz, Oldenbourg Verlag 2005, S. 169.

52 Gem. Zabel erfolgte die Einweisung in die Handhabung des Panzerfaust uin den ersten Märztagen in der Schule am Steinsgraben. Der AAR des 749th Tk Bn meldet am 14.4.45, dass nach Gefangenenaussagen im Zeitraum 03.-10.4.45 in Grana zirka 50 bis 60 Hitlerjungen im Alter von 15–17 Jahren u.a. mit Panzerfäusten ausgebildet wurden.

53 Gem. G-2 Bericht der 3rd US Army gingen Angehörige dieser Einheiten im Raum Hassel – Droyßig – Kretzschau in Kriegsgefangenschaft.

54 Gem. Lebenslauf Manfred Denso, Besitz der Familie.

55 Gem. Zabel. In den Unterlagen des Militärarchivs und der Stadt Zeitz finden sich keine Hinweise auf die Authentizität des Namens „Flak- oder Geheimsender Schneewittchen". Ein gefangener deutscher Funker der Flak gab an, dass auf der genannten Frequenz gearbeitet wurde. Siehe G-3 Journal 76th US InfDiv v. 14.4.45.

56 Hassel gehört heute zu Droyßig.

57 Gem. Koschig war der berittene Gendarm Menger für Hasel und Droyßig zuständig.

58 Gem. „The Super Sixth" und "History of the 212th AFA in ETO". In Droyßiger Hefte, Heimatverein Droyßig, Heft Nr. 3, 07/95 wird auf S. 8 ein ausgebranntes amerikanisches Halbkettenfahrzeug am Ortsausgang Romsdorf genannt.

59 Weitere Informationen zum Einsatzes der N.P.E.A. Naumburg im Zeitz- und Saale-Unstrut-Buch des Autors.

60 Unveröffentlichtes Manuskript „Chronik der letzten Tage" der N.P.E.A. Naumburg. Staudenhain ist die Bezeichnung für den westlichen Abschnitt des Droyßiger Waldes in der Umgebung des Einsiedlers.

61 Gem. „Chronik der letzten Tage" ging die Kugel durch die Stirne und hinten wieder heraus. Im Bericht des Napola-Schülers Herbert Postel heißt es hingegen, dass die Kugel von hinten den Kopf traf. Ob es sich um einen Querschläger oder die Kugel aus einem eigenem deutschen Gewehr gehandelt hat, ist unklar. Da sich die Kolonne seitlich an der Stellung vorbei bewegte, kommt beides in Frage.

62 „Chronik der letzten Tage".

[63] Aus einem Artikel von Andräs in der MZ v. 13.4.95, verfasst auf Grundlage von Informationen aus der Kirchenchronik von Haynsburg. Danach fuhren die Panzer den Berg hinunter nach Schkauditz und kehrten vor dem Abend aus dem Tal zurück.

[64] Gem. AAR CCA 6th US AD. Im Buch „The Super Sixth" wird diese Darstellung leicht verändert dargestellt, obwohl auch dort die Quelle der AAR ist. Die genaue Zeit des Eintreffens im Bereich der Brücke ist nicht bekannt. Im Buch wird von zunehmender Dunkelheit gesprochen. Der Sonnenuntergang war am 12.4.45 um 20.07 Uhr. Danach beginnt die halbstündige, sogenannte „bürgerliche Dämmerung", bevor es ganz dunkel wird.

[65] Gem. Tagebuch von Gerlach in „Chronik der letzten Tage".

[66] „The Super Sixth".

[67] BA-MA, ZA 1/857, Gen.d.Inf. Petersen, XC. AK.

[68] Gem. Mundstock.

[69] G-2 Periodic Report 76th US InfDiv.

[70] Interview Kurt Börner, Zschorgula/Bad Klosterlausnitz, Mai 2017.

[71] Gem. „The Super Sixth" handelt es sich um das 212th AFA Bn, was aber nicht stimmt. Gemäß dem Combat Record war das 274th AFA Bn an diesem Tag zur direkten Unterstützung des CT 9 abgestellt. In „The Super Sixth" wird von einem, mit einer Panzerfaust abgeschossenen, Beobachtungspanzer gesprochen, wofür es in der History des 274th AFA und den anderen AAR keine Hinweise gibt.

[72] Gem. „The Super Sixth".

[73] Ebenda.

[74] Gem. Mundstock 14.00 Uhr.

[75] Ob es sich bei den deutschen Sicherungen um Soldaten, Volkssturm oder Napola-Schüler gehandelt hat, ist nicht bekannt. Aus den vorliegenden Berichten der Napola-Schüler geht nichts hervor, was auf ihre Anwesenheit in diesem Abschnitt hinweist. Auszuschließen ist es aber nicht.

[76] „Die Flakstellung Kretzschau II. Teil" v. V. Thurm, Kleefestverein Würchwitz 1851 e.V., 2017, S. 14.

[77] Gem. Zeitzeuge Walter Seifert in „Die Flakstellung Kretzschau II. Teil" v. Thurm, Kleefestverein Würchwitz 1851 e.V., 2017, S. 14. Gem. Wolfgang Riedel, Melder beim HJ-Bannführer Zeitz, traf er bei Koßweda auf diese Gruppe. Sie berichteten, dass sie bei Koßweda auf amerikanische Panzer geschossen hätten. Bericht in MZ v. 22.4.95

[78] „Die Flakstellung Kretzschau III. Teil" v. Thurm, Kleefestverein Würchwitz 1851 e.V., 2017, S. 24.

[79] „Ebenda, S. 24.

[80] Zitat aus Zeitzeugenbericht in „Die Flakstellung Kuhndorf II. Teil" v. Thurm, Kleefestverein Würchwitz 1851 e.V., 2015, S. 23. Siehe auch Bericht von Lore Hühnerkropf, Loitzschütz, in der MZ v. 22.4.95.

[81] Gem. Mundstock

[82] Im AAR als Me-109 bezeichnet. Die richtige Typenbezeichnung ist aber Bf-109. Da von einem Bombenangriff gesprochen wird, handelt es sich wahrscheinlich um die

Version Bf-109 G oder K. Diese waren entweder mit 4x50kg Bomben, 1x250kg bzw. 1x500kg. oder aber mit zwei Raketen ausgerüstet.

[83] Gem. Mundstock.

[84] Edgar Reichel, 2009 Bgm.von Meineweh, damals Kind, berichtet davon, dass der Volkssturm eine Sperre im Hohlweg errichten sollte.

[85] Gem. Reichel kam es zu keiner Verteidigung. Dafür spricht, dass es im Ort zu keinen Zerstörungen kam.

[86] Droyßiger Hefte, Heft Nr. 3, 07/95.

[87] "Unit History 68th Tk Bn".

[88] "Seek, Strike, Destroy – The History of the 1st Plat. Rcn Co., 603rd TD Bn, 6th AD".

[89] Bisher war davon ausgegangen worden, dass das 3./304 in Kleinheringen über die Saale gegangen ist, das G-3 Journal vom 13.4.45 meldet jedoch am 12.4.45, 23.55 Uhr (B) den Bn.CP um 17.30 Uhr (B) in Bad Kösen. Möglicherweise gingen Teile des 3./304 dort über die Saale, während die anderen die Brücke in Kleinheringen nutzten.

[90] BA-MA, ZA 1/496, B-153, Gen.Lt. Rudolf Pilz, Ers.u.Ausb.Div. 464.

[91] Es wird häufig „Freitag" geschrieben, aber die Offiziersranglisten von 1939 sprechen für „Freytag" als richtige Schreibweise.

[92] Gem. „Generäle des Heeres" v. Keilig.

[93] BA-MA, Pers 6/757, Personalakte Meyer-Rabingen. Siehe auch „Hermann Meyer-Rabingen 1887–1961" v. Uwe Plaß in „Der Grönegau –Meller Jahrbuch 2014, Bd. 32, S. 142–149.

[94] Wahrscheinlich Gren.Ers.Btl. 414.

[95] NARA, B-551, Gen.d.Inf. Hans-Wolfgang Reinhard, Befh. W.Kr. IV.

[96] BA-MA, ZA 1/1146, B-794, Gen.Lt. Hermann Meyer-Rabingen, Kdr. 404. Div.

[97] Ebenda.

[98] Ebenda.

[99] G-3 Journal 76th US InfDiv.

[100] G-3 Journal 76th US InfDiv.

[101] Sammlung Zeitzeugenberichte, Heimatfreunde Groitzsch, Stadtarchiv Groitzsch.

[102] Pegauer Heimatblätter, 6/2000, gem. Hänsel, Betriebsobmann der Pegauer Schlossfabrik.

[103] Gem. Günter Bernstein aus Groitzsch, damals 12 Jahre alt, befand sich ein amerikanischer Beobachter in einem, dicht neben dem Wasserturm stehenden, Gebäude. Heil berichtet von einem Treffer im Wasserturm. Gem. Herling, Audigast, erzählte ihm ein Geschützführer der Flak aus Groitzsch, dass er den Befehl zum Beschuss des Wasserturmes gegeben hätte.

[104] Sterberegister, StA Groitzsch.

[105] Brief der Witwe von Alvin A. Broedbeck an Herrn Meyer, StA Groitzsch.

[106] www.fieldsofhonor-database.com.

[107] Zeitzeugenbericht Herling, Audigast, siehe auch AAR 86th CavRcnSq.

[108] Gräberliste Rüssen-Kleinstorkwitz.

[109] Erinnerungen von Kurt Gräber, Gatzen, in der LVZ v. 22.4.05. Albin Jahn nennt 217 Panzer, die die Brücke überquert haben sollen.
[110] Gem. Gräber.
[111] Chronik Käferhain.
[112] Gem. Artikel Beer, Lokalblatt Lucka wurde ein Warnschuss abgegeben. Gem. Frau. P., Lucka, fiel kein Schuss.
[113] „21. April 1945 – Die Amerikaner marschieren in Falkenhain ein" v. R. Steinert, „Unsere Heimat", Heft 9/2000.
[114] Gem. Rolf Zabel, Zeitz, erhielt Oberst Förster ein Ultimatum gestellt, welches er ablehnte. Diese Annahme ging jedoch davon aus, dass Förster der K.Kdt. war, was sich als falsch erwiesen hat, da Obstlt. Denso diese Funktion hatte. Da sich Förster und Denso aber bis zur Gefangennahme gemeinsam auf dem Gefechtsstand befanden, dürfte es sich bei einer Ablehnung um eine gemeinsame Entscheidung gehandelt haben. Allerdings gibt es keinerlei Informationen zu diesem Ultimatum, so dass es fraglich ist, ob es überhaupt gestellt wurde.
[115] Gem. Zabel.
[116] „Chronik der letzten Tage".
[117] Gem. Wolfgang Riedel, Zeitz, in MZ v. 20.5.95. Riedel war im April 45 Melder beim HJ-Bann Zeitz und Zeitzeuge der Vorgänge in Haynsburg.
[118] Riedel berichtet von einer Kompanie Wehrmacht. Haynsburger Zeitzeugen berichten in der MZ v. 13.4.95 von einem Lehrgang Fähnriche. Der Zeitzeuge Erhard Kummer aus Katersdobersdorf nennt Offz.Schüler in der Johannismühle. Sehr wahrscheinlich gehörten sie zu der, in Zeitz genannten, Uffz.Schule bzw. dem Lehrgang W.Kr. IV, die identisch seien dürften und die/der aus mehreren Kompanien bestand.
[119] Augenzeugenbericht einer Unbekannten über die Besetzung von Haynsburg. Es handelt sich hierbei wahrscheinlich um Frau v. Websky, Flüchtling im Schloss. Sie berichtet von einem „Flakstab", bei dem es sich um den Stab der s.Flak.Abt. 307 handelt.
[120] Riedel war bei Breitenbach auf diese Gruppe getroffen und hatte sich ihr angeschlossen.
[121] Gem. Riedel. Die Angaben zu den Verteidigungsstellungen entstammen den Tagebuchauszügen aus der MZ v. 13.4.95.
[122] Gem. Riedel.
[123] Erinnerungen der Gerda Schulz geb. Streit, Sammlung Heimatverein Haynsburg.
[124] Zitat aus einem Zeitzeugenbericht aus dem Kirchenarchiv der Kirche Haynsburg von Pfarrer Peter Barth, veröffentlicht in der DNW v. 13.4.90, siehe auch MZ v. 13.4.95. Artikel v. Angelika Andräs.
[125] AAR 25th Armd Engr Bn und CCA.
[126] DNW v. 13.4.90 und MZ v. 13.4.95
[127] H. C. Schlockwerder, Lammspringe, Sohn des Haynsburger Pfarrers Wilhelm Schlockwerder. Macholz war der Bruder der Mutter.
[128] Gem. G-3 Journal 76th US InfDiv v. 13.4.45 war die Brücke bereits 13.30 Uhr (B) fertig und nicht, wie bisher angenommen, 13.45 Uhr (B).

[129] Zitat aus einem Zeitzeugenbericht. DNW v. 13.4.90 und MZ v. 13.4.95.
[130] Uhrzeit aus dem Bericht von Frau v. Websky.
[131] Auswertung der Ursache für die Zerstörung des Panzers erfolgte auf Grundlage der überlieferten Bilder durch Herrn Oberstleutnant (Bundeswehr) Peter Domes.
[132] Herr Buschendorf aus Haynsburg berichtet von einem Jagdpanzer und drei Toten. Die Bilder aus dem Bestand des Haynsburger Heimatvereins zeigen aber eindeutig einen Sherman-Panzer. Über die drei Toten ließen sich keine Informationen in den amerikanischen Quellen finden. Im Augenzeugenbericht von Frau v. Websky heißt es, dass ein 16-jähriger die Panzerfaust abgeschossen hat.
[133] Frau v. Websky berichtet von 25 Panzern, die in Feuerstellung gingen und 25 hielten in der Entfernung. Es handelt es sich aber nicht nur um Panzer, sondern auch um gepanzerte Mannschaftstransporter der Panzerinfanterie.
[134] Mundstock in „Osterfelder Kultur- und Heimatblatt Nr. 22".
[135] Gem. Frau v. Websky.
[136] Ebenda.
[137] Erinnerungen der Gerda Schulz. Einige sollen bis ins Vogtland und in die Tschechei gekommen sein.
[138] Zeitzeugenbericht, DNW v. 13.4.90 und MZ v. 13.4.95.
[139] Auszüge aus dem Haynsburger Kirchenbücher, Kopien der Unterlagen des letzten Pächters der Domäne Haynsburg, Herrn Cornellius, Sammlung Heimatverein Haynsburg.
[140] Gem. dem Artikel v. Angelika Andräs in MZ v. 13.4.45 auf Grundlage der Kirchenunterlagen von Haynsburg erschienen neun Jagdflugzeuge über dem Ort. Dabei handelt es sich wahrscheinlich um eine abdrehende deutsche Fliegerstaffel.
[141] Bericht Schlockwerder.
[142] Gem. Riedel, MZ v. 20.5.95.
[143] 1 engl. Fuß, 1ft. = 30,48 cm.
[144] AAR CCB, 9th AIB und 25th Armd Engr Bn, siehe auch "Ten Days of Armored Exploitation" von Maj. Robert J. Bennett, 1.5.48.
[145] Bericht Dr. Hilmar Kormann in „Die Flakstellung Kuhndorf II. Teil" v. Thurm, Kleefestverein Würchwitz 1851 e.V., 2015, S. 36.
[146] Bericht Ernst Halbauer in „Die Flakstellung Kuhndorf II. Teil" v. Thurm, Kleefestverein Würchwitz 1851 e.V., 2015, S. 36.
[147] Die "History of the 304th Infantry Regiment" berichtet von starkem Gewehrfeuer. Lt.Col. ret. Jay Hamilton schreibt von Flakfeuer.
[148] "History of the 304th Infantry Regiment".
[149] Die bisherige Annahme, dass die Co. F nach Näthern ging, war falsch. Hinweise von Zeitzeugen aus Kretzschau melden die Annäherung aus Richtung Droyßig. Das erklärt die Angabe in der History des 2./304, wo davon gesprochen wurde, dass man nach „Eisenberg" zwischen Kretzschau und Zeitz gefahren wäre. Das Straßenhinweisschild nach Droyßig gibt nämlich als weiteres Ziel Eisenberg an.

150 „Die Flakstellung Kretzschau III. Teil" v. Thurm, Kleefestverein Würchwitz 1851 e.V., 2017, S. 10. Es ist möglich, dass sich der Bericht über den abgeschossenen Panzer des 1./385 bei Droyßig im Bereich der Straße Droyßig – Näthern abspielte.

151 Ebenda, S. 25.

152 Ebenda, S. 10.

153 Gem. Mundstock marschieren sie mit erhobenen Händen durch die Südstraße in Kretzschau.

154 Gem. AAR 304th InfRgt u. AAR 749th Tk Bn 12 Geschütze und 104 bzw. 200 Gefangene.

155 Wahrscheinlich handelt es sich bei ihnen ebenfalls um Angehörige der Flakstellung an den Tonteichen, die aus der Stellung geflohen waren.

156 Braunkohletagebau, heute Groitzscher See.

157 AAR 304th InfRgt.

158 Unterlagen des Heimatvereins Droyßig e.V.

159 Gem. Gottfried Grünzig, Droyßig, Sohn des Postmeisters, wurde der Panzer am 13. April an dieser Stelle durch die Panzerfaust eines Napola-Schülers zerstört und die Besatzung getötet. Dafür gibt es, außer dieser Aussage und der Tatsache, dass dort noch lange Zeit ein Panzerwrack stand, keine weiteren Beweise. In den amerikanischen Unterlagen konnte hierüber nichts gefunden werden. Weder das Tk Bn noch das TD Bn meldet an diesem Tag einen solchen Verlust. Gem. Koschig, Droyßig, wurde der Panzer später in den Wald geschleppt und gesprengt. Der Motor wurde vorher ausgebaut. Wahrscheinlich war es jedoch kein „Panzer", sondern ein gepanzertes Fahrzeug, z.B. ein Halftrack, das aber nicht zum 1./385 gehörte. Siehe daher auch Bericht zur Einnahme Flakstellung Tonteiche durch 2./304.

160 „Elli Vogt warnte Nachbarn und bezahlte mit dem Leben" v. Angelika Andräs, MZ v. 16.4.10, basierend auf dem Tagebuch von Dr. Kurt Kutzschbauch.

161 S-3 Periodic Report 385th InfRgt.

162 An der Dothener Mühle oder der Stünz-Mühle.

163 Heute Tagebau.

164 Da während dieses Luftangriffs alle Bodentruppen das Feuer auf die Flugzeuge eröffneten, ist schwer feststellbar, wer wie viele Flugzeuge abgeschossen hat.

165 Seislitz war gem. Mundstock am Vortag von den amerikanischen Truppen umgangen worden und wurde erst am 13.4.45 von Nautschütz aus besetzt.

166 BA-MA, ZA 1/857 B-507, Gen.d.Inf. Petersen, XC. AK.

167 S-2 AAR 749th Tk Bn.

168 G-2 Periodic Report 3rd Army.

169 Gem. BA-MA, ZA 1/857 B-507, Gen.d.Inf. Petersen, XC. AK. Über die Stärke und Zusammensetzung dieser Division gibt es keine Angaben, auch nicht über deren genauen Einsatzraum. Der Chef des Stabes der 7. Armee, Gen.Maj. Frhr. v. Gersdorff nennt die Div.Nr. 469 in seinem Bericht als „dem XC. AK im Mulde-Abschnitt unterstellt", Petersen spricht von ihrem Einsatz ab dem 22.4.45 an der Elbe nach Osten. Auch die Angaben über die Führung der Division schwanken. Gem. Mehner wird

Gen.Lt. Poppe als Div.Kdr. genannt, während Gersdorff Theilacker nennt. Poppe war allerdings Kdr. der Div.Nr. 467.

170 G-2 Periodic Report 3rd Army v. 15.4.45 und G-2 Periodic Report 76th US InfDiv v. 13.4.45.

171 „Im Altenburger Land zwischen 1933 und 1945" v. G. Hauthal, S.Sell Heimat-Verlag Altenburg, 1. Auflage 2007, S. 60/61. Zeitzeugenbericht im ThStA Altenburg.

172 Gem. Zeitzeugensammlung Neubauer, Streitwald.

173 LVZ Sonderausgabe 1995, Erinnerungen von A. Balluneit.

174 Möglicherweise Gren.Ers.Btl. 234 der Div. Nr. 404 (E).

175 Zeitzeugenbericht Gefr. ROA Egon Rüdebusch, Wilhelmshafen. Der Zeitzeuge Hans Priesnitz bestätigt in einem Zeitungsbericht der Freien Presse, Rochlitzer Zeitung v. 27.4.95, das Gefecht und den abgeschossenen Panzer.

176 LVZ Sonderausgabe 1995.

177 Ebenda.

178 Gem. den Erkenntnissen des Heimatforschers G. Neubauer, Streitwald. Der G-2 Bericht des 749th Tk Bn nennt 400 Mann und 50 Panzer der Pz.Ausb.Abt. 18 im Raum Borna.

179 Gem. Tessin.

180 Alles spricht dafür, dass die Kompanie in Altmörbitz und die in Streitwald zur Abt. 18 Frohburg gehörten. Bisher konnten die Zeitzeugenberichte, dass am 15.4.45 fünf Panzer durch Bad Lausick fuhren nicht richtig zugeordnet werden. Es wurde angenommen, dass sie zum gepanzerten Verband der Div.z.b.V. 464 gehörten. Doch dagegen sprechen jetzt andere Berichte im Zusammenhang mit der K.Gr. Gruse. Sie müssen zum Pz.Vbd. Feller gehört haben. Gem. dem G-2 Periodic Report der 76th US InfDiv v. 14./15.4.45 wurde von der Vers.Kp. des Pz.Rgt. 1 die Gen.Kp. nach Bad Lausick in Marsch gesetzt, weil sich dort der Gefechtsstand des Pz.Vbd. Feller befinden sollte. Außerdem findet sich dort die Angabe zur K.Gr. Gittermann dieses Verbandes. Horst Gittermann kam ursprünglich von der Pz.Ers.Abt. 1 Erfurt und war nach einer Verwundung im März 1945 ins Lazarett Erfurt gekommen. Weiter liegen keine Angaben zu ihm vor. Möglicherweise hatte er sich in Erfurt kurz vor der Einkesselung dem Pz.Vbd. Feller angeschlossen und war so zur K.Gr. gekommen, die er auf Grund seiner bisherigen Verwendungen in der Panzertruppe übernommen hatte.

181 Gem. Neubauer, Streitwald. Die Annahme, dass Harsham durch die Kugel eines Scharfschützen der Waffen-SS getötet wurde, ist eher unwahrscheinlich. Ein gezielter Schuss mit einem normalen Wehrmachtskarabiner 98k ist auf 300 Meter für einen geübten Schützen kein Problem. Und Waffen-SS war in diesem Bereich nicht im Einsatz. Nichts auszuschließen ist hier eine Verwechselung durch die schwarze Panzerfahreruniform.

182 Gem. Zeitzeugensammlung Neubauer, Streitwald.

183 Tagebuch des Zugführers der 1. Kp./Pz.Gren.Rgt. Gruse, Uffz. Horst Friedländer, auf www.profilm.de/dokumente/11pzgrendivreggruse.html.

184 Gem. Zeitzeugensammlung Neubauer, Streitwald.

[185] Ebenda.

[186] Auszug aus dem Greifenhainer Kirchenbuch, Sammlung Neubauer, Streitwald.

[187] Gem. Zeitzeugenberichten und Greifenhainer Kirchenbuch, Sammlung Neubauer, Streitwald.

[188] Auszug aus dem Greifenhainer Kirchenbuch, Sammlung Neubauer, Streitwald.

[189] LVZ Sonderausgabe 1995, Erinnerungen von Fr. Wermann und E. Jähnicke.

[190] BA-MA, ZA 1/857, B-507, Gen.d.Inf. Petersen, XC. AK.

[191] „Vom Turm" Nr. 8, Sammlung Dr. Senf, Geithain.

[192] LVZ Sonderausgabe 1995, Erinnerungen von G. Schwarz.

[193] Erinnerungen Beßert, Sammlung Dr. Senf, Geithain.

[194] Maj.d.R. Paulick, geb. 1896, war Kdr. gem.Flak.Abt. 425 (v) in Finnland, die unter dem Kommando des Flak.Rgt. 152, 29. Flak.Div. nach Norwegen verlegt wurde. Ab dem 1.3.45 wurde die Abteilung durch Hptm. Gauert geführt. Paulicks Verwendung ab diesem Zeitpunkt ist unbekannt.

[195] „Panzerkommandant wies Bürgermeister an, auf Panzer Platz zu nehmen", Zeitzeugenbericht Hans Priesnitz in Freie Presse, Rochlitzer Zeitung v. 27.4.95. Siehe auch „Erinnerungen an das Jahr 1945" v. E. Lorenz, 2000.

[196] valor.militarytimes.com.

[197] Totenliste Friedhof Rochlitz, aufgestellt nach den Aufzeichnungen einer Krankenschwester des Res.Laz. Rochlitz, Archiv dob Berlin.

[198] Artikel Bayerwald-Bote, Passauer Neue Presse, 12.11.03. Wolf verstarb am 15.4.45 im Res.Laz. Rochlitz.

[199] www.gedenkstaette-flossenbuerg.de.

[200] „Die Flakstellung Kuhndorf II. Teil" v. Thurm, Kleefestverein Würchwitz 1851 e.V., 2015, S. 40/41.

[201] Die Stellung befand sich zwischen Wildensee und Wildenborn. Lindenberg, wie öfters genannt, war zu weit weg. Gem. Czoßek, Rehmsdorf sollen sich in der Stellung Wildenborn 8x10.5cm Geschütze und in Lindenberg 4x10.5cm Geschütze befunden haben. Volker Thurm, Kayna, nennt bei Geußnitz und Wildensee je 12x8,8cm Flak und bei Wildenborn 12x10,5cm russische Beute-Flak. Die amerikanischen Unterlagen melden die Eroberung von 30 bzw. 35 8,8cm Geschützen.

[202] „500 Jahre Wildensee" v. Thurm, 2008.

[203] Gem. dem Zeitzeugenbericht von Heinrich Späte, Kayna, Hptm. der Artillerie, April 1945 verwundet zu Hause. Ergänzt durch den Artikel von Barbara Ehrlich und Heinrich Späte in der MZ v. 30.3.05 und den Unterlagen von V. Thurm, Kayna. In Späte's Haus versteckten sich 12 Amerikaner bei dem Bombenangriff. Es liegen in Kayna keine Informationen über gefallene amerikanische Soldaten vor. Siehe auch „Kriegshandlungen um Kayna" v. Barbara Ehlich, im Auftrag des Heimatvereins Kayna.

[204] Ebenda.

[205] Gem. Späte. Siehe auch AAR 9th AIB.

[206] Angehörige dieser Einheit werden im G-2 Bericht der 3rd US Army bei Geußnitz gemeldet. Dieser Verband kam in kleine Kampfgruppen aufgeteilt entlang der gesam-

ten Frontlinie zwischen Zeitz und Böhlen zum Einsatz. Das CT 9 meldet an diesem Tag sechs Verwundete.

207 AAR 9th AIB. Gem. Späte gab es keine deutsche Geschützstellung bei Dobraschütz. Möglicherweise handelt es ich um die Art.Ers.u.Ausb.Abt. aus Altenburg.

208 Gem. Späte. Um welchen Gefechtstand es sich handelte, ist bisher unbekannt.

209 Im „Zeitz-Buch" wird das 2./304 irrtümlich am Morgen in Droßdorf genannt, es kommt aber erst später dorthin.

210 Bericht Gerhard Uhle in „Die Flakstellung Kuhndorf II. Teil" v. Thurm, Kleefestverein Würchwitz 1851 e.V., 2015, S. 42.

211 Ebenda.

212 „500 Wildensee" v. Thurm 2008.

213 Ebenda. Siehe auch „Die Flakstellung Geußnitz II. Teil" v. Thurm, Kleefestverein Würchwitz 1851 e.V., 2014, S. 19.

214 „Die Flakstellung Geußnitz II. Teil" v. Thurm, Kleefestverein Würchwitz 1851 e.V., 2014, S. 12.

215 „500 Wildensee" v. Thurm 2008.

216 Ebenda.

217 Gem. dem Zeitzeugenbericht von Gerhard Richter, Heiligenhaus, Flakkanonier in Nißma. Welche Batterie sich als dritte in der Stellung befand, ist nicht bekannt. Ursprünglich befand sich noch die 3./458 in Wildenborn, die aber im Frühjahr 1945 nach Berlin verlegt wurde. In Frage kommt die s.Hei.Flak.Bttr 207/IV, die gem. Steinert im Dezember 1944 von Dresden in die Nähe von Wernsdorf bei Kayna verlegt haben soll oder eine Batterie, die gem. den Unterlagen des Räumdienstes Ende 1944 von Loitsch mit unbekannten Ziel weg verlegt wurde. Der Bericht über den Durchhaltebefehl wurde „500 Jahre Wildensee" v. Thurm, Kayna, 2008 entnommen.

218 Das CT 15 meldet 35 zerstörte 8,8cm Geschütze. Das 274th AFA Bn meldet die Zerstörung von 30 Geschützen durch Beschuss.

219 Gem. Späte.

220 „500 Wildensee" v. Thurm 2008. „Die Flakstellung Geußnitz II. Teil" v. Thurm, Kleefestverein Würchwitz 1851 e.V., 2014, S. 27.

221 Bericht der Lehrerin M. Friedrich, Archiv Thurm, Kayna. Sie bezieht sich dabei auf den Kurzbericht von Ernst Kahnt, Würchwitz. Bei den Soldaten kann es sich um Angehörige der Pz.Jg.Ers.u.Ausb.Abt. Borna gehandelt haben, die u.a. mit Pak bei Kayna im Einsatz waren.

222 Ebenda.

223 Gräberunterlagen Dr. Drosihn.

224 „Die Flakstellung Nißma III. Teil" v. Thurm, Kleefestverein Würchwitz 1851 e.V., 2014, S. 13.

225 „Bomben auf Starkenberg" v. Konrad Mälzer, OTZ v. 15.2.05. Mälzer verwendet als einziger die Bezeichnung „Hermann-Göring-Flak-Stellung". „Die Flakstellung Nißma II. Teil" v. Thurm, Kleefestverein Würchwitz 1851 e.V., 2014, S. 3.

[226] Gem. Richter erfolgte der Schusswechsel mit Fahrzeugen am Horizont, nicht mit Panzern. Barbara Ehrlich nennt 30 Geschütze in der Stellung.

[227] Gem. Werner Erbe, Flaksoldat in der 8./307, Interview Möller 2003.

[228] Gem. Richter und Späte.

[229] Kriegshandlungen um Kayna v. Barbara Ehrlich.

[230] Gem. Richter.

[231] Gem. Späte, Kayna soll ein Hptm. die Flakhelfer am 14. April nach Hause geschickt haben. Im April 45 befanden sich nur noch wenige Luftwaffenhelfer in den Batterien. Die Masse war im März 45 entlassen und zur Wehrmacht einberufen worden.

[232] Ebenda.

[233] Gem. Czoßek, Zeitzeuge aus Rehmsdorf, wurden dabei drei Panzer abgeschossen. An diesem Tag melden die amerikanischen Truppen in diesem Raum aber keine Verluste an Panzern. Möglicherweise wurde das Einschwenken der Panzer des CT 15 für den Angriff auf Nißma und das damit verbundene Verschwinden der Panzer als Treffer gewertet.

[234] „Ostthüringen und der Bombenkrieg 1939–1945“ v. G. Sagan, Michael-Imhof-Verlag Petersberg, 2013, S. 83—88, 101–105 u. 182. Siehe auch Wikipedia-Eintrag 2017 Meuselwitz.

[235] „Unsere Heimat“, Meuselwitzer Heimat-, Umwelt- und Naturschutzverein e.V., 2. Jahrgang 1993.

[236] Erinnerungen einer Zipsendorfer Bürgerin, „Recherchen über die Kriegshandlungen während der 2. Weltkriegs im Raum Meuselwitz“ v. V. Thurm.

[237] Erinnerungen Luise Percher, „Recherchen über die Kriegshandlungen während des 2. Weltkriegs im Raum Meuselwitz“ v. V. Thurm.

[238] Erinnerungen Luise Percher, „Recherchen über die Kriegshandlungen während des 2. Weltkriegs im Raum Meuselwitz“ v. V. Thurm.

[239] Erinnerungen Luise Percher, „Recherchen über die Kriegshandlungen während des 2. Weltkriegs im Raum Meuselwitz“ v. V. Thurm.

[240] „Evakuierungstransport des KZ Buchenwald und seiner Außenkommandos“, Buchenwaldheft 16, Mahn- und Gedenkstätte Buchenwald, 1983, S. 43. Siehe auch „Im Altenburger Land zwischen 1933 und 1945“ v. G. Hauthal, S. Sell Heimat-Verlag Altenburg, 1. Auflage 2007, S. 55.

[241] Gem. Czoßek, Rehmsdorf.

[242] „Bürgermeister der Stadt Meuselwitz“ auf www.schnaudertal.de.

[243] Erinnerungen Dieter Nagel, „Recherchen über die Kriegshandlungen während des 2. Weltkriegs im Raum Meuselwitz“ v. V. Thurm.

[244] „Im Altenburger Land zwischen 1933 und 1945“ v. G. Hauthal, S. Sell Heimat-Verlag Altenburg, 1. Auflage 2007, S. 56 u. 62.

[245] Ebenda, S. 28/29 u. 32. Gem. Tessin befand sich die Flak.UGr. Altenburg bis Juni 1944 in Altenburg. Zu ihr sollen zeitweise Batterien der s.Flak.Abt. 564 (v) Leipzig gehört haben, die aber 1943 nach Stettin verlegt wurden.

[246] Ebenda, S. 31/32. Siehe auch US Air Force Chronology.

[247] Ebenda, S. 36.
[248] RAF Timeline, The National Archives London., webarchive.nationalarchivs.gov.uk.
[249] „In Molbitz war unter den Toten eine Mutter und drei ihrer Kinder“ v. Elke Külbel, OTZ v. 9.2.05.
[250] „Im Altenburger Land zwischen 1933 und 1945“ v. G. Hauthal, S. Sell Heimat-Verlag Altenburg, 1. Auflage 2007, S. 41.
[251] „In Molbitz war unter den Toten eine Mutter und drei ihrer Kinder“ v. Elke Külbel, OTZ v. 9.2.05.
[252] „Im Altenburger Land zwischen 1933 und 1945“ v. G. Hauthal, S. Sell Heimat-Verlag Altenburg, 1. Auflage 2007, S. 43/44. Siehe auch RAF Timeline, The National Archives London., webarchive.nationalarchivs.gov.uk.
[253] AAR 68th Tk Bn.
[254] „Im Altenburger Land zwischen 1933 und 1945“ v. G. Hauthal, S. Sell Heimat-Verlag Altenburg, 1. Auflage 2007, S. 62.
[255] Gem. Horst Wohlfarth, Zeitz, MZ v. 12. u. 14.7.95 und dem Manuskript „Schüler im Krieg – Eine Zeitzer Mittelschulklasse als Luftwaffenhelfer im Einsatz 1944/45“ v. Dez. 1995.
[256] Ebenda.
[257] Bericht von Kurt Rauschenbach, Rehmsdorf, v. 1.1.65, Archiv Czoßek.
[258] Das erste Erscheinen der Amerikaner soll sich gemäß Czoßek am 12.4.45 ereignet haben. Zu diesem Zeitpunkt befanden sich aber noch keine amerikanischen Truppen östlich der Weißen Elster.
[259] Angaben gem. Buchenwaldheft Nr. 16, S. 49. Gem. den Forschungen von Czoßek gibt es jedoch Abweichungen bei den Angaben zu den einzelnen Transporten.
[260] G-3 Journal 76th US InfDiv.
[261] Ebenda.
[262] Bei dem Lehrer handelte es sich entweder um den Hauptzugführer Müller der N.P.E.A. Naumburg, der am 15.4.45 bei Rippicha gefangengenommen wurde oder aber um jenen kriegsversehrten Offizier und Ausbilder aus dem Wehrertüchtigungslager Breitenbach, auf den W. Riedel am 12.4.45 in der Nähe von Koßweda traf. Dieser befehligte eine Gruppe von 15 bis 17-jährigen Hitlerjungen, die zuletzt bei den Kämpfen um Haynsburg gemeldet wurde.
[263] “History of the 304th Infantry Regiment”.
[264] S-3 Periodic Report 385th InfRgt.
[265] Gem. Margarete Fiedler in der MZ v. 15.5.95.
[266] Gem. Zabel südlich des Wehrmachtsschießstandes am Waldhaus in Richtung Kuhndorf, Nähe des Trigonometrischen Punktes an der Wegekreuzung. Der genaue Standort wurde einer Luftaufnahme der USAAF vom 18.4.45. entnommen.
[267] Gem. Wohlfarth hat ein Zeitzeuge aus Kuhndorf von diesen Vorgängen berichtet. Gem. Zabel entledigte sich die Besatzung im Kuhndorfer Tal ihrer blauen Uniformen. Die italienischen Freiwilligen trugen die blaue italienische Armeeuniform und das Liktorenbündel am Kragenspiegel.

[268] Gem. der Auswertung der Luftaufnahmen vom 18.4.45 war eine Batteriestellung leer, in der zweiten befanden sich acht Geschütze.
[269] „Die Flakstellung Kuhndorf II. Teil" v. Thurm, Kleefestverein Würchwitz 1851 e.V., 2015, S. 27.
[270] S-3 Journal 385th InfRgt.
[271] Gem. Wohlfarth.
[272] Erlebnisbericht des Zeitzeugen Joachim Raubold in Freie Presse, Rochlitzer Zeitung v. Ostern 1995 und 22./23.4.97. Raubold gibt an, dass die Kolonne aus Richtung Rochlitz kam.
[273] StA Gera, IIID/11139, Langenberg, Luftwarnjournal, IIID/1659, Langenberg, Luft-Warnzentrale.
[274] Erinnerungen von Peter Spannaus, Göritzhain in Lunzenauer Heimatblatt Juli 2007.
[275] „Das Kriegsende in Sachsen 1945" v. W. Fleischer, Podzun-Pallas, 2004, S. 42.
[276] Tagebuch Pfarrer Lössnitz, Archiv Gerhard Hofmann, zitiert aus „Die kurze amerikanische Besatzungszeit 1945 in Teilen Ostdeutschlands" v. Ulrich Koch, Berlin. Die Uhrzeiten weichen leicht von den amerikanischen Meldungen ab.
[277] Wochenkalender v. Rudolf Bohne, Mittweida, Quelle Heimat-und Geschichtsverein Mittweida, zitiert aus „Die kurze amerikanische Besatzungszeit 1945 in Teilen Ostdeutschlands" v. Ulrich Koch, Berlin.
[278] Wahrscheinlich SS-Ostuf.d.R. Bruno Matthes.
[279] „April 1945 – Befreiung von Mittweida durch Amerikaner", 23.4.10, www.mittelsachsen-tv.de. Gemeint sind sicher Einheiten, die zur Korps.Gr. Moser gehörten.
[280] Wochenkalender v. Rudolf Bohne, Mittweida, Quelle Heimat-und Geschichtsverein Mittweida, zitiert aus „Die kurze amerikanische Besatzungszeit 1945 in Teilen Ostdeutschlands" v. Ulrich Koch, Berlin
[281] „April 1945 – Befreiung von Mittweida durch Amerikaner", 23.4.10, www.mittelsachsen-tv.de. Gemeint sind sicher Einheiten, die zur Korps.Gr. Moser gehörten.
[282] „April 1945 – Befreiung von Mittweida durch Amerikaner", 23.4.10, www.mittelsachsen-tv.de. Gemeint sind sicher Einheiten, die zur Korps.Gr. Moser gehörten.
[283] Friedhofsverwaltung Mittweida, Übersicht der Kriegstoten April/Mai 1945.
[284] www.gedenkstaette-flossenbuerg.de. Gem. dem Buchenwaldheft Nr. 16 wurde vermutet, dass unterwegs weitere Häftlinge auf den Evakuierungszug des Außenkommandos Rehmsdorf verladen wurden. Dieser Zug hatte offene Waggons. Zirka 2200 Häftlinge wurden aus Rehmsdorf evakuiert und 2900 sollen von Flöha aus Pockau-Lengenfeld erreicht haben. Wenn man die 500 dazu nimmt, so nähert man sich dieser Zahl.
[285] Flyer „Frühe Konzentrationslager in Sachsen 1933–1937", Stiftung Sächsische Gedenkstätten.
[286] „Die kurze amerikanische Besatzungszeit 1945 in Teilen Ostdeutschlands" v. Ulrich Koch, Berlin.
[287] Gem. Skizze, Sammlung Dr. Drosihn.
[288] „Die Flakstellung Nißma III. Teil" v. Thurm, Kleefestverein Würchwitz 1851 e.V., 2014, S. 19/20.

[289] Gem. Skizze, Sammlung Dr. Drosihn.

[290] Gem. Richter.

[291] Gräberübersicht Dr. Drosihn.

[292] Berichte von Susanne Kaschke, Dieter und Jutta Weber in „Die Flakstellung Nißma III. Teil“ v. Thurm, Kleefestverein Würchwitz 1851 e.V., 2014, S. 38.

[293] „Die Flakstellung Nißma III. Teil“ v. Thurm, Kleefestverein Würchwitz 1851 e.V., 2014, S. 29.

[294] Gem. Richter.

[295] Datum und Uhrzeit des Alarms aus „Im Altenburger Land zwischen 1933 und 1945“ v. G. Hauthal, S. Sell Heimat-Verlag Altenburg, 1. Auflage 2007, S. 58 u. 62.

[296] Aufgebote des Volkssturms aus „Deutscher Volkssturm“ v. F. Seidler, Bechtermünz Verlag, 1999, S. 84/85. Angaben zu Altenburg aus „Im Altenburger Land zwischen 1933 und 1945“ v. G. Hauthal, S. Sell Heimat-Verlag Altenburg, 1. Auflage 2007, S. 40. Angaben zum VS-Btl. Uhlig in „Thüringen 1945“ Hrsg. Jens Schley, Quellen zur Geschichte Thüringens, LZT, 2016, S. 22.

[297] „Im Altenburger Land zwischen 1933 und 1945“ v. G. Hauthal, S. Sell Heimat-Verlag Altenburg, 1. Auflage 2007, S. 57/58.

[298] „Thüringen 1933–1945 – Ein historischer Reiseführer“ v. W. Schilling, Christoph Link Verlag GmbH, 1. Auflage 2010.

[299] „Im Altenburger Land zwischen 1933 und 1945“ v. G. Hauthal, S. Sell Heimat-Verlag Altenburg, 1. Auflage 2007, S. 57/58.

[300] Gem. Tessin.

[301] Am 1.1.45 in Altenburg genannt gem. „Rangliste des Deutschen. Heeres 1944/45“ v. Wolf Keilig, Podzun-Pallas-Verlag 1979.

[302] NARA, B-507, Gen.d.Inf. Petersen, XC. AK, Page 45.

[303] „Im Altenburger Land zwischen 1933 und 1945“ v. G. Hauthal, S. Sell Heimat-Verlag Altenburg, 1. Auflage 2007, S. 58/59 u. 62/63.

[304] „Thüringen 1945“, Quellen zur Geschichte Thüringens, LZT, 2016, S. 73ff.

[305] „Im Altenburger Land zwischen 1933 und 1945“ v. G. Hauthal, S. Sell Heimat-Verlag Altenburg, 1. Auflage 2007, S. 64.

[306] Combat History 304th InfRgt, Übersetzung Ulrich Koch, Berlin.

[307] „Oberstadtdirektor: Funde belegen Nazi-Vergangenheit von Leverkusener Ehrenringträger“ v. Rolf Krieger; Leverkusener Kurier, 1.4.16, www.ksta.de/regional/leverkusen. Grimm, der in der DDR zum Hauptkriegsverbrecher erklärt wurde, ging 1945 nach Leverkusen, wo er von 1951–1963 Oberstadtdirektor war.

[308] G-3 Journal 76th US InfDiv.

[309] „Die Zwangsarbeiter der HASAG u d BRABAG in Altenburg, Meuselwitz und Rehmsdorf im Landkreis Zeitz“ v. Ingo Strassmann. München, www.rijo.homepage.t-online.de. Siehe auch „Im Altenburger Land zwischen 1933 und 1945“ v. G. Hauthal, S. Sell Heimat-Verlag Altenburg, 1. Auflage 2007, S. 22.

[310] „Evakuierungstransport des KZ Buchenwald und seiner Außenkommandos“, Buchenwaldheft 16, Mahn- und Gedenkstätte Buchenwald, 1983, S. 30. Gem. „Im Alten-

burger Land zwischen 1933 und 1945" v. G. Hauthal, S. Sell Heimat-Verlag Altenburg, 1. Auflage 2007, S. 55 sollen 500 Männer am 13. April 1945 bei Waldenburg von den Amerikanern befreit worden sein.

311 „Mühlberg 1939–1948" v. A. Kilian, Böhlau Verlag, 2001, S. 74, siehe auch BA-MA, RH49/123.

312 « journal de captivité », journaldecaptivite1940.over-blog.com/article-stalag-ive-d-altenburg.

313 Seit 1950 Stadtteil von Altenburg.

314 „Im Altenburger Land zwischen 1933 und 1945" v. G. Hauthal, S. Sell Heimat-Verlag Altenburg, 1. Auflage 2007, S. 50/51.

315 Gem. Tessin; siehe auch „Flugplätze der Luftwaffe 1934–45 und was davon übrig blieb" v. Zapf, Bd. 3 Thüringen, S. 27–29. Es gibt sowohl bei Zapf, als auch bei Dierich „Die Verbände der Luftwaffe 1935–1945", im Vergleich zu Tessin unterschiedliche Angaben zu Verbandsbezeichnungen und Stationierungszeiten.

316 „Wehrmacht und Niederlage" v. A. Kunz, Oldenbourg Verlag 2005, S. 192/193.

317 Gem. Tessin; siehe auch „Flugplätze der Luftwaffe 1934–45 und was davon übrig blieb", Bd. 3 Thüringen, S. 27–29 und Dierich „Die Verbände der Luftwaffe 1935–1945". Angaben zu JG 301/302 gem. „Jagdgeschwader 301/302 ‚Wilde Sau'" v. Willi Reschke, Motorbuch-Verlag 1998.

318 BA-MA, RL 10/604, Kriegschronik III./NJG 5. Tagebucheintrag vom 31.3.45. Dort steht zwar Gen.Kdo. I. Jagdkorps, doch dieses war bereits am 26.1.45 aufgelöst worden. Dessen Aufgabe wurde vom IX. (J) Fliegerkorps übernommen.

319 BA-MA, RL 20/30, Kriegstagebuch Kdo. Flughafenbereich Altenburg v. 1.7.40–16.1.41.

320 „Im Altenburger Land zwischen 1933 und 1945" v. G. Hauthal, S. Sell Heimat-Verlag Altenburg, 1. Auflage 2007, S. 78. Hauthal bezieht sich dabei auf Koch, Berlin, der diese Information vom Enkel eines Angehörigen der Patrouille erhalten hat. Dieser hatte die Geschichte auf dem Sterbebett seinem Enkel erzählt und sich dabei so geäußert, das *„man wohl ein Kriegsverbrechen begangen habe"*. Der genannte Oberst kann nur der Kdt. Stalag IV F Hartmannsdorf, Oberst Händler, gewesen sein, zum dem das Lager IV F/Z Altenburg gehörte. Oder der 1. Lageroffizier, dessen Identität nicht eindeutig belegt ist. Vermutlich handelt es sich um jenen „Obstlt. Krietzsch", den Hauthal auf S. 56 als *„Kommandeur des Offizierslagers am Anger und Standortältesten mit Landesschützen"* bezeichnet und der südlich von Altenburg in Gefangenschaft ging.

321 Gem. BA-MA, RH 49/174, Kdtr.Befehl 152/41, Einrichtungen des Kriegsgefangenenwesens des Heeres, erfolgte die Wachgestellung durch Einheiten des Kdr.d.Kriegsgefangenen im W.Kr. IV Dresden, hier durch die 4. Kp, Lds.Schtz.Btl. 400.

322 Gem. Koch. Die getöteten „Offiziere" waren vermutlich niedere Offiziersdienstgrade oder aber Unteroffiziere.

323 Beiträge zu den Funden im Leinawald von Martin Gerlach, OTZ v. 19.4.12 u. 31.8.12.

324 G-3 Journal 76th US InfDiv.

[325] Kulturspiegel 6/1960, S. 144/145, 7/1960, S. 180-183 und 8/1960, S. 200-203, Bestand StA Altenburg.

[326] „Evakuierungstransport des KZ Buchenwald und seiner Außenkommandos", Buchenwaldheft 16, Mahn- und Gedenkstätte Buchenwald, 1983, S. 30 u. 44. Siehe auch „Der Ort des Terrors: Geschichte der Nationalsozialistichen Konzentrationslager Band 3" v. W. Benz, B. Distel Hrsg., Beck Verlag München 2006.

[327] „Die kurze amerikanische Besatzungszeit 1945 in Teilen Ostdeutschlands" v. Ulrich Koch, Berlin

[328] Im „Im Altenburger Land zwischen 1933 und 1945", S. Sell Heimat-Verlag Altenburg, 1. Auflage 2007, S. 56 nennt Hauthal nur die Gen.Kp. in Paditz. Sehr wahrscheinlich befand sich aber ein Großteil der Landesschützen, die zur Bewachung des Kriegsgefangenenlagers eingesetzt waren unter ihrem kommandierenden Offizier und StÄ Altenburg, Obstlt. Krietzsch oder Krietsch dort, wofür die Kriegsgefangenenzahl 400 spricht.

[329] Kulturspiegel 6/1960, S. 144/145, Bestand StA Altenburg.

[330] "As it happened", History 2./304.

[331] Zeitzeugenbericht Rüdebusch und G-2 Bericht 3rd US Army.

[332] „An der Seite der Wehrmacht – Hitlers ausländische Helfer beim ‚Kreuzzug gegen den Bolschewismus' 1941–1945" v. R-D. Müller, Ch. Link Verlag Berlin, 2007, S. 51.

[333] „825 Jahre Bockwitz" v. V. Thurm, 2008. Vermutlich handelt es sich um den gleichen Offizier, der der Flakstellung Wildenborn den Durchhaltebefehl übermittelt hat.

[334] Bericht der Lehrerin M. Friedrich, Archiv Volker Thurm, Kayna.

[335] Gem. Barbara Ehrlich und Heinrich Späte, Kayna.

[336] S-3 Journal 385th InfRgt. Möglicherweise besteht ein Zusammenhang mit den amerikanischen Kriegsgefangenen am 12. April in Kayna.

[337] G-2 Periodic Report 76th US InfDiv.

[338] "Always first", History 1./417.

[339] Heute Restloch.

[340] Main Support Road – Hauptversorgungsstrasse.

[341] G-3 Journal 76th US InfDiv.

[342] G-3 Journal 76th US InfDiv.

[343] Tagebuch des Zugführers der 1. Kp./Pz.Gren.Rgt. Gruse, Uffz. Horst Friedländer, auf www.profilm.de/dokumente/11pzgrendivreggruse.html. Angaben zu Wittenberg siehe Beitrag „Umgebung Mittweida, Ringethal (Sachsen) April 1945", www.forum-der-wehrmacht.de,

[344] www.findagrave.com.

[345] "As it happened", History 2./304.

[346] „Eisenbahngeschütz DORA – Das größte Geschütz aller Zeiten" v. G. Taube, Motorbuch Verlag, 1979, S. 28.

[347] Ebenda, S. 91.

[348] WIKIPEDIA-Eintrag 2017: „80cm-Kanone (E)".

[349] „Ein Teil von Dora“ v. Matthias Gluba, www.forum-der-wehrmacht.de. Siehe auch Artikel „Spur von Riesen-Kanone führt nach Auerswalde“ aus „Freie Presse“ auf www.explorate.de.

[350] „Dora schrumpft auf zweieinhalb Meter“ v. Berthold Zeitler, www.onetz.de/kirchenthumbach/kultur. Wo sich das 2. Geschütz genau befand, bevor es nach Auerswalde verbracht wurde, ist nicht belegt. Es soll im Februar 1945 bei Berlin durch Jagdbomber angegriffen worden sein. Geäußerte Vermutungen, dass es sich zuvor im HZA Breslau befand, sind nicht belegbar. Eine, in diesem Zusammenhang aufgestellte These, dass mit ihm das Bernsteinzimmer nach Deutschland verbracht wurde, reiht sich somit in die Serie nicht belegbarer Geschichten über dessen Verschwinden ein. Eine, in Auerswalde zurückgelassene, Kiste mit der Aufschrift H.Za.Bu. III/5, Inspektor Jochmann, die als HZA Breslau angenommen wird, ist kein Beleg. H.Za. steht zwar für HZA, „Bu“ ist jedoch keine festgelegte Abkürzung für einen Standort. Dann müsste sich nämlich die Bezeichnung III/5 auf den W.Kr. beziehen und „III“ steht für den W.Kr. III, Berlin. „Bu“ steht daher wahrscheinlich für „Buchhaltung Abt. III/5“.

[351] Operational Directive CT 385 for 16 April 45.

[352] Operational Directive CT 385 for 16 April 45.

[353] S-3 Journal 385th InfRgt.

[354] “Always first”, History 1./417 und AAR 417th InfRgt.

[355] AAR 417th InfRgt.

[356] S-2 AAR 749th Tk Bn.

[357] History XX. CorpsArty.

[358] AAR 736th FA Bn.

IV. Der Vorstoß der 4th US AD und 80th US InfDiv in den Raum Chemnitz

Am **Donnerstag**, dem **12. April 1945**, setzen südlich der 6th US AD und 76th US InfDiv die 4th US AD und 80th US InfDiv des XX. US Corps ihren Vormarsch fort, der im Gegensatz zu den anderen beiden Divisionen durch fehlende Brückenübergänge über die Saale und die umfangreicheren Maßnahmen zur Einnahme der wirtschaftlich und politisch wichtigen Städte Erfurt, Weimar und Jena geprägt ist und daher deutlich langsamer voranschreitet.

Bei der 4th US AD, die den Angriff des südlichen Panzerkeils anführt, überquert das CCB unter Lt.Col. Creighton W. Abrams im Nordabschnitt der Division um 07.00 Uhr (B) mit der Co. D, 37th Tk Bn voraus, gefolgt vom den Comd Gp. des 37th Tk Bn und 10th AIB, dem Team aus Co. A, 37th Tk Bn und Co. C, 10th AIB und einem Plat. Pioniere, und dem Team aus Co. C, 37th Tk Bn und Co. B, 10th AIB die Ablauflinie bei Ulrichshalben. In der Umgebung von Schwabsdorf trifft die Vorhut das erste Mal auf Widerstand in Form von Gewehrfeuer, bevor es über Frankendorf und Hohlstedt nach Isserstedt geht, wo es gegen 08.15 Uhr (B) aus östlicher Richtung durch Flakgeschütze beschossen wird.[1] Nachdem der Beschuss bis Vierzehnheiligen anhält, schwenkt das Team aus Co. C, 10th AIB und Co. A, 37th Tk Bn aus der Hauptkolonne und durchkämmt die Wälder bei Lützeroda und Closewitz, wo die Artilleriestellungen vermutet werden, während die Hauptkolonne durch Krippendorf nach Lehesten fährt. Doch dort kommt sie gegen 09.25 Uhr (B) erneut unter Direktbeschuss. Es sind die 8,8cm Flakgeschütze auf dem Jägerberg unmittelbar neben dem Flugplatz Jena-Rödigen, die jetzt im direkten Richten das Feuer auf die anrollende Kolonne eröffnen, nachdem sie es waren, die zuvor Sperrfeuer Richtung Isserstedt geschossen hatten. Acht Granaten schlagen im Bereich der Kolonne ein. Doch die Granaten richten keine großen Schäden an, denn die Flakgeschütze verfügen über keine Erdzielvorrichtungen, so dass die Besatzungen über das Rohr das Ziel anvisieren müssen. Und es fehlt an Aufschlagzündern für den Einsatz gegen die Panzer. Nach einem kurzen Feuergefecht fliehen die Geschützbedienungen oder ergeben sich. Der Flugplatz und der leer stehende Fliegerhorst werden kampflos besetzt.

Doch der Widerstand lässt Lt.Col. Abrams vermuten, dass in dieser Richtung mit weiteren Behinderungen zu rechnen ist. Und so entschließt er sich, weiter nördlich als geplant die Saale zu überqueren, zumal Artillerieluftbeobachter die Brücke bei Dornburg–Dorndorf intakt gemeldet hatten. Eine Einheit der 25th CavRcnSq, die an der Nordflanke der Division operiert, bietet sich daraufhin an, den Brückenübergang aufzuklären, während sich die Co. C, 37th Tk Bn bei Altengönna versammelt, um sofort den Aufklärern zu folgen, wenn diese die Brücke haben. Doch es kommt nicht dazu, denn die Brücke wird praktisch vor ihren Augen zerstört. Auch ein Team der

Co. D, 37th Tk Bn und des AG Plat. 37th Tk Bn, dass zur Aufklärung der Eisenbahnbrücke drei Kilometer weiter südlich davon entsandt wurde, meldet diese als zerstört. In der Zwischenzeit haben die Co. A, 37th Tk Bn und Co. C, 10th AIB wieder aufgeschlossen und so befiehlt ihnen Abrams, sich an die Spitze der Kolonne zu setzen und die ursprüngliche Route zu nehmen. Am Fliegerhorst vorbei rollen sie nach Zwätzen, wo die führenden Panzer der Co. A, 37th Tk Bn unter Lt. John H. Whitehill einen kurzen Halt machen. Dabei entdeckt Whitehall auf dem angrenzenden Friedhof drei deutsche Soldaten, die sich zwischen den Grabsteinen verstecken. Da er vermutet, dass sie sich nur verstecken wollen und er den Friedhof nicht durch eine Panzergranate umpflügen will, greift er sich einen Karabiner um sie gefangen zu nehmen. Doch er hat sich geirrt, denn als er sich ihnen nähert, eröffnen diese das Feuer anstatt sich zu ergeben. Sie sind in einen Hinterhalt geraten. Zeitgleich feuern mehrere Deutsche mit Panzerfäusten auf die haltende Kolonne. Eine der Panzerfäuste trifft dabei einen der Grabsteine in der Nähe von Whitehill und die umherfliegenden Splitter verletzten ihn am ganzen Körper schwer. Zwei Panzer werden zerstört und auch der Co.CO, Co. C, 10th AIB, Capt. Roberts, wird durch Splitter verletzt. Dafür müssen die Verteidiger und der Ort schwer büßen, denn nach dem ersten Schock eröffnen auf Befehl von Lt. Nolan, der das Kommando übernimmt, die anderen Panzer und die begleitenden Panzerinfanteristen mit allen Waffen das Feuer auf den Friedhof und die angrenzenden Häuser. Phosphorgranaten setzen 20 Häuser in Brand.[2] Über die genauen Opferzahlen auf deutscher Seite ist nichts bekannt. Auf dem Friedhof Zwätzen liegen heute fünf, am 12. April 1945 gefallene, deutsche Soldaten.[3]

Dann rollen die Panzer und Panzerinfanteristen, bei denen Capt. Kenneth L. Hoffmann das Kommando über die Co. C, 10th AIB übernimmt, weiter und gegen 12.30 Uhr (B) erreichen sie die Saale in der Umgebung von Kunitz. Doch auch die hölzerne Hausbrücke bei Kunitz, die für die Panzer nicht geeignet gewesen wäre, ist zerstört. Aber das Saale-Ufer neben der zerstörten Brücke bietet im Gegensatz zu den anderen Uferabschnitten optimale Bedingungen für einen Brückenschlag. Und so befiehlt Abrams an dieser Stelle einen Brückenkopf zu errichten und dirigiert auch die restlichen Teile seiner Kolonne dorthin. Während die Co. A, 37th Tk Bn etwas oberhalb der Saale Feuerpositionen bezieht, erreichen jetzt auch die Co. B und C, 37th Tk Bn das Westufer. Doch obwohl ihnen vom Ostufer kein Feindfeuer entgegen schlägt, können die Panzerinfanteristen der Co. C, 10th AIB nicht mit dem Übersetzen beginnen, denn es fehlt an Übersetzmitteln. Während sie auf diese warten, kommt es zu einem Vorfall, der gerade noch glücklich ausgeht. P-47 Jagdbomber, die das östliche Ufer angreifen sollen, werfen auf Grund schlechter Sichtbedingungen versehentlich drei Bomben auf die eigenen Truppen am Westufer ab, die zum Glück keine Verluste verursachen. Dann treffen endlich die Pionierfahrzeuge mit dem Brückenmaterial ein und beginnen mit dem Bau einer Pontonbrücke, der überraschend schnell bis 19.30 Uhr (B) abgeschlossen wird. In der Zwischenzeit setzen die Co. B und C, 10th AIB gegen 15.30 Uhr (B) unter vorbeugendem Feuerschutz mit Schlauchbooten über.

Doch es gibt keinen Widerstand. Dafür ergeben sich ihnen in Kunitz 250 deutsche Soldaten. Erst als die Panzerinfanteristen der Co. B, 10th AIB auf den Jenzig, den mit 385 Metern höchsten Berg der Umgebung, südlich von Kunitz vorrücken, treffen sie auf vereinzelten Widerstand, der jedoch schnell überwunden wird. Gegen 21.00 Uhr (B) rollen die ersten Panzer der Co. A, 37th Tk Bn gefolgt von den Halbkettenfahrzeugen der Co. B und C, 10th AIB über die erbaute Treadway-Brücke zum Ostufer. Ohne Behinderungen fährt die Co. A, 37th Tk Bn und Co. C, 10th AIB nach Laasan, wo sich ihnen 36 Deutsche ergeben. Dort errichtet das CCB einen Fwd CP für die Nacht, während der CP in Rödigen/Lehesten hält. Die Co. C, 37th Tk Bn bezieht mit der Co. B, 10th AIB Vorposten südlich von Kunitz und die Aufklärer des Tp. D, 25th CavRcnSq gehen mit der Co. C, 704th TD Bn nach Golmsdorf, nachdem die Panzerjäger um 20.30 Uhr (B) die Brücke überquert haben.[4] Die Co. B, 37th Tk Bn hält mit der Co. Co. A, 10th AIB in Zwätzen.[5]

Das CCA, das am Vorabend wegen der gesprengten Brücken bei Göschwitz und Maua aufgehalten wurde und in der Nacht einen kleinen Brückenkopf bei Maua errichtet hatte, beginnt bei Tageslicht mit der Erweiterung des Brückenkopfs, während die Hauptkräfte des CCA auf die Fertigstellung einer Pionierbrücke bei Maua warten. Um 13.00 Uhr (B) ist diese endlich fertiggestellt und die ersten Panzer setzen über. In der Zwischenzeit haben die Angriffskolonnen des CCA an der Ablauflinie Marschbereitschaft hergestellt und um 14.00 Uhr (B) beginnt den Vormarsch angeführt von den Panzer-Panzerinfanterie-Teams der TF Irzyk, 8th Tk Bn unter Maj. Albert F. Irzyk, gefolgt von den Teams der TF Alanis, 51st AIB unter Lt.Col. Dan C. Alanis. Die TF Irzyk, die aus dem Brückenkopf heraus die südliche Route nimmt, rückt gegen vereinzelten Widerstand über Sulza, Klein- und Großbockedra und Obergneus vor. Bei Großbockedra, das von einer SS-Einheit verteidigt wird, kommt es zu einem Gefecht, bei dem zwölf deutsche Soldaten und zwei Einwohner fallen. Ein Gehöft und zwei Scheunen gehen in Flammen auf.[6] Dann wird die Task Force gestoppt und erhält den Befehl, nach Norden zu schwenken und in den Raum Bobeck vorzurücken. Nach der Meldung, dass das CCB Schwierigkeiten beim Flussübergang nördlich von Jena hat, hatte die Division entschieden,

Maj. Albert F. Irzyk
Foto: Army Signal Corps, NARA

das CCA weiter nördlich als geplant zu positionieren, um im Ernstfall aus dieser Position heraus dem zurückhängenden CCB zur Hilfe zu kommen. So schwenkt die Kolonne in Großbockedra über Rausdorf und Gernewitz nach Norden zur Autobahn, die sie bei Podelsatz überquert. Die Sprengung der Autobahnbrücke war durch mutige Bürger verhindert worden.[7] Die Vorauskräfte der Task Force, die beim Eintreffen des Befehls bereits bei Gneus stehen, werden nicht zurückbeordert, sondern fahren weiter nach Tröbnitz und besetzen Stadtroda. Von dort fahren sie in Richtung Quirla. In der Zwischenzeit ist dem CO CCA klar, dass die Kolonne wegen der Dunkelheit und schlechter Straßen Bobeck nicht planmäßig erreicht kann und so hält er sie in der Umgebung von Scheiditz an. Die Vorauskräfte, zu denen kein Kontakt besteht, setzen ihren Vormarsch in der Nacht weiter nach Osten fort und erreichen den Zeitzgrund bei Schleifreisen. Eine Motorrad-Patrouille mit zwei deutschen Soldaten, die die vorderen Linien der Amerikaner erkunden soll, meldet die Bockmühle im Zeitzgrund feindbesetzt. Ein Telefonanruf aus Hermsdorf bestätigt dies jedoch nicht. Anderen Angaben zufolge sollen amerikanische Patrouillen sogar bis Riechhain bei Hermsdorf vorgedrungen sein.[8]

Die TF Alanis, die die nördliche Route des CCA nehmen soll, setzt mit den Teilen, die nicht im Brückenkopf standen, hinter der TF Irzyk über die Saale und fährt dann aus dem Brückenkopf nach Nordosten durch Rutha zur Landstraße nach Ilmnitz, während Sicherungskräfte Zöllnitz nehmen. Angeführt von den Panzern der Co. A, 8th Tk Bn unter Capt. Ben Fischler erreicht die Kolonne Ilmnitz, wo ihnen starkes Gewehr- und MG-Feuer entgegenschlägt. Angehörige des Stamms Pz.Gren-Ers.Btl. 59, die sich in Ilmnitz befinden, haben das Feuer auf die Kolonne eröffnet. Dabei wird der CO Co. A, 51st AIB, Capt. Plumley, schwer verwundet. Dennoch rollt die Kolonne ohne Halt weiter.[9] Die nachfolgenden Infanteristen der 80th US InfDiv sollen sich um den Widerstandsherd kümmern. Dann geht es nach Schlöben, das wegen der schlechten Erfahrung schon bei der Annäherung unter Beschuss genommen wird. Brände brechen im Ort aus und ein Bewohner wird getötet.[10] Anschließend wird auch Schöngleina überrollt, bevor auch diese Task Force gestoppt wird und sich in der Umgebung von Beulbar für die Nacht versammelt. Das HQ CCA und die Unterstützungskräfte, die auf der Autobahn nach Osten fahren, treffen nördlich von Laasdorf auf Widerstand durch eingegrabene Infanterie, der schnell überwunden wird. Dann verlassen sie bei Hainbücht die Autobahn und folgen ihren Task Forces nach Schöngleina, wo um 22.30 Uhr (B) der CP des CCA zusammen mit dem Co.CP Co. B, 704th TD Bn unter 1st Lt. John H. Briggs entfaltet.[11]

Das CCR unter Col. Wendell Blanchard, das sich in der Reserve weit hinter den anderen beiden Combat Commands im Raum westlich von Weimar befindet, trifft am Morgen Absprachen mit dem RCT 319, um bei Bedarf die Infanteristen bei der Einnahme der Stadt Weimar zu unterstützen. Doch dazu kommt es nicht, weil Weimar kapituliert. Da die Feindaufklärung deutsche Truppen in den Wäldern bei Oettern, südlich der Autobahn meldet, erhält das CCR daraufhin den Befehl, den Abschnitt zwischen dem CCB und CCA von umgangenen deutschen Truppen zu säubern. Dann versammelt sich das CCR bis 16.00 Uhr (B) für die Nacht in Mellingen. Die Fwd Echelon der Division erreicht angeführt von der HQ Co. 704th TD Bn unter 1st Lt. Martin E. Taake um 15.15 Uhr (B) Göttern.

Bei der 80th US InfDiv, die der 4th US AD folgt, besetzt an diesem Tag das RCT 317 von Lt.Col. Henry G. Fisher und das RCT 318 von Col. James S. Luckett Erfurt. Das RCT 319 von Col. Normando A. Costello nimmt die Kapitulation der thüringischen Gauhauptstadt Weimar entgegen und steht unmittelbar vor der Einnahme der Industriestadt Jena. Das 3./319, das nach der Kapitulation von Weimar nicht mehr gebraucht wird, wird von seinem bisherigen Auftrag entbunden und mit Lastwagen Richtung Saale bei Maua in Marsch gesetzt, um von dort am nächsten Tag dem CCR der 4th US AD zu folgen. Über Magdala erreicht es Niedersynderstedt, wo es hält, während Vorauskräfte auf der Autobahn in den Abschnitt zwischen Bucha – Oßmaritz vorrücken. Der Regtl.CP 319 erreicht um 17.00 Uhr (B) Magdala und der 80th Rcn Tp. von Capt. Robert Hill erreicht Niederzimmern, westlich von Weimar. Der Div.CP der 80th US InfDiv geht nach Neudietendorf. Bei der 3rd CavGp, die sich entlang der Corpsflanken bewegt, erreicht an der Südflanke der Tp. E, 43rd CavRcnSq Magdala, wo auch der Gp.CP errichtet wird. Das 455th AAA AW Bn unter Lt.Col. Cecil G. Remington, das mit Teilen dem XX. US Corps unterstellt wurde, geht nach Dietendorf. Südlich des XX. US Corps schieben sich die Infanteriedivisionen des VIII. US Corps zur Saale vor. An der linken Corpsflanke geht die TF Crater als Speerspitze der 89th US InfDiv durch Hohenfelden nach Bad Berka und Blankenhain, um Brücken über die Saale zu erobern.

Am **Freitag,** dem **13. April 1945**, beginnt bei der 4th US AD um 06.30 Uhr (B) das CCB aus der Versammlung bei Kunitz – Laasan mit dem Angriff zur Weißen Elster und Mulde. Im Gegensatz zum üblichen Vorgehen soll dieser jedoch auf Befehl der Division auf drei parallel verlaufenden Routen erfolgen. Eine Maßnahme, die erforderlich ist, weil man dem CCB einen erheblich breiteren Vormarschabschnitt als üblich zugewiesen hatte, da das CCA im Schwerpunktes des Angriffs der Division seine Kräfte entlang der RAB Jena – Chemnitz konzentrieren soll. So plant das CCB den Vorstoß an der Nordflanke mit Sicherungskräften entlang der „Route A" Beutnitz, Mertendorf, Großhelmsdorf, Kleinpötewitz, Rosenthal, Goßra, Droßdorf, Kayna, Dölzig. Im Zentrum soll ein Panzer-Infanterie-Team auf der „Route B" über Graitschen, Poxdorf, Petersberg, Königshofen, unter Umgehung von Eisenberg über Trebnitz, Rosenthal, Nickelsdorf, Schellbach, Wittgendorf, Bröckau nach Mehna vorrücken, während die Hauptkräfte an der Südflanke die „Route C" über Wogau, Bürgel, Hainspitz, Petersberg, Rosenthal, Silbitz, Heuckewalde, Hartha, östlich Garbisdorf, Wolkenburg, Kaufungen nutzen sollen. Gemeinsame Schnittstellen der drei Kolonnen bildet dabei der Übergang über die Weiße Elster bei Rosenthal und die

Vereinigung der Kolonnen bei Mehna. Doch die Marschkarten lassen nicht immer die realen Geländebedingungen erkennen und so wird es trotz geringem Widerstandes zu mehreren Änderungen kommen.[12]

Anfangs erfolgt der Vormarsch der Nord- und Zentrumskolonne angeführt vom Tp. D, 25th CavRcnSq und der Co. C, 704th TD Bn über Naura, Beutnitz, Löberschütz, Graitschen bis nach Poxdorf, wo sie sich trennen. Der Tp. D, 25th CavRcnSq schwenkt mit der Co. C, 704th TD Bn als Nordkolonne und Flankensicherung nach Nordosten auf die Route A und fährt über Mertendorf, Kischlitz, Tünschütz, Cammeritz, Großhelmsdorf und Rudelsdorf nach Ahlendorf. Das Team der Co. A, 37th Tk Bn/Co. C, 10th AIB, das ihnen bis Poxdorf gefolgt ist, setzt unter Führung des ExO 37th Tk Bn, Capt. Herbert A. Hays den Vormarsch als Zentrumskolonne auf der Route B über Rauschwitz, Petersberg und Gösen nach Königshofen fort. Die Hauptkolonne des CCB mit der Co. D, 37th Tk Bn voraus, gefolgt von den Teams Co. C, 37th Tk Bn/Co. B, 10th AIB und Co. B, 37th Tk Bn/Co. A, 10th AIB und der Artillerie nimmt als Südkolonne die Route C, die sie zuerst entlang des Ostufers der Saale nach Süden bis zur R 7 führt, von wo sie über Wogau, Rodigast und Thalbürgel bis zur RAB Berlin – München, westlich von Eisenberg, fährt. Dabei trifft sie in Bürgel auf Gewehrfeuer, was jedoch schnell endet. Dann kommt es vor Hainspitz zu einem kurzen Feuergefecht mit Angehörigen einer VS-Einheit der Hitlerjugend, die sich in Ortsnähe eingegraben hat.[13]

Gemeinsam mit anderen Gruppen gleichaltriger Jugendlicher waren sie in den Raum Eisenberg in Marsch gesetzt worden, um dort für den Sondereinsatz als Pz.Jagd.Kdo. zusammengefasst zu werden. Reichsjugendführer Artur Axmann hatte großsprecherisch die Hitlerjugend zur *„Bewegung der jungen Panzerbrecher"* erklärt. *„Die ‚Jugend Adolf Hitlers' habe, so verkündete Axmann in einem über die Presse verbreiteten Appell, das ‚Zentrum unseres nationalen Widerstandes' zu sein. „Dieser Vernichtungskrieg lässt keine bürgerlichen Maßstäbe mehr zu. Es gibt kein Zurück mehr, sondern nur ein Vorwärts... Es gibt nur Sieg oder Untergang. Seid grenzenlos in der Liebe zu eurem Volk und ebenso grenzenlos im Hass gegen den Feind. Eure Pflicht ist es, zu wachen, wenn andere müde werden, zu stehen, wenn andere ausweichen."*[14] Ob sie von dort der 1. Pz.Vernichtungs.Brig. „Hitlerjugend" unter persönlicher Führung von Axmann und dessen Stellv. Oberbannführer Kern zugeführt werden sollten, die im Februar 1945 im Raum Dresden aufgestellt wurde und unter dem Kommando der Wehrmacht in den Endkämpfen im Raum Berlin gegen die sowjetischen Truppen zum Einsatz kam, ist unklar. Wahrscheinlicher ist die Zuführung zu einem der Pz.Jagd.Rgt.er der neu zu bildenden Pz.Jagd.Div. West, dessen vermutlicher Aufstellungsraum ebenfalls Eisenberg ist. Die Division sollte Anfang Mai 1945 im Rahmen der 7. Armee zum Einsatz kommen und aus „Freiwilligen" der Wehrmacht und der Hitlerjugend bestehen. *„Bei den Freiwilligen handelte es sich um Angehörige aller Waffengattungen, die aus Lazaretten oder Genesenen-Abteilungen kamen oder von Ersatzeinheiten in Marsch gesetzt, auf Grund der Verhältnisse ihre Stammtruppe nicht erreichen konnten... Darüber hinaus befanden* *sich in einigen Abschnitten geschlossene Panzerjagd-Einheiten der Hitlerjugend. Sie waren taktisch und versorgungsmäßig den Divisionen unterstellt in deren Raum sie kämpften.*"[15] Doch sowohl das Regiment, als auch die Division kam nie über die Aufstellungsphase hinaus. Doch egal, zu welcher der beiden Formationen man sie in Marsch gesetzt hatte, man war von vorne herein bereit, sie sinnlos zu opfern. So hatte man die Masse der Jugendlichen lediglich mit einer Armbinde mit der Aufschrift „Deutscher Volkssturm" ausgestattet, die sie auf der HJ-Uniform getragen als Kombattanten erkenntlich machen sollte, um sie bei einer Gefangennahme unter den Schutz der Genfer Konvention zu stellen.[16] Das berichtet Rolf Romstedt aus Erfurt, der mit einer Gruppe von Jugendlichen des 3. Aufgebotes des HJ-Bann 71 Erfurt am 31. März 1945 auf der Cyriaksburg in Erfurt zum Volkssturm einberufen und am 4. April 1945 über Weimar, Umpferstedt und Jena zum Wehrertüchtigungslager Eisenberg in Marsch gesetzt wurde.[17]

Aber dieser großen Gefahr sind sich einige der Jugendlichen, die jetzt in Sichtweite der R 7 im Bereich des Hainspitzer Sees Stellung bezogen haben auf Grund ihrer Erziehung und dem, daraus resultierenden, festen Glauben an den Endsieg offenbar nicht bewusst. Während sich die meisten Angehörigen ihrer Gruppe am Vormittag im Wäldchen an der Autobahn ihrer Waffen entledigen und fliehen, tun sie das, wozu man sie erzogen hat, sie kämpfen. Doch der Kampf ist nur kurz. Völlig verängstigt durch den einsetzenden Beschuss, der ihre Stellungen und den Ort trifft, und die große Anzahl der vorfahrenden Panzer und Halbkettenfahrzeuge ergeben sie sich. Wie durch ein Wunder haben alle überlebt. Während herbeigeeilte amerikanische Sanitäter den, bei dem Gefecht verwundeten, CO 37th Tk Bn, Maj. William L. Hunter versorgen, setzen die Panzersoldaten die gefangenen Jungen kurzerhand auf die Panzer und binden sie als „lebende Schutzschilder" an den Türmen fest. Dann setzt sich die Kolonne unter Führung von Capt. William A. Dwight, der das Kommando über das 37th Tk Bn übernimmt, wieder in Bewegung und tastet sich vorsichtig, immer wieder haltend, in den Ort vor. Doch es gibt keinen Widerstand mehr. Ohne weiteren Halt rollt Kolonne weiter, während die Einwohner versuchen die Brände im Ort zu löschen, die durch Panzerbeschuss entstanden sind. Mehrere Bauerngehöfte und der Turm der Hainspitzer Kirche, die noch heute im Volksmund als „Schmuckkästchen

Capt. William A. Dwight
Foto: Army Signal Corps, NARA

der ganzen Gegend" bezeichnet wird, waren Opfer der Granaten geworden. Doch auch hier gibt es zum Glück keine menschlichen Opfer zu beklagen.[18]

Ein Lager der Eisenberger Armaturenfabrik Albertus und Stegmüller, eines Produzenten für U-Boot-Kleinteile und Torpedos findet keine Beachtung. Auch nicht die verlassenen Baracken der Berliner Bildstelle der Organisation Todt, die mit Teilen nach dem schwerem Bombenangriff vom 23. November 1943 nach Hainspitz ausgelagert wurde und deren Material kurz zuvor nach Göritzhain bei Lunzenau abtransportiert wurde.[19]

Mit Erreichen der RAB bei Eisenberg kommt die Kolonne kurz zum Stocken, denn zwischen der Autobahnunterführung und der Stadt sperrt bei Saasa eine große Panzersperre aus Baumstämmen die Straße.[20] Doch der Halt ist nur kurz und die Panzer rollen ohne Pause durch den Nordteil von Eisenberg nach Osten. Erst am nächsten Tag besetzen die Infanteristen der 80th US InfDiv widerstandslos die Stadt. Doch während die Bevölkerung noch auf die Besetzung wartet, bringt dieser Tag für eine Gruppe von KZ-Häftlingen aus dem KZ Buchenwald in Eisenberg die lang ersehnte Befreiung. Sie gehören zum letzten Evakuierungstransport aus Buchenwald nach Dachau, der am 11. April 1945 bei Großschwabhausen bei Jena zum Halten gekommen war, nachdem Tiefflieger die Lok zerstört hatten. So hatte man die Häftlinge zu Fuß über Jena und Eisenberg Richtung Gera getrieben. Bei Crossen an der Elster war die Kolonne dann am 12. April 1945 auseinander gerissen worden, nachdem ein amerikanischer Panzervorstoß auf Wetterzeube/Rosenthal gemeldet wurde. Viele der Häftlinge hatten sich daraufhin in den umliegenden Wäldern versteckt. Doch in der Nacht zum 13. April 1945 hatten aufgehetzte Hitlerjungen Jagd auf die entflohenen Häftlinge gemacht, wobei 19 Häftlinge ums Leben kamen. Die Überlebenden hatte man dann unter Bewachung eines Offiziers der Schutzpolizei nach Eisenberg gebracht, wo sie jetzt von den amerikanischen Truppen befreit werden. Ihre Bewacher hatten beim Herannahen der Panzer die Flucht ergriffen.[21] Alleine gelassen müssen sie zwar noch bis zum Eintreffen der Infanterie warten, bevor ihnen geholfen wird, aber sie müssen nicht mehr fürchten, im letzten Moment von ihren Peinigern ermordet zu werden. Bei Etzdorf, östlich von Eisenberg, vereinen sich die Kolonnen und das CCB strebt unter vereinzeltem Gewehr- und Panzerfaustbeschuss zur Weißen Elster. Als die vorausfahrenden Aufklärer des Tp. D, 25th CavRcnSq Crossen[22] erreichen, kommen ihnen auf dem Schlossberg zwei Frauen, Edith Theil und Anna Freyer, mit weißen Betttüchern entgegen. Sie hatten am Vortag beobachtet, wie *„ein fanatischer Anhänger des Dritten Reiches... auf dem Schlossberg zwei Minen in der Straße"* vergraben hatte. *„Die Frauen zeigten auf die Stelle, wo die Minen vergraben waren, daraufhin schwenkten die Panzer in einen Feldweg ein, den ‚Treiberweg', und fuhren über das Rosenthal nach Crossen"* berichtet der Crossener Jürgen Fleischhauer.[23] So bleibt dem Ort möglicher Schaden erspart, zu dem es bei der Explosion einer der Minen mit Sicherheit gekommen wäre.

Gegen 11.05 Uhr (B)[24] erreichen die Aufklärer die Crossener Elsterbrücke, die ihnen intakt in die Hände fällt. Dank des Crossener Gärtnermeisters Paul Hamel, der die Zündschnüre durchschnitten haben soll, war die zur Sprengung vorbereitete Brücke unversehrt geblieben.[25] Weniger Glück haben sie bei der südlich davon befindlichen Elsterbrücke zwischen dem Bhf. Crossen und Tauchlitz. Diese wird im letzten Moment durch ein deutsches Sprengkommando zerstört. *„Da kam ein Sprengkommando, das die Ladungen an der Brücke gleich neben der Brauerei angebracht hat. Zwei solche Bürschel mit einem Jeep sollen das gewesen sein. Die Sprengladungen sind aber nicht los gegangen, da haben sie sie dann mit einer Panzerfaust doch noch in die Luft gesprengt... Sie (die Amerikaner d.A.) kamen über Crossen und waren schneller als wir gedacht hatten"* berichtet Elfriede Lehnitz aus Tauchlitz.[26] Sofort nach der Meldung über die Eroberung der intakten Brücke erhält das Combat Command den Befehl, den Angriff fortzusetzen.[27] Daraufhin geht die Zentrumskolonne über den Fluss und weitet den Brückenkopf der Aufklärer bis Nickelsdorf aus, ohne auf Widerstand zu treffen. Der Volkssturm, der sich am Rand des Zeitzer Forstes eingegraben hatte, ist geflohen.[28]

Dann geht der Vormarsch wieder getrennt weiter. Während die HQ Co. 10th AIB zur Brückensicherung zurückbleibt, schwenkt die Nordkolonne mit dem Tp. D, 25th CavRcnSq und der Co. C, 704th TD Bn nach Nordosten, um auf ihre Route über Goßra, Breitenbach, Droßdorf, Kayna, nach Dölzig zu kommen. Die Zentrumskolonne fährt mit der Co. A, 37th Tk Bn/Co. C, 10th AIB von Nickelsdorf aus durch den Zeitzer Forst nach Schellbach, um weiter über Wittgendorf, Bröckau nach Mehna zu fahren, während die Südkolonne mit den Hauptkräften des CCB als letztes die Weiße Elster überquert, um unter Umfahrung des Zeitzer Forst südlich über Tauchlitz, Silbitz, Steinbrücken, Großaga dann über Giebelroth, Heuckewalde, Pölzig nach Lumpzig vorzurücken. Bei Mehna sollen sie sich die Marschkolonnen erneut vereinigen und durch Burkersdorf, Saara, Podelwitz, Ziegelheim, Frohnsdorf und Flemmingen zur Zwickauer Mulde bei Wolkenburg stoßen und dort einen Brückenkopf erobern. Doch die äußeren Umstände zwingen die Führer der einzelnen Kolonnen dazu, ihre Pläne immer wieder zu ändern.

Die Nordkolonne, die gleichzeitig die Nordflanke des CCB und der 4th US AD deckt, verlässt Crossen und fährt nordostwärts über Koßweda, das am Morgen vom CT 9, 6th US AD, geräumt worden war, nach Dietendorf. Ein Panzervernichtungstrupp, der sich der Kolonne entgegen stellt, wird durch die Aufklärer vernichtet, vier Mann getötet.[29] Vorbei an einer verlassenen Scheinwerferstellung geht es nach Katersdobersdorf, wo am Vortag der Gefechtsstand des deutschen XC. AK im dortigen Kinderheim ein vorübergehendes Quartier bezogen hatte.[30] Doch diese sind längst weg. Auch die Gruppe junger Fähnriche aus der Johannismühle hat sich abgesetzt, nachdem man sie vom Westufer her entdeckt und unter Beschuss genommen hatte. Dabei waren zwei Gebäude in Brand geraten. Einige von ihnen, die nach dem Beschuss nach Katersdobersdorf gekommen waren, um den Ort zu verteidigen, werden von den Einwohnern weggeschickt.[31] Dann geht es nach Haynsburg, das im wahrsten Sinne des Wortes *„links liegen gelassen"* wird, denn sie schwenken vor dem Dorfteich nach Osten und rollen ohne Behinderungen weiter durch Goßra. Erst vor Breitenbach kommt es zum Halt.

Im dortigen Wehrertüchtigungslager, unmittelbar neben dem Gasthof „Fröhlich", war kurz zuvor der nach Koßweda entsandte HJ-Panzervernichtungstrupp aus Haynsburg eingetroffen. Gerade als die Jungen dabei sind, sich in der Küche des Lagers zu versorgen, erscheinen aus Richtung des Wasserturms an der Straße nach Katersdobersdorf zwei amerikanische Panzer. Der Truppführer, ein Unteroffizier, befiehlt den Rückzug in den Wald. Jedoch nicht, ohne zuvor drei Mann zur Panzerbekämpfung einzuteilen. Sie sollen mit Panzerfäusten die beiden Panzer am Ortseingang zerstören. Hinter der Küchenbaracke gehen sie in Stellung. Doch die Panzer erkennen die Gefahr und stoppen 150 Meter vor dem Ort. Aufgesessene Soldaten springen ab und eröffnen sofort das Feuer. Einer der Jungen schreibt später: *„Wir hatten in diesem Augenblick nur einen Gedanken, uns vor den Geschossgarben in Sicherheit zu bringen. In unserer Panik flüchteten wir im Schutz der Küchenbaracke, von den Soldaten nicht einzusehen, in den Keller des Gasthofes – die Panzerfaust hatten wir in den Hausflur gestellt – und rechneten nun voller Angst und Schrecken mit unserer Gefangennahme."*[32] Doch nichts passiert. Einwohner gehen in Begleitung einiger Zwangsarbeiter mit einer weißen Fahne den Amerikanern entgegen, die daraufhin das Feuer einstellen. Jetzt rollen die Panzer gefolgt von der Kolonne nach Breitenbach hinein. Die drei Jungen, die mittlerweile ihre halbmilitärischen Uniformen gegen Zivilsachen des Wirtes eingetauscht haben, stehen dabei am Straßenrand und schauen zu, wie die Kolonne ohne weiteren Halt nach Ossig weiterfährt.[33] Auch dort bleibt es ruhig. Doch dann ändert sich die Situation. *„Gegen Mittag kam die US-Panzerspitze mit zirka 12 Panzerspähwagen von Ossig auf Droßdorf zu. Etwa 200 m vor Droßdorf hob ein, mit einer Panzerfaust bewaffneter, Soldat den Kopf – und schon war er tot. Die Panzerspähwagen bogen nach rechts Richtung Loitzschütz ab. An der Kurve nach Nedissen hatte sich die HJ-Spitze von Zeitz postiert und eröffnete das Feuer. Die Amerikaner erwiderten das Feuer auf die nun nach Loitzschütz Flüchtenden."*[34]

Im nahen Frauenhain, dass in der Nacht von einer durchziehenden Wehrmachteinheit geräumt wurde, sichtet man am Nachmittag amerikanische Panzer auf der Geraer Landstraße. Aber der Ort liegt nicht auf der Vormarschstrecke und so rollen sie, ohne sich um den Ort zu kümmern, an ihm vorbei. Zwei Wehrmachtsfahrzeuge, die am Mittag in der Nachbarschaft, bei Röden, durch Tiefflieger in Brand geschossen wurden, sind an diesem Tag die einzigen Zeugnisse des Krieges.[35] Dann erreicht die Kolonne den Abzweig der R 2 nach Loitzschütz und schwenkt auf den Ort zu. Augenzeugen berichten: *„Gegen 13 Uhr fuhren die amerikanischen Panzer mit Maschinengewehren feuernd durch das Dorf nach Heuckewald". „Der Volkssturm des Ortes hatte versucht an den engsten Stellen zwischen Bäckerladen und Pfarrhofeinfahrt sowie unterhalb des Schulgebäudes ... Panzersperren in die schotterreiche Straße zu schlagen. Diese stell-*

ten jedoch keine Hindernisse für die amerikanischen Panzer dar. Jedes Gehöft wurde bei der Ortseinnahme mit MG beschossen". [36]

Hinter dem Dorf stossen sie auf eine Scheinwerferstellung der Flak, die bereits am Vortag durch Jabos zerstört wurde. Hier stirbt der Führer der Stellung, Uffz. Heinrich Kunze, als er versucht zur Befehlsstelle nach Wittgendorf zu fliehen. Er hatte mit seinem Fahrrad Schutz unter der Feldbrücke gesucht, wo er von Kugeln durchsiebt wird. Ein Rentner, der vom Brotholen aus Heuckewald zurückkommt, ereilt das gleiche Schicksal. Er wird am Feld erschossen.[37] Zwischen 13.00 und 14.00 Uhr erreicht die Kolonne Kleinpörthen, wo es zu erneut zu Schießereien kommt und eine Scheune in Brand gerät. Dann wehen weiße Fahnen im Ort.[38] Als die Kolonne von Kleinpörthen weiter nach Dragsdorf fährt, gerät sie unerwartet unter Artilleriebeschuss. Sie sind in das Schussfeld der Flakstellung Wildensee – Wildenborn geraten, die Sperrfeuer schießt. Es entwickelt sich ein kurzes Feuerduell, bei dem die Panzerjäger die Zerstörung von zwei Flakgeschützen durch die Besatzungen von Sgt. John Jesky und Sgt. John Ewantisko melden. Dennoch entscheidet man sich, diesen Bereich zu umgehen, um keine Zeit zu verlieren. Die Kolonne macht kehrt und schwenkt nach Süden, nach Pölzig, von wo aus sie wieder nach Norden fährt und über Bröckau und Wernsdorf nach Naundorf rollt, um wieder auf die ursprüngliche Strecke zurückzukehren.[39] Auf ihrem Weg von Pölzig nach Bröckau wird in Unterau eine Scheune in Brand geschossen, nachdem einige Jugendliche auf die Panzer feuern.[40] Doch der weitere Weg von Naundorf nach Dölzig erweist sich als ungeeignet und so macht die Kolonne erneut einen Schwenk nach Süden, nach Dobitschen, wo sie hält, bis die anderen Kolonnen aufschließen.[41]

Die Zentrumskolonne bewegt sich von Nickelsdorf aus quer durch den Zeitzer Forst über den Stern nach Lonzig. Letzte Reste von Volkssturm und Wehrmacht, die sich in den Wäldern verstecken, lassen die Kolonne ungehindert vorbeiziehen. Noch Tage danach tauchen immer wieder kleinere Gruppen Soldaten und SS in den umliegenden Dörfern des Zeitzer Forstes auf und bitten um Verpflegung und Zivilbekleidung, bevor sie an den amerikanischen Posten vorbei ihre Flucht fortsetzen.[42] Als die ersten Panzer gegen Mittag aus dem Wald auf Lonzig zurollen, heulen in den umliegenden Dörfern die Sirenen.[43] Ohne Widerstand wird Lonzig besetzt. Dennoch kommt ein Soldat aus Bayern ums Leben. Er findet seine letzte Ruhe am Kriegerdenkmal. Eine Scheune gerät in Brand und brennt ab.[44]

Die Südkolonne hingegen wird bereits kurz nach der Überquerung der Weißen Elster zum Kurswechsel gezwungen. Auf dem Weg nach Silbitz bricht der Führungspanzer durch eine zu schwache Brücke über einen Kanal.[45] Die gesamte Kolonne macht daraufhin kehrt und folgt der Zentrumskolonne von Tauchlitz aus über den Stern durch den Zeitzer Forst bis Lonzig, wo sie nach Süden auf Aga schwenkt, um auf die ursprüngliche Route zurückzukehren. Die Scheinwerferstellung der Flak am Ortsausgang Großaga – Abzweig alter Lessener Weg, die in enger Verbindung mit der Flakstellung bei Kuhndorf steht, ist verlassen.[46] Die Bedienungen der insgesamt drei Scheinwerfer, 20 Flakhelferinnen, haben am 11. April 1945 Aga verlassen. Nur die Soldaten, ein Oberfähnrich und zwei Unteroffiziere, waren zurückgeblieben, um die Flakfernrohre zu vergraben und den großen 200 cm Scheinwerfer in Großaga und die zwei 150 cm Scheinwerfer bei Lonzig zu zerstören. Dann waren auch sie geflohen. Auch kleinere Gruppen von versprengten Wehrmachtsangehörigen, die seit dem Vortag in Aga Rast gemacht hatten, fliehen oder entledigen sich ihrer Uniformen und Ausrüstung und verstecken sich. Der örtliche Volkssturm aus Groß- und Kleinaga, Lessen und Reichenbach unter Führung des Lonziger Revierförsters Friedrich Mitsching hat sich aufgelöst. Mitsching, der von Anfang an nicht vor hatte, den Verteidigungsbefehlen der NSDAP-Kreisleitung Gera nachzukommen, hatte seine Männer nach Hause geschickt. Die empfangenen Panzerfäuste hatten sie zuvor vernichtet. Zeitzeugen werden später berichten, dass die Soldaten auf den ersten Panzern beim Erreichen von Aga fragten, *„wo der Volkssturm sei"*. [47] In einem Schutzstollen in der Nähe des Ortes, den Mitsching an Stelle der befohlenen Panzersperren im Hohlweg Richtung Zeitzer Forst hatte ausbauen lassen, erwartet ein Teil der Bevölkerung die Amerikaner. Über dem Eingang weht zum Schutz eine weiße Fahne.[48] Der Versuch von Bgm. Edwin Heiland aus Großaga, die Hohle in der Trebe mit zwei Fuhrwerken zu sperren, bleibt ohne Erfolg. Großaga wird gegen 13.00 Uhr ohne Widerstand besetzt. Nur ein einzelner Schuss fällt, auf den die Amerikaner zum Glück nicht reagieren. Weiße Fahnen wehen im Ort.[49] Die Panzer der Vorhut rollen ohne Halt an der Agaer Windmühle vorbei nach Kleinaga, während die Hauptkolonne im Ort wartet. Dort sterben dann doch noch zwei deutsche Soldaten. Einer von ihnen wird nördlich der Windmühle getötet. Er hatte mit einem Pferdegespann versucht, Heuckewald zu erreichen und war wegen eines defekten Rads liegengeblieben. Doch anstatt sich in Sicherheit zu bringen, hatte er versucht das Fuhrwerk zu reparieren. Erst als er die amerikanischen Panzer sieht, flieht er und wird von einer Kugel tödlich getroffen. Der Zweite wird am Abend erschossen, als er mit einer Gruppe Soldaten versucht, an den amerikanischen Sicherungen vorbei zu schleichen.[50] Beide Soldaten werden auf dem Agaer Friedhof beerdigt.[51] Auch an anderer Stelle kommt es immer wieder zu vereinzelten Schießereien.

In der Zwischenzeit hat die Zentrumskolonne Schellbach erreicht, wo gemeldeter, leichter Widerstand schnell überwunden wird.[52] Über Kleinpörthen rollt die Kolonne weiter über Wittgendorf nach Mahlen, wo die Panzer eine Scheune in Brand schießen.[53] Eine Panzergranate tötet an der kleinen Schnauderbrücke bei Kayna Karl Meißner aus Kayna.[54] Dann fahren sie weiter durch das weißbeflaggte Weißenborn nach Oberkossa. Vorauskräfte nähern sich Mehna. *„Gegen 11.00 Uhr bewegten sich drei amerikanische Panzer auf der Kornhausstraße aus der Richtung Bahnhof Dobitschen kommend auf die Eisenberger Straße zu... Die Panzer schossen von Mehna aus in Richtung ‚Eugenschacht'. Es entstanden jedoch keine Schäden."*[55]

Die Südkolonne erreicht über Giebelroth, Heuckewalde, Pölzig, Hartha und Lumpzig den Ort Mehna. Am Nachmittag haben alle Kolonnen die Umgebung von Mehna erreicht, wo sie sich vereinigen. In der Situation erteilt das Div.HQ angesichts des schnellen Vormarsches und des geringen Widerstandes den Befehl, den Vormarsch zur Sicherung von Brückenköpfen über die Zwickauer Mulde bis zum Abend fortzusetzen. Besondere Aufmerksamkeit gilt dabei der offenen Nordflanke, denn die 6th US AD hängt im Raum Zeitz zurück. So entschließt sich der CO CCB die Co. D, 25th CavRcnSq und die Co. C, 704th TD Bn weiter als Flankensicherung einzusetzen. Während die Hauptkräfte des CCB von Mehna aus auf der Route C über Saara, Podelwitz, Ziegelheim, Frohnsdorf, Flemmingen und Hinteruhlmannsdorf – Garbisdorf nach Wolkenburg rollen, nimmt die Flankensicherung von Mehna den Weg über Schwanditz, Kosma, Burkersdorf, Lehndorf, Zehma und Mockzig. Einzelne Fahrzeuge der Flankensicherung nähern sich gegen 15.40 Uhr von Burkersdorf kommend Mockern, wo um 14.45 Uhr Feindalarm ausgelöst wurde. Im Gasthof ergeben sich ihnen Angehörige des Stabes des Luft.Gau.Kdo. VI Münster/Westfalen, die in Mockern untergekommen war, nachdem Anfang April 1945 aus dem, nicht mehr benötigten, Kommando der Stab des Flakkorps z.b.V. aufgestellt worden war. Panzerspähwagen fühlen dabei Richtung Altenburg vor, machen aber wieder kehrt.[56]

In der Zwischenzeit nähert sich die Hauptkolonne auf der alten Heerstraße Altenburg – Chemnitz nördlich an Wolpersdorf vorbei durch Dürrengerbersdorf Wolkenburg an der Mulde, heute Ortsteil Wolkenburg-Kaufungen der Stadt Limbach-Oberfrohna. Das kleine Städtchen mit seinem überragenden Schloss, wo sich Produktionsstätten der Junkers Flugzeugwerke Markkleeberg und der Radio Opta AG Leipzig befinden, war bisher vom Kriegsgeschehen weitestgehend verschont geblieben. Lediglich am 11. April 1945 hatte ein Tieffliegerangriff auf den Bhf. Wolkenburg zu Schäden am Bahnhofsgebäude geführt. Eile ist geboten, denn Artillerieluftbeobachter melden die Muldenbrücke intakt. Und so stürmen die leichten Panzer der Co. D, 37th Tk Bn in rasender Fahrt voraus, obwohl der Treibstoff nach dem schnellen Vormarsch bereits rapide zur Neige geht. Eine deutsche Fahrzeugkolonne, die versucht, in südöstliche Richtung zu entkommen, wird ohne Halt unter Beschuss genommen. Als sie den Ortseingang erreichen, geraten sie unter Panzerfaustbeschuss wobei ein Panzer getroffen wird. Jetzt feuern die Panzer wie wild auf die vermuteten Stellungen. Dabei wird Karl Lorenz tödlich verwundet. Der Maj. Paul Vogel, der die Panzerfaust abgeschossen hatte, nimmt sich noch am gleichen Tag auf dem Friedhof in Wolkenburg des Leben durch Erhängen. In der Zwischenzeit setzen sich die Panzer wieder in Bewegung und dringen immer wieder anhaltend und schießend vorsichtig in die Stadt ein. Gegen 16.30 Uhr erreichen sie praktisch mit den letzten Tropfen Treibstoff die Muldenbrücke und den Marktplatz und beginnen die Stadt und den Brückenkopf zu sichern. Doch es fehlt die Infanterie. So rollen die Panzer über die Brücke die Kaufunger Straße hinauf Richtung Kaufungen. Immer mit Widerstand rechnend wird auf alles Verdächtige gefeuert *„wobei ein Geschoss den in Hensches Gaststube sitzenden aus*

Stettin stammenden Mühlenbesitzer Pietschmann tödlich am Kopf traf".[57] Dann kommt es doch noch zu einem deutschen Feuerüberfall aus Richtung der Linde oberhalb von Wolkenburg. Aber die Schüsse richten keinen Schaden an und die oder der Schütze fliehen, nachdem sich das Feuer der Panzer auf ihre Position richtet. Bis 18.00 Uhr (B) ist Wolkenburg und die Umgebung gesichert. Bei der Durchsuchung der Stadt stossen sie auch auf das verlassene KZ-AL Wolkenburg des KZ Flossenbürg der Opta Fabrik, das erst am Morgen Richtung Uhlsdorf evakuiert worden war.[58] Ohne Infanterieunterstützung und durch fehlenden Treibstoff unbeweglich beziehen die Panzermänner Sicherungsstellungen am Ostufer. Noch ist es auf Grund des regnerischen Wetters und des Einbruchs der Nacht unmöglich, Treibstoff nach vorne zu bringen. Lediglich einige Sherman-Panzer werden noch an das Ostufer gebracht, um den Brückenkopf zu verstärken.

Dann fährt das Team Co. B, 37th Tk Bn/Co. B, 10th AIB zur Kaufunger Höhe westlich von Niederfrohna. Gegen 19.30 Uhr (B) errichten sie einen Vorposten auf der Höhe 334, Hoher Busch, südöstlich Kaufungen, von wo aus die sie die Straßen nach Niederfrohna und Limbach sperren. Das Team Co. A, 37th Tk Bn/Co. C, 10th AIB besetzt die Höhe 312 nordöstlich Niederfrohna und sperrt die Straße Tauscha – Mühlau und Tauscha – Niederfrohna mit ihrem Feuer. Der CP des CCB und der Bataillone eröffnen um 21.48 Uhr (B) in Kaufungen.[59] Zum Feindkontakt kommt es nicht.

Doch der Aufmarsch ist nicht unbeobachtet geblieben. Seit dem Morgen ist der Volkssturm aus Limbach und Oberfrohna[60] auf Befehl des örtlichen VS-Btl.Führer Dr. jur. Adolf Jokesch, Bgm. von Limbach, dabei, bei Bräunsdorf, Rußdorf, auf der Kaufunger Höhe, bei Mühlau, Niederfrohna und südlich der Stadt bei Pleissa zu schanzen, Schützen- und Panzergräben auszuheben und Sperren zu errichten. Limbach soll als Teil der H.K.L. der 404. InfDiv unter allen Umständen gehalten werden. Und Jokesch, dessen Bataillon der Division unterstellt wurde, ist entschlossen, *„den Industriebezirk Limbach bis zum letzten zu verteidigen"*. So hatte er als erstes die, am 18. Februar 1945 aufgestellte und vereidigte, VS-Kp. Meisel des 1. Aufgebotes, deren Angehörige als einzige uniformiert und somit als „VS-Soldaten" bezeichnet werden konnten, in den Nordabschnitt entsandt. Dort hatten die Männer am Ortsausgang von Niederfrohna Richtung Mühlau die Bordsteine aus der Straße herausgerissen und als Sperre zwischen den Bäumen aufgeschichtet. In danebenliegenden Schützenlöchern waren Panzerfaustschützen positioniert worden. Aber auch die anderen Kompanien des Bataillons und die örtliche Hitlerjugend waren alarmiert worden.[61] Die 2. und 3. Kp. des Bataillons war unter dem Kommando des Kp.Führer Deininger nach Pleissa marschiert, um unter Anleitung der Wehrmacht am Fuß des Krämerbergs eine Panzersperre aus Baumstämmen zu errichten, die durch die Technische Nothilfe TeNo im Rabensteiner Wald gefällt wurden.[62] Und in Oberfrohna, wo der Volksturm unter dem Befehl des Abschnitts.Kdt., Hptm.d.R. Barthel, steht, wird geschanzt.[63] *Am Rittergut Mittelfrohna stand eine andere Sperre, im Fichtigsthal beim Gasthaus Wettin eine* *weitere. In Oberfrohna befand sich eine bei Engelmanns Fabrik. Sie war hinter sich durch einen tiefen Graben, der aus der gepflasterten Straße heraus gewühlt war – angeblich – gesichert gegen den Panzerangriff.*"[64] Und die Hitlerjugend hatte Jokesch zur Verteidigung an die Autobahnbrücke zwischen Kändler und Rabenstein entsandt.[65]

Als dann mitten in den Schanzarbeiten gegen 15.00 Uhr[66] in den Ortschaften um Limbach und Oberfrohna herum die Sirenen „Feindalarm" heulten, hatten sich im Gegensatz zu den meisten anderen Orten jedoch hier der Volkssturm nicht aufgelöst, sondern hatte nach vorliegenden Berichten sogar an mehreren Stellen das Tempo beim Schanzen noch erhöht. Erst als das Feindfeuer immer näher kam, hatten die meisten der VS-Männer bei Niederfrohna Schutz in den ausgehobenen Gräben und Schützenlöchern gesucht, während sie beobachten konnten, wie sich deutsche Truppen Richtung Osten absetzten. *„Auf der Leipziger Straße von Mühlau heraus sahen wir beim Schanzen auf der Höhe schwere Artillerie auf Selbstfahrlafetten und einen motorisierten Lazarettzug mit großen roten Kreuzen in eiligster Fahrt nach Chemnitz hinein rasen".*[67] Dann waren die ersten amerikanischen Panzer auf der Kaufunger Höhe aufgetaucht und hatten Niederfrohna unter Beschuss genommen, wobei es zu Gebäudeschäden kam.[68] Erst im Schutz der Dunkelheit hatten sie die frisch gebauten Stellungen bei Niederfrohna verlassen und waren nach Hause zurückgekehrt. Anders im Süden bei Rußdorf und Pleissa, wo es den ganzen Tage über und auch in der Nacht ruhig bleibt. So erhält der Volkssturm den Befehl, am Abend Quartier im Dorf zu beziehen. Doch die Männer wiedersetzen sich und dürfen nach Limbach zurückkehren, um dort auf weitere Befehle zu warten.[69]

Währenddessen hält sich die Flankensicherung des CCB nordwestlich des Brückenüberganges Wolkenburg am Westufer in Bereitschaft, mögliche gepanzerte Flankenstöße abzuwehren. Die Besatzungen der Panzerjäger harren in ständiger Gefechtsbereitschaft in ihren Fahrzeugen aus. In der Nacht wird der Brückenkopf durch deutsche Nebelwerfer beschossen. Sechs Geschosse schlagen vor Mitternacht ein, ohne größere Schäden zu verursachen.[70]

Das CCA setzt um 07.00 Uhr (B) den Angriff aus dem Raum Beulbar – Scheiditz parallel zur RAB Jena – Chemnitz in zwei Kolonnen fort. Die nördliche Kolonne der TF Alanis, 51st AIB fährt über Waldeck, wo sie eine Straßensperre beseitigt, und Bobeck gegen 09.00 Uhr nördlich an Hermsdorf vorbei nach Bad Klosterlausnitz. Aus Richtung Hermsdorf, wo man auf Grund fehlenden Stromes für die LS-Sirene um 06.15 Uhr durch Ausrufer Feindalarm ausgelöst hatte[71], gibt es keinen Widerstand. Einwohner hatten die Bedienung eines Flakgeschützes auf der Straßenbrücke der Naumburger Straße über die Bahnlinie überzeugt, das Geschütz zu zerstören und abzuhauen. Auf der Wiese neben der Brücke hatten sie es gesprengt und sich abgesetzt. Eine RAD-Einheit war bereits am Abend des 12. April 1945 abgerückt. Und alle drei Kompanien des Hermsdorfer Volkssturm hatte sich bereits kurz nach ihrem Aufruf am Abend des 11. April 1945 aufgelöst. So ist die Sperre aus gefällten Bäumen auf der Naumburger Straße nicht besetzt und an mehreren Gebäuden wehen weiße Fahnen. So bleibt es bei einigen Warnschüssen, die die Panzer aus Richtung des Weißen Berges und der Autobahn auf die Stadt abgeben, bevor sie ohne Halt weiterrollen. Zurück bleiben geringe Sachschäden und ein schwerverletzter Mann.[72]

Hermsdorf, das in den letzten Kriegstagen durch seine Nähe zu dem wichtigen Autobahnkreuz auf der Zielliste der taktischen Verbände der 9th USAAF steht, hat zu mindestens diesmal Glück gehabt. Hatte doch erst wenige Tage zuvor der 9. April 1945, den Zeitzeugen später als „Tag der Hermsdorfer Feuertaufe" bezeichnen werden, die Wende für die, lange von direkten Kriegseinwirkungen verschont gebliebene, Stadt gebracht. Nach einem Tieffliegerangriff mit neun Leichtverletzten am 5. April 1945 waren an diesem Tag erstmals Bomber hinzu gekommen. Nachdem am Vormittag einige Jagdbomber ihre Bomben auf das HENSCHO-Porzellanfabrik Hermsdorf, einem Hersteller für Kondensatorkeramik, abgeworfen hatten, wo sich nach amerikanischen Feindmeldungen *„im Werksrestaurant Teile eines Rüstungskommandos (wahrscheinlich Eisenach d.A.)*[73] *befinden sollen"* und beim Angriff fünf Personen ums Leben kamen, neun leicht und einer schwer verletzt wurde, ertönt gegen 12.30 Uhr erneut die LS-Sirene und löst „Fliegeralarm" aus. Dann erscheinen die Bomber aus Richtung Stadtroda kommend in mittlerer Höhe über der Stadt.[74] Sie gehören zur 2. Welle des IX. B.C., das an diesem Tag mit den Martin B-26 „Marauder" Bombern der 98th und 99th B.D. Wings das Naumburger HZA bombardieren soll. Doch als die 2. Welle um 13.08 (B) Naumburg erreicht hatte, war das Ziel auf Grund der vorangegangenen Angriffe nicht mehr erkennbar. Lediglich fünf Bomber der 394th B.G. der 98th B.D. Wing von Col. Thomas Hall hatten daraufhin ihre Bomben abgeworfen. So suchen sich die verbliebenen 36 Bomber der 394th B.G. eigenständig Ausweichziele und laden ihre Bombenlast auf Eisenberg und Neustadt/Orla ab. Und auf Hermsdorf. Der Auswertebericht der 394th B.G. meldet: *„Box II (eine B.G. hat 2–3 Boxes mit je 3 Flights d.A.) mit 2 Flights A & C (je Flight 6 Flugzeuge d.A.) hat wegen Wolken über dem Erst- und Zweitziel die Stadt Hermsdorf ausgewählt, etwa 20 km südlich des Erstziels. Die führend Flight führte die Aufklärung durch und die niedrig fliegende Flight bombardierte das Ziel. Zirka 95% der Bomben lagen im 1000er-Radius. Unvollständige Konzentration. Wegen des langen Abwurfweges begannen die Explosionen auf offenem Feld und gingen bis in den bebauten Bereich. Das Trefferfeld ist wahrscheinlich länger als zu sehen war. Die Schäden müssten groß sein."*[75]

Wie durch ein Wunder werden bei diesem Angriff nur eine Frau mit ihren zwei Kindern und ein Zwangsarbeiter getötet.[76] Alle späteren Vermutungen über den Grund des Bombenangriffs treffen nicht zu, denn die Auswahl des Ziels erfolgte spontan auf Grundlage einer allgemeinen Zielliste. Doch egal ob geplant oder zufällig, das Ergebnis ist das gleiche. Hermsdorf erleidet schwere Schäden im Stadtbereich, wo Brandbomben Brände auslösen. Nur mit Unterstützung der herangeführten Feuerlöschpolizei Gera gelingt es bis zum nächsten Morgen die Brände in den Griff zu kriegen.

Auch der 10./11. April 1945 hatte weitere Schäden durch Tieffliegerangriffe des IX. TAC gebracht. Ein Angriff auf ein Eisenbahngeschütz, das in der Nähe der HENSCHO-Porzellanfabrik auf einem Abstellgleis steht, fordert am Abend des 10. April 1945 drei tote und zwei verletzte Soldaten, aber das Geschütz bleibt unbeschädigt. Es kommt später noch gegen die Amerikaner bei Jena zum Einsatz. Am Morgen des 11. April 1945 machen dann die Jagdbomber zwischen dem Bhf. Hermsdorf und der Hirschwiese einen Munitionszug aus, der gerade in Richtung Gera aus der Lw-Muna Oberndorf herausgezogen wird. Im letzten Moment gelingt es der Zugbesatzung Deckung zu suchen, bevor der Zug getroffen wird. *„Unter furchtbaren Detonationen explodierten die Munitionsladungen. Eisenteile der Waggons wurden kilometerweit weggeschleudert."* Eine Person wird verwundet. Ein zweiter Tieffliegerangriff trifft gegen 14.00 Uhr den Bahnhof und zerstört das Hauptgleis in der Nähe der Straßenbrücke nach Bad Klosterlausnitz, was den Bahnbetrieb endgültig lahm legt.[77]

Hermsdorf wird um 14.30 Uhr von einer Patrouille des CCR besetzt, die mit zwei Jeeps und einem Panzer durch den Zeitzgrund die Stadt erreichen, wo ihnen Wilhelm Odenthal mit der weißen Fahne entgegen kommt. Dann übergibt der stellv. Bgm. Arthur Schöppe im Beisein des Direktors der HENSCHO-Porzellanfabrik und des Werkschutzbeauftragten im Rathaus die Stadt.[78] Im Zuge dieser Übergabe soll es zu einem Ereignis gekommen sein, dessen nähere Umstände bis heute nicht hundertprozentig geklärt ist. So soll nach Angaben des Leiters der DRK-Sanitätskolonne Hermsdorf, Schröder, während der Übergabeverhandlungen ein namentlich bekannter Bürgers aus Klosterlausnitz den Hermsdorfer Polizisten Karl Senf als Mörder eines abgesprungenen amerikanischen Piloten denunziert haben, woraufhin dieser kurzerhand von den Amerikanern an die Wand gestellt und mit drei Pistolenschüssen hingerichtet wurde. Doch Senf überlebte wie durch ein Wunder die Schüsse und wurde am Abend nach Eisenberg ins Krankenhaus gebracht. Dies bestätigte die damalige Rot-Kreuz-Schwester der DRK-Bereitschaft Stadtroda, Irene Schmidt. Doch zu den Vorwürfen gegen Senf konnte sie keine Angaben machen. Laut den vorliegenden Berichten soll Senf am 24. August 1944 den amerikanischen Sgt. Edward Seumiers bei der Wüstung Rimmelsdorf erschossen haben, nachdem dessen B-17 Bomber in der Nähe der Hartmannsdorfer Mühle zwischen Bad Köstritz und Gera abgestürzt war. Seumiers war es mit fünf weiteren Kameraden gelungen, rechtzeitig abzuspringen. Er war im Rimmelsgrund zwischen Weißenborn und Tautenhain auf einer Wiese gelandet, wo er von herbeigeeilten deutschen Soldaten verhaftet wurde. Senf, der ebenfalls zur Absprungstelle geeilt war, soll daraufhin den Gefangenen übernommen und ihn persönlich hingerichtet haben. Seumiers war am nächsten Tag auf dem Weißenborner Friedhof beerdigt worden. Vier seiner abgesprungenen Kameraden gingen an anderer Stelle in Gefangenschaft und überlebten, einer kam beim Absprung ums Leben.[79]

Am Nachmittag erreichen dann Infanteristen der 80th US InfDiv Hermsdorf.[80] Erst bei der späteren Befragung von Kriegsgefangenen wird klar, dass ihnen ein dicker

Fisch durchs Netz gegangen ist, denn bis unmittelbar vor Eintreffen der Amerikaner befand sich die Leitstelle III für Front.Aufkl. des RSHA, ehemals Abwehr, Fremde Heere Ost, Abwehrstab Walli III, zuständig für Spionageabwehr, Gegenspionage und Infiltration, und Führer der Front.Aufkl.Kdos 301, 305 und 306 in Hermsdorf.[81] Deren Angehörige hatte sich im letzten Moment abgesetzt.

Doch zurück zur TF Alanis. Ohne Aufenthalt fährt die Kolonne von Bad Klosterlausnitz nach Tautenhain. Zwischen Bad Klosterlausnitz und Tautenhain kommt es zu einem kurzen Feuerwechsel mit versprengten deutschen Kräften bei dem der SS-Schütze Konrad Arwa fällt. Dann geht es nach Bad Köstritz, wo sie die Brücke über die Weiße Elster zerstört vorfinden. In Bad Köstritz melden ihnen befreite polnische Zwangsarbeiter, dass sich bis vor kurzem 22 Deutsche, Soldaten und VS-Angehörige in einem Hotel der Stadt aufgehalten haben. Vor dem Absetzen habe sich der Volkssturm seiner Uniform entledigt, aber die Waffen behalten.[82]

Der Raum Hermsdorf – Klosterlausnitz – Eisenberg – Bad Köstritz ist der letzte Rückzugsraum der thüringischen NS-Führung unter Reichsstatthalter und Gauleiter Sauckel, der zugleich Generalbevollmächtigter für den Arbeitseinsatz ist und seit dem 9. April in Bad Klosterlausnitz im „Waldhotel zur Köppe" residiert, wo er seine Getreuen um sich schart.[83] Sauckel der noch am 15. März 1945 eine Anweisung an alle Dienststelle der Partei, des Staates und der Wirtschaft erlassen hatte, Appelle zur Stärkung des „Widerstandswillen" durchzuführen und noch am 5. April 1945 die Einrichtung von 18 Standgerichten in Thüringen befohlen hatte, um mit Deserteuren und Volksverrätern, die ihre Heimat nicht verteidigen würden, kurzen Prozess zum machen, hatte bereits beim amerikanischen Vorstoß auf Gotha am 2. April 1945 allen höheren Parteiführern und Behördenleitern sowie der Stapo-Stelle befohlen, Weimar zu verlassen. Er selber war einen Tag später gefolgt. Lediglich für einige Tage war er noch einmal nach Weimar zurückgekehrt, als der amerikanische Vormarsch im Raum Gotha zum Halten gekommen war.[84] Doch auch jetzt ist sein Aufenthalt in Bad Klosterlausnitz nur kurz. Er setzt sich nach Bayern ab, *„ohne sein Gau zu verteidigen"*. In Berchtesgaden geht er später unbeschadet in Kriegsgefangenschaft. Er steht dabei nicht alleine. *„Nur zwei von 43 amtierenden Gauleitern... starben auf ihrem Posten."*[85] Aber auch andere Institutionen hatten sich zeitweise hier versammelt. So waren Beamte und Mitarbeiter der Reichsregierung, die man Anfang 1945 aus Berlin evakuiert hatte, in der Pension Hotel Fritschka in Bad Klosterlausnitz untergekommen, bevor sie ihre Flucht Richtung Süddeutschland fortsetzten.[86] Und der Organisationsstab der Organisation Todt, der seit 1938 sein Quartier im Rasthof Hermsdorfer Kreuz hatte und erst am 10. April 1945 ins „Waldhotel zur Köppe" und in die Baracken auf dem Sportplatz Bad Klosterlausnitz umgezogen war. Deren Angehörige versuchen sich kurz vor Eintreffen der Amerikaner Richtung Hainspitz abzusetzen und geraten dabei in einen Tieffliegerangriff. Unter Zurücklassung ihrer Fahrzeuge fliehen sie zu Fuß.[87]Als die Nordkolonne in Bad Köstritz über Funk gegen 12.00 Uhr (B) die Nachricht erhält, dass die Südkolonne eine intakte Brücke nördlich von Gera erobert hat, schwenkt sie nach Süden zur Autobahn.

Die südliche Kolonne der TF Irzyk, 8th Tk Bn, die am Vortag von ihrer geplanten Strecke abweichend nach Norden geschickt wurde, um bei Bedarf das CCB unterstützen, erhält in der Nacht den Befehl, wieder zur ursprünglichen Route zurückzukehren. So rollt die Kolonne nach einer kurzen Nachtruhe um 06.30 Uhr (B) von Scheiditz nach Südosten wobei sie erneut das stark bewaldete Gebiet um Bobeck passieren muss, dessen schmale gewundene Straßen viel Zeit kosten. Dann erreicht es um 08.30 Uhr (B) endlich die Autobahn bei Dorna und schwenkt nach Osten auf die ursprüngliche Strecke. Auf der Autobahn erreichen die Spitzen die, zwischen 1936 und 1938 erbaute, Teufelstalbrücke[88] westlich des Hermsdorfer Kreuzes, wo sie vom 2nd Plat. 80th Rcn Tp. empfangen werden, der die Brücke unzerstört gesichert hat. Die Brückenwache des Geraer Volkssturm hatte sich abgesetzt, ohne die geplante Sprengung auszulösen.[89] Zu einem kurzen Halt kommt es gegen 11.00 Uhr (B) vier Kilometer östlich des Hermsdorfer Kreuzes an der Autobahnbrücke der RAB Jena – Dresden über die Eisenbahnstrecke Hermsdorf – Gera. An der Brücke erhalten sie Panzerfaust- und Gewehrbeschuss und Ferguson's Co. D, 8th Tk Bn verliert einen leichten Panzer. Deutsche Sprengtrupps, die vom schnellen Vormarsch überrascht wurden, haben das Feuer eröffnet. Sie werden überwältigt, bevor sie ihren Auftrag ausführen können. Dabei werden einige getötet werden, die anderen ergeben sich.[90] Daraufhin erhöht der CO 8th Tk Bn das Tempo seiner Panzer und um 12.00 Uhr (B) sichern Vorauskräfte zur großen Überraschung von Irzyk auch die, durch eine Sprengung nur teilweise beschädigte, aber befahrbare, Autobahnbrücke[91] über die Weiße Elster bei Milbitz und die südlich davon befindliche intakte Eisenbahnbrücke über den Fluss. Auch hier hat der schnelle Vormarsch die deutschen Sicherungen überrascht, die ohne Widerstand zu leisten, fliehen. Irzyk, der mit deren Zerstörung und Sicherungen durch Panzerabwehr gerechnet hatte, hatte bereits nach nördlich Ausweichmöglichkeiten gesucht. In rasanter Fahrt überquert die Südkolonne, jeden Moment doch noch mit einer Sprengung rechend, auch diese Brücke und fährt unter Zurücklassung von Sicherungen weiter.

In der Zwischenzeit trifft die Nordkolonne auf halber Strecke zwischen Bad Köstritz und der Autobahn an der Einmündung der Straße aus Richtung Hartmannsdorf auf das Kolonnenende einer deutschen Nachschubkolonne, die im letzten Moment versucht hatte, zu entkommen. Doch die Pferdefuhrwerke haben keine Chance, sie werden zusammengeschossen. 72 Deutsche ergeben sich.[92] Durch Langenberg geht es weiter zur RAB. Die Angehörigen der Warnstelle Langenberg des LS-Warn.Kdo. Gera, die zum Bereich der II./Ln.Rgt. 231 Weißenfels gehört, haben sich nach ihrer letzten Meldung abgesetzt. Die Sammelmeldung verzeichnet um 12.45 Uhr unter dem Punkt „Besonderes Vorkommnis" den Eintrag „Feindalarm". Das Luftwarnjournal verzeichnet seinen letzten Eintrag um 11.39 Uhr.[93]

Gegen 13.00 Uhr (B) erreicht die TF Irzyk auf der RAB Gera – Chemnitz die Abfahrt Ronneburg, wo sie hält, um die TF Alanis aufschließen zu lassen. Doch in die nahe gelegene Stadt Ronneburg dringen die Panzermänner nicht ein. Lediglich vereinzelte MG-Salven werden Richtung Stadt abgegeben. Erst am Abend fährt eine Patrouille mit Jeeps in die Stadt und erreicht vorbei an unverschlossen Panzersperren unbehelligt das Rathaus. Der Volkssturm unter Führung des Tiefbauunternehmers Breitenbach hat sich aufgelöst, als sich die Panzer auf der Autobahn näherten. Vom Bgm. Schlenzig ist nichts zu sehen. Der hat sich „befehlsgemäß" abgesetzt.[94] Unter Zurücklassung einer kleinen Besatzung verlassen die Amerikaner wieder die Stadt. Erst später interessieren sich auch andere für die thüringische Kleinstadt. Es ist ein Team der ALSOS III-Mission, einer Geheimdienstmission der USA, die im Rahmen des „Manhattan-Projekts" auf der Suche nach allem ist, was mit der deutschen Atomforschung zu tun hat. Und in Ronneburg werden sie fast fündig. Die Ronneburger Firma Clad war im Rahmen der Auslagerung höherer Kommandobehörden und Institutionen des Deutschen Reiches aus der bombenbedrohten Reichshauptstadt Berlin im Frühjahr 1944 zum neuen Sitz der Physikalisch-Technischen Reichsanstalt PTR, Bereich V Atomphysik und physikalische Chemie, unter Dr. Carl-Friedrich Weiss geworden. Jener Anstalt, zu der auch der 1939 gegründete „Uranverein" gehörte. Also der führenden Institution der Atomforschung in Deutschland, die man auf Grund der Bedeutung für das Militär kurzerhand unter die Führung des Heereswaffenamtes gestellt hatte und somit Teil der deutschen Bemühungen zum Bau einer Atombombe wurde. Ein hoch interessantes Thema, dass jedoch auf Grund seiner Spezifik an dieser Stelle nicht weiter behandelt werden kann. Dennoch soll hier erwähnt werden, dass mit der Verlagerung des Bereiches V auch die gesamte Radium-Reserve des Deutschen Reiches nach Ronneburg kam. Bis April 1945 lagerten in einem Tresor in einem alten Bergstollen im Brunnenholz insgesamt 21,8 Gramm des kostbaren und für die Kernforschung unerlässlichen Materials im Wert von zirka 3 Millionen Reichsmark. Doch bei ihrem Eintreffen finden die ALSOS-Leute weder die Angehörigen des Bereichs V noch die Radium-Reserve vor. Diese hatte Dr. Weiss auf Befehl von Suckel nach Bayern gebracht, wo er sie jedoch nicht befehlsgemäß an die SS übergab, sondern am 12. April 1945 in der Nähe von Bad Tölz vergrub. Am gleichen Tag, als die Forschungsgruppe unter dem Atomphysiker Kurt Diebner, dessen Forschungsabteilung nach Stadtilm ausgelagert worden war, auf ihrer Absetzbewegung Richtung „Alpenfestung" Halt in Ronneburg machte, um Mitarbeiter der Anstalt aus Ronneburg mitzunehmen. Erst als Dr. Weiss im Juni 1945 nach Ronneburg zurückkehrt und von den Amerikanern verhaftet wird, klärt sich der Verbleib des Radiums. Am 26. Juni 1945 führt Weiss die Amerikaner an die Stelle, wo das Radium vergraben wurde.[95]

Kaum aufgeschlossen zur TF Irzyk erhält die TF Alanis den Befehl, sich erneut an die Nordflanke des CCA zu setzen, um einen Übergang über die Zwickauer Mulde bei Waldenburg zu erobern. Und so verlässt um 14.00 Uhr (B) die Nordkolonne wieder die RAB und fährt auf der R 7 nordostwärts nach Untschen. Auf ihrem Weg ergeben sich ihnen immer wieder kleine Gruppen deutscher Soldaten, die auf der Flucht überrollt werden. Dann erreicht die Kolonne aus Richtung Schloßig die thüringische Kleinstadt Schmölln.[96] Ohne Widerstand rollt die Kolonne in die Stadt, die am 30. November 1944 von 91 Bomben getroffen wurde, die Bomber der 8th USAAF abgeworfen hatten, welche an diesem Tag mehrere größere Städte in Mitteldeutschland angreifen.[97] Ohne Halt fährt die Kolonne durch die Stadt. Zurück bleibt die „befreite Stadt", in der mit dem offensichtlichem Ende der Herrschaft der Nationalsozialisten erst einmal Anarchie ausbricht, denn überall kommt es zu Plünderungen durch befreite Zwangsarbeiter und die Bevölkerung, die den rechtsfreien Raum nutzen, um sich mit Vorräten zu versorgen. Schließlich ist unklar, wie es weitergeht. In dieser Situation greift die örtliche Ordnungspolizei ein, um die sich die Amerikaner auch nicht gekümmert hatte. Und so nehmen sie weiter die Polizeiaufgaben wahr, als wäre nichts geschehen. Mit vier Beamten und 15 Ordnungsdienstmännern durchsucht der Polizeichef von Schmölln das Zwangsarbeiterlager, auch „Kaiserlager" genannt, im Hotel „Kaiser", nach gestohlenen Waren. Parallel hierzu machen sich Polizeimeister K. und Wachtmeister H. zusammen mit 12 Ordnungsdienstmännern zum „Russenlager" im Waldhaus auf, wo sich 80 russische Kriegsgefangene befinden. Unterhalb des Waldhauses stossen sie dabei auf eine amerikanische Patrouille, die mit ihnen zum Lager fährt, wo sie anfangs freudig begrüßt werden. Doch die Patrouille bleibt nur kurz, bevor sie ihre Fahrt fortsetzt und die Polizisten alleine zurücklässt. Als diese jedoch versuchen, auch hier das Lager zu durchsuchen, kommt es zum Tumult. Dabei werden beide Polizisten im Handgemenge erschossen, zwei Ordnungsdienstmänner verletzt. Die restlichen Ordnungsdienstmänner fliehen in die Stadt.[98]

Zu dieser Zeit ist die Kolonne der TF Alanis längst an ihrem Ziel. Sie war von Schmölln nach Gößnitz gefahren, wo es den Vorauskräften gelingt, eine Brücke über die Pleiße zu sichern. Doch kaum haben die Panzer-Infanterie-Teams den Ort passiert und mit der Spitze Tettau erreicht, gerät der Tross der Kolonne in Gößnitz unter Beschuss. Daraufhin stoppt die Kolonne und die Kräfte der Rückensicherung bekämpfen den Widerstand und säubern den Ort. Erst dann geht nach einer Stunde der Vormarsch unter Belassung einer Brückensicherung aus einem Plat. Panzerinfanteristen und dem AG Plat. weiter. Auf dem Weg von Tettau und Oberwiera nach Waldenburg trifft die Kolonne auf der R 180 im Wald östlich von Waldenburg erneut auf starken Widerstand mit Handfeuerwaffen und Panzerfäusten. Noch während die Panzerinfanteristen den Widerstand bekämpfen, rollen die ersten Panzer-Infanterie-Teams nach Waldenburg hinein und besetzen die Stadt ohne weitere Vorfälle. Dabei stoßen sie im Schloss Waldenburg auf ein Res.Laz., dessen Personal sich ergibt Um 21.45 Uhr (B) ist die intakte Muldenbrücke gesichert und Brückenkopfsicherungen beziehen Stellung auf der Höhe 318 im Bereich der heutigen Siedlung Naundorf. Dabei werden sie in die Umgebung von Oberwinkel mehrfach durch Heckenschützenfeuer beschossen. Doch als endlich Ruhe eingekehrt ist und die Fahrzeuge der Task Force in der Stadt in der Nähe des Bn.CP in Abstellordnung aufgefahren sind, gibt es plötzlich eine Explosion. Ein Angehöriger eines deutschen Panzerjagdkommandos feuert aus dem Hinterhalt auf einen Halftrack des MG-Plat. des 51st AIB, der gerade dabei ist, seine Fahrzeuge abzustellen. Das Fahrzeug wird von einer Panzerfaust getroffen, wobei vier Mann getötet und fünf verwundet werden. Bei der, sofort beginnenden, Jagd auf den Schützen stößt man wenig später auf das Versteck des Panzerjagdkommandos. Nach einer kurzen Schießerei ergeben sich die Überlebenden. Wie sich herausstellt, waren sie lediglich mit Pistole und Panzerfäusten bewaffnet.[99] Ein kleine Task Force aus einem Plat. Infanterie und einem Plat. Panzer wird unter Führung von Cap. James J. Nally entlang des Westufers der Zwickauer Mulde nach Südwesten geschickt, um den Kontakt zum 8th Tk Bn in Remse herzustellen. Um 23.30 Uhr (B) kehrten sie nach Waldenburg zurück. Insgesamt 140 Kriegsgefangene werden nach der Besetzung der Stadt gezählt.

Die TF Irzyk nähert sich nach dem kurzen Halt bei Ronneburg in der Zwischenzeit unbehelligt der nächsten Autobahnbrücke über die Pleiße bei Frankenhausen. Nach einer kurzen Schießerei mit der Brückenwache wird auch diese Brücke intakt genommen und der Ort Frankenhausen besetzt. *„Dabei wurden 7 männliche Personen erschossen... Darunter waren 4 Wehrmachtsangehörige..., ein Bürger aus Frankenhausen und ein Unbekannter... Am Samstag fand man die Leiche eines Volkssturmmannes unter der Autobahnbrücke...“*[100] Erst zwei Wochen später findet man eine weitere Leiche in einem nahen Wäldchen. Der Unbekannte war durch einen Kopfschuss getötet worden. Noch während die Brücke nach versteckten Sprengladungen untersucht wird, nähert sie von Norden auf der, unter der Brücke parallel zum Fluss verlaufenden, Bahnstrecke Altenburg – Crimmitschau nichts ahnend ein Güterzug, auf den sich sofort die Panzerkanonen richten. Im nächsten Moment trifft eine der Granaten den Tender der Lok und der Zug kommt kurz hinter der Autobahnbrücke zum stehen. Die Lokbesatzung flieht.[101] Während Frankenhausen besetzt wird, rollt die Kolonne auf der Autobahn bereits zur nächsten Brücke. Unbehelligt passieren sie das Hinweisschild „124 km nach Dresden“, ihr vermeintliches Endziel. Der Crimmitschauer Volkssturm, der die Verteidigungsstellungen der Autobahn im Paradieswald zwischen Frankenhausen und Gablenz besetzen sollte, hatte sich mit Masse bereits in der Nacht abgesetzt.[102] Die letzten verbliebenen waren bei der Annäherung der Panzer geflohen. Nur an der Autobahnabfahrt zur R 93 nach Meerane kommt es zu einem Feuergefecht mit einem Sicherungsposten der 1. Marsch.Kp. des Lds.Schtz.Ers.Btl. 4 aus Glauchau. Dabei werden drei, der durchweg älteren, Soldaten und drei Jugendliche getötet. Sie finden später ihr Grab im nahen Gablenz, wo eine Scheune in Brand geschossen wird. Auch im nahegelegen Seifertsgrund stirbt eine unbeteiligte Frau durch eine Kugel. Ob man sie für einen fliehenden Soldaten hielt, oder ob sie durch eine verirrte Kugel starb, kann keiner sagen.[103]

Hart nördlich der Autobahn treffen Sicherungskräfte, die zwischen den beiden Kolonnen des CCA und an den Flanken operieren, gegen Mittag in Waldsachsen auf bewaffneten Widerstand.[104] Wehrmachtssoldaten, die sich nach Augenzeugenberichten erst kurz vor der Ankunft der Amerikaner im Unterdorf eingegraben hatten, eröffnen das Feuer. Nach einem kurzen Feuergefecht, bei dem drei deutsche Soldaten fallen, ergeben sich die Überlebenden. Einwohner von Waldsachsen bergen die Toten unter dem Schutz einer weißen Fahne und begraben sie später auf dem Friedhof hinter der Kirche.[105] Dann machen die Sicherungskräfte wieder kehrt und fahren zur Hauptkolonne zurück. Im nahegelegenen Meerane wird um 14.00 Uhr Feindalarm ausgelöst. Gebannt horchen die Einwohner auf den näherkommenden Geschützdonner und das Dröhnen der Panzermotoren aus Richtung der Autobahn. Das ist das Zeichen für den Meeraner Bgm. Dr. Max Bulling und den NSDAP-Ortsgruppenleiter Erich Erichsen, sich gemäß den Weisungen der Gauleitung aus der Stadt abzusetzen, um nicht dem Feind in die Hände zu fallen.[106] Erichsen, der als Ingenieur in der 1939 enteigneten Chemischen Fabrik Meerane mbH des jüdischen Unternehmer Joseph Wertheim gearbeitet hatte, hatte nach der Einberufung des Meeraner NSDAP-Ortsgruppenleiters Wilhelm Georg Koch zur Waffen-SS dessen Amt übernommen.[107]

Östlich von Meerane nehmen andere Sicherungskräfte des CCA die Angehörigen der Meeraner Feuerschutzpolizei gefangen, die gerade zur Brandbekämpfung nach Dittrich und Pfaffroda ausgerückt sind. Kein Einzelfall bei der Besetzung. Schuld sind in der Regel das militärische Auftreten und der tannengrüne Anstrich der Einsatzfahrzeuge.[108] Waren die Berufsfeuerwehren doch mit dem Gesetz über das Feuerlöschwesen vom 23. November 1938 als Feuerschutzpolizei in die Ordnungspolizei eingegliedert worden und unterstand somit als Teil der Polizei dem RFSS Himmler. Damit verbunden erfolgte das Umlackieren der roten Feuerwehr-Einsatzfahrzeuge in tannengrüne Polizeifahrzeuge. Und aus den Freiwilligen Feuerwehren waren Hilfstruppen der Ordnungspolizei geworden.[109] Mit ihrer Unterschrift mussten deren Mitglieder erklären, *„dass sie der SS- und Polizeigerichtsbarkeit unterliegen, dass alle Straftaten, die im Feuerwehrdienst in Bezug auf den Feuerwehrdienst oder in Uniform von ihnen begangen werden, unter die Sondergerichtsbarkeit der SS- und Polizeigerichte fallen Sie erklärten weiter, darüber belehrt worden zu sein, dass sie damit den militärischen Strafgesetzen unterliegen und somit auch unerlaubte Entfernung, Beleidigung eines Vorgesetzten, Ungehorsam, Gehorsamsverweigerung, Widersetzung, Erregung von Missvergnügen, Untergrabung der Manneszucht usw. strafrechtlich geahndet werden können.“*[110]

Auch südlich der Autobahn kommt es in der sächsischen Industriestadt Crimmitschau, der „Stadt der 100 Schornsteine“, wo bereits Feindalarm ausgelöst worden, bevor die ersten amerikanischen Panzer auf der Autobahn in Höhe der Drei Linden aufgetaucht waren, zu einem Vorfall. Ein Studebaker-Lastwagen einer Einheit des CCA verlässt wohl in der Annahme, dass die Stadt gesichert ist, nachdem die Hauptkräfte ihren Weg nach Osten fortgesetzt haben, die Autobahn und fährt auf der Leipziger Straße unbehelligt in den Nordteil der Stadt. Doch dann scheint er bei der Annäherung an die Tuchfabrik Gebr. Pfau (heute Westsächsisches Textilmuseum) an der

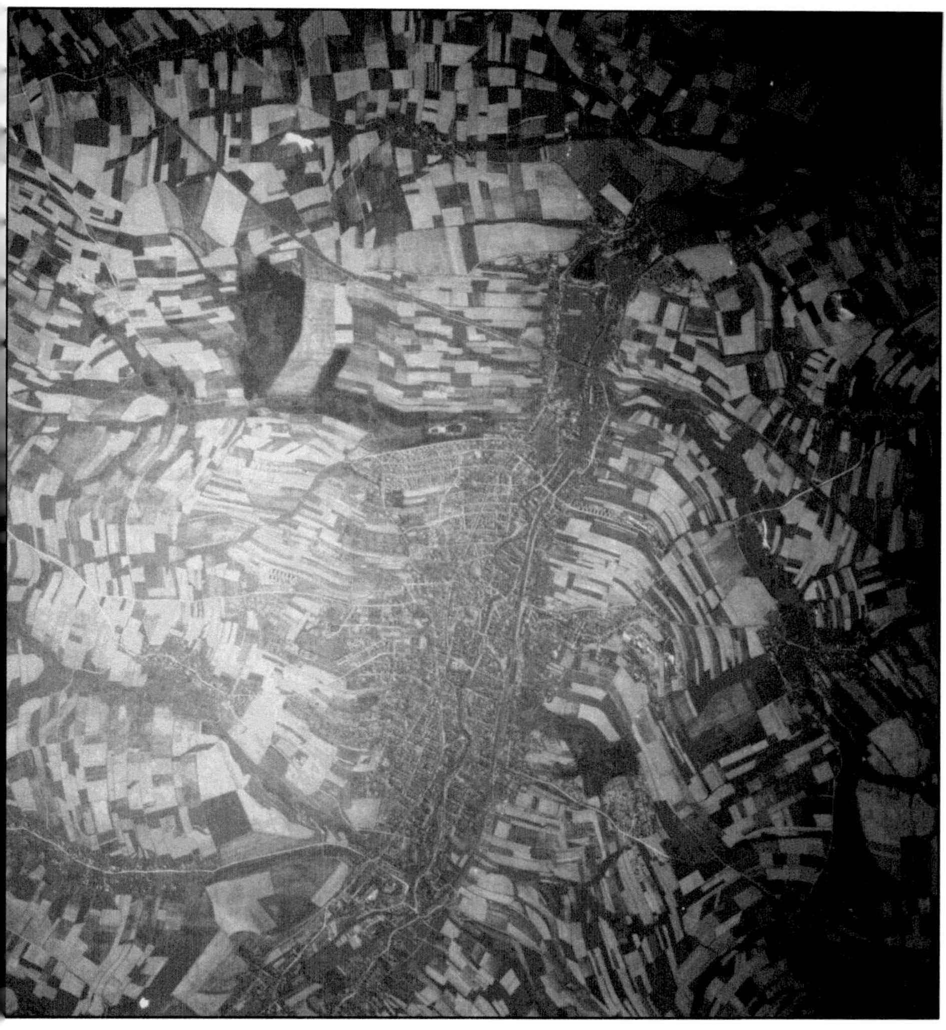

Luftaufnahme der USAAF von Crimmitschau vom 17. April 1945
Luftbild Nr. 7020, Luftbilddatenbank Ingenieurbüro Dr. Carls, Estenfeld

Ecke Sahntalstraße seinen Fehler zu bemerken und wendet schnell wieder. Aber es ist zu spät. Ein deutscher Sicherungsposten, der beim Auftauchen des Lastwagen in Deckung gegangen waren, weil er wahrscheinlich mit weiteren Fahrzeugen rechnete, erkennt den Lastwagen als leichte Beute. Als der auf Höhe der heutigen Gaststätte „Goldene Säge" die Sahnbach-Brücke überfährt, feuert er seine Panzerfaust ab, die das Differenzial trifft. Dann flieht er. So ist es der Fahrzeugbesatzung, die unverletzt bleibt, möglich, unter Zurücklassung des beschädigten Lastwagen zu fliehen.[111] Zurück bei den eigenen Truppen erstatten sie sofort Meldung, doch es werden keine Maßnahmen ergriffen. Die nachfolgende Infanterie soll die Stadt besetzen.[112] Lediglich eine gepanzerte Aufklärungspatrouille dringt gegen 19.00 Uhr aus Richtung der Autobahn über den Waldsachsener Weg zur Glauchauer Landstraße vor und nähert sich der Stadt bis auf Höhe der heutigen Schillerstraße bevor sie wieder kehrt macht.[113]

Einer der überraschendsten Erkenntnisse im Zusammenhang mit den letzten Kriegstagen in Mitteldeutschland ist die Tatsache, dass praktisch fast bis zuletzt, die Deutsche Reichsbahn trotz der ständigen Präsenz feindlicher Tiefflieger unter dem Propagandamotto „Räder müssen rollen für den Sieg“ den Zugverkehr aufrechterhalten hat. Eine Leistung, die den Reichsbahnern einen hohen Blutzoll abfordert. So auch, als an diesem Tag südlich von Crimmitschau eine Lokomotive, die sich aus Richtung Werdau der Stadt nähert, in das Visier eines Jagdbombers gerät. Der Lokführer wird durch eine Kugel in den Kopf getötet.[114]

In Crimmitschau, das bis auf einen ungezielten Bombenabwurf am 7. Juli 1944 von Schäden verschont geblieben war, wächst derweil die Spannung unter der Bevölkerung von Stunde zu Stunde, denn die Stadt soll unter allen Umständen verteidigt werden. OBgm. Schmidt und der NSDAP-Ortsgruppenleiter Arnold sind entschlossen, die Verteidigungspläne des Stabes der 404. InfDiv umzusetzen und für den ist Crimmitschau ein Teil der H.K.L. der Division. Doch reguläre Einheiten stehen zur Verteidigung von Crimmitschau nicht zur Verfügung. Lediglich aufgefangene kleinere Gruppen von versprengten Soldaten sollen das Rückgrat der Verteidigung bilden. Die soll durch die drei Kompanien des Crimmitschauer VS-Btl. erfolgen, die man erst kurz zuvor auf dem Crimmitschauer Neumarkt zusammengerufen hatte. Dort hatte man ihnen nach der Verkündung von kernigen Durchhalteparolen durch den Btl.Fhr. Schubert, einem Lehrer aus Rudelswalde, den zuständigen Wehrmachts.Kdt., den OBgm. und den Ortsgruppenleiter sowie den NS-Kreisschulungsleiter Nittner den vorbereitenden Befehl zum Besetzen der festgelegten Stellungen erteilt. Sie sollen bei Auslösung des Feindalarms an der Autobahn bei Gablenz und im Sahnpark Richtung Mark Sahnau in Stellung gehen. Zusätzlich zu den Stellungen nach Westen sollen zwei Sperren auf der Zeitzer Straße im Bereich des Bismarckhains die Zugänge ins Zentrum sperren. Doch nur die wenigsten waren dem Befehl gefolgt. Während die Männer an der Autobahn bereits in der vorangehenden Nacht ihre Stellungen verlassen hatten, verlassen jetzt auch die meisten anderen ihre Posten und verstecken sich.[115]

Mit dem Erreichen der Autobahnanschlussstelle Meerane gibt es für die Panzer der TF Irzyk kein Halten mehr. Die Kolonne nähert sich jetzt auf der Autobahn Glauchau. *„Jetzt verlangsamte AL nicht einmal seine Vorauselemente, da sie sich ihn näherten. Stattdessen stürmten sie voraus, neutralisierten eine unzusammenhängende Verteidigung der Brücke durch eingegrabene Infanteristen und Panzerfaustfeuer, überquerten die intakte*

Brücke um 3:30 p.m. bei Reinholdshain und bezogen Sicherungsposition auf der östlichen Seite."[116]. Nordwestlich von Höckendorf werden sie aus Richtung Niklasbusch an der Straße Meerane – Glauchau durch eingegrabenen Volksturm beschossen. Die Panzer erwidern das Feuer und nehmen auch das nahegelegene Höckendorf, wo ebenfalls Volkssturm liegt, unter Beschuss. Dabei geraten fünf Scheunen in Brand. Zum Glück gibt es keine Opfer.[117] Dann erreichen sie die Muldenbrücke der Autobahn nördlich von Reinholdshain. Die Brückensicherung aus Wehrmachts- und RAD-Angehörigen sowie einige Hitlerjungen aus dem nahen Lager Jerisau eröffnet das Feuer. Ein Panzer wird getroffen und gerät in Brand. Doch das Feuergefecht dauert nur kurz. Angesichts der Übermacht ergeben sich die Verteidiger. Die vorbereitete Sprengladung aus zirka 800 Pfund TNT hatten sie nicht zünden können. Ein deutscher Feldwebel soll die Zündschnüre durchtrennt haben. Zügig entfernen die begleitenden Pioniere die Zünder und entsorgen den Sprengstoff, dann wird die Brücke gesichert und ein Brückenkopf gebildet.[118] Noch während der Brückenkopf ausgebaut wird, beginnt die Sicherung der umliegenden Ortschaften beiderseits der Autobahn. Vorauskräfte errichten in Grumbach einen Vorposten für die Nacht. Der CP 8th Tk Bn bezieht sein Quartier drei Kilometer ostwärts vom Fluss gelegen neben dem Autobahn. Das unterstellte 66th AFA Bn unter Lt.Col. F. W. Hasselback, das um 16.30 Uhr (B) nördlich von Glauchau in Feuerstellung geht, nimmt die Ortschaften vor der Front unter Beschuss. Dabei gerät auch das Wahrzeichen von Glauchau, der Bismarckturm südlich der Stadt, in ihr Visier. Fünf Granaten treffen das 45 Meter hohe, massive Bauwerk, können ihm aber nichts antun.[119]

16-jähriger Hitlerjunge des Bann Sachsen-Mitte im Volkssturm
Foto: Bundesarchiv, Bild 183-J28021 / CC-BY-SA 3.0

Jetzt rollen auch die ersten amerikanischen Fahrzeuge Richtung Nordrand von Glauchau, wo gegen 13.40 Uhr Feindalarm ausgelöst wurde.[120] Drei Panzerspähwagen fahren auf der Meeraner Straße nach Gesau, von wo sich glücklicherweise kurz zuvor kleinere Gruppen deutscher Soldaten aus der nahegelegenen Großsiedlung und dem Ort Richtung Glauchau abgesetzt haben. Ohne auf Widerstand zu treffen, rollen die Fahrzeuge in den Ort hinein, wo weiße Fahnen wehen, und erkundigen sich nach dem Bürgermeister. Doch ihr Auftrag ist nicht zu bleiben. Schon wenig später verlassen sie unter Zurücklassung einer Weisung der Military Government zur Entwaffnung wieder den Ort.[121] Auch die anderen Ortschaften nördlich von Glauchau werden so besetzt. Doch nicht überall erfolgt die Besetzung wie in Gesau und auch in Lipprandis ohne einen Schuss. Jerisau wird vorher beschossen, nachdem RAD-Angehörige aus Glauchau[122] von dort auf die Amerikaner geschossen hatten. In Reinholdshain schlagen vor der Besetzung ebenfalls Granaten ein und beschädigen u.a. den Kirchturm. Im Ort brechen mehrere Brände aus. Nördlich der Autobahn wird Weidensdorf nach Beschuss besetzt, wobei eine Scheune in Brand gerät.[123] Und in Remse löst Beschuss einen Brand der dortigen Lederwarenfabrik aus.[124] Nachdem am Nachmittag der Haltebefehl in den Mulde-Brückenköpfen eintrifft, verlegt der CP des CCA um 19.00 Uhr (B) nach Weidensdorf und der CP der Co. A, 704th TD Bn geht 17.00 Uhr (B) nach Neukirchen, westlich von Waldenburg.

Angehörige der RAD-Abt. 2./154 vor der Unterkunft in der Eggheide/Glauchau 1938/39
Foto: Archiv Möller

Während man beim 8th Tk Bn noch immer kaum glauben kann, dass der Tag so reibungslos abgelaufen ist, bringen Posten gegen 21.00 Uhr (B) einen Fremden zum CP, *„einen randalierenden, zerzausten, dünnen, um sich prügelnden Amerikaner, der aussah, als ob er ein Fahnenflüchtiger wäre, der von der Militärpolizei zurück zu seiner Kompanie geschliffen wurde"*. Schnell stellt sich heraus, dass er tatsächlich geflüchtet war, aber aus einem deutschen Kriegsgefangenenlager, nicht weit weg in Hohenstein. Er berichtet, dass sich dort Hunderte nicht gehfähige Verwundet befinden, die am verhungern sind. Doch es ist zu spät für eine Rettungsaktion und so beschließt Al, am nächsten Tag eine starke Patrouille nach Hohenstein zu entsenden, die die Lage prüfen soll.[125]

Das CCR, das bis zum Morgen den Sicherungsauftrag für das Gebiet zwischen dem CCA und CCB beendet hat, überquert 06.15 Uhr (B) die Ablauflinie im Raum Mellingen und folgt dem CCA mit der Co. D, 35th Tk Bn voraus über Maua, Rutha und Ilmnitz nach Schlöben. Von dort geht es langsam weiter, denn es kommt immer wieder zu Behinderungen durch die Nachschubkolonnen der Spitzenverbände. So erreicht das 94th AFA Bn des CCR, das Nebenstraßen benutzen muss, Mennewitz, das von der HQ Btry gesichert wird, und Trockhausen. Gegen 11.00 Uhr (B) erreicht die Kolonne des CCR endlich Schöngleina, das gerade erst von hinteren Teilen des CCA verlassen wurde. Hier wird es angehalten, um sich zu sammeln und weitere Behinderungen durch die rückwärtigen Teile des CCA vor ihren Linien zu vermeiden. Erst um 13.15 Uhr (B) erhält es den Befehl zur Fortsetzung des Marschs und um 13.45 Uhr (B) überqueren die Vorauskräfte die Ablauflinie auf der Autobahn bei Stadtroda. Über Dorna geht es nach Hermsdorf, wo eine Patrouille die Übergabe der Stadt entgegen nimmt, während die Kolonne die Autobahn verlässt und nach Norden über Rüdersdorf und Hartmannsdorf nach Langenberg fährt, wo die Kolonne um 19.00 Uhr (B) hält und sich das CCR versammelt. Die unterstellte Rcn Co. 704th TD Bn von Capt. Thomas J. Dowd hält in Roschütz und die Co. A, 704th TD Bn in Langenberg. Das 94th AFA Bn, das ab 14.30 Uhr (B) weiter auf Nebenstraßen von Mennewitz folgt, sichert Rüdersdorf, Stübnitz, Grüna und Hartmannsdorf nordwestlich von Gera und macht dabei 28 Kriegsgefangene. Dann hält es nahe Grüna für die Nacht.

Die Forward Echelon der 4th US AD verlegt um 11.00 Uhr (B) von Göttern über Schlöben nach Langenberg, wo sie 19.00 Uhr (B) ankommt. Dorthin geht auch der CG DivArty, Col. Alexander Graham. Im Tagesverlauf werden durch das 489th AAA AW Bn von Lt.Col. Allen M. Murphy vier deutsche Flugzeuge abgeschossen, die die Kolonnen der 4th US AD angegriffen hatten. Ansonsten meldet die Division 160 tote, 103 verwundete und 2601 gefangene Deutsche, einen zerstörten PzKpfw IV, einen nicht identifizierten Panzer, 98 Lastwagen, 46 Stabsfahrzeuge, ein Halbkettenfahrzeug, 42 2cm Flak, ein 8,8cm Geschütz, 34 Pferdefuhrwerke, 13 VW-Kübelwagen, fünf Motorräder, eine Zugmaschine, einen Bus, drei Anhänger, zwei Lokomotiven, einen Eisenbahnzug, acht Flakscheinwerfer und Einrichtungen, fünf Flugzeuge am Boden, drei Lastensegler und fünf Flugzeugmotoren sowie 260 Axialkameras als erbeutet. Die eigenen Verluste belaufen sich zehn getötete und 22 verwundete Soldaten.[126]

Bei der 80th US InfDiv wird das RCT 318, das sich bis zum Morgen in Erfurt auf den Abmarsch vorbereitet hat, um dem CCB der 4th US AD mit dem 2. und 3./318 zu folgen, auf Grund fehlender Transportmittel aufgehalten. Als die Transportraumlage am Mittag noch immer unverändert ist, befiehlt Maj.Gen. McBride um 14.40 Uhr (B) die vollständige Ablösung des RCT 318 in der Stadt bis zum nächsten Morgen. Am Nachmittag kommt dann endlich Bewegung hinein und die ersten Lastwagen erreichen Erfurt. Um 19.00 Uhr (B) beginnt die Verlegung des 2. und 3./318 gefolgt vom Regtl.CP in den Raum Löbstedt – Zwätzen, nördlich von Jena, wo alle Kräfte bis 24.00 Uhr (B) eintreffen. Nur das 1./318 unter Maj. Charles Gaking verbleibt weiter in Erfurt, wo es sich am Abend versammelt, um am nächsten Morgen dem Regiment zu folgen. Beim RCT 317, das den Auftrag hat, den Angriff des RCT 319 auf Jena zu unterstützen, erhält das 1./317 von Capt. Emmett H. Grary den Befehl, in Vorbereitung des Angriffs zum Höhenrücken nördlich von Jena vorzurücken. Das 3./317 von Maj. Robert W. Blank, das um 08.00 Uhr (B) Erfurt mit Lastwagen verlassen hat, erreicht den Raum nordwestlich von Jena, wo die Infanteristen absitzen und auf Cospeda vorrücken. Dann gehen sie in Closewitz durch die Linien des 1./317 und überqueren die Saale über die Pionierbrücke bei Kunitz. Von dort rücken sie entlang des Ostufers nach Süden vor, um die östlichen Stadtteile von Jena zu besetzen. Eine Kompanie soll anschließend weiter nach Süden gehen und die Sicherung der Pionierbrücke bei Maua übernehmen. Um 22.05 Uhr (B) meldet das RCT 317, das der Ostteil von Jena vollständig gesäubert ist. Bis dahin hat das 1./317 längst das Stadtzentrum von Jena westlich der Saale erreicht und mit der Ablösung des 1./319 in der Stadt begonnen. Das 2./317 von Lt.Col. Samuel L. Williams setzt im Tagesverlauf die Sicherung von Weimar fort. Der Regtl.CP 317 erreicht um 18.00 Uhr (B) Jena, bevor er am 15. April 1945 nach Langenberg verlegt. Beim RCT 319 starten am Morgen das 1. und 2./319 im Zusammenwirken mit dem RCT 317 den Angriff auf Jena. Das 1./319 unter Lt.Col. Arthur H. Clark entlang auf der R 7 zum westlichen Stadteingang, von wo es ins Stadtzentrum eindringt. Parallel dazu erreicht das 2./319 unter Lt.Col. Paul Bandy durch die Wälder südlich der R 7 vorgehend die westlichen Stadtränder und nähert sich ebenfalls dem Stadtzentrum. Bis 13.10 Uhr (B) haben die Infanteristen des 1./319 die Saale erreicht, wo alle Brücken zerstört sind und um 13.50 Uhr (B) melden sie das Ende der Kämpfe im Stadtzentrum. Daraufhin wird das 2./319 angehalten und erhält den neuen Befehl, die Saale über die Pionierbrücke in Maua zu überqueren und in einen Versammlungsraum bei Rutha – Laasdorf – Podelsatz zu gehen.

Kaum das die Besetzung des Westteils von Jena abgeschlossen ist, empfängt die 80th US InfDiv um 14.40 Uhr (B) den Antrag der 4th US AD, Infanterie zum Hermsdorfer Kreuz zu entsenden und die Sicherung dieses wichtigen Autobahnkreuzes der RAB

Frankfurt – Dresden und Berlin – München sowie der Autobahnbrücke über die Weiße Elster und der Bahnbrücke bei Milbitz zu übernehmen. Daraufhin wird das 3./319 von Lt.Col. Elliott B. Cheston, das sich im Versammlungsraum Niedersynderstedt in der Regtl.Res. befindet und auf den Befehl für den Angriff auf Gera wartet, alarmiert, um diesen zusätzlichen Auftrag wahrzunehmen. Als Abmarschzeit wird 14.45 Uhr (B)[127] befohlen, Zielraum ist Raum Reichenbach – Kraftsdorf. Zuvor begibt sich Col. Costello persönlich zur 4th US AD und vereinbart mit deren CoS, dass er die linke Spur der Autobahn nutzen darf, während das CCR, das dem CCA folgt, die rechte Spur nehmen soll. Um 14.30 Uhr (B) verlässt die Kolonne des 3./319 den Versammlungsraum und passiert pünktlich die Ablauflinie an der Autobahn, doch trotz der Absprachen kommt bereits kurz darauf zu Verzögerungen durch Teile des CCR, die sich nicht an die Absprache halten oder nicht darüber informiert wurden. Die Kolonne wird bis gegen 15.40 Uhr (B) südöstlich von Ruttersdorf-Lotschen aufgehalten. Erst um 16.00 Uhr (B) setzt sie sich mit der Rcn Co. 811th TD Bn unter Capt. Samuel W. Parson voraus wieder in Bewegung. Unter Zurücklassung einer Sicherungsgruppe an der der Teufelstalbrücke und einer Sicherungskompanie am Hermsdorfer Kreuz geht der Marsch in den Raum nordwestlich von Gera. Vorauskräfte des 3./319 besetzen kampflos den Ort Töppeln im Erlbachtal. Im Ort, durch den bereits am Vormittag eine Aufklärungspatrouille des CCR, 4th US AD aus Richtung der Autobahn gekommen war, verhaften sie den NSDAP-Ortsgruppenleiter Walter Mahlfeld, der sich ihnen freiwillig stellt.[128]

Mit Eintreffen der ersten Kräfte des 3./319 bei Rubitz, nordwestlich von Gera, werden dann auch die Brückenwachen zur Autobahn- und zur Bahnbrücke Milbitz entsandt. Als die letzten Infanteristen um 18.15 Uhr (B) abgesessen sind, rollen die Lastwagen sofort nach Jena zurück, um als nächstes das 2./319 nach vorne zu bringen. Denn die Hauptaufgabe des RCT 319 ist nach Jena die Besetzung der letzten, verbliebenen, größeren Stadt in Thüringen, Gera. Während man auf das Eintreffen der anderen Einheiten des RCT wartet, beginnen unter Führung des Fwd Regtl.CP, der dem 3./319 zum Nordrand des Geraer Stadtwaldes gefolgt war, die Vorbereitungen für den Angriff auf die Stadt. Gefechtsaufklärung trifft an den nördlichen Zugängen nach Gera auf starken Widerstand durch deutsche Truppen, die nach Auslösung des Feindalarms um 12.45 Uhr[129] die vorgeschobenen Stellungen Richtung Autobahn besetzt hatten und seitdem voller Sorge die amerikanischen Panzerkolonnen auf der Autobahn beobachtet hatten. Am Ende des Tages hat das 3./319 Ausgangsstellungen für den Angriff auf die Stadt bezogen. Währenddessen erfolgt die verzögerte Ablösung des 1./319 in Jena durch das 1./317, die bereits um 13.50 Uhr (B) befohlen worden war, sich jedoch auf Grund der Vielzahl der zu sicherenden Objekte bis 19.30 Uhr (B) hinzieht. Erst dann verlässt das 1./319 die Stadt und fährt auf der Autobahn nach Töppeln, westlich von Gera. Dabei gerät es gegen 21.00 Uhr (B) in der Nähe der Teufelstalbrücke unter Heckenschützenbeschuss aus den Wäldern nördlich der Brücke. Herbeigeeilte Kräfte der Brückensicherung entdecken wenig später südlich von

Schleifreisen die drei Heckenschützen, einen VS-Mann und zwei Soldaten und nehmen sie gefangen.[130] Zu diesem Zeitpunkt hat die die Kolonne des 1./319 bereits ihr Ziel Töppeln erreicht, wo es um 22.10 Uhr (B) direkt vom Costello den Auftrag erhält, in Anlehnung an das 3./319 in Vorbereitung auf den Angriff die Wälder westlich von Gera zu säubern. Costello, der um 14.00 Uhr (B) mit dem Regtl.CP 319 Magdala verlassen hatte, hatte sofort nach seinem Eintreffen im Raum Gera gegen 19.30 Uhr (B) wieder die direkte Führung seiner Bataillone übernommen. Lediglich das 2./319 fehlt zu diesem Zeitpunkt noch. Das ändert sich gegen Mitternacht, als das 2./319, dass in Rutha auf die Lastwagen des 3./319 gewartet hatte im Raum Frankenthal – Windischenbernsdorf, westlich von Gera, eintrifft.

Damit sind die Vorbereitungen für die Einnahme von Gera am nächsten Morgen abgeschlossen. Der Versuch des 3./319 auf Befehl von Col. Costello durch einen gefangengenommenen deutschen Offizier, der von einem eigenen Offizier begleitet wird, ein Ultimatum an den K.Kdt. von Gera zu übergeben scheitert, als deren Fahrzeug mit der weißen Parlamentärflagge an einem deutschen Vorposten auf der Untermhäuser Straße südlich von Milbitz angehalten wird. Ein Hauptmann und ein Leutnant lehnen es ab, dass Parlamentäre die Linie passieren und verweigern eine Weiterleitung des Ultimatums.[131] Damit scheint klar, dass die Stadt im Kampf genommen werden muss. Am Abend meldet das RCT 319 175 Kriegsgefangene, darunter zwei Angehörige der le.Flak.Bttr. 4/IV aus Jena. Sie waren nach der offiziellen Auflösung der Batterie in Jena verblieben und hatten dort als einige der wenigen Flaksoldaten mit ihren leichten Flakgeschützen den Flakschutz der Stadt übernommen. Beim Herannahen der Amerikaner hatte ihre zusammengewürfelte Einheit aus 80 Mann den Befehl bekommen, sich nach Tautenhain zurückzuziehen.[132] Als eigene Verluste meldet das Regiment zehn Verwundete, davon neun der Kämpfe um Jena beim 1./319. Unter ihnen auch Capt. Cyrus C. Adams, der S-3 des Bataillons.

Beim 80th Rcn Tp., der an diesem Tag die Sicherung von Brücken für die 4th US AD übernimmt, eröffnet der CP um 13.25 Uhr (B) in Süßenborn und verlegt dann nach Isserstedt, wo er um 17.10 Uhr (B) eröffnet. Der 1st Plat. sichert die Pionierbrücke über die Saale bei Kunitz bis zum Eintreffen des 3./317. Dann säubern die Aufklärer bis 17.05 Uhr (B) den Tautenburger Wald bei Golmsdorf und Löberschütz und um 18.05 Uhr (B) werden sie in Poxdorf gemeldet. Der 2nd Plat., der die Teufelstalbrücke sichert, meldet um 14.40 Uhr (B), dass alle Teile des CCA der 4th US AD über die Brücke sind und bittet um Ablösung. Nach der Ablösung durch Kräfte der 4th US AD säubern die Aufklärer gegen 16.15 Uhr (B) südöstlich von Jena die Wälder der Wöllmisse zwischen Ziegenhain und Wöllnitz. Um 18.05 Uhr (B) werden sie in Großlöbichau und um 20.50 Uhr (B) in Bürgel gemeldet.

Der Fwd Div.CP erreicht um 10.00 Uhr (B) Weimar, wohin im Tagesverlauf der Div.CP folgt. Am Abend registriert die Division mit 3536 Kriegsgefangenen die höchste Anzahl im Monat April 1945. Einer von ihnen ist ein deutscher Pilot, den die

Artilleristen des 905th FA Bn gefangengenommen hatten, nachdem dessen Jagdflugzeug Me-109 von der 4th US AD abgeschossen wurde.

Der CP der DivArty erreicht mit dem CG DivArty, Brig.Gen. Jay W. MacKelvie Jena, wo er bis zum nächsten Tag sein Quartier aufschlägt. Die DivArty unterstützt an diesem Tag mit dem 313th FA Bn das RCT 317, mit dem 905th FA Bn und 315th FA Bn das RCT 319, während das 314th FA Bn, das bisher dem RCT 318 zugeteilt war, generelle Unterstützung für die DivArty leistet. Das 662nd FA Bn der 204th FA Gp verstärkt das Feuer des 905th FA Bn und das 744th FA Bn der 416th FA Gp das Feuer des 314th FA Bn. Das 204th FA Bn der 204th FA Gp leistet generelle Unterstützung für die DivArty. In Begleitung der Infanterie folgt an diesem Tag das 313th FA Bn unter Maj. James P. Strauss dem RCT 317 über Kötschau nach Lützeroda bei Jena. Das 314th FA Bn unter Lt.Col. Daniel J. Minahan Jr. geht von Erfurt-Bischleben nach Kötschau und weiter nach Closewitz bei Jena. Das 315th FA Bn unter Lt.Col. John M. Burdge Jr. verlegt von Magdala nach Pörsdorf und das 905th FA Bn von Lt.Col. John W. Brown erhält den Auftrag nach Gera zu gehen. Eine Kraftanstrengung, denn dieses Bataillon hat die meisten seiner Lastwagen für den Transport der Infanterie abgeben müssen. Und das, obwohl es am nächsten Tag für den Angriff auf Gera benötigt wird. Trotz der enorm hohen Motorisierung der amerikanischen Infanteriedivisionen, vor allem im Vergleich zu den deutschen Truppen, sind die Infanterieregimenter lediglich fußbeweglich und somit auf Unterstützung durch externen Transportraum angewiesen. Doch da die Nachschubeinheiten der Division durch die extrem gedehnten Nachschublinien nicht in der Lage sind, Transportraum abzugeben, bleiben praktisch nur noch Lastwagen der Artillerie, falls keine Hilfe durch das Corps erfolgt. Gerade noch rechtzeitig, um sich auf den Angriff am nächsten Tag vorzubereiten, erreicht daher der Bn.CP auf der Autobahn Rubitz, nordwestlich von Gera und die Batterien beziehen Stellung. Die Btry. A, 905th FA Bn unter Capt. Charles M. Kimzey geht in Rubitz am Waldrand südlich der Gaststätte in Feuerstellung. Die Btry. B unter Capt. Charles C. Miller Jr. bezieht Stellung zwischen Rubitz und Milbitz und die Btry. C von Capt. Joel B. Stephens direkt daneben. Die Cn Co. 319, die zur besseren Feuerleitung dem Bataillon zugeordnet wird, bringt ihre 105mm Geschütze zwischen der Btry. B und C und der Autobahn in Stellung. Noch am Abend feuern die Batterien 12 Salven nach Gera hinein.

Am Abend steht die 43rd CavRcnSq der 3rd CavGp, die weiter die Südflanke des Corps absichert, mit dem Sq.CP in Stadtroda, dem Tp. A, einem Plat. Panzerjäger und einer Gruppe Pioniere in Reichenbach südöstlich des Hermsdorfer Kreuz und mit je einem Platoon westlich von St. Gangloff und im Ort, nachdem der um 14.30 Uhr widerstandslos besetzt wurde.[133] Der Tp. B geht nach Großbockedra und sendet je einen Platoon nach Kleinbockedra, Obergneus und Untergneus. Der Tp. C geht mit dem Tp.CP nach Quirla und je einem Platoon nach Tröbnitz, Stadtroda, Mörsdorf und einen westlich des Ortes. Ulrichswalde wird bereits am Morgen durch *„eine*

Gruppe von sechs Panzerspähwagen" besetzt.[134] Tp. E geht nach Tröbnitz und die Co. F hält beim Sq.CP in Großbockedra, während ein Platoon nach Quirla geht. Der CP der 3rd CavGp entfaltet in Stadtroda.

Der Gefechtstand des XX. US Corps erreicht um 15.00 Uhr (B) Weimar, wo er bis zu seiner Verlegung Richtung Süddeutschland Quartier bezieht. Das HQ XX. CorpsArty, das seit dem Vortag in Weimar gehalten hat, verlegt nach Jena und bezieht in der luxuriösen Villa von Gen.Obst. Hoth Quartier, bevor es am nächsten Tag nach Gera geht. Das 455th AAA AW Bn der 3rd US Army geht von Dietendorf nach Mellingen.

Beim VIII. US Corps erreicht die TF Crater, 89th US InfDiv das Westufer der Saale und klärt Brücken und Übersetzstellen auf. Kahla wird gesäubert. Ein Platoon des 89th Rcn Tp. wird über den Fluss in den Abschnitt der 80th US InfDiv entsandt und klärt das Ostufer ostwärts bis nach Oberbodnitz auf. Feindlicher Widerstand zwingt sie jedoch zum Rückzug auf das Westufer.

Am **Samstag**, dem **14. April 1945**, *„gedachten die Combat Commands (der 4th US AD d.A.) mit fünf Minuten des Schweigens unseres verstorbenen Präsidenten und Commander in Chief Franklin Delano Roosevelt"*, dann geht der Angriff nach Osten weiter.[135]

Bei der 4th US AD setzen die Combat Commands den Ausbau der Brückenköpfe gegen vereinzelten Widerstand fort. Der Mulden-Brückenkopf des CCB bei Wolkenburg wird zuvor kurz nach Mitternacht erneut Ziel einer deutschen Nebelwerfersalve. Sechs Geschosse schlagen im Raum Kaufungen ein. Am Vormittag verlässt bei der Flankensicherung des CCB die Co. D, 25th CavRcnSq den Versammlungsraum westlich von Wolkenburg und fährt entlang der Mulde nach Norden um weitere Brücken über die Zwickauer Mulde zu sichern. Als erstes gelingt es den Aufklärern die intakte Hängebrücke Thierbach-Zinnberg zu sichern bevor sie Penig erreichen, das kampflos besetzt wird. Auch die 1939 fertiggestellte Stahlbetonbrücke über die Mulde fällt ihnen intakt in die Hände. Die Stadt Penig, die am 2. März 1945 von Bomben getroffen wurde, die für den LS-Ort Chemnitz bestimmt waren und dabei 40 Opfer zu beklagen hatte, hat Glück gehabt.[136] Unmittelbar nach der Meldung über die Eroberung der Brücke verlässt ein Platoon der Co. C, 704th TD Bn Wolkenburg und fährt nach Penig, wo die Panzerjäger Feuerpositionen an der Brücke beziehen. Im Brückenkopf Wolkenburg übernehmen in der Zwischenzeit die Pioniere des Co. B, 24th Armd Engr Bn von Maj. Donald W. Hatch die Bewachung der Muldenbrücke und senden Pioniertrupps zur Bewachung der beiden neu eroberten Brücken nach Norden.

Das Team Co. C, 37th Tk Bn/Co. B, 10th AIB beginnt am Morgen mit der Ausdehnung des Brückenkopf östlich von Wolkenburg und rückt von Norden auf Niederfrohna vor, wohin am frühen Morgen der Zug Otto der VS-Kp. Meisel in Marsch gesetzt wurde.

Obwohl sich die anderen Einheiten des VS-Btl. 52 Limbach nach einem heftigen Streit zwischen der Lazarettleitung und dem VS-Führer von Limbach, Dr. Jokesch, wegen dessen Verteidigungsplänen, die nicht nur die Bevölkerung, sondern auch die Patienten gefährden, in der Nacht aufgelöst hatten, war die 1. Kp. Meisel weiter unter Waffen geblieben.[137] So besetzt der Großteil des Zugs Otto, dessen Zg.Fhr. sich unter einem Vorwand abgesetzt und die Führung seinem Stellvertreter Lemmel überlassen hatte, die vorbereiteten Stellungen bei der Jahnsburg am Jahnshorn. Nur einigen der Männer gelingt es, sich unbemerkt abzusetzen. Wenig später liegen die verbliebenen bereits unter Beschuss. Auch in Niederfrohna schlagen wieder Granaten ein und setzen Häuser in Brand. Erst als sich die ersten Panzerwagen in Richtung ihrer Stellungen in Bewegung setzen, fliehen die Verteidiger zur Knaumühle. Dort werden sie von Frauen gewarnt, dass der Amerikaner schon in der Stadt ist. *„Die Gewehre flogen daraufhin in den Knaumühlenteich. Die Männer versorgten sich in der Siedlung mit Zivilkleidung und schlichen auf Umwegen nach Hause.“*[138] Weniger Glück haben die anderen Züge der 1. Kp. Meisel. Sie werden am Morgen über Pleissa nach Chemnitz in Marsch gesetzt. Zwar geling es auch hier einigen der Männer sich im Bereich des Friedhofs an der Hohensteiner Straße abzusetzen, die Masse erreicht jedoch durch den Rabensteiner Wald Rabenstein und Rottluff und landet in den Kasernen in der Chemnitzer Planitzstraße. Von dort bringt man sie in ein Fabrikgebäude in Erdmannsdorf. Am Bismarckturm und in Bahrbach kommen sie in den darauffolgenden Tagen zusammen mit Volkssturm aus Wittgensdorf zum Einsatz, bevor sie Anfang Mai in Euba landen, wo der Russe schon vor der Tür steht. Hier löst sich der Rest auf und macht sich auf den Weg nach Hause. Dabei geraten fast alle doch noch in amerikanische Kriegsgefangenschaft.[139] Damit endet der kurze Widerstand bei Niederfrohna und kurz darauf haben die Panzer Mittelfrohna ohne Widerstand gesichert. Dann fahren sie über Mühlau zu den Höhen südlich Taura, wo sie auf starkes Panzerfaust- und Gewehrfeuer treffen. Ein Teil von Taura wird aus Sicherheitsgründen besetzt. Teile des Panzer-Infanterie-Teams fahren von Mittelfrohna aus entlang des Nordrandes von Limbach nach Nordosten Richtung Hartmannsdorf.

Hartmannsdorf, wo leichter Widerstand geleistet wird, wird vor der Einnahme unter Beschuss genommen, wobei einige Scheunen in Brand geraten. Der Gasbehälter des Gaswerkes wird getroffen und geht in Flammen auf. Ein Einwohner wird getötet. Dann befreien die Panzersoldaten das Kriegsgefangenen-Stammlager Stalag IV F, wo zwischen 1941 und 1945 zirka 50 000 Kriegsgefangene, darunter 4000 bis 5000 Briten, Südafrikaner, Kanadier, Australier und Neuseeländer, eingesperrt und zur Zwangsarbeit gezwungen wurden, darunter im Acesco-Werk Alois Cerny & Söhne KG. Das Lager, das anfangs nur als Dulag IV F geführt wurde, war innerhalb kürzester Zeit gewachsen und so zum Stalag unter dem Kommando von Oberst Händler geworden. Als die Amerikaner jetzt vor dem Tor der Arno Reh KG in der Ziegelstraße stehen, werden sie jubelnd begrüßt. Die Wachen vom Lds.Schtz.Btl. 394 hatten sich rechtzeitig abgesetzt. Am ehemaligen Standort der Spinnereifabrik, die 1941 die

Eingang zum Kriegsgefangenenlager Stalag IV F Hartmannsdorf um 1940/41, aufgenommen von einer Delegation des Internationalen Roten Kreuz IRCO
Foto: V-P-HIST-02242-02, IRCO

Arbeit einstellte und zum Lager gemacht wurde, erinnert heute eine Gedenktafel an das Kriegsgefangenenlager.[140] Grundlage für die Nutzung der Fabrik ist eine Weisung des OKW, bei der ausdrücklich auf die Nutzung von Fabriken für die Unterbringung von Kriegsgefangenen hingewiesen wird, da sich dort in der Regel ausreichende Sanitäreinrichtungen befinden würden.[141]

Zu diesem Zeitpunkt haben sich die Hauptkräfte der Kolonne bereits der Kleinstadt Burgstädt genähert und sind ebenfalls auf Widerstand gestoßen. Obwohl sich auf die Schule und andere Gebäude in der Stadt verteilt das Res.Laz. Burgstädt in der Stadt befindet, haben sich einige Angehörige der örtlichen HJ, die im Rahmen des 3. Aufgebotes des Volkssturms einberufen und wenige Tage zuvor noch schnell im VS-

Ausbildungslager Hartmannsdorf, dem ehemaligen HJ-Heim an der Straße nach Limbach, an Karabiner, MG und Panzerfaust ausgebildet worden waren, den Amerikanern entgegengestellt. Diese stoppen kurzerhand und nehmen die Stadt unter Beschuss. Amerikanische Artillerie, deren 105mm SFL M 7 Priest auf der Straße Penig - Mühlau auffahren, schicken ihre Granaten in die Stadt. Schnell endet der Widerstand und als sich die Panzer wieder in Bewegung setzen und in die Stadt rollen, wehen überall weiße Fahnen. Ohne weitere Kämpfe wird das Stadtgebiet besetzt.[142] Nur einmal wird noch geschossen, nachdem sich im Fenster des Bahnhofsgebäude eine „verdächtige" Person zeigt. Doch in der Stadt sind keine weiteren Verteidiger. Die Besatzung eines deutschen Geschützes, das gegenüber dem Bahnhofsgebäude zurückgelassen wird, hatte sich mit letzten Grüppchen von Wehrmachtsangehörigen abgesetzt, ohne einen Schuss abzugeben. Das Geschütz wird später zerstört. Der übrige Volksturm hatte sich aufgelöst oder war von den Anwohnern nach Hause gejagt worden. Ein Zeitzeuge berichtet: *„Vor unserem Haus hielten sich ein paar Leute vom Volkssturm mit Panzerfäusten auf, alte Männer. Frau Müller stürmte aus dem Keller, wir hörten sie mit den Männern schimpfen und diese verschwanden daraufhin tatsächlich.*"[143] Dann rollen die Panzer vor die Lazarette, wo ihnen das Personal entgegen tritt und die Einrichtungen übergibt. Noch während verwundete Hitlerjungen und amerikanische Soldaten versorgt werden, wird mit der Bergung der Gefallenen begonnen. Letztendlich hat der sinnlose Versuch Burgstädt zu verteidigen 23 Zivilisten und elf Wehrmachtsangehörigen das Leben gekostet.[144] Sie finden ihre Ruhestätte auf dem Waldfriedhof.

Das Team aus Co. B, 37th Tk Bn/Co. A, 10th AIB des CCB beginnt am Morgen von der Kaufunger Höhe aus mit Besetzung von Bräunsdorf und Langenchursdorf. Dann erhält es den Befehl, auf Rußdorf vorzurücken, wo das 51st AIB des CCA auf Widerstand gestoßen und nach Südosten ausgewichen war. Als sich die vorausgehenden Panzerinfanteristen vorsichtig dem Ort nähern, eröffnet eine Gruppe deutscher Soldaten aus Stellungen im Bereich der Folgenstraße erneut das Feuer. Dabei treffen die Kugeln eines deutschen Unteroffiziers, der mit einem Scharfschützengewehr auf die Amerikaner feuert, zwei Mann tödlich. Der Rest nimmt Deckung und zieht sich zurück. Als die Panzer und Artillerie wenig später die Stellungen und den Ort unter Beschuss nehmen, ist der Scharfschütze bereits geflohen. Dann greifen Jagdbomber den kleinen Ort mit ihren Bordwaffen an und werfen Bomben. Fünf Wohngebäude werden zerstört, vier Zivilisten kommen durch umherfliegende Bomben- und Granatsplitter zu Tode. Auch zwei deutsche Soldaten fallen durch den Artilleriebeschuss. Erst dann rücken die Panzerinfanteristen erneut vor und besetzen den Ort. Bei der Durchsuchung der Häuser nach dem vermutlichen Heckenschützen stossen sie auf zwei deutsche Soldaten, die sich in einem Keller versteckt hatten. Obwohl diese laut Aussagen der Einwohner nichts mit dem Scharfschützen zu tun hatten, werden sie unmittelbar nach ihrer Gefangennahme am Folgenbach erschossen.[145]

Im Oberfrohnaer Gemeindewald nördlich von Rußdorf stossen die Amerikaner auf eine gesprengte Geschützbatterie. Die Batterie, die mit ihren sechs 21cm Langrohrgeschützen zur 404. InfDiv gehört und in den Tagen zuvor am Hohen Hain lag, war bei der Annäherung der Amerikaner an die Mulde in die Feuerstellung vorgezogen worden und konnte durch das schnelle Vorrücken der Amerikaner nicht mehr rechtzeitig herausgezogen werden. So hatte die Besatzung die Geschütze ohne einen Schuss abzugeben gesprengt und war geflohen.[146] Mit der Einnahme von Rußdorf hat das Panzer-Infanterie-Team seinen Auftrag erfüllt und fährt nach Norden, wo es gegen 12.15 Uhr (B) bei Burkersdorf auf hartnäckigen Widerstand mit Panzerfaust- und Gewehrbeschuss trifft. Es dauert bis 16.00 Uhr (B), bis auch hier die letzten Verteidiger vertrieben sind. Dann werden auf der Höhe 350 und 296 bei Burgstädt Vorposten für die Nacht aufgestellt.

Gegen 11.30 Uhr (B) verlässt als letztes Team des CCB das Team der Co. A, 37th Tk Bn/Co. C, 10th AIB seine Stellungen vom Vortag nordwestlich von Niederfrohna, und erhält den Befehl, nach Wittgensdorf zu fahren. Doch es kommt zu Verwirrung wegen der Marschstrecke und so fährt die Kolonne anstatt nach Osten nach Norden und erreicht über Tauscha den Brückenkopf der Aufklärer bei Penig. Erst jetzt wird man sich des Fehlers bewusst und die Kolonne wendet. Über Mühlau und Hartmannsdorf fährt sie nach Wittgensdorf und sichern gegen vereinzelten Beschuss mit Verspätung die Höhen südlich des Ortes. Geleitet von vorgeschobenen Beobachtern der Artillerie werden deutsche Einheiten unter Beschuss genommen, die sich nach Chemnitz zurückziehen. Damit hat das CCB ihre Tagesziele erreicht und Lt.Col. Abrams, der seinen CP um 16.00 Uhr (B) von Wolkenburg nach Mühlau verlegt hat, kann am Abend melden, dass etwa 300 Gefangene gemacht und zahlreiche alliierte Gefangene befreit werden konnten. Der Bn.CP von Lt.Col. Harold Cohen's 10th AIB bezieht in Hartmannsdorf Quartier, wo die Panzerjäger der Co. C, 704th TD Bn gegen 16.00 Uhr (B) zum Schutz gegen Gegenangriffe Feuerstellung bezogen haben.

Südlich des CCB beginnt das CCA ab 07.10 Uhr (B) mit der Fortsetzung seines Angriffs Richtung Chemnitz. Die TF Alanis, 51st AIB, das um 04.20 Uhr (B) im Brückenkopf Waldenburg den Befehl erhält, Limbach zu nehmen, passiert gefolgt von der Comd Gp. des CCB pünktlich die Ablauflinie und fährt ohne Widerstand durch Callenberg nach Falken, westlich von Limbach-Oberfrohna. Erst beim weiteren Vorrücken treffen die Vorauskräfte auf schweres Panzerfaust- und Gewehrfeuer aus Richtung Rußdorf und die Kolonne kommt zum Halten. Damit ist der Auftrag der TF Alanis, Limbach zu nehmen und dann so schnell wie möglich zur Autobahn bei Chemnitz zu stoßen, gefährdet. Auf Lt.Col. Alanis Rückfrage bei der Comd Gp., ob er den Widerstandsherd bekämpfen soll, erhält der nach Rückfrage bei der Division den Befehl, den Bereich zu umgehen und planmäßig Limbach anzugreifen. Der Auftrag zur Bekämpfung geht an das 37th Tk Bn des CCB, das Rußdorf von Norden säubern soll. So erscheinen die Vorauskräfte gegen Mittag vor Limbach, das nach dem Feuergefecht bei Rußdorf seit 10.00 Uhr unter Artilleriebeschuss liegt.[147]

Das sich in den Limbacher und Oberfrohnaer Schulen und Krankeneinrichtungen seit Februar 1945 das evakuierte Res.Laz. Guhrau/Schlesien[148] befindet, können amerikanischen Soldaten nicht wissen. Und auch, dass beide Städte unverteidigt sind und sich der Volkssturm aufgelöst hat, ist für sie nicht erkennbar. Sie wissen nur, dass bei Rußdorf Widerstand geleistet wurde. Außerdem waren sie in der Nacht immer wieder aus Richtung Limbach von einer deutschen Batterie Nebelwerfer, die im Grimmschen Steinbruch in Feuerstellung gegangen war, beschossen wurden.[149] Damit sieht es fast so aus, als ob das heutige Stadtgebiet von Limbach-Oberfrohna, das bisher nur durch einen Bombenabwurf am 5. Februar 1945 auf Oberfrohna 13 zivile Opfer zu beklagen hatte und erst ab dem 5. April 1945 Ziel von Tieffliegerangriffe geworden war, kurz vor Toresschluss noch das Opfer schwerer Zerstörungen werden würde. Doch glücklicherweise bleibt es bei einigen Panzerschüssen, bei denen die meisten über Limbach hinweg gehen, nachdem der Kolonne, die gegen 13.00 Uhr den Ortseingang ohne Widerstand erreicht. Nur vereinzelt fallen Schüsse in der Stadt, so bei der Fabrik Franz Emil Steinert KG in der Wolkenburger Straße, wo die Amerikaner eine große Anzahl an *„Hakenkreuz- und Reichskriegsflaggen"* finden. Doch ganz ohne Opfern bleibt es nicht, denn Granatsplitter verletzen ein Mann schwer, der wenig später im Res.Laz. verstirbt und eine Frau erleidet einen tödlichen Oberschenkeldurchschuss. Erst als die Panzer die Hauptstraße herunter nach Limbach hinein rollen tauchen überall weiße Tücher auf. An den Einrichtungen des Res.Laz. I bis III und den Teillazaretten Pestalozzischule und St. Carulusstift werden sie von Ärzten und Beamten des Lazaretts auf der Straße empfangen, die die Einrichtungen mit 3000 Verwundeten übergeben, froh, es heil überstanden zu haben. Gegen 14.30 Uhr nähern sich die ersten Panzerinfanteristen dem Rathaus Limbach, wo sie der Stadtkämmerer Thierfelder in Empfang nimmt.[150] *„Jetzt sprangen amerikanische Infanteristen mit Gewehr im Anschlag Deckung suchend in den Kaskaden des Rathauses, wo damals noch ein steinerner Ritter die Rathausecke zierte. Weitere Infanteristen klemmten auf Panzern, die ebenfalls gleichsam behutsam und tastend verhaltend vom Amtsgerichtsberg aus kommend bis vor das Rathaustor sich schoben. Aus dem Rathaustor trat der 2. Bürgermeister, sein Name konnte ‚Thierfelder' gelautet haben, und Pfarrer Schaaf im schwarzen Talar mit bleichen Gesichtern und erhobenen Händen den amerikanischen Soldaten entgegen."*[151]

Auch beim Durchkämmen der Stadt bleibt es ruhig. Überall werden sie von befreiten Zwangsarbeitern und russischen Kriegsgefangenen begrüßt, die ihre Befreiung feiern.[152] Um 16.35 Uhr (B) meldet Lt.Col. Alanis die Stadt als gesäubert. Insgesamt 25 Deutsche werden bei der Besetzung von Limbach-Oberfrohna getötet.[153] Dazu kommt der Lt. Herbert Rothert aus Halbau/Schlesien, der tot im Rabensteiner Wald gefunden wird. Die Toten finden auf dem Friedhöfen Limbach und Oberfrohna gemeinsam mit den verstorbenen aus den Lazaretten ihre letzte Ruhestätte.[154] 280

Mann ergeben sich, darunter Angehörige der Nebenstelle der Wehrmachtsfachschule für Technik Dresden, die im März 1945 unter Leitung von Hptm. Karl Fritzsching nach Limbach gekommen waren.[155] In der Combat History des 51st AIB wird es später heißen: *„Die Verluste waren nicht hoch und angesichts der Größe der Stadt war es ein Wunder, dass so eine kleine Task Force sie einnehmen konnte."*[156] Während der Bn.CP sein Quartier in einem Hotel der Stadt bezieht, setzen Teile der Task Force den Vormarsch östlich der Stadt fort. Begleitet von Thierfelder, der sie durch die Stadt bis zum östlichen Stadtrand führen muss, rücken sie auf Röhrsdorf und zur Autobahn vor, wo sie auf Widerstand treffen. Daraufhin werden die Höhen 409 und 401 östlich der Stadt und der Ort Kändler gesichert und in Anbetracht der Einbrechenden Dunkelheit Vorposten für die Nacht aufgestellt. Zwei Tage später gehen die ersten Artillerieeinheiten bei Limbach in Feuerstellung, um Chemnitz unter schweren Artilleriebeschuss zu nehmen.

Bei der TF Irzyk, 8th Tk Bn beginnen die Vorauskräfte noch vor der Morgendämmerung in der Umgebung von Grumbach mit der Fortsetzung des Vormarsches, um Hohenstein-Ernstthal zu nehmen, wo sich nach der Meldung vom Vortag ein Kriegsgefangenenlager mit alliierten Soldaten befinden soll. Gefolgt von den Hauptkräften fahren sie, ohne auf Widerstand zu treffen und nur vereinzeltem deutschen Artilleriebeschuss auf der Autobahn bis nördlich der Stadt. Dabei entdecken sie bei der Annäherung auf der mehrgleisigen Eisenbahnstrecke Glauchau – Chemnitz drei Züge, von denen zwei mit *„30 bis 40 Zugmaschinen und 20 Stabsfahrzeugen beladen waren. Wertvolle Ausrüstung, die nie entladen wurde und die nun gestrandet war, wie eine Braut vor dem Altar"*. Der dritte Zug, ein Express-Passagierzug der Fernverbindung Dresden – Chemnitz – Hof – München, versucht im letzten Moment zurück in der Richtung Chemnitz zu entkommen. Aber er hat keine Chance. Sofort eröffnen die Haubitzen des 66th AFA Bn, die in der Zwischenzeit Feuerstellungen bei Meinsdorf bezogen haben, das Feuer. Und während auch die Panzer die Transportzüge unter Beschuss nehmen, nimmt der Rcn Plat. der HQ Co. 8th Tk Bn die Verfolgung des Personenzugs auf und stoppt ihn wenig später. *„Die Passagiere sprangen heraus und flüchteten südwärts vom Zug weg."*[157]

Dann wird die Stadt gesichert. Im Bereich des Hüttengrundes finden sie das Ziel ihres Vorstoßes, das Stalag IV A, von dem am Vortag ein amerikanischer Kriegsgefangener berichtet hatte. Kurz nach dem Erreichen der Stadt hatte sich dann erneut ein Amerikaner beim Bn.HQ gemeldet, um ihnen den Weg zu zeigen. Es ist der amerikanische Maj. Tremblay, der bei den Kämpfen um Saint-Lô/Frankreich im Juli 1944 in deutsche Kriegsgefangenschaft geraten war. Begleitet wird er von einem britischen Colonel mit Spitzname „John Bull", der sich bereits seit einigen Jahren in Kriegsgefangenschaft befand. Neben dem Kriegsgefangenenlager finden sie auf dem Gelände des Bethlehemstift in einem großen Barackenbau das Kgf.Res.Laz. Hohenstein-Ernstthal. *„Patienten und Gefangene zählten zusammen an die Hunderte – eventuell sogar Tausende.*

Kriegsgefangenen-Res.Laz. Hohenstein-Ernstthal 1941, aufgenommen von einer Delegation des Internationalen Roten Kreuz IRCO
Foto: V-P-HIST-00448, IRCO

Eine große Anzahl der Insassen des Krankenhaus und des Lagers war britisch und amerikanisch. Mit der Ankunft der amerikanischen Kräfte waren sie endlich frei. Sie waren kurz unbewacht gewesen. Ihre deutschen Bewacher waren vielleicht erst vor kurzem, am Tag zuvor, geflüchtet."[158] Wie im Fall der Konzentrationslager liegen den Kampftruppen auch bei die Kriegsgefangenenlagern keine Informationen über deren Lage vor, obwohl alle Lager dem Internationalen Roten Kreuz seit ihrem Bestehen bekannt sind und von Inspektionsteams des IRCO besucht wurden. Die Anzahl der befreiten Insassen des Stalag IV A wird später mit 900 Briten und Amerikanern beziffert.[159] Das Lager war 1. Februar 1941 unter dem Kommando des Kdr.d.Kgf. IV aufgestellt worden und stand anfangs unter den Bewachung des Lds.Schtz.Btl. 399 der Div.Nr. 404. Durch die befreiten Kriegsgefangenen erfahren sie auch vom KZ-AL Hohenstein-Ernstthal des KZ Flossenbürg auf dem Gelände der Fabrik Laurenz & Wilde. Dessen zirka 400 Insassen aus den Wanderer-Werken Siegmar-Schönau, die ab Dezember 1944 in Hohenstein-Ernstthal untergebracht waren, sind zu diesem Zeitpunkt jedoch bereits evakuiert.[160] Zurückgeblieben sind nur die Toten auf dem Waldfriedhof. Da die Todesraten in beiden Lagern wegen Unterernährung und Krankheiten im Verlauf der Jahre stetig angestiegen waren, hatte man die Verstorbenen nicht mehr auf dem Hohensteiner Friedhof St. Christophori beigesetzt, sondern sie fanden ihre letzte Ruhestätte auf dem, für diesen Zweck neben dem Berggasthof „Heiterer Blick" angelegten, Waldfriedhof im Hüttengrund. Dort entstand 1946 ein sowjetischer Ehrenhain für die umgekommenen Sowjetsoldaten, während die anderen Gräber der Angehörigen anderer Nationen im Wald untergingen. Aber auch dieser Ehrenhain droht in Vergessenheit zu geraten. Anbetracht der vielen Ehrenfriedhöfe für „Gefallene Sowjetsoldaten" in den Regionen der ehemaligen DDR, die weder kämpfend von der Sowjetarmee befreit wurden, noch wo sich Lager befanden, und auf denen nur zu einem Teil Opfer des Krieges liegen, droht jetzt auch diesen Gräbern wahrer Opfer, zu denen die Kriegsgefangenen gehören, der Verfall. Nur auf dem Hohensteiner Friedhof finden sich trotz umfangreicher Umbettungen allliierter Soldaten noch heute die Spuren der anderen Lagertoten, zu denen neben Franzosen, Holländern, Italienern, Jugoslawen, Polen und Ungarn auch ein Inder gehört. Es ist der Soldat Mian Muhammad vom 7th Rajput Regiment der Royal Army,. Er hatte den langen Weg vom afrikanischen Kriegsschauplatz nach Deutschland überlebt, um hier am 16. Juni 1943 mit 23 Jahren zu sterben.[161]

Anbetracht der Tatsache, dass kein deutscher Widerstand östlich der Stadt erkennbar ist, entschließt sich Maj. Irzyk, der seit dem schnellen Vorstoß vom Vortag keinen Funkkontakt mit dem CP des CCA hat, weiter nach Osten vorzurücken. Die Kolonne verlässt Hohenstein-Ernstthal und fährt auf der Autobahn Richtung Chemnitz. Wüstenbrand wird gegen leichten Widerstand gesichert. Dort befreien sie weitere britische Kriegsgefangene, die sich bereits seit dem Afrika-Feldzug in deutschem Gewahrsam befinden. Ihre Wachen, alte Männer des Lds.Schtz.Btl. 394, ergeben sich ohne Widerstand.[162] Dann endet abrupt der Vorstoß der TF Irzyk. Während Maj. Irzyk, der die Hauptkolonne des Bataillons vor Wüstenbrand von der Straße gezogen hatte, als seine Vorauskräfte die Stadt besetzten, sich vom Führer der Vorauskräfte über Funk Bericht erstatten lässt, hört er plötzlich *„einen lauten Schlag an die Seite seines Panzers"*. Zu seiner Überraschung steht Col. Hayden A. Sears, der CO des CCA neben dem Fahrzeug. *„Er war wütend, mit rotem Kopf und fast einem Schlaganfall nah. Er schrie Al an ‚Sie bewegen nicht einen Fuß mehr. Sie sind schon weit über die Haltelinie hinaus'."* Aber wieso? Seit dem Vortag hatte er den Angriff zu jener imaginären Haltelinie geführt, wo man auf die Russen warten sollte, aber ab wann er nicht mehr weiter vorrücken darf, hatte man ihm nicht gesagt. Zwar hatte er in der Nacht auf entsprechende Befehle gewartet, aber gekommen war nichts. Und jetzt war er plötzlich über die Linie hinaus. Erst als am Morgen auf dem CP des CCA die Meldung eingeht, dass das 8th Tk Bn Richtung Hohenstein-Ernstthal vorrückt, um ein alliiertes Kriegsgefangenenlager zu befreien, war Sears bewusst geworden, dass er damit die Haltelinie überschreitet. Doch über Funk ist Irzyk nicht erreichbar. So hatte sich Sears selber in seinen Jeep gesetzt und war der Kolonne hinterher gejagt. Aber erst bei Wüstenbrand hatte er Irzyk eingeholt.[163] So ausgebremst bezieht das Bataillon um 16.35 Uhr (B) im Raum Wüstenbrand Rundumverteidigung und blockiert Straßen in alle Richtungen, während der Bn.CP in der Stadt eingerichtet wird. *„Der Krieg war noch nicht vorbei, aber für ihn (Al d.A.) und sein Bataillon war er tatsächlich beendet."*[164]

Südlich der Autobahn besetzt die Co. B, 704th TD Bn, die am Vormittag den Auftrag erhalten hatte, die Flanke gegen feindliche Panzerangriffe zu schützen, bis Mittag Niederlungwitz, wo es zu Toten und Verletzten unter der Zivilbevölkerung kommt. Durch Beschuss brechen Brände im Dorf aus.[165] Gegen 15.30 Uhr (B) wird dann Lobsdorf sichert, wo der Co.CP entfaltet. Der CP des CCA geht nach Callenberg.

Das CCR, das den anderen Combat Commands gefolgt war, erhält noch in der Nacht den Befehl, bei Tagesanbruch Glauchau zu nehmen. Pünktlich um 06.15 Uhr (B) verlässt die Kolonne Langenberg und folgt mit der Rcn Co. 704th TD Bn an der Spitze der Vorauskräfte auf der Autobahn der Marschstrecke des CCA bis in die Umgebung von Glauchau. An der Abfahrt Meerane stoppt die Kolonne und während die Vorauskräfte den Befehl erhalten, die Zugänge nach Glauchau zu erkunden, wird die Kolonne von der Autobahn gezogen. Um 08.30 Uhr (B) erreichen die Vorauskräfte Lipprandis und gegen 09.00 Uhr (B) geht es nach Glauchau, wo sie am äußeren Stadtrand auf starkes Panzerfaust- und Gewehrfeuer treffen. Bei dem Gefecht werden zwei Panzer von Col. Delk M. Oden's 35th Tk Bn werden durch Panzerfausttreffer zerstört, Lt. Evenga wird getötet. Daraufhin ziehen sich die Vorauskräfte nach Lipprandis zurück, wo sie Beobachtungsposten beziehen.

CHEMNITZER ZEITUNG

AMTLICHE ZEITUNG DER NSDAP. AMTLICHES BLATT DER BEHÖRDEN

Nr. 82 — Mittwoch, 11. April 1945 48. Jahrgang — Einzelpr. 10, ausw. 15 Rpf.

„Verbündete" unter sich

CZ. Jeder Tag liefert neue Beweise dafür, daß die politische Entwicklung im Lager unserer Gegner im umgekehrten Verhältnis zu ihren militärischen Erfolgen steht. Während nämlich die unbestrittenen militärischen Erfolge der Feinde unsere deutsche Abwehr vor schwierigste Aufgaben stellen, werden die von uns schon wiederholt behandelten politischen Fragwürdigkeiten der anglo-amerikanisch-sowjetischen Kampfgemeinschaft immer offensichtlicher. So berichtete gestern der „Daily Sketch" aus Washington, daß „die Bemühungen der

Hartes Ringen an allen Fronten

Vordringen der Nordamerikaner im Raum Thüringen auch weiter verhindert

Führerhauptquartier, 10. April. Das Oberkommando der Wehrmacht gibt bekannt: Zwischen Drau und Wiener Wald zerschlugen unsere Truppen die Mehrzahl der feindlichen Angriffe. Um den Stadtkern von Wien wird am Franz-Joseph-Bahnhof, beim allgemeinen Krankenhaus, am Westbahnhof und nordwestlich der Ostbahnbrücke erbittert gekämpft. An der March-Mündung konnte der Gegner seinen Brückenkopf um

Besatzung verteidigt jedes Haus gegen den bis in das Stadtinnere eingedrungenen Feind mit großer Standhaftigkeit.

Im Norden der Westfront hat sich die Lage zwischen Ems und Weser im wesentlichen nicht verändert. Gegen den tapferen Widerstand unserer Fallschirmjäger und Grenadiere konnten die über die Linie Meppen–Haselünne weiter vorgedrungenen Engländer nur schrittweise Boden gewinnen.

rikaner. Auch bei Schleusingen blieb dem Feind durch unsere Gegenangriffe größerer Bodengewinn versagt. Dagegen gelang es amerikanischen Panzerkräften, zwischen Hildburghausen und dem Main weiter nach Südosten vorzustoßen. Im Raum Schweinfurt zwang wirkungsvolles Feuer unserer Flakartillerie den Gegner zu Boden. Im Rücken des Feindes verbliebene eigene Kampfgruppen überfallen die amerikanischen Versorgungskolonnen

Symbol Panzerfaust

Wenn der Bericht des Oberkommandos der Wehrmacht täglich verblüffend hohe Zahlen von abgeschossenen Feindpanzern meldet, dann mag uns im ersten Augenblick wohl die Masse des feindlichen Materials erstaunlich dünken, die hinter solchen Zahlen sichtbar wird – weit größer ist unsere Bewunderung der persönlichen Kampfkraft des deutschen Soldaten, der die scheinbar erdrückende Macht des Materials bezwang! Auch der Laie gewinnt damit ohne die erläuternden Kommentare des militärischen Fachmannes einen Eindruck, welche Bedeutung ein solcher täglicher Aderlaß haben muß; welche Schwächung des Gegners

Wieder einmal hat sich gezeigt, dass die größte Gefahr für die amerikanischen Panzer in der letzten Phase des Krieges keine deutschen Panzer oder Pak sind, sondern die Panzerfaust. Damit scheint sich zu bestätigen, was die deutsche Propaganda versucht, der Bevölkerung zu suggerieren. So schreibt am 11. April 1945 die „Chemnitzer Zeitung" unter der Überschrift *„Symbol Panzerfaust"*, dass *„die Panzerfaust absolut keine Geheim- oder Wunderwaffe (sei) – aber sie vermag Wunder zu wirken..."* und dass, *„heute, da Millionen gegeneinander aufgeboten sind... die letzte Entscheidung der Schlacht der infanteristische Einzelkämpfer herbei(führt)"*. Aber auch die Panzerfaust als nunmehr letztes Mittel zur sinnlosen Verlängerung des Krieges kann den Untergang nicht abwenden. Doch was am schlimmsten an dieser Propaganda ist, sie soll nicht nur die Soldaten als eigentliche Träger des Kampfes motivieren, sondern das letzte Aufgebot, den Volkssturm. „*Wenn wir ihm heute begegnen, dem Siebzehnjährigen mit dem begeisternden Schwung der unverbrauchten Jugend, dem Grenadier mit der ausgewogenen Erfahrung aus vielen Kämpfen, dem alten Volkssturmmann in der Reife der Jahre und mit dem Wissen, worum es in diesen entscheidenden Wochen geht, dann ist es, als ob die geschulterte Waffe eine stumme, eindringliche Mahnung bedeutet: Deutscher, lerne die Panzerfaust bedienen!*" Letztendlich wird die Panzerfaust in den letzten Tages des Krieges mehr Deutschen das Leben kosten, als sie dem Feind Verluste zufügt. Gefallen in sinnlosen Kämpfen gegen die überlegenen Gegner, erschossen nach Überfällen aus dem Hinterhalt oder getötet durch unsachgemäßen Umgang. Ein Ziel erreicht sie jedoch, sie zwingt die Gegner, bis zum letzten Tag zur äußersten Vorsicht. Allerdings führt selbst dies zu weiteren Toten, getötet aus Angst vor der Gefahr „Panzerfaust".

Jetzt haben die Vorauskräfte des CCR den äußeren Verteidigungsgürtel von Glauchau erreicht, das zum Ortsstützpunkt erklärt Teil der H.K.L. der 404. InfDiv ist und durch Kräfte der Division, des RAD und Volkssturm verteidigt wird. Aber auch diese Kräfte sind vergleichsweise schwach, denn von der Garnison Glauchau ist zu diesem Zeitpunkt nur noch ein Teil übrig. Dabei war Glauchau anfangs gut belegt. Die Stadt war bereits 1934 Standort der Reichswehr und beherbergte das I./11. (Sächs.) InfRgt. Am 1. Oktober 1934 erfolgte dann die Aufstellung des II./InfRgt „Plauen" in der Friedrich-August-Kaserne Glauchau. Bei der Enttarnung der Verbände mit der offiziellen Aufstellung der Wehrmacht am 15. Oktober 1935 erfolgte die Umbenennung in InfRgt 31 und Unterstellung unter die 24. InfDiv. Aus dem II./InfRgt „Plauen" wird das III./InfRgt 102. Da hiermit die Unterbringungskapazitäten ausgeschöpft waren, erfolgte unmittelbar angrenzend an die Kaserne ein Neubau, die Hindenburgkaserne. Im September 1938 wurde dann aus beiden Kasernen die General-Hammer-Kaserne, an die heute nur noch eine Zeittafel an der heutigen Dr.-Heinrich-von-Wolffersdorff-Straße erinnert. Außerdem erfolgte die Aufstellung des Erg.Btl. 20, aus dem am 6. Oktober 1936 das Erg.Btl. des InfRgt 31 wird. Zu dessen Unterbringung erfolgte 1936 der Umbau der ehemaligen Textilfabrik Richter in der Chemnitzer Straße, die den Namen Richterkaserne erhielt. Von dort aus erfolgte auch ein erster Einsatz. Nach einer nur dreitägigen Beteiligung an der Besetzung des Sudetenlandes im Oktober 1938 war das Bataillon wieder nach Glauchau zurückgekehrt und in I. Erg.Btl./InfRgt 31 umbenannt worden. Im November 1938 erfolgt dann die Aufstellung des II. Erg.Btl. vom InfRgt 53. Das InfRgt 53 nimmt im März 1939 an der Besetzung der Rest-Tschechoslowakei und nach einem kurzen Aufenthalt in den Heimatstandorten ab September 1939 am Polen-Feldzug teil, von wo aus es ebenfalls in seine Heimatstandorte zurückkehrte. Erst mit dem Abrücken zum Frankreich-Feldzug 1940 sollen die Einheiten ihre Standorte für immer verlassen. Doch da gibt es das I. und II. Erg.Btl. bereits nicht mehr. Sie werden im August 1939 bei der allgemeinen Mobilmachung zur Aufstellung der 4. Welle verwendet und bilden das I. und II./InfRgt 476 der 256. InfDiv, womit ihr Aufenthalt in Glauchau endet.

Luftaufnahme der USAAF von Glauchau vom 22. Juli 1945
Luftbild Nr. 96, Luftbilddatenbank Ingenieurbüro Dr. Carls, Estenfeld

Im Rahmen der Mobilmachung erfolgt außerdem die Aufstellung der 3. und 4. Kp, Na.Abt. 56[166] in der, 1938 ebenfalls durch Umbau einer Fabrik, der Textilfabrik Päßler in der Auestraße, entstandenen Auekaserne[167]. Und in der General-Hammer-Kaserne erfolgt am 26. August 1939 die Aufstellung des Inf.Ers.Btl. 476 der Div.Nr. 154 mit dem Auftrag der Ersatzgestellung für die 256. InfDiv. Das Bataillon wird am

Glauchau

Oben: Wachablösung in Glauchau

Mitte und unten: Aufmarsch der Na.Ers.Abt. 14 zum Tag der Wehrmacht in Glauchau

Fotos: Archiv Möller

10. Juni 1940 der Div.Nr. 174 unterstellt und verlegt am 3. August 1941 nach Theresienstadt. Zum Schluss verbleibt nur noch das, am 9. September 1940 in der Richterkaserne aufgestellte, Lds.Schtz.Ers.Btl. 4 in Glauchau, das am 26. September 1942 in ein Lds.Schtz.Ers.Btl. und ein Lds.Schtz.Ausb.Btl. geteilt der Div.Nr. 464 untersteht. Am 26. August 1943 wird es zusammengelegt zum Lds.Schtz.Ers.u.Ausb.Btl. und im Juli 1944 erneut geteilt. Während das Ausb.Btl. Glauchau verlässt, verbleibt nur das Ers.Btl. mit vier Marsch.Kp., einer Gen.Kp. und der Stamm.Kp. in der Stadt. Hinzu kommen als weitere Dienststellen das WBK und ein Wehrmeldeamt sowie das Res.Laz. Glauchau.[168]

Damit bleiben zur Verteidigung der Stadt von Seiten der Wehrmacht nur noch die Landesschützen übrig, die man mit der Offz.Schule Glogau/Niederschlesien (Glogów/Polen) verstärkt hatte.[169] Die Schule war gemäß dem Befehl des OKH des 21. März 1945, *„dass sämtliche Ausbildungseinheiten des Ersatzheeres und der Waffen-SS, einschließlich aller Schulen und Ausbildungseinrichtungen, auch der Panzertruppen, unverzüglich als Sicherheitsbesatzungen hinter die West- und Ostfront zu verlegen sind.“*, nach Glauchau verlagert worden.[170] Dazu kommen Teile einer, in der Stadt stationierten, RAD-Abteilung und der örtliche Volkssturm. Den hatte man am Nachmittag des Vortag nach Auslösung des Signals „Feindalarm“ um 14.30 Uhr alarmiert, als die ersten Amerikaner bereits auf der nahen Autobahn standen. Doch nur ein Teil war an den befohlenen Sammelplätzen erschienen und hatte sich zur Verteidigung einteilen lassen. So hatten sich dann, wie in den meisten anderen Städten auch, hauptsächlich die Hitlerjungen des 3. Aufgebotes, hier des HJ-Bann 211, Mitte Sachsen, Glauchau, und einige wenige Überzeugte sowie diejenigen, die aus Angst vor Repressalien mitmachen, aufgemacht, um mit dem RAD und der Wehrmacht Sperren zu errichten, Stellungen auszubauen und zu besetzen.[171] Ganz im Sinne des Aufrufs aus der letzten erschienenen Glauchauer Zeitung vom 13. April 1945 *„Jede Stadt ist zu verteidigen...“* und der Aufrufe des NSDAP-Ortsgruppenleiters Herbert Müller sollen sie den sinnlosen Kampf aufnehmen. Müller, der den OBgm Dr. Walter Flemming vertritt, hatte auf der Grundlage des Führerbefehls die Parole herausgegeben, dass die Stadt nicht kapitulieren wird. Gleichzeitig hatte er gemäß dem berüchtigten „Flaggenbefehl“ des RFSS Himmler von Anfang April 1945 jeden gewarnt, dass da, wo weiße Fahnen aufgehangen werden, alle männlichen Bewohner über 14 Jahre erschossen werden. Das die Stadt neben der Bevölkerung voll mit Ostflüchtlingen, Verwundeten in den Lazaretten und Zwangsarbeitern ist und die Wehrmacht, die über keine schweren Waffen verfügt, keine Chance gegen die Amerikaner hat, interessiert ihn und einige der militärischen Führer in der Stadt anscheinend nicht.[172] Geführt werden die Verteidiger gemäß dem Erlass des Führers über die Befehlsgewalt in einem Operationsgebiet innerhalb des Reiches vom 13. Juli 1944 und dem Erlass des Führers über die Zusammenarbeit von Partei und Wehrmacht in einem Operationsgebiet innerhalb des Reiches vom 13. Juli 1944[173] von Gen.Maj. Körner[174], dem StoÄ und K.Kdt. Glauchau mit Sitz in der General-Hammer-Kaserne und dem Kdr. Lds.Schtz.Ers.Btl. 4

Obstlt. Paul Feldmann[175] in der Richterkaserne.[176] Die II. Staffel des Stellv. Gen.Kdo. IV. AK, W.Kr. IV, die sich noch bis kurz zuvor in der Stadt befand, hat sich bis auf die Abt. IVa der W.Kr.Verwaltung[177] zu diesem Zeitpunkt bereits nach Marienbad (Mariánské Lázně) abgesetzt. Der Leiter des Wehrmeldeamtes, Obstlt. Alfred Pfeiffer, hat die Stadt Richtung Zwickau verlassen.[178]

Damit droht Glauchau, dass bis zum 11. April 1945 von Bombenangriffen verschont geblieben war, ernsthafte Gefahr.[179] An jenem Tag hatte ein Tieffliegerangriff auf einen Truppentransportzug Richtung Süden im Bhf. Glauchau 55 Tote gefordert. Es hatte die Werfer.Ers.Abt. 7 aus Höchstädt, W.Kr. VII, getroffen, die den Ersatz für Volks.Werfer.Brig. 17 und 18 stellt. 54 Wehrmachtsangehörige und eine Frau aus Glauchau waren dabei ums Leben gekommen. Unzählige waren verletzt in die Lazarette eingeliefert worden.[180] 30 der gefallenen Soldaten vom 11. April und mindestens vier weitere, die in den Tagen danach versterben, weist der Gräbernachweis des Glauchauer Friedhofs nach. Die anderen wurden in die Heimatorte überführt.

Der Kampf um Glauchau ist jetzt unausweichlich. Spätestens mit dem Abschuss der zwei Panzer ist dem CO CCR, Col. Blanchard klar, dass sich die Stadt nicht ergeben will. Daraufhin zieht er seine Hauptkräfte aus dem vorläufigen Sammelraum auf der RAB weiter nach Osten. Das 35th Tk Bn von Col. Oden, das seinen CP ursprünglich nach Weidensdorf verlegen wollte, geht nach Lipprandis und das 53rd AIB unter Lt.Col. George L. Jaques geht nach Weidensdorf. Während die Bataillone die neuen Positionen beziehen, fahren das 94th AFA Bn und das unterstellte 58th AFA Bn, die von Grüna der Kolonne über die Autobahn gefolgt waren, südwestlich von Meerane in Feuerstellung. Bis dahin ist auch Col. Blanchard vom CCA zurückgekehrt, wo er sich mit Col. Sears über das gemeinsame Vorgehen abgestimmt hatte, denn das CCA soll die Einnahme von Glauchau östlich der Stadt unterstützen. Jetzt erteilt Blanchard Col. Jaques den Befehl, aus der Co. B, 35th Tk Bn unter 1st Lt. Kingsley und Co. C, 35th Tk Bn unter Capt. Ridley sowie zwei Kompanien seines Bataillone zwei Task Forces zu bilden und Glauchau einzunehmen. Als um 10.30 Uhr (B) Lt.Col. Robert M. Parker Jr. vom 94th AFA Bn die Feuerbereitschaft der Artillerie meldet, beginnt der Angriff von Norden und Nordwesten auf Glauchau.

Während sich die eine Task Force noch bei Jerisau aufstellt, nähert sich die zweite Task Force bereits von Höckendorf aus Gesau, das am Vortag besetzt, aber wieder geräumt wurde. Dorthin war am frühen Morgen die VS-Kp. Linke der Ortsgruppe Wehrdigt-Gesau vorgerückt. Doch Gesau hat Glück. So überraschend wie sie gekommen waren, waren sie auch wieder abgerückt noch bevor die ersten Panzer erscheinen.[181] Und auch ansonsten hat der Ort großes Glück, denn am Vortag war bei Auslösung des Feindalarms ein deutscher Munitionszug am Block Gesau gestoppt worden. Man hatte die Lok benötigt, um einen Lazarettzug auf dem Bhf. Glauchau aus dem unmittelbaren Gefahrenbereich zu ziehen. Doch dadurch war die hochexplosive Fracht unweit der Häuser stehengeblieben. Wäre der Zug bei möglichen

Kampfhandlungen unter Beschuss geraten und explodiert, hätte dies eine Katastrophe ausgelöst. Doch ein mutiger Lokführer hatte am Vormittag mit seiner Lok aus Richtung Schönbörnchen kommend, das nach seiner Besetzung am Vortag ebenfalls wieder von den Amerikanern geräumt worden war, den Zug angehängt und nach Süden, nach Oberrothenbach, gezogen, wo er ihn an sicherer Stelle abgestellt hatte. So hatte der Bahnhof nur ein paar Granaten abbekommen, als die amerikanischen Panzer die abfahrende Lok bemerkt hatten. Als die Panzer jetzt Gesau erreichen, ist alles friedlich. Lediglich ein Feuerwehrmann aus dem Ort, der ihnen in Uniform über den Weg läuft, wird gefangengenommen, aber bereits zehn Tage später wieder freigelassen.[182]

Ohne lange zu warten überqueren die Panzer und Panzerinfanteristen dann die Flutrinne und erreichen über die Meeraner Straße die R 175. Kurz vor der Oberen Muldenbrücke, die durch eine Straßensperre blockiert ist, kommt es zum Schusswechsel mit der Brückensicherung. Dabei wird ein Gebäude in Brand geschossen.[183] Erika Listl, die zu diesem Zeitpunkt auf dem Weg vom Sandanger zur Flutrinnenbrücke ist, wird dabei durch eine Kugel in den Hals getroffen und stirbt. Sie wird später geborgen und in Gesau beerdigt.[184] Überhaupt sind noch viele Zivilisten auf den Straßen. Hatten die meisten noch am Vortag Schutz in den öffentlichen LS-Bunkern und Kellern gesucht, so hatten sie diese am späteren Abend wieder verlassen, nachdem das Schießen aufgehört hatte. Als sich dann auch noch herumgesprochen hatte, dass die Verpflegungslager in der Stadt durch die Wehrmacht geöffnet wurden und Lebensmittel verteilt werden, hatten auch die Letzten ihre Angst verloren. Anfangs noch geordnet, war die Lebensmittelverteilung an die Bevölkerung schnell in Chaos ausgeartet. Überall wurde daraufhin begonnen, Lager mit Versorgungsgütern zu plündern. Und auch jetzt noch sind die Plünderer unterwegs, zu denen sich Zwangsarbeiter und russische, französische und britische Kriegsgefangene aus den Glauchauer Arbeitergemeinschaftslagern gesellt haben, um die sich keiner mehr kümmert. Ihre Wachen waren geflüchtet. Jetzt geraten sie alle zwischen die Fronten.[185]

Bei den Kämpfen an der Oberen Muldenbrücke werden mehrere der Verteidiger getötet. Der Rest flieht oder ergibt sich. Ohne Mühen überwinden die Panzer die Sperre, die lediglich aus einem, in den Brückenbelag gerissenen, Graben mit Erdaufschüttung besteht. Dann teilt sich die Kolonne hinter der Brücke und während eine Gruppe über die Marienstraße Richtung Schloss vorrückt, schwenkt die andere nach Süden und geht auf der Wehrstraße Richtung Gründelpark vor. Immer wieder feuern die Panzerinfanteristen mit ihren halbautomatischen M 1 Garand Gewehren und den Thompson-MPi in der Marienstraße auf die Fenster und Türen, wo keine weiße Fahnen zu sehen sind. Viele Bürger, die trotz der Drohungen des Ortsgruppenleiters in der Nacht Fahnen aufgehängt hatten, hatten diese wieder hereingenommen, nachdem am Vormittag Motorräder mit SS durch die Stadt gerast waren und sie bedroht hatten.[186] Unterhalb des Glauchauer Doppelschlosses geraden die vorrückenden Truppen erneut unter Beschuss. Dort verschanzte RAD-Angehörige unter Führung eines

Wehrmachtsoffiziers eröffnen das Feuer und zwingen die Panzerinfanteristen in Deckung. Der Versuch eines Panzers, den Mühlberg zum Schloss hinauf zu fahren scheitert und er macht kehrt. Daraufhin fahren die Panzer in Feuerlinie auf und nehmen die Verteidiger, die im Schloss Forderglauchau sitzen, unter Beschuss.[187] Dabei gerät der westliche Teil des Südtraktes in Brand und die Flammen drohen auf das Schloss Hinterglauchau mit dem Museum überzugreifen.[188] Zum Glück enden jedoch wenig später die Kämpfe. Nur mit Mühe kann das Feuer durch den Einsatz der Bevölkerung und der Ostflüchtlinge, die im Schloss untergebracht sind, gelöscht werden. In der Nacht setzen sich die Verteidiger ab. Auch die zweite Gruppe trifft bei ihrem Vormarsch im Bereich des Gründelparks auf Widerstand. Deutsche Soldaten eröffnen aus einem Gebäude in der Richard-Wagner-Straße das Feuer. Nach einem kurzem Gefecht, bei dem ein deutscher Offizier getötet wird, endet der Widerstand.[189]
Die Überlebenden fliehen nach Wernsdorf. *„Am 14. April gegen 18.00 Uhr kamen acht deutsche Soldaten, sechs Arbeitsdienstangehörige, angeführt von einem Oberst, sowie der Krankenschwester Johanna Köhler, unter einer großen Rot-Kreuz-Fahne nach Wernsdorf... In der Stube des Bauerngutes wurde der Oberst verarztet. Er war durch Granatsplitter am Gesäß bei den Kampfhandlungen im Gründelpark verwundet worden.*“[190]

Die zweite Task Force nimmt von Norden kommend die Waldenburger Straße, überquert die Flutrinne und erreicht über die Muldenbrücke der Auestraße den Leipziger Platz, wo es zu einem kurzen Feuergefecht mit eingegrabenen Verteidigern kommt. Ein Deutscher wird getötet. In der Umgebung kommt es zu Gebäudeschäden und Brände brechen aus. Aber der Widerstand endet schnell.[191] Dann teilt sich auch hier die Task Force auf und während eine Gruppe auf der Leipziger Straße Richtung Markt und Rathaus weitergeht, rückt eine zweite Gruppe über die Talstraße und Schlachthofstraße Richtung Schlachthof vor, wo sie auf Widerstand trifft. Bei dem darauf folgenden Feuerwechsel wird ein deutscher Soldat getötet. Dann wird das Gelände des Schlachthofs gesichert. In der Zwischenzeit sind andere von der Talstraße in die Horst-Wessel-Straße (heute August-Bebel-Straße) eingeschwenkt. Als sie den Chemnitzer Platz erreichen, geraten sie unter Beschuss. Eine Panzerfaust trifft einen Jeep, woraufhin ein herbeigeholter Panzer die Gaststätte „Reichshalle“ unter Beschuss nimmt und das Gebäude zerstört. Als sich die Panzerinfanteristen anschließend der Richterkaserne nähern, setzt erneut starkes Abwehrfeuer ein, dass sie zum Rückzug zum Chemnitzer Platz zwingt.[192] Am Abend sind 75% der Stadt einschließlich der gesamten Unterstadt, des Schlachthofes und des Scheerbergs in der Hand des CCR. Die Ausgänge nach Süden und Osten sind im Zusammenwirken mit dem CCA abgeschnitten und es wurden eine große Anzahl an Gefangenen gemacht, aber der Widerstand ist noch immer nicht gebrochen. Immer wieder werden die Amerikaner in den Nebenstraßen, wo ihnen Panzer und Panzerjäger nicht helfen können, aus den Häusern heraus beschossen.[193] Auch tauchen an mehreren Stellen deutsche Truppen hinter den vorderen Linien der Amerikaner auf. Dabei werden sogar drei der Co.CO, die sich gerade zu einer Absprache über das weitere Vorgehen getroffen hatten, zeitweise von den eigenen Linien abgeschnitten. Erst durch über Funk herbeigerufene Verstärkung können sie aus der misslichen Situation befreit werden.[194]

Mit Einbruch der Dunkelheit stellt das CCR die weiteren Angriffsbemühungen ein und zieht sich auf sichere Positionen zurück, wo sie Vorposten für die Nacht errichten. Auf dem CP des CCR in Jerisau, wohin auch der Bn.CP 35th Tk Bn unter Zurücklassung der HQ Co. und des Medical Detachements um 14.00 Uhr (B) verlegt hat, laufen in der Zwischenzeit gemeinsam mit dem, 18.45 Uhr (B) in Höckendorf eingetroffenen, 2./319 der 80th US InfDiv die Planungen für die endgültige Einnahme am nächsten Tag.[195] Während die deutschen Kriegsgefangenen aus Glauchau, mit dem frei werdenden Transportraum der eintreffenden Infanterie von Höckendorf aus abtransportiert werden, beginnt für Glauchau eine nächtliche Gnadenfrist. Nur vereinzelt fallen Schüsse in der Stadt.

In der Nacht setzt sich der Wehrkreisarzt IV, der mit seiner Dienststelle im Februar 1945 nach dem Bombenangriff von Dresden nach Glauchau in die General-Hammer-Kaserne verlegt worden war, zusammen mit Teilen der Landesstelle IV des DRK Richtung Oberwiesenthal ab. Der Generalhauptamtsführer des DRK im W.Kr. IV, SS-Brigfü. und Staatsminister Dr. rer. pol. Karl Fritsch, bezieht im Fichtelberghaus am Ochsenkopf ein vorübergehendes Quartier.[196] Das DRK war in den Kriegsjahren eine der tragenden Säulen des Sanitätswesens im Deutschen Reich. Wie hatte es schon in der Satzung des „Centralkomité der Deutschen Vereine zur Pflege im Felde verwundeter und erkrankter Krieger“, dem Vorgänger des DRK, aus dem Jahr 1869 gehiesen: *„Die unter verschiedener Bezeichnung bestehenden Deutschen Landesvereine zur Pflege im Felde verwundeter und erkrankter Krieger fühlen sich aufs engste verbunden durch die gemeinsame Aufgabe, für einen Kriegsfall ihre Einrichtungen an Personal und Material vorzubereitend zu vervollkommnen und bei ausbrechendem Kriege die militärischen 4 Sanitätsbehörden mit allen ihnen zu Gebote stehenden Kräften zu unterstützen, unbeschadet der weiteren Aufgaben, welche die Landesvereine kraft ihrer freien Entscheidung noch in den Kreis ihrer Tätigkeit ziehen wollen“.* Aus dieser unabhängigen Tätigkeit war durch die „Verordnung zum Schutz von Volk und Staat“ vom 28. Februar 1933, die das DRK dem „Amtlichen Sanitätsdienst“ unterstellte, eine staatlich regulierte Tätigkeit geworden. *„Das Rote Kreuz entwickelte sich... von einem Wohlfahrtsverband zu einem nationalsozialistischen, freiwilligen Hilfskorps für den Sanitätsdienst der Wehrmacht... Ab April 1939 wurden DRK Helfer und DRK Helferinnen auf den Führer und Reichskanzler Adolf Hitler vereidigt.“* [197]

Während die Hauptkräfte des CCR den Kampf um Glauchau führen, entsendet das 94th AFA Bn eine kleine Task Force aus zwei M7 SFL der Btry. A zusammen mit zwei Halbkettenfahrzeugen unter Führung von Maj. Frank's und Lt. Vegh auf die Höhen westlich von Meerane, um den kleinen Ort Gablenz bei Crimmitschau anzugreifen, wo deutsche Truppen gemeldet wurden. In ihrer History schreiben die Artilleristen, dass sich ihnen nach kurzen Straßenkämpfen, bei denen sechs Deutsche getötet werden, drei Offiziere und 51 Soldaten ergeben haben.[198] Aus Gablenz sind jedoch nur drei gefallene deutsche Soldaten bekannt. Möglicherweise haben die Artilleristen die drei gefallenen Soldaten vom Vortag an der Autobahn kurzerhand hinzu gezählt, die man nach Gablenz gebracht hatte und die bei ihrem Eintreffen noch nicht beerdigt waren. Und die Anzahl der Gefangenen spricht für eine Verwechselung mit Glauchau. Am Morgen sollen jedoch einige Wehrmachtsangehörige, Angehörige des Lds.Schtz.Ers.Btl. 4 aus Glauchau, unter Führung eines „Hauptmanns aus Glogau", der vermutlich zur Offz.Schule Glogau gehörte, zusammen mit dem Lehrer Janke und VS-Angehörigen am Friedhof versucht haben, Straßensperren zu errichten. Ein MG wurde auf dem Hofmannsberg in Stellung gebracht und vom Kirchturm aus soll dann ein ungarischer Soldat in Richtung der Autobahn und der R 93 geschossen haben. Doch nach kurzem amerikanischen MG-Beschuss endete der Widerstand. Zwei Bürger sollen den Amerikanern mit einer weißen Fahne Richtung Autobahn entgegen gegangen sein, nachdem sie den Hauptmann am Gasthof „Paradies" entwaffnet hatten.[199] Eine Patrouille, die mit einem leichten Panzer die Umgebung der Feuerstellung des 94th AFA Bn sichert, macht 15 Gefangene .[200] Gegen 18.30 Uhr (B) verlegt das 94th AFA Bn in die Umgebung von Remse und bezieht eine neue Feuerstellung. Dabei ergeben sich ihnen in der Umgebung der Stellung acht Deutsche, womit sich die Anzahl der Kriegsgefangenen des 94th AFA Bn an diesem Tag auf 88 erhöht. Lt. Charles LaDue von der Svc Btry. 94th AFA Bn wird durch Scharfschützenfeuer verwundet, als er zur Erkundung nach Glauchau hinein fährt. Auch sonst hat die Svc Btry an diesem Tag kein Glück. Ihr CO Capt. George Ray wird bei einem Autounfall verletzt und muss vorübergehend durch Lt. Guild ersetzt werden.[201]

Der Co.CP der Rcn Co. 704th TD Bn hält während des Tages in Lipprandis und der Co.CP der Co. A, 704th TD Bn erreicht 14.00 Uhr (B) Weidensdorf. Am Nachmittag entsendet das CCR der 4th US AD eine Patrouille aus Angehörigen der, an der Besetzung von Glauchau nicht beteiligten, Kräfte zur unverteidigten sächsischen Textilstadt Meerane, wo seit dem Vortag weiße Fahnen wehen. Der Volkssturm hatte sich in der Nacht zum 14. April 1945 aufgelöst, nachdem Bgm. Dr. Bulling zusammen mit einigen NSDAP-Größen die Stadt verlassen hatte.[202] Ohne Behinderungen fahren sie gegen 16.00 Uhr vor das Alte Rathaus am Markt, wo sie die Türen verschlossen vorfinden. Dort haben sich die Meeraner Polizeiangehörigen in der Polizeiwache verschanzt. *„Vor den Kellerfenstern waren gemauerte Vorbauten, der sogenannte Splitterschutz. Auf solch einen kletterte ein Ami und gab durch das zerschlagene Fenster eine Salve ab. Daraufhin kamen die Polizisten mit erhobenen Händen aus dem Rathaus."*[203] In der Stadt trifft die Patrouille auf den Meeraner Bürger Fritz Oehlkrug, der nach eigenen Angaben die Stadt an die Amerikaner übergibt.[204] So bleibt es im Bezug auf die unmittelbarer Kriegseinwirkungen bei dem einen Bombenangriff, der am 13. Februar 1945 23 Tote und 50 Verletzte gefordert hatte.[205] Kurz darauf verlässt die Patrouille mit den gefangenen Polizisten die Stadt, in der die Bevölkerung die Zeit nutzt und die unbewachten Wehrmachtslager der Firmen Pfeifer & Söhne und Witt plündert.[206]

Die 25th CavRcnSq der 4th US AD unter Lt.Col. Leslie D. Godell sichert während des Tages die Divisions-Südflanke von Trebnitz bei Gera bis Posterstein. Die Fwd Echelon der 4th US AD, die um 09.15 Uhr (B) Langenberg verlässt, erreicht zusammen mit der HQ Co. 704th TD Bn um 11.20 Uhr (B) Grumbach.

Damit hat an diesem Tag die 4th US AD die Demarkationslinie zu den sowjetischen Truppen überschritten und steht vor Chemnitz. Man wird später schreiben: *„Wenn es erlaubt gewesen wäre, hätten wir fahren können, um die Russen zu treffen.“*[207] Am gleichen Tag findet ein Ereignis sein Ende, das sich am 7. April 1945 bei Neudietendorf zwischen Gotha und Erfurt ereignet hatte, als eine Gruppe hochrangiger amerikanischer Offiziere in einen vermeintlichen Hinterhalt geraten war, bei dem einige getötet bzw. gefangengenommen wurden. Unter ihnen auch der Division Signal Officer der 4th US AD, Lt.Col. Saar, der verwundet in Gefangenschaft geraten und später in Erfurt befreit wurde. Jetzt kehrt er zur Division zurück.[208] Und noch etwas geschieht jetzt, wo das Ende des Krieges langsam näher rückt. Es erfolgt die Umgliederung mehrerer Einheiten und Verbände der Division, darunter des HQ und HQ Co. 4th US AD, HQ und HQ Co. 4th Div.Trains, des 126th Ord Maint Bn, des 66th und 94th AFA Bn und des 24th Armd Engr Bn. So wird aus dem 126th Ord Maint Bn unter Lt.Col. Richard B. Euller das 126th Armd Ord Maint Bn. Die, im Verlaufe des Tages, dem Feind zugefügten Verluste belaufen sich auf 213 Tote, 221 Verwundete und 4097 Gefangene. Es werden vier 12cm Mörser, 12 Flakfahrzeuge, fünf 21cm Geschütze, vier Nebelwerfer, 1030 Panzerfäuste, 20 Lastwagen, fünf Halbkettenfahrzeuge, sechs VW-Kübel, 25 Stabsfahrzeuge, zehn Pkw, fünf Pferdefuhrwerke, zwei Lokomotiven, ein Verbindungsflugzeug „Fieseler Storch“, sowie große Mengen an Infanteriewaffen erbeutet. Die eigenen Verluste werden auf 17 Tote und 55 Verwundete beziffert.

Für die 80th US InfDiv endet an diesem Tag der Auftrag zur Aufrechterhaltung der Sicherheit und Ordnung in Weimar und Jena und die Military Government übernimmt die Verantwortung. Doch noch sichert beim RCT 317 das 1./317 gemeinsam mit dem 3./317 Jena, während das 2./317 in der Div.Res. in Weimar verbleibt. Um 09.00 Uhr (B) erhält das RCT 317 auf seinem Regtl.CP in Jena den Befehl, so bald Transportraum eingetroffen ist, ein Bataillon in den Raum westlich von Gera zu entsenden, welches sich darauf vorbereiten soll, das RCT 319 nach der Einnahme von Gera in der Stadt abzulösen. Außerdem soll ein Platoon die Brückenwachen der Co. L, 3./319 an der RAB ablösen. Und das Bataillon, das in Jena verbleibt, soll sich darauf einstellen, eine Kompanie nach Eisenberg entsenden, um dort eine Einheit des RCT 318 abzulösen. Der CO 319th InfRgt entscheidet sich, das 1./317 nach Gera zu entsenden und das 3./317 vorläufig in Jena zu belassen. Als um 12.27 Uhr (B) die Lastwagen Jena erreichen sitzt das 1./317 auf und um 13.30 Uhr (B) verlässt die Kolonne die Stadt. Doch nicht in den befohlenen Versammlungsraum, sondern direkt nach Gera, denn im letzten Moment vor der Abfahrt war die Nachricht von der kurz bevorstehenden Einnahme der Stadt eingegangen. Nur ein Platoon der Co. C, 1./317 soll, wie befohlen, am Hermsdorfer Kreuz absitzen und die dortigen Sicherungskräfte ablösen. Kaum in Gera eingetroffen beginnt um 18.00 Uhr (B) die Ablösung des 3./319 in der Stadt und an den Straßensperren an den südlichen Zugängen zur Stadt.

Beim 3./317, das in Jena verbleibt, trifft am Mittag der Befehl ein, die Kompanie nach Eisenberg in Marsch zu setzen, um das 3./318 abzulösen und sofort ein Platoon als Vorhut voraus zu schicken, um die Übernahme zu beschleunigen. Der macht sich um 13.30 Uhr (B) auf den Weg und um 16.30 Uhr (B) ist die Ablösung erfolgt. Um 15.30 Uhr (B) folgt dann der Rest der Co. I verstärkt durch MG-Trupps der Co. M, während der Rest des Bataillons bis zur Ablösung in Jena bleibt. Doch die beginnt erst um 22.30 Uhr (B) nachdem das eingetroffene 5th Ranger Bn die Verantwortung über die Stadt übernommen hat. In Weimar erhält das 2./317 um 21.50 Uhr (B) den Befehl, am nächsten Morgen mit Lastwagen auf der RAB Jena – Gera nach Rüdersdorf zu fahren, um von dort aus das Waldgebiet „Am Schwertstein-Himmelsgrund" zwischen der RAB Jena – Gera und Helmsdorf – Bad Klosterlausnitz – Tautenhain – westlich Bad Köstritz – Rüdersdorf zu durchkämmen, wo deutsche Truppen vermutet werden. Am Abend meldet das RCT 317 für den Tag 900 Kriegsgefangene, darunter einen General mit seinem Stab von vier Offizieren.[209]

Das RCT 318, das dem Panzern nach Osten folgen soll, versammelt sich am Morgen ohne sein 1./318, das sich noch in Erfurt befindet, im Raum Jena-Zwätzen, nachdem das 2./318 von Lt.Col. John P. Wood um 07.00 Uhr (B) zum 3./318 aufgeschlossen hat und die Co. B, 702nd Tk Bn unter 1st Lt. Nelson um 06.15 Uhr (B) eingetroffen ist Dann beginnt das Regiment mit dem I&R Plat. 318 voraus, gefolgt vom 3./318, mit dem motorisierten Marsch, während das 2./318 im Pendelverkehr folgt. Auf der R 7 geht es unbehindert nach Eisenberg. Unterwegs ergeben sich ihnen widerstandslos 20 deutsche Soldaten, als die Kolonne durch ein Dorf fährt. Dann erreichen die Aufklärer die Stadt Eisenberg, durch die bereits am Vortag die Panzern der 4th US AD gerollt sind. Wie am Vortag regt sich kein Widerstand in der Stadt. Letzte versprengte deutschen Soldaten, die auf ihrer Flucht nach den Panzern die Stadt erreicht hatten, haben sie bereits in der Nacht wieder verlassen. Jetzt befinden sich dort nur noch die Insassen des Res.Laz. Schillerschule und des 1943 eingerichteten Lazaretts in den Wäldern südlich von Eisenberg, dem heutigen „Waldkrankenhaus Eisenberg Rudolf Elle" an der Klosterlausnitzer Straße. Die Stadt hat wieder einmal Glück. Bis auf den Notabwurf eines B-17 Bombers der 303rd B.G. der 8th USAAF, der am 9. Februar 1945 beim Anflug auf das Mineralölwerk Lützkendorf nach einer Kollision mit einem zweiten Bomber seine Bombenlast über der Jenaer Straße abgeworfen hatte, bevor die Maschine im nahegelegenen Mühltal zerschellte, und einem Tieffliegerangriff auf den Bahnhof und die Gleisanlagen am 9. April 1945 war die Stadt von Luftangriffen verschont geblieben.[210]

Bis 09.55 Uhr (B) haben die Infanteristen des 3./318 von Lt.Col. Paul E. Jakobs das Stadtgebiet besetzt. Dann geht der Vormarsch unter Zurücklassung von Sicherungen weiter. Sie sollen auf das 3./317 warten, das sie ablösen soll bis am nächsten Tag das 284th FA Bn die Aufgaben der Military Government in der Stadt übernimmt.[211] Mit dem I&R Plat. voraus geht es zügig bis zur Weißen Elster in Crossen und um 11.45 Uhr (B) werden die Aufklärer in Etzdorf gemeldet bevor sie um 12.40 Uhr (B) Tauchlitz östlich des Flusses erreichen. Flankenkräfte erreichen mit drei Aufklärungsjeeps auf der Straße Eisenberg – Hartmannsdorf den kleinen Ort Kursdorf, wo sie der Bgm. Arno Kellberg mit der weißen Fahne empfängt. Eine Gruppe kampfbereiter Hitlerjungen, die wahrscheinlich zu jenen Hitlerjungen gehören, die zu den Panzerjagdverbänden stossen sollten, war erst kurz zuvor auf sein Drängen hin Richtung Tautenhain abgerückt.[212]

Um 12.30 Uhr (B) überquert hinter den Aufklärern die Hauptkolonne des 3./318 den Fluss und fährt nach Osten zur R 2 westlich von Heuckewalde und um 13.55 Uhr (B) werden die Spitzen am Ostrand des Zeitzer Forstes bei Lonzig gemeldet. Dort erhält das 3./318 um 14.07 Uhr (B) den Befehl, einen südlichen Schwenk über Lessen zu machen, bevor die Kolonne auf der R 2 nach Norden, nach Zeitz, fährt.[213] Südlich von Zeitz schwenkt sie erneut nach Osten auf die R 180 Richtung Altenburg. In Meuselwitz geht es nach Süden und über Schmölln erreicht die Kolonne Gößnitz. Dabei wird die Kolonne so weit auseinandergezogen, dass die Einheiten am Abend über Funk aufgefordert werden müssen, Führer nach Gößnitz zu senden, die die Kompanien in der Dunkelheit in ihre Bestimmungsräume lotsen sollen. Nach Mitternacht hält das RCT in Raum Naundorf – Hainichen bei Gößnitz. Die begleitenden Panzer und Panzerjäger erreichen den Raum mit den letzten Tropfen Treibstoff. Bereits am Mittag hatten die Panzerjäger 400 Gallonen[214] angefordert. Doch es ist kein Transportraum vorhanden, um diesen heranzubringen und die Nachschublinien sind hoffnungslos überdehnt. In der Nacht geht das 3./318 weiter und bezieht gegen 02.15 Uhr (B) um Ziegelheim herum Verteidigungsstellungen.

Das nachfolgende 2./318, dass zwischenzeitlich bei Rippicha – Röden gehalten hatte, trifft ohne ihre Co. G unter Capt. Gabriel R. Martinez um 00.30 Uhr (B) bei Gößnitz ein. Das 1./318, das am Vortag vom 241st FO Bn abgelöst wurde und bis zum Morgen in Erfurt auf Transportraum gewartet hat, verlässt um 06.30 Uhr (B) die Stadt und folgt der Vormarschstrecke des Regiments wobei es um 12.15 Uhr (B) in Jena gemeldet wird. Auf dem weiteren Weg richtet es Kriegsgefangenensammel- und Durchgangsstellen ein, die an diesem Tag alleine 2352 Kriegsgefangene registrieren. In der Nacht erreicht es gegen 03.00 Uhr (B) den Versammlungsraum des Regiments, wo es in Oberwiera östlich von Gößnitz hält. Die Cn Co. 318 erreicht 23.20 Uhr (B) Gösdorf.. Der Regtl.CP, der in der Nacht Jena-Zwätzen erreicht hat, hält dort. Das Regiment zählt im Tagesverlauf 1742 Kriegsgefangene.

Das RCT 319 beginnt am Morgen mit dem 2. und 3./319 den Angriff auf die Textilstadt Gera, nachdem am Vorabend die Übergabe eines Ultimatums an den K.Kdt. gescheitert war.[215] Und auch so sind trotz des nächtlichen Artilleriebeschusses der

Stadt, der zwischen 21.20 Uhr und 05.10 Uhr neun Opfer gefordert hat, keine Zeichen einer Kapitulationsbereitschaft zu sehen.[216] Scheinbar hat man nichts aus den Schäden der Luftangriffe gelernt, der die Stadt wegen ihrer rüstungswirtschaftlichen und verkehrstechnischen Bedeutung zwischen Mai 1944 und April 1945 ausgeliefert war und bei denen 550 Zivilisten ums Leben kamen und 1800 Wohnungen zerstört wurden. Ganz zu schweigen von den Schäden an den Versorgungseinrichtungen und Kulturdenkmälern der Stadt. Insgesamt zehn Mal war die Stadt, der das Bomber Command den Zielcode „Marlin" (Speerfisch)[217] zugewiesen hatte, in das Fadenkreuz der Bomber geraten. Zwar fast immer als „Gelegenheitsziel" oder „Primärziel", wie am 18. August 1940, als ein Flugzeug der RAF praktisch symbolisch seine Bomben über der Stadt abwarf und dabei drei Personen tötete. Auch die Angriffe der 8th USAAF am 12. Mai und 28. Mai 1944, am 13. September 1944 als elf Bomberbesatzungen ihr Primärziel Merseburg mit Gera verwechselten, am 7. Oktober 1944, am 30. November 1944 und am 6. und 23. Februar 1945 galten nie primär der Stadt. Anders der Angriff der 8th USAAF am 6. April 1945, als 109 B-17 „Flying Fortress" Bomber der 3rd Bomb Div. begleitet von 100 P-51 „Mustang"-Jagdflugzeugen planmäßig das Sekundärziel Gera angriffen. Zwischen 10.18 und 10.32 Uhr warfen sie 311 Tonnen Bomben über dem Stadtgebiet ab.

Bombenabwurf von Consolidated B-24 Liberators der 458th Bomb Group auf Gera am 23. Februar 1945
Foto: National Archives, 342-FH-3A21370-75792AC (fold.3.com)

Ruinen in der Stadt und zerstörte Eisenbahnwaggons auf dem Güterbahnhof Gera
Fotos: 111-SC-205425/111-SC-205424, Army Signal Corps, National Archives

Inwieweit der Bombenabwurf eines einzelnen Avro Lancaster Bombers der RAF am darauffolgenden Tage als gezielter Angriff zu werten ist, ist strittig. Allerdings erfolgte der Angriff neben den üblichen Bomben mit einer 4000-Pfund-Minenbombe HC 4000 LB „Cookie“, einer schweren Luftmine. Insgesamt betrachtet lag Gera damit beim Vergleich der Anzahl der Angriffe mit anderen gleichrangigen Städten in Deutschland im unteren Mittelfeld, aber dennoch war jeder Angriff einer zu viel und hätte auch den letzten Endsieggläubigen klar vor Augen führen müssen, was geschehen würde, wenn es zu einem Kampf um die Stadt kämme.[218] Vor allem, nachdem ab dem 11. April 1945 praktisch ständig Tieffliegar über der Stadt erschienen waren und die Straßen- und Verkehrswege angriffen, wobei es noch einmal insgesamt 34 Tote gab.[219]

Doch ganz trifft die Aussage, dass die Stadt nichts gelernt hat, nicht zu. Denn in der Stadt bemüht sich von den Amerikanern unbemerkt seit dem Vortag der Stellv. OBgm. und Stadtkämmerer Carl Becker, der wegen des Fronteinsatzes des OBgm. Otto Zinn[220] die Geschäfte in der Stadt führt, um einen Kontakt zu den Amerikanern. Becker, der nur wegen seiner Qualifikation Stadtkämmerer und somit Stellv. OBgm. geworden war, obwohl er wegen seiner politischen Ansichten nie das uneingeschränkte Vertrauen der Partei genossen hatte, hatte sich dem Befehl zum Verlassen der Stadt bei Auslösung von Feindalarm wiedersetzt und war geblieben. Dort konnte er so dank seiner Bemühungen gerade noch rechtzeitig die Vernichtung von wichtigen Akten, insbesondere von Personalakten, verhindert. Außerdem ist es seinem Zuspruch zu verdanken, dass es nicht zur ursprünglich geplanten Verteidigung der Stadt gekommen war. Ungeachtet der Gefahr für sein eigenes Leben, hatte er sich nach Gesprächen mit einigen mutigen Geraer Bürgern, darunter Dr. med. Kurt Gröbe, aufgemacht, um den NSDAP-Kreisleiter und den Leiter des WBK Gera, Oberst Hoehne, von der Sinnlosigkeit einer Verteidigung zu überzeugen. Doch diese hatten ihn abgewiesen und als Verräter beschimpft. Dennoch hatte er nicht aufgegeben und so war es ihm gelungen, den Stadt.Kdt. Oberst Cramer zu mindestens davon zu überzeugen, die Truppen und den Volkssturm aus der Stadt zu nehmen und die Stadt nur außerhalb des bewohnten Stadtgebietes zu verteidigen. Unabhängig davon hatte er sich am 13. April 1945 aufgemacht, um mit den Amerikanern Verbindung aufzunehmen und einen Angriff oder den Beschuss der Stadt zu verhindern. Doch der Versuch war aus nicht überlieferten Gründen gescheitert und so hatte er sich an diesem Tag am frühen Morgen erneut aufgemacht, um einen Kontakt herzustellen.[221] Doch als der Kontakt endlich zu Stande kommt, ist es zu spät, denn die Angriffsmaschinerie läuft bereits. Vorsichtig rücken die Infanteristen des RCT 319 auf die Stadt vor, denn es ist unklar, mit welchen Kräften sie es zu tun haben werden. Immerhin hatte es in den Tagen zuvor Aussagen von deutschen Kriegsgefangenen gegeben, dass sich Teile der Flak aus Jena nach Gera zurückgezogen haben sollen. Und Informationen sprechen von einer Garnison mit 1200 Mann. Doch das diese Angaben längst nicht mehr zutreffen, wissen sie nicht.

Denn von der einstigen Garnison Gera der Wehrmacht ist nicht mehr viel übrig geblieben. Die Stadt war 1934 nach einer längeren Pause noch dem 1. Weltkrieg erneut Garnison geworden und hatte den Stab und die I./R.Rgt. Gera, die aus dem R.Rgt. 11 der Reichswehr hervorgegangen war, beherbergt, das mit der Aufstellung der Wehrmacht im Oktober 1935 aufgelöst und zum Schtz.Rgt.1 der 1. Schtz.Brig. der 1. PzDiv wurde. Teile werden zur Aufstellung des Schtz.Rgt. 3 herangezogen. Ab 1936 wird die Reuß-Kaserne in Gera zur Heimat des I./Schtz.Rgt. 1, das nach der Teilnahme am Einmarsch im Sudentenland aber nicht wieder nach Gera zurückkehrt und auf den TrÜbPl Ohrdruf verlegt, bevor es nach Weimar geht. Ab dem 10. November 1938 wurde Gera dann Sitz der 2. leichten Division des XV. AK aus der am 18. Oktober 1939 die 7. PzDiv hervorgeht. Parallel dazu erfolgt am 10. November 1938 die Aufstellung des Stabs und der II./Kav.Schtz.Rgt. 7 in der Reuß-Kaserne, das am 18. Oktober 1939 der 7. PzDiv unterstellt wird. Am 28. Februar 1940 wird aus dem Kav.Schtz.Rgt. das Schtz.Rgt. 7 und am 5. Juli 1942 in Frankreich das Pz.Gren.Rgt. 7 der 7. PzDiv. Ebenfalls am 10. November 1938 erfolgt die Aufstellung der Pz.Abw.Abt. 42 der 2. leichten Division und ab dem 18. Oktober 1939 der 7. PzDiv. Am 1. April 1940 wird aus ihr die Pz.Jg.Abt. 42. Auch der Stab der San.Abt. 47 der 2. leichten Division wird in Gera stationiert, die von 1938 bis 1939 die San.Staffel Gera stellt. Die ursprüngliche Planung sah noch die Stationierung der Pz.Abt. 66 der 3. leichten Division in Gera vor, doch diese blieb an ihrem Aufstellungsort Eisenach. Am 26. August 1939 dient Gera dann wie fast alle Standorte der Wehrmacht zur Aufstellung eines Lds.Schtz.Verbandes, hier des Lds.Schtz.Btl. XV/IX der Div.Nr. 409, das am 1. April 1940 zum Lds.Schtz.Btl. 615 wird und ein Jahr später in die Slowakei verlegt. An seiner Stelle kommt das, am 1. Januar 1941 in Greiz aufgestellte, Lds.Schtz.Btl. 621 des Kdr.d.Kgf. IX. Mit dem Abrücken der ersten Verbände zum Kriegsbeginn 1939 leert sich der Standort schnell. Im April 1940 kommt die Kraftf.Ers.Abt. 29 von Fulda nach Gera, die am 20. Februar 1943 aufgelöst wird. Teile gehen zur Kraftf.Ers.Abt. 15, die am 24. Juni 1943 von Rudolstadt nach Gera kommend zur Kraftf.Ers.u.Ausb.Abt. wird. Bereits am 20. August 1943 verlässt sie jedoch die Stadt Richtung Gelnhausen.[222] Die im Bau befindliche Panzerkaserne in Tinz wird bis Kriegsbeginn nicht fertiggestellt und nur noch als Unterkunft für Zwangsarbeiterinnen genutzt.[223] Der zivile Flughafen Gera, der 1939 obligatorisch beschlagnahmt wurde, wurde während des Krieges ebenfalls nicht durch die Luftwaffe genutzt.[224] In der Kriegsgliederung des Ersatzheeres vom 10. August 1944 befindet sich nur noch das Lds.Schtz.Btl. 621 und die Wwi.Ers.Abt. 5 der Div.Nr. 409, die im August 1943 von Kassel kommend in die Reuß-Kaserne eingezogen war, in der Stadt. Die Einheit war für die Ersatzgestellung von Personal für die Wehrwirtschaft und das Rüstungsamt zuständig. Aber letztere setzt sich kurz vor Eintreffen der Amerikaner gemeinsam mit einem Großteil des Personals des WBK Gera und des Wehrmeldeamtes ab.[225] Nur das Personal des Res.Laz. bleibt auf seinem Posten.

Appell beim Schtz.Rgt. 1 Gera der 1. PzDiv, unten PzKpfw I eines Btl.Kdr. Fotos: Archiv Möller

So scheint sich die angebliche Stärke der Garnison wohl auf die Gesamtstärke aller möglichen Verteidiger unter Einbeziehung des Volkssturms zu handeln. Dieser war ab Ende März 19 bis zum 10. April 1945 in der Osterland-Turnhalle der Stadt mobilisiert worden.[226] Darunter auch die Jugendlichen des Jahrgangs 1929, auf die gemäß der Verordnung über die Erweiterung der Wehrpflicht vom 5. März 1945 des OKW die Wehrpflicht erweitert wurde.[227] Und selbst vor den jüngsten Jahrgängen 1930/31 war man nicht zurückgeschreckt und hatte sie am 1. April 1945 in Gera-Ernsee versammelt, um sie an Karabiner und Panzerfaust auszubilden. Doch die Angehörigen des 1. VS-Aufgebotes waren bereits zur Verteidigung der Saale-Linie abmarschiert und die Masse der anderen hatte in der Nacht die vorgesehenen Stellungen verlassen und war nach Hause gegangen, soweit sie sich nicht schon vorher abgesetzt hatten, um nicht sinnlos verheizt zu werden. Und das, obwohl es in der Ausgabe der „Geraer Zeitung“ vom 3. April 1945 gehiesen hatte: *„Wer nicht bis zum letzten Atemzuge kämpft, der wird als Fahnenflüchtiger geächtet und behandelt.“*[228] Aber schließlich waren viele der Alten Veteranen des 1. Weltkriegs und wussten, was sie erwarten würde. So sind es bis auf wenige Ausnahmen nur noch einige Hitlerjungen des 3. VS-Aufgebots aus dem HJ-Bann 153, Mitte Thüringen, Gera, die in ihren Stellungen verblieben sind.

Damit bildet den Kern des deutschen Widerstandes in Gera eine Einheit von zirka 60 Offz.Anwärtern der Schule VIII f. Fahnenjunker Wetzlar/Lahn unter dem Kommando von Oblt. Märker, die am westlichen Stadtrand Stellung bezogen haben.[229] Die 18 bis 19-jährigen Fahnenjunker waren nach dem Abmarsch in Wetzlar mit ihrer Schule in die Div.Nr. 409 eingegliedert worden, deren Reste nach Kämpfen mit den Amerikanern beim Rückzug aus Hessen als K.Gr. Zehler in der 26. VolksGrenDiv der neu aufgestellten 11. Armee aufgingen. Nach den Kämpfen im Eichsfeld Anfang April 1945, wo ein Fahnenjunker-Lehrgang in Breitenholz/Eichsfeld die „Auffangstelle Kokott“ gebildet hatte, waren Teile der Schule von der, Richtung Harz zurückweichenden, Division abgespalten worden. So war die K.Gr. Märker vor der vorrückenden Front über Nordhausen, Apolda, Jena und Stadtroda nach Windischenbernsdorf gelangt, wo man sie am Mittag des 13. April 1945 kurzerhand in die Verteidigung von Gera eingegliedert hatte.[230] Und das sie kampfentschlossen sind, hatten sie bereits am Vorabend bewiesen, als es um 22.00 Uhr (B) an der Südostecke der Stadt zu einem mutmaßlichen Ausbruchsversuch deutscher Truppen gekommen war. Doch es handelte sich um ein Stoßtruppunternehmen der Wetzlarer Fahnenjunker, von denen sich eine Gruppe Freiwilliger unter Führung von Oblt. Märker im Schutz der Dunkelheit an einen unbewachten Sherman-Panzer herangeschlichen und diesen mit einer Hafthohlladung unbeweglich gesprengt hatten. Ohne Verluste waren sie in ihre Stellungen bei Windischenbernsdorf zurückgekehrt.[231] Sie und gesprengte Brücken über die Weiße Elster sollen den Feind stoppen. Bis zum Mittag hatte die Wehrmacht die Eisenbahnbrücke Zwoitzen, die Zoitzbrücke (heute Friedensbrücke) in Liebschwitz, die Elsterbrücke bei Meilitz und das Eisenbahnviadukt bei Wünschendorf gesprengt.[232] Lediglich die Sprengung der Autobahnbrücke über die Weiße Elster bei

Thieschitz war beim ersten Versuch nicht gelungen und für einen zweiten Versuch hatte die Zeit nicht mehr gereicht.[233] Auch kleinere Brücken wie die Franzosenbrücke in Milbitz wurden durch Sprengung zerstört.[234]

Im Morgengrauen eröffnet eine 45minütige Artillerievorbereitung des 905th FA Bn, verstärkt durch das 315th FA Bn bei Pörsdorf und die 8inch Haubitzen des 662nd FA Bn bei Rüdersdorf, den Angriff. Unterstützt werden sie vom Rocket Launcher Plat. des 702nd Tk Bn unter Führung von Lt. Shore, der dem RCT 319 bereits seit Erfurt unterstellt ist. Die sechs Sherman-Panzer T 34 „Calliope", die neben ihrer Kanone über ein Abschussgestell mit je 60 Abschussrohren für 114mm M-8 Raketen verfügen, jagen jetzt ihre Geschosse in die Stadt. Alleine vom 315th FA Bn schlagen 21 Salven in Gera ein. Die Deutschen haben nichts, um darauf zu antworten. Die I./s.Werfer-Rgt. 14, die noch am Vortag mit 12 bis 15 traktorgezogenen 15cm Nebenwerfern 41 südlich von Gera in Stellung lag, hat zu diesem Zeitpunkt bereits den Rückzug angetreten, obwohl laut Gefangenenaussagen jeder der Werfer über 15 bis 25 Granaten verfügte.[235] Doch wären sie zum Einsatz gekommen, hätte dies wohl noch mehr Feuer auf die Stadt gezogen.

Während das 1./319, das seine Panzer und Panzerjäger zum 3./319 abgegeben hat und vorerst in der Reserve bei Töppeln verbleibt, gegen 07.00 Uhr (B) mit einer Kompanie die Co. K, 3./319 bei der Bewachung des Hermsdorfer Kreuzes und der Teufelstalbrücke ablöst und später nach dem Abrücken des CCR der 4th US AD aus dem Raum Langenberg die Verantwortung für diesen Bereich übernimmt, übernimmt die freigewordene Co. K, 3./319 von Capt. Edward B. Smith jetzt die Sperrung der Ausfallstraßen aus Gera nach Norden. Um 08.35 Uhr (B) verlassen die Co. I von Capt. Frank E. Reves und Co. L von 1st Lt. James G. Young des 3./319 den Versammlungsraum und begeben sich zum Ostrand von Gera, während der Bn.CP 3./319 in Rubitz verbleibt. Das 2./319 hatte bereits am Vortag seine Ausgangsstellungen westlich der Stadt bei Frankenthal bezogen. Damit kann der Angriff des 3./319 um 09.00 Uhr (B) beginnen. Ohne Schwierigkeiten gelingt es den beiden Kompanien nach Überwindung von leichtem Widerstand am Stadtrand gegen 10.35 Uhr (B) gegen vereinzelten Beschuss in die Stadt vorzurücken und bis 12.00 Uhr (B) den östlichen Teil zu besetzen. Einige wenige Widerstandsnester werden schnell beseitigt. Die Deutschen hatten nicht mit einem Angriff aus östlicher Richtung gerechnet. Lediglich 2nd Lt. James W. Clark, Plat.Leader der Co. I wird verwundet.

Anders beim 2./319. Das Bataillon, das noch in der Nacht um 03.15 Uhr (B) den Befehl erhalte hatte, mit Angriffsbeginn das Waldgebiet westlich von Gera im Abschnitt Windischenbernsdorf – östlicher Waldrand an der R 2 – Gera-Hammelburg – Brücke Schellingstraße zu säubern und sich bereitzuhalten, auf Befehl in den Westteil der Stadt einzudringen, beginnt am frühen Morgen in Begleitung der Panzer der Co. C, 702nd Tk Bn und Panzerjäger der Co. C, 811th TD Bn von Capt. David G. Collins mit der Co. G von 1st Lt. James G. Schwartze voraus, gefolgt von der Co. F unter

Capt. William H. Chamberlin, von Frankenthal aus mit dem Vorrücken zum Angriff. Auf dem Weg nach Scheubengrobsdorf – Windischenbernsdorf, von wo aus um von dort man über die R 2 den westlichen Stadtrand erreichen will, gerät die Co. G plötzlich unter Scharfschützenfeuer aus den Wäldern heraus, nachdem die Vorauskräfte bereits den Bereich passiert haben. Sie sind auf die Vorposten der Fahnenjunker gestoßen, die den Abschnitt Frankenthal – Scheubengrobsdorf – Windischenbernsdorf verteidigen sollen.[236] Diese hatten nach ihrem Eintreffen den Befehl erhalten, am Stadtwald Stellung zu beziehen und Straßensperren zu errichten. Und die Fahnenjunker sind *„treu ‚dem Führer ergeben' kampf- und einsatzbereit... trotz gewisser Zweifel am Endsieg"*.[237] Um den Vormarsch nicht zu stoppen, übernimmt die nachfolgende Co. F die Beseitigung des Widerstandes, während die Co. G weitergeht. Doch es war erst der Anfang. Zirka 100 Mann, darunter die Fahnenjunker und Versprengten haben sich an den Waldrändern östlich von Scheubengrobsdorf – Windischenbernsdorf eingegraben.[238] *„Wir belegten den etwa 150 m breiten Rand des Stadtwaldes mit Front nach Westen sowie das Waldstück, das – nach Windischenbernsdorf zu gelegen – einen 200 m breiten Streifen parallel zur Stadtrodaer Straße mit Blick nach Norden bildet. Jeder hatte sich in Entfernung von etwa 30 m zum nächsten ein Loch gegraben, und zwar wegen der Fluchtmöglichkeit bei darauf drehenden Panzer in L-Form.... Wir verfügten nur über Gewehre (Karabiner 98k, Zielfernrohr- und Schnellschussgewehre [10 Schuss]), Pistolen und Handgranaten sowie einige Panzerfäuste..."*[239]

Zuerst treffen die Infanteristen der Co. G begleitet von den Panzern gegen 10.00 Uhr (B) auf der Scheubengrobsdorfer Straße am Waldrand nordwestlich des Ortes auf eine Straßensperre, die schnell überwunden wird. *„In aller Frühe des dunstigen, frischen Morgens hörten wir das Brummen der anrollenden Panzer und den ersten sahen wir vor unserer Stellung im Norden der Stadtrodaer Straße auf der jetzt von der Neubausiedlung besetzten Anhöhe, etwa 500 m entfernt nördlich. Er schoss Richtung Gera und beobachtete die Situation". Dann kamen nacheinander im Abstand von 200 m zwei Sherman Panzer aus Windischenbernsdorf auf der Straße auf unsere Sperre zugerollt.* [240] In dem Moment schlägt ihnen Abwehrfeuer aus Richtung des Waldrandes östlich von Windischenbernsdorf entgegen, das die Infanteristen zu Boden drückt. Der Zeitzeuge Haeberlin schreibt später: *„Wir hatten den Befehl, den Gegner unbedingt auf eine Entfernung von 30 Meter herankommen zu lassen und erst dann aus voller Deckung zu feuern; eine Maßnahme, die wegen unserer Ausrüstung nur mit Handfeuerwaffen und Panzerfäusten notwendig war. Dieser Überraschungsangriff gelang. Die Amerikaner warfen sich in den Straßengraben und zogen sich unter dem Feuerschutz ihrer Panzer nach Windischenbernsdorf zurück."*[241] Doch die Ruhe wehrt nur kurz. Dann eröffnen zwischen 09.00 und 10.00 Uhr (B) die Panzer das Feuer auf die Waldränder. Granaten explodieren in den Baumwipfeln und schleudern tausende Holzsplitter durch die Luft. Die farbigen Leuchtbahnen schwerer MG-Geschosse zwingen die Verteidiger tief in ihre Schützenlöcher.[242] Und dies alles spielt sich im Abstand von gerade einmal 700 Meter vom Städtischen Krankenhaus, dem Waldkrankenhauses Gera (heute Waldklinikum) ab, das seit 1940 Res.Laz. und voll mit verwundeten Soldaten und Opfern der Luftangriffe von 6. und 7. April 1945 ist. Doch sowohl die Angreifer, als auch Verteidiger scheinen dies nicht zu wissen. Oder nehmen sie es billigend in Kauf?[243]

Nur mühsam gelingt den amerikanischen Infanteristen den Widerstand zu brechen. Am Waldrand und vor der Straßensperre auf der Stadtrodaer Straße kurz vor der 90-Grad-Kurve der R 2 kommt es zu schweren Kämpfen. Beiderseits der Straße eingegraben, leisten die Verteidiger verbissenen Widerstand. Zwei MG-Nester rechts und links der R 2 hart südwestlich des Städtischen Krankenhauses nehmen die Angreifer ins Kreuzfeuer.[244] Die Panzer feuern zurück. Auf Grund des anhaltenden Widerstandes fordern die Infanteristen um 10.30 Uhr (B) über das begleitende Vorgeschobene Artilleriebeobachter-Team Artillerieunterstützung an und das 905th FA Bn eröffnet das Feuer. Zum Glück für das Krankenhaus zerstören die Granaten dank der Feuerleitung nach Angaben der Artilleristen aber nur die zwei MG-Nester. *„Es kam zu Nahkämpfen und Handgranatenduellen, aber unsere Truppe war so dezimiert. Teile des Waldes brannten und man sah ein, dass gegen die Übermacht der Amerikaner mit Handfeuerwaffen nichts auszurichten war, so dass Oblt. Märker Rückzug befahl.“*[245] Aber nur einem Teil gelingt das Absetzen aus den Stellungen. Ungeordnet fliehen sie durch den Wald nach Südosten und geraden dort noch einmal unter Panzerbeschuss.

Abgabe von Waffen auf einer Polizeidienststelle in Gera
Foto: 111-SC-255204, Army Signal Corps, National Archives

Lediglich 20 Mann sammeln sich unter der Führung von Märkers und stossen bei ihrer Flucht nach Süden auf die dort operierenden Teile des Pz.Gren.Rgt. 110 der 11. PzDiv, in die sie als Rgts.Begleit.Kp. unter Führung von Märkers eingegliedert werden. Ihr Weg wird sie bis in die Tschechei[246] führen, wo sie im Bestand der 11. PzDiv kapitulieren.[247]

Damit sind die Kämpfe am Westrand von Gera aber noch nicht vorbei. Um 11.35 Uhr (B) erreicht das 2./319 der Befehl, schnellstmöglich von Westen aus in die Stadt vorzurücken, doch um 12.00 Uhr (B) ist die Straßensperre immer noch nicht überwunden. Die zurückgebliebenen leisten weiter Widerstand. Es kommt zu einem letzten verzweifelten Gegenangriff von zehn Mann gegen die Linien der Co. G. Aber sie haben keine Chance. Trotzdem endet der Widerstand erst, als den Verteidigern klar wird, das die amerikanischen Truppen bereits hinter ihnen in der Stadt sind.[248] Für seinen besonderen Mut als Führer einer sMG-Squad von Capt. Lewis T. Kalis's Co. H, 2./319 bei diesen Kämpfen, wird dem Cpl. Darnell H. Green der Silver Star verliehen.[249]

Die deutschen Überlebenden des Kampfes *„am Waldstück ‚Hölle' oberhalb des Martinsgrundes"* gehen in Gefangenschaft.[250] Einige von ihnen überleben jedoch ihre Gefangennahme nur mit Glück. Der Zeitzeuge H. berichtet über die Erlebnisse eines Kameraden, der als sMG-Schütze 1 eingesetzt war: *„Er hatte eine Kopfverletzung erhalten, die aber stark blutete. ...er schleppte sich auf die hinter uns liegende Anhöhe, wo wir von der Existenz eines Krankenhauses wussten. In einer Schneise traf der blutüberströmte H. auf zwei amerikanische Soldaten, die ihn anhielten, ihm Uhr und Ring abnahmen, dann aber laufen ließen. Dann schossen sie ihn jedoch von hinten... nieder"*. Schwer verwundet wird er von Zivilisten gefunden und ins Krankenhaus gebracht. Wie durch ein Wunder überlebt er.[251] 16 seiner Kameraden haben weniger Glück und bleiben tot zurück. Sie finden ihre Grabstätte am Rand des Stadtwaldes an der Stadtrodaer Straße.[252] Einige von ihnen werden später auf dem Geraer Ostfriedhof umgebettet, die anderen in ihre Heimatorte überführt. Aber auch die Amerikaner haben Verluste. Die Co. G verliert 12 Mann und die Co. H meldet einen Toten und mehrere Verwundete. Unter den Toten sind die Pfc. Ronald Pagliari und Edward Walker von der Co. G.

Erst dann dringt auch das 2./319 in den westlich der Weißen Elster liegenden Teil der Stadt ein. Zu diesem Zeitpunkt hat das 3./319 die östlichen Stadtteile bereits gesichert und Patrouillen von Lt. Carlsons I&R Plat. 319 fahren Streife in der Stadt. Lediglich in der Südstadt kommt es zu einem Schusswechsel mit einem 16-jährigen Hitlerjungen, der *„mit Gewehr, Maschinenpistole und einigen hundert Schuss Munition Krieg auf eigene Faust"* spielte.[253] Bis 13.00 Uhr (B) ist Gera vollständig besetzt und um 14.25 Uhr (B) meldet das RCT 319 die Stadt als gesäubert. 400 Deutsche haben sich ergeben. In der Stadt stossen die Männer des RCT 319 auf mehrere große Textilfabriken.

Im Bereich des Güter-Bhf., der durch die Luftangriffe schwer in Mitleidenschaft gezogen wurde, finden sie u.a. einen, von Bomben zerstörten, Zug mit 15 Waggons voller Flugzeugteile und 30 Waggons mit 8,8cm Geschützen, Granatwerfern und 8,8cm Flakmunition. Weiteres zerstörtes militärisches Gerät, darunter 75 Fahrzeuge in den verschiedensten Erhaltungszuständen, werden im Bahnhofs- und Fabrikbereich der angrenzenden Karosseriefabrik Traugott Golde AG vorgefunden.[254] Gegen 14.00 Uhr (B) verlegt der Regtl.CP für kurze Zeit in die Stadt, um sich ein Bild von der Lage zu verschaffen und um 14.30 Uhr (B) versammelt sich das 2./319 am Dahliengarten.

In der Zwischenzeit ist auch der Tp. B, 43rd CavRcnSq in Gera eingetroffen, um das RCT 319 der 80th US InfDiv bei der Säuberung zu unterstützen. Zusammen mit den Infanteristen werden Keller, Dachböden und die nahegelegenen Wälder nach versteckten Soldaten und Waffen durchsucht. Dabei müssen sie sich immer wieder durch Massen von Zwangsarbeitern kämpfen, die jubelnd ihre Befreier begrüßen. Tausende von ihnen aus den großen Lagern in den Stadtteilen Leumnitz, Debschwitz, Zwötzen und Tinz und den vielen kleinen Außenkommandos haben sich ohne Angst vor möglichen Feuergefechten auf den Straßen versammelt.[255] Beim Durchkämmen der Stadt ergeben sich ihnen ein deutscher General, zwei Oberste, 50 Offiziere und 200 Mann.[256] Bei dem General handelt es sich um Gen.Lt. Fritz Neidholdt, StoÄ von Gera mit seinem Chef des Stabes und den Stadt.Kdt, Oberst Cramer sowie einen Wehrmachtsrichter.[257] Der stellv. OBgm. Carl Becker, der nach seinem Kontakt mit Amerikanern am Morgen die Stadt übergeben hatte, wird vorläufig in seinem Amt belassen. Erst im Mai 1945 wird er im Zuge der Säuberung der Ämter von belasteten Personen abgelöst und in das Lager für NS-Größen in Ohrdruf bei Gotha gebracht, bevor er in Kornwestheim bei Stuttgart interniert wird.[258] Die Gestapo-ASt. Gera und die dazugehörige Haftanstalt im Torhaus in der Amthorstraße wird verlassen vorgefunden. Nur noch wenige Akten sind nach der großen Vernichtungsaktion, mit der bereits im März begonnen wurde, übriggeblieben.[259] Die Mitarbeiter haben sich befehlsgemäß zusammen mit dem ASt. Gera des SD abgesetzt, nachdem sie bis kurz vor Schluss ihr mörderisches Handwerk ausgeübt hatten. Auf ihr Konto dürfte auch die Erschießung eines Lehrers aus Korbußen gehen, der nach einer Denunziation wegen Defätismus auf Befehl des SS-Ostubaf. und Oberregierungsrat Hans-Helmut Wolff, Leiter der Stapo-Leitstelle Weimar und Kdr. des SD Thüringen, verhaftet und nach Gera gebracht wurde, wo man ihn kurzerhand erschossen hatte.[260]

Dann übernehmen die Aufklärer die Bewachung des Waldklinikums und der Hilfskrankenhäuser Bauernhäuschen, Pfortner Schule, Wintergarten, Norkusschule, Schillerschule, Schoss Tinz, Zabelschule, Waldhaus, Forstgarten, Untermhäuser Schule, Krankenhaus Milbitz und Debschwitzerschule mit insgesamt 2284 Patienten, 47 Ärzten, 177 Krankenschwestern und weiteren 143 Personen Personal.[261] Auch in den kommenden Tagen wird das Durchsuchen der Stadt nach belasteten Personen fortgesetzt, unter ihnen auch der NSDAP-Ortsgruppenleiter Sonntag. Als am 15. April

1945 das CIC-Team der 80th US InfDiv vor seiner Wohnung in Gera erscheint, öffnet keiner, woraufhin sie kurzerhand die Tür aufbrechen. Im Flur stolpern sie über einen leeren schwarzen Sarg und im dahinterliegenden Raum finden sie Sonntag, der sich durch eine Schuss in den Kopf das Leben genommen hat.[262] Mit dem Ende der letzten Schießereien verlassen jetzt auch die Geraer die Keller und Schutzräume und ihre Verstecke in der Umgebung der Stadt und kehren in ihre Häuser zurück. Viele von ihnen hatten in den „Geraer Höhlen", einer Vielzahl von alten Bergkellern unter dem Schloss Osterstein und in den Stadtteilen Untermhaus, Debschwitz und Pforten, Schutz gesucht, die zu LS-Kellern ausgebaut worden waren.[263] Überall hängen jetzt weiße Fahnen in den Fenstern.

Während in Gera Ruhe einkehrt, kommt nördlich der Stadt noch einmal Unruhe auf, als der CP des 315th FA Bn in Pörsdorf feindliche Truppenbewegung in den Wäldern „Am Schwertstein-Himmelsgrund" westlich von Rüdersdorf – Stübnitz meldet. Fast gleichzeitig meldet das 662nd FA Bn, dass sich eine Gruppe von zirka 50 Mann aus den Wäldern nördlich von Kraftsdorf auf zwei ihrer Feuerbatterien westlich von Rüdersdorf zubewegt. Zur Klärung der Lage alarmiert das Regiment um 12.40 Uhr (B) das 1./319 bei Töppeln, während dem 3./319 befohlen wird, ihre zugeteilten Panzer dorthin in Marsch zu setzen und die Infanteristen aufzunehmen. Doch es kommt zu Verzögerungen, weil die Panzer nach dem Einsatz in der Stadt aufgetankt und aufmunitioniert werden müssen. Gerade als die Meldung eintrifft, dass die Panzer in 30 Minuten marschbereit sind, kommt um 14.25 Uhr (B) die Entwarnung. Der vermeintliche Angriff ist abgewehrt. Die Masse der Deutschen hatte sich ergeben. Es handelt sich bei ihnen sehr wahrscheinlich um Teile des Pz.Gren.Ers.Btl.59, die bei ihrem Rückzug eher zufällig auf die Artilleriestellungen gestoßen, wobei es zum Feuergefecht kam. Sechs Artilleristen werden verwundet. Bei der nachfolgenden Durchsuchung der Umgebung findet man keine weiteren deutschen Truppen und die Panzer werden beim 3./319 angehalten. Lediglich der Platoon Panzer, der dem 1./319 zugeteilt war und am Morgen für die Besetzung an das 3./319 abgegeben wurde, kehrt zum 1./319. Der kommt wenig später um 15.10 Uhr (B) doch noch zum Einsatz, als diesmal 50 Deutsche in Kraftsdorf gemeldet werden und das 1./319 erneut alarmiert wird.

In der Zwischenzeit ist der Befehl der Division eingetroffen, den Vormarsch in einen Versammlungsraum bei Glauchau fortzusetzen und die Städte Crimmitschau und Glauchau einzunehmen. Daraufhin lässt das RCT das 3./319 und den I&R Plat. 319, der dem Bataillon zeitweilig unterstellt wird, bis zur Ablösung durch das RCT 317 in Gera zur Aufrechterhaltung von Ruhe und Ordnung zurück und folgt beginnend ab 14.00 Uhr (B) mit dem 1. und 2./319 den Panzern der 4th US AD. Das 1./319, das gerade ein Team aus Panzern und Infanterie nach Kraftsdorf entsandt hat, erhält um 15.40 Uhr (B) den Befehl, Marschbereitschaft herzustellen und sobald wie möglich abzurücken. Nur die Co. A unter 1st Lt. Harry E. Farrald, die zur Bewachung der

Brücken eingesetzt ist, soll erst nach der Ablösung durch den I&R Plat. 319 nachgeführt werden. Nachdem sich der Abmarsch wieder einmal wegen fehlender Transportmittel verzögert hat, erreicht das 1./319 am späten Nachmittag die Autobahn nördlich von Crimmitschau und stellt den Kontakt mit den Truppen der 4th US AD bei Glauchau her. Doch noch muss es warten, denn es hat den ausdrücklichen Befehl, erst auf Kommando mit dem Angriff auf Crimmitschau zu beginnen, das am Vortag von den Panzern umgangen wurde. In Erwartung des Angriffsbefehls und im Hinblick fahren die begleitenden Panzer vorerst auf der Autobahn von Drei Linden bis zur Autobahnbrücke auf und richten ihre Rohre auf die Stadt, wo keine Zeichen für eine Kapitulation erkennbar sind. Auch die Granatwerfer und sMG der Co. D von Capt. Stafford A. Benedict werden in Stellung gebracht. Dann versucht der CO 1./319 auf Grund der bisherigen Erfahrungen bei der Besetzung größerer Städte auf Befehl von Col. Costello Kontakt mit Vertretern der Stadt aufzunehmen. In der Crimmitschauer Chronik heißt es: *„Die amerikanische Führung muss auch mit den Verantwortlichen der Stadt Crimmitschau bereits am Samstag Kontakt gehabt haben. Denn ein amerikanischer Offizier [Leutnant Dannecker] äußerte sich später verärgert darüber, dass es die Verantwortlichen abgelehnt haben, die Stadt kampflos zu übergeben."* Damit ist klar, dass nach Jena und Gera auch diese Stadt im Kampf genommen werden muss. Erst jetzt erteilt Col. Costello den Angriffsbefehl an die Truppen, die mit den Panzern und schweren Infanteriewaffen den Beschuss auf die Stadt eröffnen. In der Zwischenzeit gehen auch Truppen auf der R 93 östlich der Stadt in Stellung.[264]

Dann fühlen gegen 19.30 Uhr (B) erste Stoßtrupps in Richtung des nördlichen Stadtrandes von Crimmitschau vor und gegen 21.15 Uhr (B) dringen die Infanteristen in den Nordteil der Stadt ein. Angesichts des späten Zeitpunktes und der damit verbundenen Gefahr eines nächtlichen Haus-zu-Haus-Kampfes in dunklen Straßen erteilt Col. Costello jedoch den Befehl, den Angriff zu stoppen und am nächsten Morgen erneut anzugreifen. Das Bataillon versammelt sich daraufhin gegen 22.00 Uhr (B) nördlich der Stadt. In der Zwischenzeit erfolgt gegen 21.00 Uhr (B) die Ablösung der Brückenwachen der Co. A, die dem Bataillon folgt und sich mit ihm vereinigt. Da es auch weiterhin keine Anzeichen für eine friedliche Übergabe von Crimmitschau gibt, fordert das Bataillon um 21.45 Uhr (B) den Rocket Launcher Plat. des 702nd Tk Bn, um das Bataillon bei der Einnahme zu unterstützen, der ihnen für den nächsten Morgen 07.00 Uhr (B) zugeteilt wird. Ein Melder des Bataillons soll ihn an der Autobahnbrücke in Empfang nehmen und zum Bataillon bringen. Zuvor erhält der Plat.Leader noch den ausdrücklichen Befehl, alle verfügbare Munition für die Raketenwerfer mitzuführen. Unabhängig vom Auftrag zur Einnahme von Crimmitschau erhält das Bataillon um 22.50 Uhr (B) den Befehl, die Sicherung der Autobahnbrücke bei Frankenhausen, die noch von Pionieren des CCB, 4th US AD bewacht wird, zu übernehmen. In der Nacht wird Crimmitschau von der Artillerie unter Beschuss genommen und um 01.35 Uhr (B) meldet das Bataillon mehrere Brände in der Stadt. Der Beschuss fordert mindestens sechs Todesopfer unter der Bevölkerung.[265]

Das 2./319 wird um 15.30 Uhr (B) in Gera alarmiert, Marschbereitschaft herzustellen, um auf Anforderung die 4th US AD bei der Besetzung von Glauchau zu unterstützen. Doch solange diese nicht vorliegt, soll es warten und erst auf ausdrücklichen Befehl aufsitzen und mit dem Marsch beginnen. Der Befehl kommt um 16.40 Uhr (B) und um 18.45 Uhr (B) erreicht das Bataillon die Meeraner Straße nordwestlich von Glauchau, südlich der Autobahn, und versammelt sich in Höckendorf. Dort arbeitet der CO 2./319, Lt.Col. Bandy, gemeinsam mit Lt.Col. Jaques vom 53rd AIB des CCR Pläne aus, um Glauchau am nächsten Tag einzunehmen, nachdem es dem 53rd AIB zuvor alleine nicht gelungen war. Währenddessen wird in Gera um 18.00 Uhr (B) das 3./319 durch das 1./317 abgelöst, verbleibt aber auf Befehl von Costello in der Stadt. Die Männer sollen sich ausruhen, um am nächsten Morgen nach Meerane zu fahren und die Stadt zu besetzen. Die Rcn Co. 811th TD Bn, die dem RCT 319 zugeteilt ist und sich nicht an der Besetzung von Gera beteiligt hat um vor dem Regiment nach Osten vorzufühlen, säubert aufgeteilt in mehrere Gruppen bis 13.45 Uhr (B) beiderseits der Autobahn mehrere Städte und Orte. Nördlich der Autobahn wird Korbußen, Beerwalde und Posterstein besetzt. Dabei melden zwei Gefangene, dass sich SS in Großenstein befinden soll. Um 13.50 Uhr (B) ist der Ort genommen und um 14.00 Uhr(B) können die Aufklärer sieben Gefangene der Waffen-SS melden. Um 15.25 Uhr (B) wird dann Lohma-Nöbdenitz besetzt.[266] Südlich der Autobahn wird Ronneburg gesichert und bis 14.20 Uhr (B) ist Jonaswalde genommen. Beim Weitergehen Richtung Crimmitschau treffen die Aufklärer auf Widerstand. Bei Mark Sahnau kommt es zu vereinzelten Feuergefechten mit kleinen Gruppen Deutscher obwohl in den meisten Orten bereits weiße Fahnen wehen.[267] Der Regtl.CP 319 verlässt um 16.00 Uhr (B) Gera und erreicht um 19.00 Uhr (B) den Raum nördlich von Glauchau. Am Abend meldet das Regiment 562 Kriegsgefangene. Die eigenen Verluste betragen zwei Gefallene und 13 Verwundete.

Der 80th Rcn Tp., der die Nacht mit dem CP und einem Platoon in Isserstedt und je einem Platoon in Poxdorf und Kleinlöbichau verbracht hat, setzt am Morgen angelehnt an das RCT 318 die Aufklärung nach Osten fort. Während der 3rd Plat. mit dem RCT 318 geht, operieren der 1st und 2nd Plat. dabei weitestgehend selbstständig. Um 15.00 Uhr (B) besetzt der 1st Plat. nördlich der Route des RCT 318 Schellbach bevor er um 16.25 Uhr (B) in Wittgendorf und 16.59 Uhr (B) in Bröckau gemeldet wird. Um 17.05 Uhr (B) beobachten die Aufklärer im Wald südöstlich von Mahlen, südlich Roda, das Mündungsfeuer eines Geschützes und umgehen den Bereich über Dobitschen, wo sie 17.35 Uhr (B) eintreffen. Der 2nd Plat., der sich südlich des 1st Plat. bewegt, wird 15.00 Uhr (B) auf der R 2 östlich von Seligenstädt gemeldet und um 16.50 Uhr (B) in Hohenkirchen. Dann schwenkt er nach Südosten und steht um 17.35 Uhr (B) zwischen Dobra und Wildenbörten. Wildenbörten wird um 17.55 Uhr (B) erreicht und um 19.30 Uhr (B) hält er in Steinsdorf, westlich von Schmölln.

Der CP der DivArty 80th US InfDiv verlegt nach Langenberg. Während des Tages bleiben die Unterstützungs-und Unterstellungsverhältnisse des Vortages erhalten, lediglich das 314th FA Bn geht wieder unter die direkte Unterstellung unter das RCT 318 zurück. Das 313th FA Bn geht nach Burgau. Das 314th FA Bn verlässt um 08.15 Uhr (B) Closewitz und folgt den Kolonnen des RCT 318 über Kunitz, Beutnitz, Saasa, Eisenberg, Rosenthal nach Crossen, wo es die Weiße Elster überquert. Dann fährt es auf einer südlicheren Route über Silbitz, Kleinaga, Pölzig, Sachsenroda, Frankenau, Dobra, Schmölln und Pödelwitz nach Görsdorf, wo es um 23.35 Uhr (B) ankommt. Dort angekommen kommt es zu einem Vorfall, bei dem Russell Smalley vom Vorgeschobenen Beobachterteam der Btry. C durch deutsches MG-Feuer schwer verwundet wird. Er erliegt einen Monat später seinen Verwundungen.[268] Das 905th FA Bn unterstützt gemeinsam mit dem 662nd FA Bn der 204th FA Gp und dem 315th FA Bn die Einnahme von Gera durch das RCT 319 und geht um 16.15 Uhr (B) nach Frankenhausen. Am Abend erreicht es Jerisau, von wo aus es die Infanterie am nächsten Tag bei der Einnahme von Glauchau unterstützen soll. Noch in der Nacht feuert es in die Stadt. Das 633rd AAA AW Bn, das am Abend vom Auftrag der Sicherung der Saale-Übergänge gegen deutsche Luftangriffe entbunden wird, erhält den Auftrag, am nächsten Tag eine Batterie zum Schutz der zugeteilten 204th FA Gp abzustellen. Das 305th Engr C Bn verlegt gemeinsam mit dem zugeteilten 206th Engr C Bn der 1139th Engr C Gp seinen Bn.CP nach Gera. Ohne Unterstützung der übergeordneten Pioniereinheiten wäre es den Pionieren der Division nicht möglich, ausreichend Brücken über die vielen großen und kleinen Flüsse Mitteldeutschlands zu errichten. Insbesondere die schwere Bailey-Brücken-Einheit wird benötigt, um den Flussübergang der Panzerverbände und Nachschubeinheiten zu ermöglichen.

Der Fwd Div.CP verlässt um 10.00 Uhr (B) Weimar und verlegt nach Gera, bis dort um 18.00 Uhr (B)der Div.CP eröffnet. Den Schutz des Div.CP gegen Luftangriffe übernimmt erneut die Btry. C, 633rd AAA AW Bn, die 14.30 Uhr (B) mit dem Div.CP Weimar verlassen hat. Ab jetzt sind wieder alle Einheiten der 80th US InfDiv Teil des Angriffs des XX. US Corps, das kurz vor dem Ziel steht. Als Ergebnis der Tages werden 1476 Kriegsgefangene gemeldet, darunter Angehörige des Pz.Gren.Ers.Btl. 59 Jena, des Pz.Gren.Ers.Btl. 29 aus Dänemark, der K.Gr. Gera, der Flak.Gr. Gera, der s.Flak.Abt. 407, der H.Flak.Abt. 279, des Lds.Schtz.Ers.Btl. 4, der Offz.Schule Glogau und der SS-Kraftf.Ausb.u.Ers.Abt. Weimar.[269]

An diesem Tag wird das Pz.Gren.Ers.Btl. 59 Jena endgültig zerschlagen. Die letzten Reste des Stamms des Bataillons, die nach der Mobilmachung im Rahmen der „Westgoten-Bewegung“ für den Pz.Ausb.Vbd. „Thüringen“ in Jena zurückgeblieben waren und am 12. April 1945 die Stadt verlassen hatten, um über Bürgel, Eisenberg und Langenberg nach Meerane zu marschieren und sich der Div.z.b.V. 469 anzuschließen, gehen in Gefangenschaft.[270] Die letzten Tage schildert der junge Grenadier Herbert

Otto aus Farnstädt, Angehöriger der Stammkartei Pz.Gren.Ers.u.Ausb.Btl. 59 in seinem Tagebuch:
Mittwoch, 11. April 1945: Von Jena nach Ilmsdorf über Bürgel zum Bataillon gelaufen. Von Ilmsdorf zur Marschkompanie nach Poxdorf.
Donnerstag, 12. April 1945: In Ilmsdorf eingekleidet, frühs bis mittags, nachmittags alle Papiere in Ordnung gebracht und Verpflegung gefasst. Abends Befehl, wir befinden uns im Kessel, sofort unter Mitnahme des gewichtigen Gepäcks zum Bataillon.
Freitag, 13. April 1945: Frühs Bekanntmachung durch Lt. Schneider. Wir befinden uns in einem Kessel. Ob wir den Krieg gewinnen oder verlieren, werde ich trotz alledem versuchen euch Männer, die ihr hier steht, auf Schleich- und Feldwegen durch die feindlichen Linien zurück zum Gros führen. Abmarsch von 63 Mann frühs 5 Uhr nach Bürgel bis Eisenberg. In Eisenberg noch 45 Mann stark, in Gruppen aufgeteilt je Gruppe 15 Mann. Ziel Langenberg (b. Gera d.A.), Eisenberg. Panzeralarm. In einem Dorf mit Ziegelei (Caaschwitz, südlich Hartmannsdorf d. A.) von einem Hauptmann der Luftwaffe zur Verteidigung aufgehalten. Fertig zur Verteidigung. Hauptmann spurlos verschwunden. Brücke bei Dorf (Elsterbrücke Silbitz d.A.) verteidigen. Meldung Panzer im Dorf, alles flüchtet. Wir 15 Mann unter Führung Lt. Schneider nach Dorf Steinbrücken, Entschluss von Leutnant. Alle Dörfer stark von Feind besetzt. Über Nacht hier bleiben, früh abwarten, was kommt.[271]

Für die jungen Jenaer Rekruten endet der „Kampfeinsatz" beim Versuch, sich durch die Linien nach Hause durchzuschlagen in amerikanischer Kriegsgefangenschaft. Andere erreichen den Raum Meerane, wo sie in Gefangenschaft geraten. Von den vier Kompanien ist nichts mehr übrig.[272]

Die 3rd CavRcnSq der 3rd CavGp wird von der Sicherung der Nordflanke des Corps abgelöst und erhält den Befehl, die Sicherung der Südflanke zu übernehmen und um 12.30 Uhr (B) eröffnet ihr CP in Ronneburg. In der Zwischenzeit setzt die 43rd CavRcnSq ihren Auftrag im Abschnitt Gera – Crimmitschau fort. Während ihr Tp. B das RCT 319 in Gera unterstützt, folgen die anderen Teile der 43rd CavRcnSq den Panzern. Einer Patrouille der Aufklärer wird eine Gruppe SS-Männer aufmerksam gemacht, die sich in einer Feldscheune in der Nähe des Pohlteiches zwischen Gessen[273] und Kauern versteckt haben sollen. Daraufhin fahren die Aufklärer an diese Stelle und eröffnet sofort mit ihren Panzerspähwagen das Feuer auf die Scheune. *„Nach kurzer Zeit haben sich die Deutschen ergeben... Wie viele es waren, konnte sich die Befragte nicht erinnern. Alle waren verwundet, noch sehr jung und alle sollen erst zwei Monate vorher den Einberufungsbefehl erhalten haben."* Dann bringt man sie nach Gessen, wo ihnen die Papiere abgenommen werden. Unter dem Vorwand, sie in das nächste Lazarett zu bringen, werden sie dann mit einem Jeep in das nahe Gessenbachtal gebracht, von wo wenig später Schüsse zu hören sind. Später finden die Anwohner ihre Leichen am Waldrand des Tales und beerdigen sie.[274] Wahrscheinlich gehörten sie jener Gruppe SS-Angehöriger an, die am Mittag einen Überfall auf Collis durchgeführt hatte. Berichte von Zeitzeugen aus Ronneburg und Kursdorf lassen vermuten, dass es sich bei den Getöteten um Angehörigen einer Gruppe von ehemals 40 15 bis 17-jährigen HJ-Angehörigen handelt, die Ende März 1945 in Kursdorf bei Eisenberg einquartiert und angeblichen für einen Werwolf-Einsatz vorgesehen waren. Diese Gruppe, die unter Führung mindestens eines SS-Angehörigen stand, hatte kurz vor Eintreffen der Amerikaner auf Bitten des Bgm. von Kursdorf den Ort Richtung Muna Oberndorf verlassen. Beim Absetzen waren sie auf Grund des Vordringens der Amerikaner aufgespalten worden und einige von ihnen hatten sich scheinbar in besagter Scheune versteckt.[275] Während des Tages wird an der Rechten den Kontakt zur 25th CavRcnSq hergestellt. Von dort wird ein Verbindungsoffizier zur 89th US InfDiv entsandt, die noch immer zurückhängt, weil das VIII. US Corps an der Rechten ohne Panzerunterstützung bedeutend langsam voran kam, als das XX. US Corps. Links wird Kontakt zur 80th US InfDiv gehalten. Dann fährt die Squadron in einen Versammlungsraum bei Klosterlausnitz – Hermsdorf, wo sie am späten Nachmittag eintrifft. Das 455th AAA AW Bn der 3rd US Army erreicht Gera.

Am **Sonntag**, den **15. April 1945**, empfangen alle Einheiten der 4th US AD den folgenden Befehl ihres CG Brig.Gen. Hoge:. *„Tagesbefehl zum heutigen vierten Jahrestag der Indienststellung der 4th Armored Division. Nach zehn Monaten des Kampfes, die uns tief hinein nach Deutschland bis hin zum Rand des endgültigen Sieges gebracht haben, denken wir mit tiefem Stolz an unsere langen Aufzeichnungen über gewonnene Schlachten und erinnern uns an unsere Toten. Lasst uns beschließen, dass wir weiter bis zur vollständigen Zerstörung des Feindes kämpfen werden.“*[276]

Für die 4th US AD enden vorläufig bis auf wenige Ausnahmen alle Angriffsaktivitäten. Das CCB sichert seine Stellungen in der Umgebung von Burgstädt und fühlt örtlich begrenzt nach Osten vor. Jeweils ein Platoon der Co. A, 37th Tk Bn und C, 10th AIB besetzen eine Brücke über die Chemnitz in der Umgebung von Draisdorf, während je ein Platoon der Co. C, 37th Tk Bn und B, 10th AIB eine Brücke über die Chemnitz weiter nördlich bei Auerswalde nimmt. Die Co. B, 10th AIB macht während der Nacht 75 bis 80 Gefangene. Ein Plat. Co. C, 10th AIB besetzt anschließend gemeinsam mit den Panzern die Höhe 296. Die HQ Co. 10th AIB erreicht Hartmannsdorf, nachdem sie von der Brückensicherung bei Crossen abgelöst wurde. Das 10th AIB meldet an diesem Tag zwei Gefallene, von denen einer auf das Konto eines einzelnen deutschen Flugzeugs geht, das gegen 13.15 Uhr (B) die Stellungen angegriffen hatte.

Das CCA beschränkt seine Aktivitäten auf Patrouillentätigkeiten in der Umgebung von Burgstädt und Wüstenbrand, nachdem nach dem ungeplanten Vorpreschen des 8th Tk Bn auf Hohenstein-Ernstthal am Vortag noch einmal der ausdrückliche Befehl gekommen war, nicht weiter vorzurücken, sondern die gegenwärtigen Positionen zu halten. Aufklärungskräfte des 8th Tk Bn fühlen mit leichten Panzern in Richtung Chemnitz vor, die ohne Zwischenfälle Siegmar-Schönau erreichen[277], wo sie an der gesprengten Unterführung der Eisenbahnlinie Chemnitz – Glauchau unter der RAB Chemnitz – Hof unter Panzerfaustbeschuss geraten. Daraufhin ziehen sie sich nach

Reichenbrand zurück und Siegmar wird mit Artilleriefeuer belegt. Kaum ist der Artilleriebeschuss beendet, nähert sich der Bürgermeister in Begleitung weiterer Vertreter der Stadt mit einer weißen Fahne den amerikanischen Linien und übergibt die Stadt. Die letzten deutschen Truppen hatten sich hastig hinter die Autobahn zurückgezogen. *„Es schien, dass er die Auslieferung bereits geplant hatte, bevor die übereifrigen Panzerfaustschützen ihm in die Quere kamen und der Artilleriebeschuss über ihnen hereingebrochen war... Als Lt. Tremblay mit der kleinen Task Force in die Stadt fährt, finden sie im Zentrum einen riesigen Stapel von Waffen jeder Größe und Art.“* [278]

Es sind die Waffen des örtlichen Volkssturms, der sich trotz der Bedrohung durch die eigenen Truppen, die hinter der Autobahn in Stellung liegen, aufgelöst hatte. Sicher auch, weil man noch immer den 11. September 1944 vor Augen hatte, als Bomber der 8th USAAF den Rüstungsstandort Chemnitz angegriffen hatten, wobei auch die Werke in Siegmar, zu denen neben der Auto Union AG auch das Siegmarer Wanderer-Werk als Produzent von Panzermotoren gehört, angegriffen wurden. Dabei hatte es neben den 105 Toten, 76 Schwerverletzten und 74 Leichtverletzten im Werk, darunter 40 Zwangsarbeiter, auch 21 Tote unter der Bevölkerung von Siegmar gegeben.[279] Und es war nicht der einzige Luftangriff. So auch am 5. März 1945, als Siegmar-Schönau von alliierten Bomben getroffen wurde.[280] Um die Rüstungsbetriebe im Stadtteil Siegmar kümmern sich die Panzersoldaten jedoch noch nicht. Und das KZ-AL Siegmar-Schönau des KZ Flossenbürg ist zu diesem Zeitpunkt längst aufgelöst. Man hatte die zumeist jüdischen Häftlinge, die in den Wanderer-Werken arbeiteten, nach dem Luftangriff vom September 1944 zu Aufräumungsarbeiten eingesetzt wurden, im Dezember 1944 in das Lager Hohenstein-Ernstthal verlegt.[281]

Das 51st AIB stellt durch den I&R Plat. den Kontakt zu ihrer Co. C her, die nachwievor dem 8th Tk Bn unterstellt ist. Nördlich von Lichtenstein treffen Patrouillen auf eine unbekannte Anzahl von verteidigten Straßensperren, deren Sicherungen nach kurzen Feuergefechten fliehen oder sich ergeben. Während der Nacht trifft sporadisches Artilleriefeuer aus Richtung Chemnitz die amerikanischen Stellungen. Am Nachmittag wird gemeldet, dass 30 deutsche Flugzeuge auf dem Flugplatz Chemnitz beobachtet wurden, die mit Artilleriefeuer belegt werden.[282]

Das CCR, das am Vortag in Glauchau auf hartnäckigen Widerstand getroffen war und für die Nacht in der Stadt Vorposten errichtet hatte, setzt am Morgen mit den Panzerinfanteristen des 53rd AIB unterstützt von der Rcn Co. 704th TD Bn und dem frisch eingetroffenen 2./319 der 80th US InfDiv die Einnahme von Glauchau fort. Die Panzerinfanteristen und Infanteristen überwinden bis 17.00 Uhr (B) den feindlichen Widerstand und machen viele Gefangene. Das 35th Tk Bn, das seinen Bn.CP in Jerisau hat, bleibt während des Tages auf seinen Positionen und wechselt diese erst am Abend. Der CP des CCR geht nach der Einnahmen von Glauchau mit der Co. A, 704th TD Bn in die Stadt. Das Fwd Echelon der Division verlässt 16.00 Uhr (B) Grumbach und erreicht gemeinsam mit der HQ Co. 704th TD Bn um 16.30 Uhr (B)

Waldenburg. Die im Verlaufe des Tages dem Feind zugefügten Verluste umfassten 79 Tote, 52 Verwundete, 1933 Gefangene. Zwei Halbkettenfahrzeuge, ein Lastwagen, 33 Motorfahrzeuge, 15 Maschinengewehre, ein Flugzeug, ein Motorrad und eine mobile Reparaturwerkstatt werden erbeutet und zerstört.. Die eigenen Verluste belaufen sich auf drei Tote, 21 Verwundete und einen Vermissten. Unter den Toten des Tages ist auch Tec5 Leslie R. Perry von der 94th CavRcnSq aus Broome County, New York, der für seine mutige Tat an diesem Tag postum mit dem Distinguished Service Cross, der zweihöchsten amerikanischen Militärauszeichnung geehrt wird.[283]

Bei der 80th US InfDiv beginnt beim RCT 319 das 1./319 mit einem Plat. Panzerjäger der Co. C, 811th TD Bn unter 2nd Lt. Lennart O. Sundstrom und einigen Panzern der Co. C, 702nd Tk Bn am Morgen aus drei Richtungen mit dem Angriff zur Einnahme von Crimmitschau, nachdem trotz des erneuten Artilleriebeschusses in den frühen Morgenstunden weiterhin keine Anzeichen für eine Kapitulation erkennbar sind. Vorsichtig nähert sich eine Gruppe von Westen aus Richtung Mark Sahnau vorbei am Sahnpark, wo der Volkssturm seine Stellungen verlassen hat, auf der Zeitzer Straße dem Stadtzentrum. Eine zweite Gruppe dringt aufgeteilt aus Richtung Drei Linden über die Leipziger Straße und von der Autobahn über die Ponitzer Straße entlang des Bahndammes von Norden in die Stadt ein. Eine dritte Gruppe erreicht über den Waldsachsener Weg und aus Richtung Gablenz die Stadt. Bereits um 08.00 Uhr erreichen die ersten Infanteristen aus Richtung Leipziger Straße die Lutherkirche. Um 08.46 Uhr (B) meldet das Bataillon keinen Widerstand. Die wenigen VS-Männer, die am 13. April ihre Stellungen außerhalb der Stadt besetzt hatten, hatten diese nach dem Angriff vom Vorabend verlassen und auch in der Stadt hat sich der Volkssturm abgesetzt. Und die Bevölkerung sitzt in den Kellern und Schutzräumen oder hat die Stadt verlassen, um sich in der Umgebung zu verstecken. Trotzdem schießen die Infanteristen immer wieder auf verdächtige Bewegungen, ohne dass jedoch zurückgeschossen wird. Vorsichtig tauchen erste weiße Tücher in den Fenstern auf. Erst als sich die Infanteristen dem Zentrum nähern, treffen sie auf Heckenschützenfeuer. In der Zeppelinstraße feuert der VS-Mann Karl Friedrich aus dem Dachfenster im Haus Nr. 5 auf die vorrückenden Amerikaner, die beiderseits der Straße an die Wände gedrückt vorrücken. Zwei Soldaten der Co. B von 2nd Lt. Jerome A. Weitzer werden verwundet. Daraufhin feuert der begleitende Panzer eine Granate auf das Haus. *„Das Haus brannte völlig ab. Herr Friedrich, seine Frau und seine vier Kinder fanden den Tod.“*[284] Die Infanteristen, die auf der Zeitzer Straße vorrücken, treffen am Bismarckhain auf Widerstand. Dort stellen sich einige Polizisten und VS-Männer getreu dem Aufruf ihrer Vorgesetzten den Amerikanern entgegen. Doch diese haben längst die Stadt verlassen. OBgm. Schmidt, Ortsgruppenleiter Arnold und Propagandaleiter Nittner haben sich mit einem Teil der Angehörigen der Polizeidienststelle unter Führung ihres Leiters, Hptm.d.Schp. Weiße, befehlsgemäß Richtung Chemnitz abgesetzt, um dort weiterzukämpfen. *„Laut unbestätigter Aussagen soll... Weiße, Polizeichef, später an der Autobahn erschossen worden sein.“* Nach den Kämpfen bleiben im Bereich des

Wettinbrunnen im Bismarckhain sieben bis neun gefallene Deutsche zurück. Zwei weitere Tote werden auf der Leipziger Straße in der Nähe des Parks gefunden.[285] Auch auf amerikanischer Seite gibt es Verluste. Bei dem Feuergefecht wird mindestens ein amerikanischer Soldat verwundet. *„Trotz Feindbeschuss eilte ihm Pfc. Haskell J. Hiers von der Co. B, 1./319 zur Hilfe. Danach griff er die deutschen Stellungen an und tötete drei Deutsche, vier ergaben sich.“* Haskell wird dafür der Silver Star verliehen.[286]

Auch an anderer Stelle kommt es zu Vorfällen. An der Ecke Thiemestraße (heute Silberstraße) wird im Gebäude der Allgemeinen Deutschen Creditanstalt ADCA ein Widerstandnest vermutet. Als dort der Crimmitschauer Karl Bracht gegen 10.00 Uhr ein Fenster öffnet, um nachzusehen, was auf der Straße geschieht, wird das Gebäude sofort unter Beschuss genommen. Dabei wird ein Mitbewohner Bartschs verletzt. Um weiteres Unheil zu verhindern tritt Bartsch mit erhobenen Händen vor das Gebäude. Auf Englisch kann er die Amerikanern überzeugen, dass niemand im Gebäude Widerstand leistet.[287] Die einzige gefährliche Person aus der Bank ist zu diesem Zeitpunkt wahrscheinlich bereits auf der Flucht. Der Bankangestellte Reinhard Höfer, seines Zeichens SS-Osch., war seit 1936 als Beobachter V-Mann-Führer des SD und hatte zuletzt 1945 37 V-Leute unter sich. Als sogenannte „SD-Beobachtungsstelle Crimmitschau“ bildete er somit selber eine kleine Außenstelle der SD-ASt. Zwickau. Mit seinen V-Leuten hatte er alle möglichen gesellschaftlichen Bereiche unterwandert und ein großflächiges Überwachungssystem aufgebaut. Doch jetzt muss er berechtigterweise um sein Leben fürchten.[288] Bis 12.20 Uhr (B) ist die Stadt besetzt und auch einige nahegelegene Ortschaften, wie Rudelswalde, werden gesichert. Bei der Durchsuchung der Stadt nach versteckten Soldaten fallen ihnen nach Hinweisen befreiter Zwangsarbeiter und auch von Einwohnern einige führende Parteimitglieder in die Hände. *„Am gleichen Tag noch wurde der Waldhüter Roth, ein führendes NSDAP-Mitglied vorn auf einem Jeep stehend durch die Stadt gefahren und dann an der Ecke Glauchauer Landstraße/Gärtnereiweg erschossen.“* Im Bereich der Leitelshainer Flur wird später noch ein deutscher Soldat tot aufgefunden, der aber wahrscheinlich ein Opfer der Kampfhandlungen war.[289] Damit endet die Besetzung von Crimmitschau. Am Abend erfolgt ab 19.15 Uhr (B) die Ablösung des 1./319 durch das 3./317.

Das 2./319, das den Auftrag hat, gemeinsam mit dem CCR der 4th US AD Glauchau endgültig zu besetzen, verlässt um 07.40 Uhr (B) mit der Co. B, 811th TD Bn unter Capt. France B. McConkie und der Rcn Co. 811th TD Bn den Versammlungsraum Höckendorf und passiert gemäß den Absprachen vom Vortag die vorderen Linien des 53rd AIB. Dann greifen die Infanteristen im Zusammenwirken mit den Panzerinfanteristen die letzten deutschen Stellungen in Glauchau an.

Doch diesmal werden die Panzerinfanteristen nicht durch die Panzer des 35th Tk Bn begleitet, die bis zum Abend ihre Positionen halten, um mögliche Ausbruchsversuche zu vereiteln. Nur die Aufklärer der Rcn Co. 704th TD Bn unterstützen sie wie am Vortag. Anfangs treffen sie nur auf geringen Widerstand und bis 09.50 Uhr (B) wird nur vereinzeltes Scharfschützenfeuer gemeldet. Die General-Hammer-Kaserne wird um 08.45 Uhr durch Panzerinfanteristen des 53rd AIB besetzt, die von Südwesten vorrücken.[290] Als sie die Kaserne erreichen, ergeben sich ihnen dort kampflos die Angehörigen von drei Gen.Kp.[291] Angesichts der Sinnlosigkeit einer Verteidigung hatte eine Gruppe Soldaten unter Führung des Adjutanten Thäter von Gen.Maj. Körner, Thräner, den General am Vortag nach einem vorgespielten Besäufnis kurzerhand in seinem Zimmer in der General-Hammer-Kaserne eingeschlossen. Den Kompanieführern hatte Thäter den Befehl erteilt, außerhalb der Kaserne Richtung Friedhof ohne Munition in Stellung zu gehen. Sie sollen sich ergeben, sobald die Amerikaner kommen. Eine Maßnahme, die verhindern soll, dass die Kaserne, in deren LS-Kellern viele Zivilisten Schutz gesucht haben, durch Kampfhandlungen zerstört würde, wobei es mit Sicherheit zu Verlusten gekommen wäre. Trotzdem kommt es zu einem Zwischenfall, als sich beim Entladen einer Waffe bei einem Uffz. ein Schuss löst. Aufgeschreckt durch den Schuss durchbricht ein Panzer die Kasernenmauer und eröffnet das Feuer. Dabei wird der Oberzahlmeister Schellenberg und drei Unteroffiziere getötet. Dann übergibt Thräner die Kaserne und führt den Führer der amerikanischen Kampfgruppe zum K.Kdt, der über Funk seine Vorgesetzten informiert.[292] Im AAR des CCR heißt es: *„Die Task Force am südlichen Ende der Stadt machte hunderte Gefangene einschließlich eines Brigadegenerals (Körner d.A.).“* Auch die Oberstadt wird im Verlauf des Vormittags besetzt. Ohne Widerstand dringen Infanteristen jetzt in das, noch immer brennende, Schloss ein, aus dem sich die Besatzung in der Nacht abgesetzt hat.

Infanteristen, die auf der Leipziger Straße zum Rathaus vorrücken, besetzen die dortige Polizeiwache. Die Polizei hatte zwar den Auftrag erhalten, die Innenstadt zu verteidigen, hatte sich aber geweigert und war in der Wache geblieben. Nach einigen Warnschüssen ergeben sich die Polizisten unter Führung des Revierleiters Hptm.d.Schp. Lehmann.[293] Von dort gehen die Infanteristen weiter zum Johannisplatz. An der Ecke Sonnenstraße/Gerberstraße kommt es zu einem Feuergefecht mit einigen Verteidigern, die sich im Eckhaus verschanzt haben. Das Gebäude wird von den begleitenden Panzerjägern in Brand geschossen, die die Infanterie bei der Zerstörung von Widerstandsnestern in Gebäuden unterstützen. Auch am Johannisplatz fallen noch einmal Schüsse. Um 11.40 Uhr (B) meldet die Infanterie starkes Feindfeuer am Bhf. Glauchau, aber auch hier wird der Widerstand schnell überwunden. Andere Gruppen rücken über die Talstraße zum Hindenburgpark (heute Carolapark) vor und sichern im weiteren den Bereich am Bismarckturm. Auch an der Richterkaserne gehen die Kämpfe weiter. Die Kaserne liegt seit dem Morgen unter Beschuss von Panzern, die auf dem Höhenweg am Elzenberg aufgefahren sind. Ihre Granaten schlagen in der Kaserne und den umliegenden Straßen ein und beschädigen Häuser. Obwohl der Obstlt. Feldmann, der schon vor Beginn der Kämpfe Zweifel an der Sinnhaftigkeit einer Verteidigung angemeldet hatte und dafür massiv vom NSDAP-Ortsgruppenleiter und Bgm. Dr. Müller angegriffen worden war, seit dem Vortag mehrere Versuche unternommen hatte, durch seine Vorgesetzten angesichts der aussichtslosen Situation die Genehmigung zur Kapitulation zu erhalten, hatten diese es rigoros abgelehnt. So auch in einem letzten Telefonat um 12.00 Uhr, als das Stadtgebiet bereits praktisch besetzt ist.[294] Und so hatte Feldmann getreu seines Soldateneides seine Leute weiter Widerstand leisten lassen.

Bis 13.20 Uhr (B) hat das 2./319 12 Offiziere bis zum Dienstgrad einschließlich Major und 75 Mannschaften gefangengenommen. Außerdem ergeben sie ihnen drei 15-jährige Jugendliche, die mit Panzerfäusten Jagd auf amerikanische Panzer machen sollten.[295] In der Körnerstraße befreien die Infanteristen zehn amerikanische Kriegsgefangene, die dort im Sägewerk Meister als Arbeitssklaven eingesetzt wurden. Dabei erfahren sie, dass sich 20 weitere in Waldenburg befinden sollen.[296] Zum Schluss halten sich nur noch die deutschen Truppen in der Richterkaserne.[297] Gerüchte, die unter der Bevölkerung die Runde machen, sprechen von 200 Mann SS, die sich dort verteidigen. Doch das ist reine Propaganda. Es sind nur noch die Angehörigen der Offz.Schule Glogau und der Stamm des Lds.Schtz.Ers.Btl. 4. Über einen herbeigeholten Lautsprecherwagen gibt man ihnen lediglich zehn Minuten bis 16.00 Uhr um zu kapitulieren, andernfalls wird man die Kaserne mit Artillerie zusammenschießen. Im letzten Moment lässt Feldmann die weiße Fahne hissen.[298] Bis 17.00 Uhr (B) ergeben sich der Co. F, 2/319 im Kasernenbereich 60 Offiziere und 200 Mann. Insgesamt werden bis 20.00 Uhr (B) 578 Gefangene gemacht, darunter viele Verwundete.

Eine Gruppe Panzerinfanteristen, die über die Albertsthaler Straße zur Gaststätte „Grüner Baum“ in Glauchau-Rothenbach vorrückt, wo sich eine Wehrmachtskantine befindet, trifft auf eine Gruppe versprengter deutscher Soldaten. Nach einer kurzen Schießerei endet der Widerstand.[299] Dann rücken sie über Wernsdorf, von wo man den verwundeten deutschen Oberst in ein Behelfslazarett nach Grafenburg geschafft hatte, auf Schlunzig vor.[300] An der Mühle Schlunzig treffen sie auf eine Straßensperre, die von drei SS-Männern verteidigt wird, die mit ihrem Motorrad mit dem letzten Tropfen Benzin Wernsdorf erreicht hatten und zu Fuß nach Schlunzig gekommen waren. Jetzt eröffnen sie das Feuer auf die anrückende Kolonne. *„Als die Jeepspitze in der Kurve vor dem Berg war, wurden eine Panzerfaust abgeschossen und MG-Feuer eröffnet. Die gesamte amerikanische Kolonne kehrt darauf wieder in Richtung Wernsdorf um.“*[301] Am Abend wird Voigthaide besetzt, von wo sich der Divisionsgefechtsstand der 404. InfDiv, der dort sein Quartier hatte, rechtzeitig abgesetzt hat.[302]

Erst um 23.30 Uhr (B) wird Glauchau endgültig als besetzt gemeldet. Der G-2 Periodic Report der 80th US InfDiv wird am nächsten Tag insgesamt 26 Offiziere, 75 Unteroffiziere und 561 Mannschaften des Lds.Schtz.Ers.Btl. 4 Glauchau und 55 Offiziere der Offz. Schule Glogau melden, die am 15./16. April 1945 durch die Kriegsgefangenensammelstelle der Division laufen. Weitere 12 Unteroffiziere und 72 Mannschaften des Lds.Schtz.Ers.Btl. 4 werden bis zum 17. April 1945 aufgegriffen und gefangengenommen. Außerdem findet man in der Glauchauer Rudolf-Virchow-Klinik und im Res.Laz. Wehrdigtschule Glauchau 240 Verwundete.[303] Eine genaue Zahl der deutschen Gefangenen bei den Kämpfen um Glauchau ist nur schwer zu ermitteln, zumal am 15. April 1945 Gefangene von der 4th US AD und 80th US InfDiv nachweislich doppelt gezählt wurden. Auch über die Opferzahlen auf deutscher Seite liegen nur ungenaue Angaben vor. Während die Amerikaner 106 Gefallene nennen, spricht Hummel ohne die Opfer des Luftangriffs vom 11. April 1945 von 61 Toten. Der Gräbernachweis des Glauchauer Friedhofs weißt einschließlich der 43 Toten des Luftangriffs vom 11. bis 15. April 1945 97 Gefallene aus, davon elf Zivilisten. Auf amerikanischer Seite fallen bei der Co. F Sgt. Merrill O. Carner und Pvt. Robert H. Quinn und bei der Co. G 2nd Lt. Wynne B. Handy. Sechs Soldaten der Co. F und zwei Soldaten der Co. G werden verwundet. Pfc. George Pfeiffer von der AT Co. 319 wird als vermisst gemeldet. Weitere Opfer erleiden die Sanitäter des zugeteilten Medical Detachement.

Als kurz vor Ende der Kämpfe ein Medivac Jeep versucht einen deutschen Verwundeten bei der Richterkaserne aus der Kampfzone zu evakuieren, wird er von einer deutschen Panzerfaust getroffen. Der Fahrer, Tec 4 Carmine G. Liotti, der Sanitäter Tec 5 John A. Carbin, der Verwundete und eine deutsche Krankenschwester werden getötet. Zwei weitere amerikanische Sanitäter werden verwundet, erliegen aber noch am gleichen Tag ihren Verletzungen. Es sind Pfc. Harry W. Heiberger aus Elk County, Pennsylvania und Cpl. John W. Boire aus Multnomah County, Oregon. Beiden wird für den heldenhaften Versuch, einem deutschen Soldaten zu helfen, posthum der Silver Star verliehen.[304] Der einheitliche Text der Verleihungsurkunden lautet: *„In Glauchau erfuhr Corporal Boire (bzw. Pfc. Heiberger), das sich ein verwundeter deutscher Soldat in einem Bereich befindet, der noch nicht gesichert war. Dennoch eilte er sofort zur Hilfe. Nachdem das feindliche Feuer nachgelassen hatte, gelang es ihm unter dem Zeichen des Rotes Kreuzes den Mann erfolgreich zu evakuieren. In diesem Moment feuerte ein fanatischer Zivilist eine Panzerfaust auf sein Fahrzeug ab und verwundete ihn tödlich.“*[305] Um mögliche Sühnemaßnahmen zu verhindern, meldet sich wenig später unter den deutschen Kriegsgefangenen ein Hauptmann und bekennt, dass er es zugelassen hat, dass einer seiner Männer die Panzerfaust abfeuert. Daraufhin befiehlt der Regtl.CO 319, dass der Hauptmann in der Kriegsgefangenensammelstelle der Division verbleiben soll, bis sich die Gelegenheit ergeben würde, ihn zur Sühne als Parlamentär zur Übergabe einer Kapitulationsaufforderung einzusetzen.[306] Ein klarer Verstoß gegen die Genfer Konvention, doch im Hinblick darauf, dass weder dem Panzerfaustschützen, noch dem Hauptmann, noch seinen Männern etwas geschah, obwohl auch der Beschuss eines Sanitätsfahrzeuges ein Verbrechen im Sinn der Genfer Konvention darstellt, sind alle noch einmal mit einem blauen Auge davongekommen – außer die Toten und Verwundeten. Über den weiteren Verbleib des deutschen Hauptmanns und einen möglichen Einsatz als Parlamentär ist nichts überliefert.

Nach der Besetzung bleiben die Infanteristen über Nacht in der Stadt. Dort sichern die Männer des I&R Plat. 319 nach dem Erhalt einer Meldung besorgter Einwohner gegen 20.00 Uhr (B) in einer Fabrik der Stadt einen *„unterirdischen Tank mit 300 Tonnen explosiver Flüssigkeit zur Herstellung von künstlichem Holz"*, die bei einer Temperatur von 46 Grad Celsius explodieren kann. Ein Brand in der unmittelbaren Nähe könnte eine Katastrophe auslösen.[307] In der Zwischenzeit hat auch der CP des CCR in Begleitung der Co. A, 704th TD Bn Glauchau erreicht und in der Stadt entfaltet, die aber offiziell unter Kontrolle des RCT 319 bleibt.

Das 3./319, das die Nacht zur Erholung genutzt hat, erreicht um 08.10 Uhr (B) von Gera kommend Meerane, das am Vortag an eine Patrouille des CCR der 4th US AD übergeben, aber nicht besetzt wurde. Als die Infanteristen jetzt von Süden und Westen unbehindert in die weiß beflaggte Stadt einmarschieren, werden sie von der Bevölkerung und den befreiten Zwangsarbeitern empfangen, die nach einer Nacht der Unklarheit gespannt sind, wie es weitergeht. Um 09.00 Uhr (B) meldet das Bataillon, dass die Stadt vollständig gesichert ist.[308] Am Rand der Stadt werden Angehörige der 1. Kp./Festungs-MG-Btl. 114 aufgegriffen, die sich in der Annahme, dass die Amerikaner bereits seit dem Vortag in der Stadt sind, hierher begeben hatten, um in Gefangenschaft zu gehen und so für sich den Krieg zu beenden. Sie geben an, dass ihr Bataillon, das im März 1945 im W.Kr. IV Dresden aufgestellt wurde, aus vier Kompanien zu je 100 bis 120 Mann bestand, wovon die 4. Kp. die schwere Kompanie mit Panzerfäusten und sMG bildete. Die anderen Kompanien verfügten über ein MG pro Gruppe. Bis zur Annäherung der Amerikaner hatte sich die 1. Kp. in Meerane, die 2. Kp. in Dreußen, die 3. Kp. in Waldsachsen und die 4. Kp. in Dennheritz befunden. Die 4. Kp. hatte aber bereits in der Nacht vom 12./13. April 1945 ihre Stellungen mit unbekanntem Ziel verlassen.[309] Gemeinsam mit den anderen Kriegsgefangenen werden sie zügig aus der Stadt abtransportiert, denn man hat genug mit der Bewachung der Lazaretteinrichtungen zu tun, in denen sich verteilt auf neun Teillazarette in Schulen, Gaststätten und der Stadthalle 1654 Patienten und 213 Mann Personal befinden, die deren Leiter, Dr. Straubing, bereits am Vortag übergeben hatte.[310] Erleichterung bringt hier das Eintreffen des 42nd Field Hospitals, das um 18.00 Uhr (B) in Meerane eröffnet. Jetzt werden auch die Heeres- und Marinelager mit Schuhen und Textilien unter Bewachung gestellt, in denen es seit dem Vortag *„zu Plünderungen durch die Meeraner Bevölkerung"* gekommen war, wobei *„diese Einrichtungen stark zerstört"* wurden.[311] Als am nächsten Tag das CIC-Team der 80th US InfDiv bei seiner Suche nach belasteten Nazis in die Wohnung des Meeraner NSDAP-Ortszellenleiters Ludwig eindringt, finden sie ihn und seine Frau tot vor. Sie haben sich durch Selbstmord der Verantwortung entzogen.[312] Mit der Besetzung der Stadt geht das 3./319 in die Reserve. In der Zwischenzeit sind die Aufklärer der Rcn Co. 811th TD Bn weitergefahren und haben 12.15 Uhr (B) Wünschendorf besetzt, wo sich 20 Deutsche ergeben. Um 21.15 Uhr (B) erhält Col. Costello über Col. Elegar vom Div.Stab den Befehl, bereit zu sein, die 4th US AD abzulösen, wenn diese einen Brückenkopf westlich von Chemnitz erobert hat. *„Geht an den Waldrand vor. Nehmt aber nicht Chemnitz – Don't take Chemnitz!“*[313] Zum Abschluss des Tages meldet das Regiment 738 Gefangene. Die eigenen Verluste belaufen sich auf fünf Gefallene und 13 Verwundete.

Das RCT 318, das seit dem Vortag ohne Pause nach Osten unterwegs ist, beendet um 03.00 Uhr (B) den Marsch in seinen neuen Versammlungsraum. Das 1./318 hält mit der Co. A unter Capt. Raymond G. Ray, der Co. C und der Co. D sowie dem Bn.CP in Niederwiera und betreibt mit der Co. B einen Vorposten in Oberwiera. Bis zum Morgen haben auch die Nachhuten den Raum erreicht. Das 2./318 vereint sich am frühen Morgen mit dem 3./318 in Ziegelheim. Die Cn Co. 318 bleibt in Gösdorf und die Co. B, 305th Med Bn geht nach Gößnitz, wo auch die Co. B, 305th Engr C Bn eintrifft. Doch die Ruhe für die frisch eingetroffenen Teile ist nur kurz, denn um 09.15 Uhr (B) wird das RCT alarmiert, das um 12.00 Uhr (B) Marschbeginn ist, um die 4th US AD in der vorderen Linie abzulösen. Patrouillen des Regimentes, die am Morgen ausgesandt wurden, um den Kontakt zu den benachbarten Einheiten herzustellen und dabei auch auf das CCB der 4th US AD trafen, melden um 09.40 Uhr (B) aus Unkenntnis des neuen Befehls leicht irritiert, dass die kontaktierten Einheiten von ihnen wissen wollten, wann sie von ihnen abgelöst werden. Aber die Irritation hält nur kurz an. In der Zwischenzeit laufen bereits die Vorbereitungen für den Marsch auf Hochtouren und endlich trifft auch der Betriebsstoff für die Panzer und Panzerjäger ein. Um 11.15 Uhr (B) erreichen zwei Lastwagen mit dem wichtigen Nachschub den Versammlungsraum des 1./318. Doch wie so oft im Krieg kommt plötzlich alles anders. Als die Vorbereitungen für den Marsch pünktlich um 12.00 Uhr (B) abgeschlossen sind und alle auf das Signal zum Start warten, kommt um 12.15 Uhr (B) der Befehl, dass alle Bewegungen für den Tag gestoppt sind. Stattdessen sollen die Einheiten ein intensives Körperpflege-Programm durchführen, zu dem auch Rasieren gehört. Alle Kommandeure erhalten außerdem den Befehl, dies um 19.00 Uhr (B) durch persönliche Inspektionen zu prüfen.

Die ständigen Verlegungen und Einsätze der letzten Tage seit Beginn des Angriffs am 10. April 1945 haben bei den Männern ihren Tribut gefordert. Unrasiert und verdreckt durch die Märsche aufgesessen auf Panzern und offenen Lastwagen, wenig Schlaf und kaum noch Wäsche zum wechseln, haben ihre Spuren hinterlassen. So wird wohl auch mancher „Neger“, an den sich Zeitzeugen erinnern, lediglich einer dieser verdreckten und unrasierten Soldaten gewesen sein. Denn nur einige wenige Kampfeinheiten verfügen über anglo-amerikanische Soldaten, die in sogenannten „Fifth Platoons“ als Infanteristen zum Einsatz kamen. Diese Züge aus „Negro Volunteers“, „schwarzen Freiwilligen“, existierten tatsächlich nur in der 1st, 9th, 69th, 78th, 99th und 104th US InfDiv und der 12th und 14th US AD. Nur bei den Nachschub-, Instandsetzungs- und Pioniereinheiten dominierten tatsächlich anglo-amerikanische Mannschaften. Doch nicht nur Körperpflege steht auf dem Programm, haben viele der Soldaten doch seit Tagen auch keine warme Verpflegung mehr gehabt. Ein Umstand, der insbesondere auf jene Eigenart der US Army beruht, dass man als Vorbeugung vor möglichen Vergiftungen oder Krankheitskeimen lediglich auf eigene Lebensmittel und kontrolliertes Trinkwasser zurückgreift, was eine „Versorgung aus dem Land" praktisch verbietet. So ist man auch in den S-4 Abteilungen der Bataillone froh, als um 11.30 Uhr (B) die Meldung eintrifft, das um 13.00 Uhr (B) der Wasserversorgungspunkt der Division in Heiersdorf eröffnet.

Nach diesem Erholungstag erreichen im Verlauf des Nachmittags die ersten Befehle für den nächsten Tag die Einheiten. So ergeht um 15.30 Uhr (B) ein Befehl, der mehrere Interpretationen erlaubt. *„An alle – Leere C-Rations-Blechdosen und K-Rations-Kisten sind zu verbrennen bzw. zu vergraben. Die Lagerplätze sind bis 17.00 Uhr (B) zu säubern."*[314] Entweder eine Maßnahme zur Sauberkeit, was fraglich ist, oder aber um zu verhindern, dass sich Deutsche den Resten dieser Mahlzeiten bemächtigen. Und dies nicht nur, um ihren Hunger zu stillen, sondern um die Verpackungen für Sabotageeinsätze zu nutzen. Ein weiterer Befehl gilt dem Abtransport der Kriegsgefangenen aus der Sammelstelle des Regimentes zur Division. So geht um 15.50 Uhr (B) der Auftrag an das 1./318 mit acht Lastwagen und einem Begleitkommando von acht Mann, aufgesessen auf einem ¾ to Dodge Lastwagen, alle Kriegsgefangenen zu evakuieren. Kein leichtes Unterfangen, denn immerhin meldet das Regiment an diesem Tag 1870 Kriegsgefangene, die höchste Zahl für den Monat April 1945. Bis zum Abend sind dann alle Maßnahmen für die Übernahme eines Brückenkopfes von der 4th US AD abgeschlossen, von dem aus Chemnitz zu übersehen ist. Um 18.48 Uhr (B) erreicht dann noch ein weiterer Befehl des Regiment. *„Schmölln ist noch nicht von eigenen Truppen besetzt. Mehrere Einrichtungen müssen bewacht werden. Sofort mit zwei Kompanien, dem CIC-Team und Military Government Personal besetzen."*[315] Zusammen mit einem Platoon des 80th Rcn Tp soll die Stadt gesichert werden, durch die die Einheiten bisher nur hindurch marschiert sind.

Beim RCT 317 bleibt es an diesem Tag am ruhigsten. Das 2. und 3./317 verbleibt in der Div.Res. und das 1./317 setzt die Sicherung des Stadtgebietes von Gera fort. Dennoch kommt es auch hier zu einem Vorfall. Gegen 08.00 Uhr (B) erfolgt südöstlich von Gera ein deutscher Gegenangriff in Stärke von bis zu 150 Mann aus Wehrmacht und Waffen-SS, die einen Vorposten des Tp. B, 43rd CavRcnSq in Platoonstärke in Collis bei Thränitz aus Richtung des Collisberg angreifen und versuchen, ihn mit aufgestecktem Bajonett und Panzerfäusten zu überrennen. Laut deutscher Berichte soll es sich um die gleiche Einheit gehandelt haben, die bereits am Vortag gegen Mittag aus den Wäldern heraus einen Angriff auf Collis gestartet hatten, wobei ein Polizist und ein Zivilist ums Leben kamen.[316] Trotz der Übermacht der Angreifer nehmen die Kavalleristen den Kampf auf und es kommt zu heftigen Nahkämpfen. Dabei gelingt es vier Deutschen in den Vorposten einzudringen und einen Soldaten und ein gepanzertes Aufklärungsfahrzeug in ihre Gewalt zu bringen. Doch in diesem Moment eröffnet der Plat.Leader, Lt. Parker, der den Vorgang beobachtet hatte, aus einem gegenüberliegenden Haus das Feuer auf die vier Deutschen. Zwei werden sofort getötet, von denen einer, wie sich später herausstellt, der Zugführer der Einheit war. Die anderen beiden versuchen Schutz hinter einem Misthaufen zu finden, wo sie von Parker's Kugeln getötet werden, als sie zum Schießen ihre Köpfe heben. In der Zwischenzeit gelingt es durch das Feuer der .50cal MG-die anderen Angreifer in die Flucht zu schlagen, wobei es zu weiteren Toten kommt. Sieben Deutsche ergeben sich Parker. Insgesamt werden 44 Deutsche getötet, 88 gefangengenommen.[317] Ihr Weg in die Kriegsgefangenschaft beginnt in der Kriegsgefangenensammelstelle der 80th US InfDiv, die um 12.30 Uhr (B) in Gera eröffnet. Von dort führt ihr Weg nach Befragung durch die IPW-Teams, von denen jede Division zwei hat, bzw. durch das CIC-Team, über mehrere Durchgangslager bis zu den großen Sammellagern auf den Rheinwiesen. Einige Versprengte dieser Gruppe dürften wohl auch an einer Schießerei beteiligt gewesen sein, zu der es in der darauffolgenden Nacht an gleicher Stelle kommt.[318]

Doch das weiß zu diesem Zeitpunkt noch niemand. Trotzdem werden aus Angst vor weiteren Gegenangriffen vorsorglich durch das 1./317 Vorposten aufgestellt, die im Kontakt mit der 3rd CavGp die rechte Flanke des XX. US Corps sichern sollen. Um 15.45 Uhr (B) wird MG-Feuer am Ostrand von Gera, östlich des Felberturms, gemeldet, doch es scheinen eigene Truppen gewesen zu sein, die geschossen hatten. Um 20.00 Uhr (B) löst dann die folgende Meldung der G-2 Abteilung erneut Alarm aus: *„Information, das Hitlerjungen die Autobahnbrücke über die Elster sprengen wollen. Befehl, sofort mit einem Platoon sichern. Wenn es ihnen gelingen sollte, die Brücke zu sprengen, erschießt sie und lasst sie zur Abschreckung liegen.“*[319] Ein Zivilist aus Gera hatte gemeldet, dass sich eine Gruppe Hitlerjungen um 24.00 Uhr (B) versammeln will, um zu versuchen die Autobahnbrücke um 01.35 Uhr (B) zu sprengen. Es soll sich um Angehörige der Organisation „Werwolf“ handeln.[320] Weitere Aufregung verursacht ein auflodserndes Feuer auf dem Bahnhofsgelände. Doch hier kann schnell Entwarnung gegeben werden. In einem, bereits ausgebrannten, Haus hatten Glutreste noch einmal das Feuer ausbrechen lassen.[321]

Das 2./317, das sich in der Div.Res. in Weimar befindet, beginnt nach dem Eintreffen von Transportraum um 09.00 Uhr (B) mit dem Aufsitzen und um 10.30 Uhr (B) verlässt die Kolonne die Stadt. Auf der RAB Weimar – Gera geht es zum befohlenen Absetzpunkt Hermsdorf. Von dort aus soll es das Waldgebiet „Am Schwertstein-Himmelsgrund“ auf der Suche nach Scharfschützen, die einzeln fahrende Fahrzeuge auf der Autobahn beschossen hatten und nach versprengten Gruppen deutscher Soldaten durchkämmen, die am Vortag eine Feuerstellung der Artillerie bei Rüdersdorf angegriffen hatten. Doch da sich nur zwei Panzerjäger beim Bataillon befinden, wird noch vor der Abfahrt der Antrag an das Regiment gestellt, ihnen beim Erreichen des Zielraumes Panzer zur Verfügung zu stellen. So wird ihnen noch kurz zuvor ein Plat. Panzer zugeteilt. Am Mittag passieren sie das Hermsdorfer Kreuz und erreichen um 12.30 Uhr (B) den Absetzpunkt. Um 12.45 Uhr (B) sind die Kompanien abgesessen und 13.15 Uhr (B) beginnen sie mit der Co. G links und der Co. E rechts, gefolgt von der Co. F in der Reserve mit den Vorrücken. Feuerschutz soll auf Anforderung das 313th FA Bn bei Gera leisten.

Um 14.30 Uhr (B) stossen die Infanteristen der Co. E auf die bisher unentdeckte Luftwaffenmunitionsanstalt 5/IV Oberndorf, kurz Muna Oberndorf genannt, die in den Jahren 19434/35 errichtet wurde, um Abwurfmunition (Bomben) und andere Munition für die frisch aufgestellte Luftwaffe zu produzieren und zwischenzulagern sowie defekte Munition zu delaborieren oder zu vernichten. Und das 250 ha große Areal ist immer noch voll mit Bomben und Munition, die in 60 erdgedeckten Bunkern, Munitionshäusern und offen auf Stapeln im Wald und in der Nähe des Gleisanschlusses lagert. Man hatte bis zum Schluss versucht, die Munition abzutransportieren. Einer dieser Züge war am 11. April 1945 auf dem Bhf. Hermsdorf-Bad Klosterlausnitz Ziel eines Luftangriffs geworden, bei dem drei Wehrmachtsangehörige getötet wurden. Aber obwohl der Kdt. der Muna bereits die notwendigen Vorbereitungen für die Sprengung aller Einrichtungen und Gebäude getroffen hatte, war es nicht dazu gekommen. Drei der Feuerwerker sollen die Zündkabel durchtrennt haben.[322]

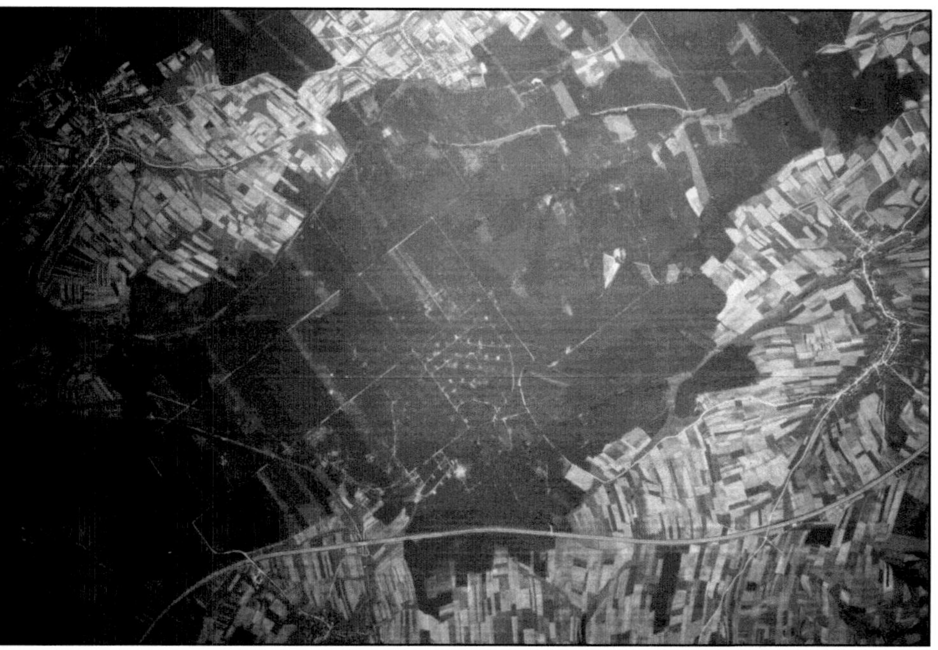

Luftaufnahme der USAAF von der Muna Oberndorf vom 17. April 1945
Luftbild Nr. 7088, Luftbilddatenbank Ingenieurbüro Dr. Carls, Estenfeld

Jetzt ergeben sich ganze fünf Mann, die als einzige zur Bewachung zurückgeblieben waren.[323] Wahrscheinlich waren sie dageblieben, als die Amerikaner am 13. April 1945 ohne Halt durch die Stadt nach Osten gerollt waren, um eine nachträgliche Sprengung zu verhindern, die verheerende Folgen für die umliegenden Gebäude und Wohnhäuser gehabt hätte. Eine Übergabe oder Besetzung der Muna durch die Amerikaner am 13. April 1945, wie bisher angenommen, gab es nämlich nicht. Es sollte noch zwei Tage dauern, bis die Infanteristen der 80th US InfDiv die Muna finden und sichern. Die gesondert gesicherten Baracken des KZ-AL Oberndorf des KZ Buchenwald innerhalb der Muna sind da bereits leer. Die Häftlinge, die man ab November 1944 hier untergebracht hatte und die hauptsächlich für den Transport der Bomben von der Produktion in die Bunker und für Aufräumarbeiten zum Einsatz kamen, hatte man bereits im Februar 1945 mit zwei Transporten nach Buchenwald zurückgeholt.[324] Die Zwangsarbeiter, die ebenfalls in der Muna eingesetzt waren, hatten sich am 13. April 1945, als die ersten amerikanischen Panzer durch die nahe Stadt rollten, „selbst befreit". Kaum das die Information über das Munitionslager das Regiment um 15.45 Uhr (B) an den Div.CP weitergeleitet ist, kommt um 16.15 Uhr (B) der Befehl, sofort die Bewachung zu übernehmen. Auf die Frage, ob sie das Lager sprengen sollen, erhalten sie die Antwort, damit zu warten, bis es eine Entscheidung gibt. Gleichzeitig geht der Auftrag an die G-4 Abteilung der Division, Fachpersonal dorthin zu entsenden, um Klarheit über die dort lagernde Munition zu erhalten. Zu groß scheint die Gefahr, dass sich auch Kampfstoffe im Lager befinden. Erst am 11. Mai 1945 wird man mit den Sprengungen beginnen, die auch nach dem Abzug der Amerikaner weiter gehen, wobei es zu schweren Schäden in der Umgebung kommt.[325]

Zu diesem Zeitpunkt, als Teile der Co. E auf die Muna stossen, haben die anderen Kompanien den Vormarsch bereits fortgesetzt. Um 15.00 Uhr (B) erreichen die Infanteristen von Capt. Madlock's Co. F die Gaststätte „Zur Kanone" in Tautenhain und Vorauskräfte der Co. E erreichen um 16.35 Uhr (B) entlang des quer durch das Waldgebiet parallel zum Forellenbach nach Osten verlaufenden Weges, Reichardsdorf. Von versteckten Truppen jedoch keine Spur. Dafür kommt es vereinzelt zu Beschuss durch Heckenschützen, wobei ein Infanterist getötet wird. Bis 16.50 Uhr (B) sind acht Deutsche in Kriegsgefangenschaft. Um 18.25 Uhr (B) meldet sich die Co. G aus Gleina, die Co. F aus Bad Köstritz und die Co. E aus Reichardsdorf und um 19.00 Uhr (B) hat das Bataillon sein Tagesziel Bad Köstritz gesichert. Insgesamt verzeichnet das Bataillon 67 Gefangene bei nur einem eigenen Verlust. Patrouillen, die die Weiße Elster überqueren, finden bei der Ortschaft Pohlitz die Segelflugübungsstelle des NSFK Pohlitz der NSFK-Gruppe 8 (Mitte) verlassen vor. Um 21.40 Uhr (B) erreicht das Bataillon der direkte Befehl der Division, sofort eine Patrouille nach Süden auszusenden, um einen Vorfall zu prüfen. Die Besatzung eines Jeeps hatte einem Posten der Military Police an einer Straßensperre von einem Feuergefecht in der Nähe der Flugfeldes der Artillerieluftbeobachter des 313th FA Bn bei Frankenthal berichtet. Noch bevor die Patrouille ausrückt, bestätigt um 21.45 Uhr (B) das

313th FA Bn einen deutschen Gegenangriff auf ihre Positionen. Daraufhin erhält das 2./317 um 21.50 Uhr (B) den Befehl, die bereitstehende Patrouille zu verstärken und unverzüglich in Marsch zu setzen, um den Gegenangriff abzuwehren. Aber auch diesmal wird im letzten Moment der Befehl aufgehoben. Der Angriff ist in der Zwischenzeit abgewehrt. Deutsche Kräfte waren bei ihrer Flucht nach Osten auf die amerikanischen Truppen gestoßen und hatten sich nach einem kurzem Feuergefecht ergeben.

Beim 3./317, das am Vortag die Co. I nach Eisenberg entsandt hatte und sich noch immer in Jena befindet, beginnen am Morgen die Co. K und L mit den letzten Vorbereitungen zur Verlegung nach Osten. Doch es gibt ein Problem. Um 07.25 Uhr (B) meldet sich der ExO beim Regtl.CP 317 und weist daraufhin hin, dass bisher nur 60 Ranger des 5th Ranger Bn in Jena eingetroffen sind, die nicht in der Lage sind, alle Wachen abzulösen. Aber das interessiert die Division nicht, denn sie hat einen Kampf- und keinen Besatzungsauftrag und dafür braucht sie alle Einheiten an der Front. So befiehlt um 09.35 Uhr (B) der Ass. CoS G-3 der 80th US InfDiv, Lt.Col. Augustus G. Elegar, dass das Bataillon sofort mit der Verlegung nach Gößnitz beginnen soll, um das 1./319 abzulösen. Lediglich die Co. I soll solange in Eisenberg verbleiben, bis auch sie abgelöst wird. Daraufhin wird das Bataillon um 09.40 Uhr (B) alarmiert und marschiert nach Göschwitz an der RAB Jena – Gera, wo es auf 19 Lastwagen aufsitzt, die, auf Befehl der Division vom RCT 319 dorthin entsandt wurden. Doch kurz vor der Abfahrt erreicht um 10.00 Uhr (B) ein weiterer Auftrag den Bn.CP. Das Bataillon soll sofort ein Detachement nach Lehesten entsenden, um vorübergehend eine Wache der 4th US AD am Flugplatz Jena-Rödigen abzulösen, die dort bereits seit der Einnahme steht und scheinbar vergessen wurde. Glücklicherweise erledigt sich dieser Auftrag schnell, denn das Corps gibt den Auftrag an das 5th Ranger Bn weiter, das für die Stadt verantwortlich ist. Doch auch jetzt beginnt der Marsch noch nicht. Kurz vor der Abfahrt erreicht um 10.20 Uhr (B) ein präzisierter Marschbefehl das Bataillon, der als neues Ziel Crimmitschau festlegt. Aber es soll noch warten, bis die Stadt eingenommen ist und vorerst nur eine Vorausabteilung dorthin in Marsch setzen, die den Kontakt zum 1./319 herstellen soll. Und so kommt es, dass das Bataillon für den Vormittag noch einmal 100 Deutsche meldet, die sich ihnen als Kriegsgefangene in Jena ergeben oder gefangengenommen werden. Das Nachkommando wird am Abend noch einmal acht Deutsche in das Gewahrsam der Ranger geben. Eine Meldung von Zivilisten, dass sich in den Wäldern östlich von Jena ausreichend Waffen für zwei Kompanien befinden würden, wird jedoch gleich an die Ranger weitergeleitet. Um 14.35 Uhr (B) informiert das Corps die Division, das die Co. I, 3./317 in Eisenberg erst abgelöst werden kann, wenn Transportraum verfügbar ist. Doch der trifft erst am nächsten Tag ein, als das 284th FA Bn die Verantwortung über die Stadt übernimmt und ihre Lastwagen übergibt. Um 15.00 Uhr (B) verlässt die Fahrzeugkolonne dann endlich Göschwitz und um 17.05 Uhr (B) wird sie auf der Autobahn bei Gera gemeldet. Die Vorauskräfte erreichen nach mehreren unfreiwilligen Stopps um 17.50 Uhr (B) Crimmitschau und um 18.30 Uhr (B) treffen die Hauptkräfte ein. Dann beginnen sie mit der Übernahme der Stadt.

Der Regtl.CP 317 verlegt auf Befehl des CG nach Langenberg. Dort erreicht um 23.36 Uhr (B) der Befehl des CoS, Col. Samuel P. Walker das Regiment, ein Team aus zwei Squads unter Führung eines Offiziers zu einem Zwangsarbeiterlager mit 300 weiblichen DP's bei Gera zu entsenden wo es Probleme geben soll. Doch der genaue Ort ist unklar. So wird in der ersten Meldung an das RCT 317 von Linda bei Weida gesprochen, was jedoch nicht im Divisionsstreifen liegt.[326] Erst am nächsten Morgen stellt sich heraus, dass der Bereich Hartmannsdorf-Tinz-Roschütz im Norden von Gera gemeint ist. So stellt sich ein weiteres Problem im Nachhinein als weniger schwerwiegend heraus, denn das 1./317 in Gera hatte gemeldet, dass es erst am nächsten Morgen eine Jeep-Patrouille mit acht Mann und zwei sMG für den Auftrag bereitstellen kann.

Beim 80th Rcn Tp. erreicht der 2nd Plat. bis 10.10 Uhr (B) Bräunsdorf, nordwestlich von Limbach, während sich der 1st Plat. noch weit zurück bei Hartha, südlich von Lumpzig, befindet. Doch der Vormarsch verläuft zügig und so stellt der 1st Plat. um 14.40 Uhr (B) den Kontakt zur 4th US AD her. Wie beim RCT 318 haben die Panzermänner auch hier nur eine Frage *„Wann werden wir durch die Infanterie abgelöst?“* Als die Aufklärer den Raum Hartha längst verlassen haben, kommt es um 15.45 Uhr (B) dort zu einem Vorfall, als ein Jeep mit drei Mann in einen Hinterhalt gerät.[327] Die Angreifer fliehen nach einem kurzen Feuergefecht. Um 18.48 Uhr (B) erhält der 80th Rcn Tp. den Auftrag, umgehend nach Schmölln zu fahren, das bisher noch immer unbesetzt ist. Der Auftrag geht an die Männer von Lt. Manielly und Lt. Moe‘s 3rd Plat. Sie sollen alle erforderlichen Maßnahmen zur Sicherheit in der Stadt treffen und alle wichtigen Einrichtungen unter Bewachung stellen. Unterstützt werden sollen sie durch Infanteristen des RCT 318, das ebenfalls Einheiten in die Stadt entsenden soll.

Der CP der DivArty, der weiter den vorderen RCT's folgt, verlegt um 12.30 Uhr (B) von Langenberg nach Meerane. An diesem Tag ändert sich der Unterstützungsauftrag der Artilleriebataillone, da sich das RCT 317 in der Div.Res. befindet. So übernimmt das 313th FA Bn mit dem Bn.CP in Gera, das bisher dem RCT 317 unterstellt war, die generelle Unterstützung der anderen Bataillone. Das 314th und 905th FA Bn behalten ihren Unterstützungsauftrag für das RCT 318 und 319 und das 315th FA Bn verstärkt weiter das Feuer des 905th FA Bn. Das 204th FA Bn unterstützt das 314th FA Bn und das 662nd und 744th FA Bn übernehmen die generelle Feuerunterstützung der 80th DivArty. Die Co. B, 81st Cml Mort Bn wird aus der Unterstellung unter das 314th FA Bn herausgelöst und dafür kommt die Co. A, 81st Cml Mort Bn, die bisher beim 313th FA Bn war. Der Tag bringt für die 80th US InfDiv die zweithöchste Anzahl an Kriegsgefangenen in diesem Monat, insgesamt werden 3054 Deutsche registriert.

Bei der 3rd CavGp bleibt es in der Nacht weitestgehend ruhig. Die 43rd CavRcnSq verbleibt bis zum Morgen auf ihren Positionen zwischen Thonhausen und Schlunzig und betreibt Straßensperren. In der Nähe von Thonhausen, nordwestlich von Crimmitschau, nähert sich am Morgen eine kleine deutsche Kolonne von drei Lastwagen und zwei Pkw/Kübel in der Annahme, dass die Strecke feindfrei ist, ahnungslos einem Kontrollpunkt des Tp. A, 43rd CavRcnSq. Als sie die Gefahr erkennen, ist es bereits zu spät. Die Posten eröffnen mit den .50cal MG das Feuer und zerstören drei Fahrzeuge. Mehrere Deutsche werden getötet, die anderen ergeben sich. Einen besonderen Fund machen die Kavalleristen der 3rd CavGp jedoch in Großenstein. Sie treffen auf eine Gruppe Ukrainer, welche behaupten, zur 1942 gegründeten „Ukrainischen Nationalen Revolutionsarmee“[328] zu gehören, die einen Partisanenkampf gegen die Deutschen, aber auch die Sowjets, zur Befreiung ihrer Heimat führen. Die Gruppe, die aus einem Stab und einigen 100 Mann besteht und angefangen hatte, sich selbst zu uniformieren und zu bewaffnen, hatte sich aus ehemaligen Zwangsarbeitern formiert. Sie sollen von ihrem Vorgesetzten in Prag über Funk den Befehl erhalten haben, sich den ersten Amerikanern zu ergeben. Nach Rückfrage beim Corps erhalten sie die Erlaubnis, vorerst dort zu verbleiben, bis über sie entschieden ist. Ausgestattet mit Verpflegung für zwei Tage und finanziellen Mitteln lässt man sie zurück, nachdem man dem Bürgermeister angewiesen hatte, sie zu versorgen und unterzubringen.[329]

Südlich des Angriffsstreifens des XX. US Corps säubert das 355th InfRgt der 89th US InfDiv das Westufer der Saale und beginnt am Morgen mit der Überquerung in Rothenstein, die bis zum Mittag beendet ist.

Erstmals werden an diesem Tag die Einheiten des XX. US Corps gewarnt, dass mit Überflügen durch sowjetische Flugzeuge zu rechnen ist. Silhouetten-Bilder der Flugzeug sollen verhindern, dass versehentlich sowjetische Flugzeuge abgeschossen werden. An diesem Tag lässt das XX. US Corps durch die 4th US AD dem K.Kdt. von Chemnitz ein 24-stündiges Ultimatum übermitteln. Sollte die Stadt nicht kapitulieren, würde sie nach einer Artillerievorbereitung gestürmt werden.[330] Auch diesmal wird auf Weisung des XX. US Corps ein Bürgermeister aus einem der besetzten Orte mit dieser Aufgabe betraut.[331]

Am **Montag**, den **16. April 1945**, wird die 4th US AD des XX. US Corps ab 13.00 Uhr (B) in ihren Brückenköpfen an der Zwickauer Mulde von der 80th US InfDiv vollständig entlastet. Das CCB zieht sich aus der Frontlinie in einen Versammlungsbereich nordwestlich von Burgstädt zurück. Dort erhält es am Nachmittag die Meldung, dass Infanteristen des 2./318 an einer deutschen Straßensperre bei Wittgensdorf unter Beschuss geraten waren. Ein leichter Panzer, der ihnen zur Hilfe eilt, gerät ebenfalls unter Beschuss. Erst herbeigerufene M-18 „Hellcat“-Panzerjäger des 3rd Plat. Co. C, 704th TD Bn klären die Situation. Sie feuern 60 76mm Granaten und einige hundert Schuss .50cal MG-Munition auf die deutschen Stellungen, zerstören mehrere Gebäude und töten eine unbekannte Anzahl Deutscher.[332] Das CCA verbleibt in der Umgebung von Hohenstein-Ernstthal und Wüstenbrand und im Tagesverlauf zieht sich das 8th Tk Bn in einen Versammlungsraum südlich und südöstlich von Hohenstein-Ernstthal zurück. Das 51st AIB verlegt nach Oberlungwitz. Das CCR bezieht Stellungen in der Umgebung von Glauchau. Die Einheiten nutzen den Tag, um die Fahrzeuge nach dem Vorstoß von Gotha bis Chemnitz zu warten. Die 25th CavRcnSq fährt nach Hohenstein-Ernstthal und versammelt sich, nachdem sie in Glauchau durch die 3rd CavGp abgelöst wurde.[333] Der CP der 4th US AD wird um 16.00 Uhr (B) in Waldenburg gemeldet. Ein Team aus drei Offizieren und 30 Soldaten der 3rd US Army Signal Information and Army Monitoring Section SIAM treten zur Fwd Echelon der 144th Armd Signal Co. unter Capt. Lucien E. Trosclair, um angelehnt an diese die Aufgaben der US Army Signal Intelligence wahrzunehmen.[334] Ihr Schwerpunkt ist die Aufklärung der deutschen Aktivitäten ostwärts der Haltelinie, um so möglichst frühzeitig gegen deutsche Gegenangriffe gewappnet zu sein und um spätestens bei Annäherung der sowjetischen Truppen Kontakt mit ihnen aufzunehmen. Doch bis dahin wird es noch länger dauern.

Die 80th US InfDiv erhält um 07.00 Uhr (B) den Befehl, mit dem RCT 318 und 319 bis 16.00 Uhr (B) die Einheiten der 4th US AD an der Zwickauer Mulde abzulösen. Das RCT 317 verbleibt weiter mit dem 1./317 in Gera und unterstützt die 3rd CavGp beim Schutz der rechten Flanke des Corps. Nachdem in der Nacht um 01.00 Uhr (B) das 1./317 erneut aufgefordert wurde, einen Plat. Infanterie zu dem weiblichen Zwangsarbeiterinnen-Lager[335] zu entsenden, wird dieser um 06.15 Uhr (B) nach Hartmannsdorf[336] in Marsch gesetzt, wo man nach den Irritationen der vergangenen Nacht das Lager vermutet. Doch um 09.30 Uhr (B) meldet die Einheit, dass sich dort kein derartiges Lager befindet. Erst im Bereich Tinz-Roschütz werden sie fündig. Es ist mit größter Wahrscheinlichkeit das weibliche Zwangsarbeiterlager der Siemens & Halske Werke Gera in der Panzerkaserne Tinz. Das eine Bewachung tatsächlich dringend erforderlich ist, bestätigt sich am Nachmittag. Erstmals melden gegen 15.00 Uhr (B) die Wachen, das Angehörige einer, aus Anglo-Amerikanern bestehenden, QM Co., versuchen, in das Lager eindringen, um sich offenbar der Frauen aus sexuellen Motiven zu nähern. Ähnliche Annäherungsversuche, die häufig mit Vergewaltigungen verbunden sind, sind zwar keine Ausnahme in diesen Tagen, aber sie sind auch nicht die Regel. Eine besondere Dimension erringen sie in diesem Fall dadurch, dass sie in einer Auseinandersetzung zwischen farbigen und weißen amerikanischen Soldaten enden, die zum Schluss mit Toten und Verletzten verbunden sind. Am Abend spitzt sich die Lage am Lager weiter zu, als Angehörige der QM-Einheit erneut versuchen, sich Zugang zum Lager zu verschaffen und nicht gewillt sind, sich von den Wachposten abweisen zu lassen. Als Resultat eines offen ausbrechenden Rassismus, der zu dieser Zeit in der US Army bestand, kommt es diesmal zu Handgreiflichkeiten, bei denen zwei Wachsoldaten verletzt werden. Um 21.45 Uhr (B) meldet das 317th InfRgt erstmals an die Division, dass die Wache des 1./317 Ärger mit *„Neger-Truppen im Ort,* *die versuchen, in das Frauenlager einzudringen"* hat.[337] Um 22.30 Uhr (B) meldet sich das 1./317 erneut beim Regiment und informiert den CO Lt.Col. Fisher: *„Neger-Truppen im Frauenlager. Zwei von uns sind verwundet. Der Bn.CO versucht vor Ort die Lage zu klären"*. Um 22.35 Uhr (B) befiehlt daraufhin der G-3 der Division den Kontakt zu dem *„farbigen Offizier"* der Einheit herzustellen und zu klären, um welche Einheit es sich handelt und wie der Name der Kommandeurs ist. Leider liegt keine überlieferte Antwort vor. Zusätzlich befiehlt er eine sofortige Verstärkung der Wache. Gegen Mitternacht, mehr als 24 Stunden nach der ersten Meldung, haben die Infanteristen die Lage endlich im Griff, nachdem Capt. Singlair eintrifft und die Situation „klärt". Im Resultat der Auseinandersetzung werden ein Angehöriger der Co. B, 1./317 und ein *„Neger"* getötet, mehrere werden verletzt. Am nächsten Tag erfolgt die Ablösung der Wache des 1./317 durch eine Batterie des 284th FA Bn.[338]

Beim 2./317, das am Vorabend Bad Köstritz besetzt hat und mit Kräften die Bewachung der Luftwaffen-Muna Oberndorf fortsetzt, wird vor Morgengrauen um 05.00 Uhr (B) Alarm ausgelöst, als Vorposten der Co. E Panzergeräusche vor ihrer Front melden. Doch schnell kommt Entwarnung, denn um 05.55 Uhr (B) melden die beiden vorderen Co. E und G, dass bei ihnen alles ruhig ist. Um 08.35 Uhr (B) erhält das Bataillon den Auftrag, die Wälder nördlich und östlich des Hermsdorfer Kreuzes weiter zu durchkämmen. Bei der Durchsuchung der Wälder um Bad Klosterlausnitz herum werden bis 15.05 Uhr (B) weitere 14 Gefangene gemacht. Erst jetzt wird auch Bad Klosterlausnitz, dass bereits am 13. April 1945 von einer Kolonne der 4th US AD passiert wurde, durchsucht. Dabei stossen sie auf ein deutsches Lazarett mit 1200 Patienten und Personal. Auf dem nahegelegenen Buchberg nahe der alten Abdeckerei und dem Leedenteich wird die, 1939/1940 errichtete, Flugwache Fluwa Klosterlausnitz der Luftwaffe besetzt, die für die Meldung der Luftraumbewegungen an das Flugwachkommando Fluko in Leipzig verantwortlich war. Die Besatzung, die aus zwei Unteroffizieren und bis zu 12 Luftwaffenhelferinnen besteht, geht in Gefangenschaft.[339] Wie in den Flakstellungen befinden sich trotz den Befehls des OKW vom 6. April 1945, der das sofortige Herausziehen des Wehrmachtshelferinnenkorps aus den Wehrmachtsverbänden[340] befohlen hatte, um diese zivilen Dienststellen des Reiches zuzuführen, noch immer eine große Anzahl der Helferinnen bei der Truppe. Den meisten von ihnen war es wohl sicherer, bei der vertrauten Einheit zu bleiben, als sich in unbekannte Hände zu begeben. Um 21.00 Uhr (B) fangen Vorposten des 2./317 eine Gruppe von Angehörigen der Waffen-SS ab, die sich durch ihre Linien bewegt und machen drei Gefangene.

Das 3./317 sichert Crimmitschau und die unmittelbare Umgebung. Um 11.00 Uhr (B) wird das Bataillon gewarnt, dass laut vorliegender Meldung eine Gruppe von vier Werwolf-Angehörigen plant, die Autobahnbrücke nördlich der Stadt zu sprengen. Hatte doch der Chef des NS-Fü.Stab des OKW, Gen.d.Inf. Hermann Reinecke am 9. April 1945 den NSFO befohlen: *„Kein deutscher Mann, der noch laufen oder schießen* *kann, legt die Waffen nieder. Wer hinter die feindlichen Linien gerät, führt in Wäldern und Großstadtruinen den Kleinkrieg weiter.*"[341] Außerdem meldet die 4th US AD starkes Infanterie- und Panzerfaustfeuer bei Mosel. Der Versuch einer deutschen Patrouille, in die Stadt einzudringen, wird gegen 12.00 Uhr (B) abgewiesen. Um 11.20 Uhr (B) befiehlt die Division, dass das RCT 317 eine Kompanie nach Meerane entsenden soll, um dort das 3./319 abzulösen. Am Nachmittag erfolgt die Verlegung im Shuttle-Verkehr und bis 15.15 Uhr (B) ist die Ablösung durch die Co. K, 3./317 beendet. Das Regiment meldet für den Tag 145 Kriegsgefangene.

Das RCT 318 löst mit dem 2. und 3./318 das CCB, 4th US AD in der vorderen Linie an der Zwickauer Mulde ab. Das 1./318, das die Regtl.Res. bildet, fährt um 07.00 Uhr (B) von Oberwiera nach Taura und entsendet die Co. B als Vorposten nach Herrenhaide bei Hartmannsdorf. Bis 12.00 Uhr (B) hat es die 4th US AD abgelöst und 12.45 Uhr (B) entfaltet der Bn.CP in Taura. Das 314th FA Bn erreicht von Gösdorf kommend über Göpfersdorf, Kaufungen, Mühlau und Hartmannsdorf um 13.30 Uhr (B) Herrenhaide. Die Co. C, 1./318 übernimmt die Bewachung einer *„Bahnladung mit medizinischem Gerät*", nachdem um 16.00 Uhr (B) Plünderungen durch Zivilisten gemeldet werden.[342] Die Ladung gehört zu mehreren Eisenbahnwaggons mit Versorgungsgütern, militärischen Gerät und Munition, die am Bhf. Markersdorf-Taura gestrandet sind. Ein besonderes Problem ergibt sich in Herrenhaide, wo sich eine größere Anzahl befreiter französischer Offiziere befindet, die auf ihren Abtransport warten.[343] Gemeinsam mit der G-5 Abteilung der Division unter Ass.CoS Lt.Col. Edmund A. Ball, die für die Military Government Aufgaben zuständig ist, werden Maßnahmen eingeleitet, um sie schnellstmöglich in ihre Heimat zurückzubringen. Um 18.05 Uhr (B) stellt das 1./318 in Vorbereitung des Angriffs auf Chemnitz den Kontakt zum 1./385 der 76th US InfDiv her. Das 2./318 fährt um 07.00 Uhr (B) von Ziegelheim nach Wittgensdorf, wo es 12.00 Uhr (B) eintrifft und um 14.45 Uhr (B) den Bn.CP einrichtet. Zur gleichen Zeit beendet es die Ablösung der 4th US AD. Bei Wittgensdorf findet es sechs Eisenbahnwaggons mit Flugzeugrümpfen. Das 3./318 verlässt um 07.00 Uhr (B) den Raum Ziegelheim – Heiersdorf und fährt mit der Cn Co. 318 nach Wittgensdorf, wo es gegen 11.00 Uhr (B) eintrifft. Ein Jeep, der vom CO 3./318 ausgeliehen wurde, um mit Angehörigen der Co. M neue MG-Stellungen bei Chemnitz auszukundschaften gerät erst in eine eigene Straßensperre und dann in eine deutsche. Beim Versuch zu wenden, wird er getroffen und umgeworfen. Zum Glück für die vier Insassen werden sie in der feindabgewandten Seite aus dem Jeep in den Straßengraben geworfen. Im Straßengraben gelingt ihnen die Flucht und mit requirierten Fahrrädern kehren sie zu ihrer Einheit zurück. Dort wird der Vorfall weitergemeldet.[344] Bis 16.00 Uhr (B) hat das RCT 318 die Ablösung der 4th US AD beendet. In der Zwischenzeit ist um 14.35 Uhr (B) endlich auch die Ablösung der Co. I in Eisenberg durch das 284th FA Bn erfolgt und um 18.43 Uhr (B) meldet das 3./318 als letztes der drei Bataillone die Einnahme seiner Linie.

Der Regtl.CP 318 geht mit der Co. B, 301st Med Bn nach Hartmannsdorf, wo er um 13.50 Uhr (B) eröffnet. Um 19.35 Uhr (B) melden Patrouillen des RCT 318 ein Lazarett mit 250 Verwundeten in Röhrsdorf, das daraufhin unter Bewachung gestellt wird. Wahrscheinlich wurden sie in der Kriegsgefangenen-Tagesmeldung mitgezählt, die insgesamt 482 Kriegsgefangene meldet. Außerdem stoßen Patrouillen auf ein Lager mit 30.000 Schuss Infanteriemunition nördlich der zerstörten Autobahnüberführung der Anschlussstelle der R 95 bei Chemnitz-Borna. Kriegsgefangene geben bei der Befragung an, dass sich zwei SS-Bataillone bei Frankenberg und nordwestlich von Garnsdorf befinden sollen und in der Nacht angreifen wollen.[345] Doch die, in diesem Abschnitt stehenden Einheiten sind bereits vorgewarnt. So wird nur erhöhte Wachsamkeit befohlen. Am Abend übernimmt die Co. K, 3./318 die Bewachung des Regtl.CP und stellt gegen 22.30 Uhr (B) den Kontakt zum RCT 319 bei Kändler her. Als offizieller Kontaktpunkt wird ab 24.00 Uhr (B) das Autobahnkreuz südlich Röhrsdorf festgelegt. Gegen 22.00 Uhr (B) kommt es bei der Co. L, 3./318 zum Kontakt mit einer deutschen Patrouille. Bei dem nachfolgenden Schusswechsel werden zwei Deutsche getötet und einer verwundet. Der Rest flieht.

Das RCT 319 erhält am Morgen den Befehl, das CCA, 4th US AD westlich von Chemnitz abzulösen, woraufhin der CO 319th InfRgt, Col. Costello und sein S-3, Maj. Ralph J. Wevers Kontakt zum CCA aufnehmen und während des Tages persönlich die Ablösung vor Ort leiten. Das 3./319 marschiert von Meerane nach Kändler, wo der Bn.CP eröffnet. Nachkommandos werden in Meerane um 15.15 Uhr (B) durch die Co. K, 3./317 abgelöst. Von Kändler aus werden Patrouillen Richtung Rabenstein entsandt, die die RAB im Bereich der zerstörten Unterführung der Ortverbindungsstraße Kändler – Rabenstein überqueren und am Abend Kriegsgefangene einer Einheit aus Angehörigen des Kraftfahrparks Chemnitz und des H.N.Z.A. Chemnitz machen. Die Einheit aus 80 Mann hatte sich aufgelöst und die Männer waren in Zivil untergetaucht.[346] Zwar hatten 15 von ihnen nach den Angaben der Kriegsgefangenen ihre Pistolen behalten, aber wohl kaum, um weiterzukämpfen. Eine weitere Vier-Mann-Patrouille erreicht gegen 15.00 Uhr (B) Altendorf, wo weiße Fahnen zu sehen sind. Aber noch sind deutsche Truppen in der Nähe. So muss die Patrouille Deckung suchen, als zwei amerikanische Jagdbomber die deutschen Truppen am Boden mit kleinen Bomben angreifen und im Gegenzug von zwei deutschen MG unter Beschuss genommen werden. Gegen Abend nehmen dann Angehörige der Co. K, 3./319 ein deutsches Flugzeug unter Beschuss, das 30 Meter über den Boden über ihre Stellungen fliegt. Das Flugzeug landet kurz darauf in unmittelbarer Nähe.[347] Am Abend stellt das 3./319 den Kontakt zum RCT 318 her. Das 1./319 marschiert nach Wüstenbrand, wo es 12.30 Uhr (B) eintrifft. Von dort aus schickt es am Abend Patrouillen Richtung Siegmar und nach Nutzung, südöstlich von Hohenstein-Ernstthal. Das 2./319, das in Glauchau verblieben ist und den letzten verbliebenen Widerstand bis 00.00 Uhr (B) beseitigt hat, erhält um 11.35 Uhr (B) den Befehl zur Verlegung nach Pleißa, südlich von Limbach-Oberfrohna, wo es sich versammelt und in die Regtl.Res.

geht. Dort löst es bis 13.30 Uhr (B) das CCR, 4th US AD ab und übernimmt die Verantwortung über drei Hilfslazarette mit 308 Patienten in Pleißa.[348] Der Regtl.CP verlässt um 13.00 Uhr (B) Glauchau und entfaltet um 13.45 Uhr (B) in Pleißa. Am späten Abend treffen Patrouillen westlich von Chemnitz auf Straßensperren, gesprengte Brücken und Minenfelder.[349] Bis zum Abend hat das Regiment 138 Gefangene. Der I&R Plat. 319 hält an der linken Flanke den Kontakt zur Rcn Co. 811th TD Bn, die jetzt dem RCT 317 zugeteilt ist. Die Kompanie betreibt zwischen Gera und Glauchau vor der Front der beiden Regimenter ein Netz von Kontrollpunkten und hält über ein Kurzwellenfunkgerät SCR-506 Kontakt zu den Regtl.CP's.

Die Platoons des 80th Rcn Tp. setzten das Patrouillieren in ihren Abschnitten fort. Der 3rd Plat., der in der Nacht in Schmölln Quartier bezogen und gemeinsam mit Abstellungen des RCT 318 die Sicherung der Stadt übernommen hat, verlässt am Vormittag die Stadt und beginnt ab 12.00 Uhr (B) nördlich von Chemnitz mit der Ablösung von Kräften des CCB, 4th US AD in der vorderen Linie. Die Kräfte des RCT 318 bleiben in der Stadt und melden am Abend, dass sich 13.000 Einwohner und zirka 1000 DP's in der Stadt befinden, die von der örtlichen Polizei geschützt werden. In den zwei Lazaretten der Stadt finden sie 286 bzw. 215 Verwundete, die von insgesamt 96 Angehörigen des Sanitätsdienstes und des DRK betreut werden. Außerdem werden in der Stadt die Vereinigten Schuhwarenfabriken Petzold Pfeifer & Co., die für die Wehrmacht produzieren, unter Aufsicht gestellt.[350] Der 2nd Plat. geht am Vormittag von Bräunsdorf aus nach Limbach, wo er 10.00 Uhr (B) eintrifft. Dann wird er erneut herausgezogen und fährt nach Uhlmannsdorf, wo er um 15.14 Uhr (B) gemeinsam mit dem 1st Plat. gemeldet wird.

Mit dem Befehl zur Übernahme des Abschnitts der 4th US AD beginnen parallel dazu am Morgen die Vorbereitungen für den Angriff auf Chemnitz. Noch haben die Deutschen in der Stadt nicht auf das 24-stündige Ultimatum reagiert, das ihnen am Vortag auf Befehl des XX. US Corps durch die 4th US AD übermittelt wurde und um 12.00 Uhr Mittag abläuft. So geht um 09.50 Uhr (B) der Befehl an die DivArty, ab sofort bis 12.00 Uhr (B) Artilleriefeuer auf die Stadt zu legen. Feuerleitung übernimmt das 905th FA Bn, das hierfür durch das 313th, 315th und 662nd FA Bn und einen Plat. Co. A, 81st Cml Mort Bn unterstützt wird. Zur Verstärkung wird außerdem das 177th FA Bn, das der 4th US AD zugeteilt ist, zur generellen Feuerunterstützung angewiesen. Der Befehl von Col. Elegar an den Ass.Cmdr. DivArty, Col. Joseph Shaw lautet: *„Hört pünktlich 12.00 Uhr auf, wenn sich Anzeichen für eine Kapitulation zeigen, wenn nicht, setzt den Beschuss bis morgen früh fort. Dann werden wir die Stadt angreifen."*[351] Offensichtlich weiß er selbst noch nicht, dass zu diesem Zeitpunkt Chemnitz nicht mehr das Ziel der 80th US InfDiv sein wird.

Bis zum Zeitpunkt des Feuerbefehls hat auch das 313th FA Bn von Gera kommend Limbach erreicht und Feuerstellungen bezogen und das 315th FA Bn ist in Limbach aufgefahren. Dann belegen sie Chemnitz mit massivem Artilleriefeuer. Doch obwohl es bis 12.00 Uhr (B) keine Anzeichen für eine Kapitulation gibt, verstummen dann erst einmal die Geschütze. Schnell ist jedoch klar, dass es keine Kapitulation geben wird, denn in der Zwischenzeit ist anstelle einer Antwort das Ultimatum ungeöffnet zurückgekommen. In einem, von OBgm. SA-Brigfü. Walter Schmidt unterzeichneten, Begleitschreiben heißt es lakonisch: *„For the sake of principle the general refuse to accept letters of this kind – Grundsätzlich weigert sich der General, solche Briefe zu akzeptieren.“*[352] Schmidt, ein absoluter Hardliner, und der K.Kdt. von Chemnitz sind gewillt, die Stadt um jeden Preis zu halten. Die Polizei und Gendarmerie hatte Schmidt angewiesen, rigoros gegen das Zeigen von weißen Fahnen vorzugehen. Daraufhin geht der Beschuss weiter. Diesmal legen das 905th und 315th FA Bn 46 Feuersalven auf die Stadt.[353] Aber man scheint noch immer zu hoffen, dass Verhandlungen möglich sind, denn um 15.45 Uhr (B) stellt die 80th US InfDiv den Antrag an das Corps: *„Bombardiert Chemnitz nicht, bis der Befehl kommt.“*[354] Die mittleren Bomber der 9th USAAF sind neben den Jagdbombern die letzte Option vor dem Angriff der Bodentruppen, die man bei einer Stadt mit der Größe von Chemnitz in Betracht gezogen hatte. Ihr Einsatz bedeutet jedoch immer eine Gefahr für die eigenen Truppen, die bereits nahe an den deutschen Linien liegen. Als aber trotz des ständigen Artilleriebeschusses bis 16.25 Uhr (B) weiter keine Zeichen einer Kapitulationsbereitschaft zu erkennen sind, meldet man an das Corps: *„Verhandlungen zur Kapitulation von Chemnitz nicht erfolgreich.“*[355] Damit steht fest, dass die Stadt nur im Kampf genommen werden kann, was auch die, im Tagesverlauf eingehen, G-2 Feindmeldungen bestätigen. Die deutschen Truppen in Chemnitz haben sich auf eine hartnäckige Verteidigung eingestellt. Am Abend nimmt die DivArty zur Unterstützung der 76th US InfDiv Stellungen der Waffen-SS im Bereich des Ottendorfer Waldes unter Beschuss. Auch die Stellungen entlang der RAB zwischen Glösa und Rabenstein werden beschossen.

Um 13.00 Uhr (B) schließt der Div.CP in Gera und eröffnet um 15.15 Uhr (B) in Limbach, wo sich bereits der Fwd Div.CP befindet und auch der CP der DivArty hin verlegt. Der Bn.CP 633rd AAA AW Bn erreicht 16.30 Uhr (B) Oberfrohna. Die Btry. A, 663rd AAA AW Bn feuert während des Tages einmal auf eine einzeln fliegende Me-109 und einmal auf eine Gruppe von vier Me-109. Das 305th Engr C Bn verlegt mit dem CP nach Kändler. Die Division meldet am Abend 1295 deutsche Kriegsgefangene. Bei der 3rd CavGp wird um 13.00 Uhr (B) der CP in Meerane gemeldet und die 43rd CavRcnSq versammelt sich am Abend in Gößnitz.

* * *

[1] G-2 Periodic Report 3rd Army.

[2] Diese Angaben belaufen sich auf ein Interview mit Capt. Hays, ExO 37th Tk Bn v. 21.4.45; siehe auch „Wie amerikanische Truppen Jena befreiten" v. Frank Döbert, OTZ, 13./14.4.15.

[3] Forschungen Historische Spielleutegruppe Jena e.V., Arbeitsgruppe Militärgeschichte.

[4] Interview Capt. Hays, ExO 37th Tk Bn.

[5] AAR 10th AIB nennt einen Ort am Rand von Jena.

[6] „April 1945. Drei Tage rollten die Panzer durch Großbockedra" v. Carola Frindert, TLZ, v. 17.4.15. Siehe auch detaillierte Darstellung im Buch „Panzerkeile auf der Thüringer Autobahn" v. J. Möller.

[7] Gem. Koch, Berlin.

[8] Auszüge aus dem Tagebuch von Otto Queißner, www.hermsdorf-regional.de. Zu dem genauen Weg der Vorauskräfte ab Quirla liegen keine Informationen vor. Da die TF Irzyk jedoch nach Bobeck sollte, wäre es logisch, dass die Vorauskräfte versucht haben, von Quirla über Bollberg nach Norden zu kommen und dabei auch die Straße nach Schleifreisen erkundet haben.

[9] Gem. dem Tagebuch von Herbert Otto, Angehöriger des Pz.Gren.Ers.Btl. 59 befanden sich die Marsch.Kp. bis zum nächsten Morgen im Raum Ilmnitz.

[10] „Die letzten Kriegstage im Frühjahr 1945 in Schlöben bei Stadtroda (Thüringen)", Bericht v. Wolfgang Hirsch, Eilenburg, Arbeitsgruppe Zeitzeugen und Seniorenstudium der Universität Leipzig auf http://researchuni-leipzig.de.

[11] G-2 Periodic Report 76th InfDiv.

[12] Interview Capt. Hays, ExO 37th Tk Bn.

[13] Gem. Zeitzeuge Rolf Kurze, Hainspitz, handelte es sich um eine Gruppe Jugendlicher aus dem Rheinland, die am Vortag, dem 12.4.45, ins Dorf kamen.

[14] Pressebericht v. 27.3.45. Zitate aus „Wehrmacht und Niederlage" v. A. Kunz, Oldenbourg Verlag 2005, S. 233.

[15] B-Series, NARA, Obstlt. i.G. Klimke, Panzer-Jagd-Division West.

[16] „Erfurt im Luftkrieg 1939–1945" v. H. Wolf, Heinrich-Jung-Verlag Zella-Mehlis, 2013, S. 215/216.

[17] Zeitzeugenbericht Rolf Romstedt, Erfurt. Er wurde von Hainspitz nach Eisenberg entsandt, um Marschbefehle zu holen und kam nicht wieder zu seiner Einheit zurück.

[18] Zeitzeugenbericht Rolf Kurze, Hainspitz. Angaben zu Hunter gem. AAR 37th Tk Bn.

[19] „In Hainspitz Spuren des Zweiten Weltkriegs" v. Jörg Petermann, OTZ v. 13.5.14.

[20] Zeitzeugenbericht Romstedt.

[21] Zeitzeugenbericht Ludwig Kychler in „Konzentrationslager Buchenwald 1937–1945", Begleitband zur ständigen historischen Ausstellung, Gedenkstätte Buchenwald, Dr. Harry Stein, Wallstein Verlag, 5. Auflage 2007, S. 231/232.

[22] Krossen wurde 1991 in Crossen umbenannt.

[23] „Amis vor Minen gewarnt", OTZ, Ausgabe Eisenberg und Umgebung, 13.4.05.

[24] AAR 10th AIB nennt 10.00 Uhr (B).

[25] Heft 06/2005 „Aus den Kriegsjahren – April 1945 – Erinnerungen 2005" des Heimatvereins Aga e.V. nennt Hamel als Retter der Brücke. In dem Artikel der OTZ v. 13.4.05 „Mutiger Mann bewahrt Crossener Brücke vor Zerstörung" wird mit Verweis auf einen Zeitungstext der „Eisenberger Rundschau v. 6.5.65 angegeben, dass Hamel zwar versucht haben soll, einen Leutnant des Sprengkommandos zu überzeugen, die Brücke nicht zu sprengen, aber letztendlich soll es der Landwirt Paul Werner gewesen sein, der mit einer Zange die Zünddrähte durchtrennte. Dieser erhielt dafür die Ehrennadel der Nationalen Front der DDR. Damit ist diese Geschichte identisch mit der Geschichte der „Rettung der Bad Kösener Brücke", die aus der gleichen Zeit stammt und widerlegt ist. Das lässt vermuten, dass es sich ebenfalls um einen „antifaschistischen Mythos" handelt.

[26] „Tauchlitzer Brücke landete im Elster-Wasser", OTZ v. 11.5.05. Gem. Winkler sind keine Panzer auf der schmalen Straße zwischen dem Abzweig Nickelsdorf und Tauchlitz gefahren.

[27] Gem. Winkler, Aga, nutzten nur fünf bis sechs Panzer die Brücke, der Rest durchquerte die Weiße Elster neben der Brücke.

[28] „Die Flakstellung Kretzschau II. Teil" v. Thurm, Kleefestverein Würchwitz 1851 e.V., 2017, S. 14.

[29] "Reluctant Valor", History Co. C, 704th TD Bn, Special Limited Printing, 1997, S. 102 gibt an, dass die Panzerjäger an vier, kurz zuvor getöteten, Panzerfaustschützen vorbei kamen.

[30] Gem. Riedel traf er am 12.4.45 am Kinderheim in Katersdobersdorf auf eine Gruppe deutscher Generäle, die gerade den Ort verließen. Gen. Petersen nennt als kurzeitigen Aufenthaltsort seines Stabes nach dem Verlassen von Walpernhain Breitenbach. Aus Breitenbach liegen aber keine Berichte von Generälen im Ort vor. Möglicherweise wurde Breitenbach wegen der Nähe zu Katersdobersdorf als Ortsangabe verwendet.

[31] Zeitzeugenbericht Kummer, Katersdobersdorf.

[32] Zitat Riedel aus Artikel in MZ v. 20.4.95.

[33] Riedel berichtet von Panzern, die auf der Straße Richtung Lonzig standen, jedoch nicht, ob sie auch dorthin fuhren. In seinem Zeitzeugenbericht schildert er auch seine Bekleidung, die aus einer italienischen Militärjacke, einem grauen Wehrmachtshemd und einer Überfallhose bestand.

[34] „Die Flakstellung Kuhndorf II. Teil" v. Thurm, Kleefestverein Würchwitz 1851 e.V., 2015, S. 31.

[35] Rolf Zabel in MZ v. 1.3.95.

[36] „Die Flakstellung Kuhndorf II. Teil" v. Thurm, Kleefestverein Würchwitz 1851 e.V., 2015, S. 32/33.

[37] Ebenda, S. 33. Siehe auch Bericht Lore Hühnerkopf, Loitzschütz, in MZ v. 22.4.95.

[38] Bericht von Ingeburg Hubeny, Kleinpörthen, in MZ v. 24.3.95; "Reluctant Valor", History Co. C, 704th TD Bn, Special Limited Printing, 1997, S. 102. Es wird vom „Beschuss einer Einrichtung" gesprochen.

[39] "Reluctant Valor", History Co. C, 704th TD Bn, Special Limited Printing, 1997, S. 102.

[40] Gem. Erhard Schramm, Zetzschdorf, damals Weißenborn, in MZ v. 17.3.05.
[41] "Reluctant Valor", History Co. C, 704th TD Bn, Special Limited Printing, 1997, S. 102.
[42] Heft 06/2005 „Aus den Kriegsjahren – April 1945 – Erinnerungen 2005" des Heimatvereins Aga e.V.. R. J. berichtet von einer Gruppe SS-Leute, die aus dem Forst nach Großaga kamen und weiter Richtung Altenburg gegangen sind. Nach Berichten soll sich SS im Felsenkeller bei Tauchlitz aufgehalten haben.
[43] Ebenda.
[44] Ebenda. Er stirbt auf unbekannte Weise durch eine Kugel.
[45] Bei der Brücke über den Kanal kann es sich nur um den Floßgraben zwischen Tauchlitz und Silbitz handeln.
[46] Heft 06/2005. Mitsching nennt eine Horchgerätestellung, andere Zeitzeugen sprechen von einer Scheinwerferstellung.
[47] Gem. Winkler.
[48] Bericht von F. Mitsching, Ballenstedt, in der MZ. Ausführliche Berichte und Interviews im Heft 06/2005, Heimatverein Aga e.V.
[49] Ebenda.
[50] Ebenda. Bericht von Erich Kutter. Einige Zeitzeugen berichten von zwei bis drei Toten. Auch die Todesursache wird unterschiedlich angegeben. Einige sprechen vom Tod beim Eintreffen der Amerikaner, während ein Zeitzeuge von Erschießung nach der Besetzung spricht. Ein anderer Zeitzeuge spricht von der Tötung des Soldaten bei der Windmühle durch Tieffliegerbeschuss. Offensichtlich trifft jedoch der Bericht von Kutter zu, der in unmittelbarer Nähe zum Todesort wohnte.
[51] Gem. Winkler, Aga. Bemühungen, die Namen der zwei Gefallenen zu ermitteln, waren bisher ergebnislos. Es gibt keine Eintragungen in den Pfarrbüchern.
[52] G-2 Bericht der 3rd US Army.
[53] Gem. Erhard Schramm, Zetzschdorf, damals Weißenborn, in MZ v. 17.3.05.
[54] Gem. dem Bericht von Heinrich Späte, Kayna, in Zusammenarbeit mit Barbara Ehrlich in MZ v. 30.3.05 und Archiv Volker Thurm, Kayna.
[55] Bericht Günter Lorenz in „Die Flakstellung Nißma II. Teil" v. Thurm, Kleefestverein Würchwitz 1851 e.V., 2013, S. 36.
[56] Im „Im Altenburger Land zwischen 1933 und 1945" v. Hauthal, S. Sell Heimat-Verlag Altenburg, 1. Auflage 2007, S. 58.
[57] „Chronik der Grundherrschaft Wolkenburg Teil 2" v. R. Kirchner, Beier&Beran. Archäologische Fachliteratur, Langenweißbach, 2006, S. 238/239.
[58]Ebenda, S. 238/239.
[59] Interview Capt. Hays, ExO 37th Tk Bn,.
[60] Beide Orte wurden 1950 zu Limbach-Oberfrohna zusammengelegt.
[61] „Chronik der Stadt Limbach-Oberfrohna" Jahrgang 1945, zusammengestellt v. Rudolf Weber, hier Tagebuchaufzeichnungen Horst Strohbach.
[62] Ebenda, Berichte vom Volkssturm.
[63] Ebenda, Zeitzeugenbericht H. Strohbach und Berichte vom Volkssturm.
[64] Ebenda, Tagebuchaufzeichnungen Horst Strohbach.

65 Ebenda, Zeitzeugenbericht B. Winkler, korrigiert von Weber.

66 Ebenda. In den Tagebuchaufzeichnungen v. Horst Strohbach gibt dieser 15.00 Uhr an. Im vorderen Teil der Chronik wird 12.45 Uhr genannt. Bei Fritzsching heißt es 14.30 Uhr.

67 Ebenda, Tagebuchaufzeichnungen v. Horst Strohbach.

68 Ebenda, Zeitzeugenbericht M. Voigtländer.

69 Ebenda, Berichte vom Volkssturm.

70 AAR 10th AIB; "Reluctant Valor", History Co. C, 704th TD Bn, Special Limited Printing, 1997, S. 102.

71 Tagebuch Rolf Hädrich in „Thüringen 1945" Hrsg. Schley, Quellen zur Geschichte Thüringens, LZT, 2016, S. 94.

72 Erlebnisbericht Ilse Ziermann und Auszüge aus dem Tagebuch von Otto Queißner, aufgeschrieben v. Stefan Lechner, www.hermsdorf-regional.de.

73 G-2 Periodic Report 89th InfDiv.

74 Auszüge aus dem Tagebuch von Otto Queißner und Albrecht Schröder, 1945 Leiter der DRK-Bereitschaft Hermsdorf, aufgeschrieben v. Stefan Lechner, www.hermsdorf.de.

75 Auswertebericht 394th B.G. aus Bestand AFHRA, Sammlung Schneider.

76 Auszüge aus dem Tagebuch von Albrecht Schröder, 1945 Leiter der DRK Bereitschaft Hermsdorf, aufgeschrieben v. Stefan Lechner, www.hermsdorf.de.

77 Auszüge aus dem Tagebuch von Otto Queißner und Albrecht Schröder, 1945 Leiter der DRK Bereitschaft Hermsdorf, aufgeschrieben v. Stefan Lechner, www.hermsdorf.de.

78 Auszüge aus dem Tagebuch von Albrecht Schröder, 1945 Leiter der DRK Bereitschaft Hermsdorf, aufgeschrieben v. Stefan Lechner, www.hermsdorf.de.

79 Ebenda. Siehe auch Erinnerungen der Rot-Kreuz-Schwester Irene Schmidt, DRK-Bereitschaft Stadtroda und „Lynchmord an amerikanischen Pilot Seumiers durch Polizist Senf im Rimmelsgrund", www.hermsdorf-regional.de.

80 Auszüge aus dem Tagebuch von Otto Queißner, aufgeschrieben v. Stefan Lechner, www.hermsdorf-regional.de. Die Angabe zu Odenthal ist eine Ergänzung des Autors der Webseite.

81 IPW-Report No. 14, 3rd Army v. 28.4.45. Siehe auch „Fremde Heere Ost Hitlers militärische Feindaufklärung" v. M. Pahl, Hrsg. MGFA Potsdam, Ch. Link Verlag Berlin, 2013, S. 143ff.

82 S-2 Journal 317th InfRgt, Meldung der 4th AD.

83 G-2 Periodic Report 80th InfDiv.

84 „Mitteldeutschland im Frühjahr 1945", V. Wahl, Das neue Heimatbuch 1995/96, Heinrich-Jung-Verlagsgesell. mbH Zella-Mehlis.

85 „Das Ende", I. Kershaw, Pantheon Verlag, 1. Auflage 2013, S. 441.

86 „1939–1945 FLUWA auf dem Buchberg", www.klosterlausnitz-regional.de.

87 „Chronik der Sportplatzes", www.klosterlausnitz-regional.de. Warum der Fluchtweg nach Hainspitz gewählt wurde, ist unklar. Vielleicht wollten sie dort zurückgelassene Mitarbeiter der Bildstelle aufnehmen, wofür es jedoch keine Belege gibt.

88 1999 abgerissen.

89 www.gera-chronik.de.

90 In der Combat History 4th AD wird der Vorfall der Brücke über die Weiße Elster nördlich von Gera zugeordnet. Im Buch "He rode up front for Patton“ wird jedoch geschrieben, dass es dort keine Probleme gab. Dafür wird von einem Halt an der RAB-Brücke über die Bahnstrecke Hermsdorf – Gera wegen eines „Problems“ gesprochen. Der AAR CCA nennt die Koordinate der Bahnüberquerung.

91 Gem. AAR 51st AIB war die Brücke teilweise beschädigt, aber nutzbar. In “He rode up front for Patton” wird von einer „intakten Brücke” gesprochen. Funke spricht in „Die letzten Wochen und Tage der Hitlerbarbarei in Gera“, Heimatgeschichtlicher Kalender des Bezirkes Gera, 1983, S. 40–44, davon, dass die 1. Sprengung missglückt war und für eine zweite die Zeit fehlte.

92 AAR 51st AIB.

93 StA Gera, IIID 01-1139, Langenberg, Luftwarnjournal, IIID/1659, Langenberg, Luft-Warnzentrale. IIID 01-662 Sammelmeldung Warnstelle Langenberg.

94 „Kriegsende in Ronneburg 1945 – Aus eigenem Erlebnis über die Zeit des Zusammenbruchs…“ v. Paul Ulbricht, Ronneburger Anzeiger Jahrgang 26, 9/2015, 7.5.15.

95 Forschungen des Bergbauvereins Ronneburg e.V., www.bergbauverein-ronneburg.de und WIKIPEDIA-Eintrag 2017: Reichsradiumreserve.

96 „Im Altenburger Land zwischen 1933 und 1945“ v. G. Hauthal, S. Sell Heimat-Verlag Altenburg, 1. Auflage 2007, S. 57.

97 Ebenda, S. 36. Siehe auch USAAF Chronology.

98 Ebenda, S. 71. Es liegen keine Überlieferungen vor, wie im weiteren mit dem Lager verfahren wurde und wie die Toten geborgen wurden.

99 Combat History 51st AIB.

100 „Die Crimmitschauer Chronik“, StA Crimmitschau. Gemäß den Unterlagen des Standesamtes Crimmitschau fiel der VS-Mann bereits am 13.4.45, der Name des „Unbekannten“ ist bekannt.

101 Ebenda.

102 Ebenda.

103 Ebenda. Die drei Jugendlichen, Jungarbeiter aus dem Junkers-Werk Crimmitschau, sollen sich auf dem Heimweg von der Arbeit befunden haben. Möglichweise hatten sie sich den Soldaten angeschlossen.

104 G-2 Periodic Report 3rd Army.

105 „14. April 1945: Amerikanische Truppen nehmen Meerane ein – Stadt wird kampflos besetzt“, Arbeitsgruppe Ortschronik Meerane, www.meerane.de.

106 Arbeitsgruppe Ortschronik, Meerane: Zeittafel der Stadt Meerane 1930–1949. Hg. v. Schwarz Druck Werbung und Verlag GmbH Meerane, S. 168.

107 Sammlung Stadtmuseum Meerane.

108 „Die Meeraner Feuerwehr in den Jahren 1932–1945“. Jubiläumsrede der FF Meerane 1957, www.feuerwehr-meerane.de.

109 „Unter dem Hakenkreuz – Die deutschen Feuerwehren 1933–1945“ v. M. Blazek, ibidem-Verlag Stuttgart, 2009.

[110] Text einer schriftlichen Erklärung der Freiwilligen Feuerwehr. Er konnte regional abweichen, war jedoch inhaltlich gleich.
[111] „Die Crimmitschauer Chronik", StA Crimmitschau.
[112] G-2 Periodic Report 3rd Army.
[113] „Die Crimmitschauer Chronik", StA Crimmitschau.
[114] „Die Crimmitschauer Chronik", StA Crimmitschau.
[115] Ebenda.
[116] "He rode up front for Patton".
[117] „Unsere Ortschaft 1945 – Gesau, Höckendorf, Schönbörnchen", Redaktion Rolf Scheuer, Bürgerverein für Gesau, Höckendorf, Schönbörnchen e.V., Heft Nr. 007, September 2006. Siehe auch „Schwere Jahre – Glauchau 1928 bis 1948" v. J. Hummel, Eigenverlag, 2008, S. 105/106.
[118] „Schwere Jahre – Glauchau 1928 bis 1948" v. J. Hummel, Eigenverlag, 2008, S. 106.
[119] Ebenda, S. 106.
[120] Ebenda, S. 104.
[121] „Unsere Ortschaft 1945 – Gesau, Höckendorf, Schönbörnchen", Heft Nr. 007, September 2006.
[122] In „Schwere Jahre – Glauchau 1928 bis 1948" v. J. Hummel, Eigenverlag, 2008, wird nur die RAD-Abt. 2./154 genannt. 1935/36 befand sich die RAD-Abt. 6./162 in der Stadt, 1935 und 1938/39 die 2./154 „Kleist v. Nollendorf", die dann nach Berggießübel verlegte. Nachweislich waren auch die k 3./152, die 1938 in Pausa/Vogtland lag und die 3./163 Großheide in Glauchau stationiert.
[123] „Schwere Jahre – Glauchau 1928 bis 1948" v. J. Hummel, Eigenverlag, 2008, S. 106.
[124] „Unsere Ortschaft 1945 – Gesau, Höckendorf, Schönbörnchen", Heft Nr. 007, September 2006.
[125] "He rode up front for Patton".
[126] Combat History 4th AD.
[127] Gem. "319th InfRgt, Drive from Gotha to Chemnitz in coordination with CCA 4th Armored Division" um 16.30 Uhr (B)
[128] „Wie ein Töppelner den Einzug der Amerikaner am 13. April 1945 erlebte" v. Heinz Muck, OTZ v. 13.4.15.
[129] www.gera-chronik.de nennt 12.00 Uhr Feindalarm. Das Warnjournal der LS-Warnstelle Langenberg, StA Gera IIID-01-662, verzeichnet 12.45 Uhr „Feindalarm". Letzterer dürfte der richtige Zeitpunkt sein, da das Warnnetz Gera – Langenberg gleichgeschaltet war.
[130] S-2 Journal 319th InfRgt.
[131] S-2 Journal 319th InfRgt. Funke schreibt in „Die letzten Wochen und Tage der Hitlerbarbarei in Gera", Heimatgeschichtlicher Kalender des Bezirkes Gera, 1983, S. 40–44, dass der „standortälteste Oberst von Gera" Verhandlungen führte. Dafür gibt es keinen Beleg. In den amerikanischen Unterlagen findet sich diesbezüglich nichts. Gleiches gilt für eine Aussage, dass der Bgm. von Gera die Stadt am Abend des 13.4.45 übergeben

hätte, dies aber wegen fehlender Zusage der deutschen Militärs nicht von den Amerikanern akzeptiert wurde.

[132] S-2 Journal 319th InfRgt. Siehe dazu weitergehende Angaben über die Jenaer Flak im Buch „Panzerkeile auf der Thüringer Autobahn".

[133] Erlebnisbericht von Konrad Mann zum letzten Kriegsjahr, www.hermsdorf-regional.de.

[134] Schicksalstage im April – Die Amerikaner in Ulrichswalde bei Stadtroda", OTZ v. 11.4.15.

[135] Combat History 4th AD.

[136] www.wikipenig.wikia.com. Gem. der täglichen Meldung „Luftkrieg über dem Reichsgebiet" wurde der LS-Ort Chemnitz am 2.3.45. und in der Nacht 2./3.3.45 angegriffen.

[137] „Chronik der Stadt Limbach-Oberfrohna" Jahrgang 1945, Zeitzeugenbericht H. Strohbach und Berichte vom Volkssturm.

[138] Ebenda, „Von der uniformierten Volkssturmkompanie Meisel…" und Zeitzeugenbericht v. M. Voigtländer.

[139] Ebenda, „Von der uniformierten Volkssturmkompanie Meisel…".

[140] „Gedenktafel soll an 50.000 Kriegsgefangene erinnern" v. Rita Türpe, Freie Presse, 26.8.12. Bei der Zahl dürfte jedoch die Gesamtzahl der Insassen des Stalag einschließlich der Nebenlager gemeint sein. Gem. eines englischen Berichtes war der Lagerkommandant 1941 Oberst Händler.

[141] „Mühlberg 1939–1948" v. A. Kilian, Böhlau Verlag, 2001, S. 74, siehe auch BA-MA, RH49/123.

[142] Zeitzeugenbericht F. Frick in Heimatblatt Burgstädt, Sonderausgabe zum Burgstädter Anzeiger, 12/2013. Siehe auch „Als die US Armee nach Burgstädt kam" , Freie Presse v. 14.4.15.

[143] Zeitzeugenbericht Dr. D. Molzahn in Heimatblatt Burgstädt 2012.

[144] Zeitzeugenbericht F. Frick in Heimatblatt Burgstädt, Sonderausgabe zum Burgstädter Anzeiger, 12/2013. Siehe auch „Als die US Armee nach Burgstädt kam" , Freie Presse v. 14.4.15.

[145] „Chronik der Stadt Limbach-Oberfrohna" Jahrgang 1945.

[146] Ebenda, Zeitzeugenbericht v. B. Winkler, korrigiert durch Weber. Vermutlich handelt es sich bei dieser „Batterie" um eine s.Art.Abt. mit 21cm Mörsern 18, die mit 2-3 Batterien zu 2-3 Mörsern ausgestattet war, was zur Angabe „Langrohrgeschütze" passen würde. Allerdings ist die Anzahl von sechs Geschützen fraglich. Die Amerikanern melden „fünf 21cm Geschütze" die am nächsten Tag „in der Nähe von Langenchursdorf" von Pionieren zerstört wurden".

[147] „Chronik der Stadt Limbach-Oberfrohna" Jahrgang 1945.

[148] Ebenda. Hier heißt es Guhren. Guhren war ein Dorf im Lkrs Guhrau/Schlesien.

[149] Ebenda, Zeitzeugenbericht v. B. Winkler.

[150] Ebenda, Zeitzeugenbericht H. Strohbach.

[151] Ebenda, Brief v. Dr. Bauch.

[152] Ebenda, Zeitzeugenbericht H. Strohbach.

[153] Die US Quellen geben 25 Gefallene an. In „Oberfrohna in der ersten Hälfte des 20. Jahrhunderts" v. Dr. Hermann Schnurrbusch, Unsere Heimatgeschichte Nr. 37, 2010, StA Limbach-Oberfrohna, werden für Oberfrohna insgesamt zehn Tote verzeichnet, davon sechs Zivilisten und vier Soldaten. 2003 hatte Dr. Schnurrbusch in „Daten aus der Limbacher Geschichte von den Anfängen bis zum Juni 1945", Unsere Heimatgeschichte Nr. 22 für Rußdorf acht Gefallene und für Oberfrohna zwei genannt.

[154] www.denkmalprojekt.org.

[155] „Chronik der Stadt Limbach-Oberfrohna" Jahrgang 1945.

[156] Combat History 51st AIB.

[157] "He rode up front for Patton".

[158] Ebenda.

[159] AAR CCA 4th AD.

[160] www.gedenkstätte-flossenbuerg.de.

[161] Amtsblatt Hohenstein-Ernstthal 09/2014, S. 20.

[162] S-2 Journal 319th InfRgt.

[163] "He rode up front for Patton".

[164] Ebenda.

[165] „Schwere Jahre – Glauchau 1928 bis 1948" v. J. Hummel, Eigenverlag, 2008, S. 108.

[166] Es finden sich bei Tessin keine weiteren Angaben zu dieser Abteilung.

[167] In der Kulturdenkmalliste der Stadt Glauchau wird sie auch als Rothental-Kaserne bezeichnet.

[168] Gem. Tessin. Angaben zu den Kasernen gem. „Schwere Jahre – Glauchau 1928 bis 1948" v. J., Hummel, Eigenverlag, 2008, S. 54 u. 60. Die Kriegsgliederung des Ersatzheeres v. 10.08.44, BA-MA RHD 47/17 nennt beim Lds.Schtz.Ers.Btl. 4 insgesamt zehn Marsch.Kp. von denen sechs in Komotau/Böhmen (Chomutov) stationiert waren, eine Gen.Kp. und eine Stamm.Kp.

[169] Der G-2 Periodic Report 80th US InfDiv nennt die Offz.Schule. Offiziell gab es keine solche Schule. Allerdings befand sich in der Festung Glogau neben einer Vielzahl an Ersatzeinheiten auch die ehemalige Reichskriegsschule des kaiserlich-preußischen Heeres. Wahrscheinlich handelt es sich daher um einen Offz.- bzw. Res.Offz.Lehrgang, der vor Beginn der Belagerung am 11.2.45 die Stadt verlassen hatte.

[170] „Das Kriegsende in Sachsen 1945" v. W. Fleischer, Podzun-Pallas, 2004, S. 44.

[171] „Schwere Jahre – Glauchau 1928 bis 1948" v. J. Hummel, Eigenverlag, 2008, S. 103/104.

[172] S-2 Journal 319th InfRgt.

[173] „Hitlers Weisungen für die Kriegsführung" hrsg. W. Hubatsch, dtv dokumente, Taschenbuchausgabe 1964, S. 296 u. 299.

[174] Bei Körner soll es sich gem. Aussagen seines Adjutanten Hans Thäter aus dem Jahr 1966 um einen Österreicher gehandelt haben. Es konnten jedoch keine weiteren Angaben ermittelt werden.

[175] Germ. Hummel handelte es sich um einen ehemaligen Offizier und Lehrer aus Glauchau, der noch einmal für den Kriegseinsatz aktiviert wurde.

[176] „Schwere Jahre – Glauchau 1928 bis 1948" v. J. Hummel, Eigenverlag, 2008, S. 110.
[177] Gem. Thäter soll sich Abt. IVa, W.Kr.Verwaltung IV in der Kaserne befunden haben.
[178] „Schwere Jahre – Glauchau 1928 bis 1948" v. J. Hummel, Eigenverlag, 2008, S. 112.
[179] Ebenda, S. 82.
[180] Ebenda, S. 101, Hummel nennt die Nebelwerfer-Abt. 67, was falsch ist. Möglicherweise besteht ein Zusammenhang zwischen dem Transport und dem Umstand, dass die Volks-Werfer-Abt. 17 bis Februar 1945 dem LXXXV. AK der 7. Armee unterstand.
[181] „Unsere Ortschaft 1945 – Gesau, Höckendorf, Schönbörnchen", Heft Nr. 007, September 2006.
[182] Ebenda; siehe auch „Schwere Jahre – Glauchau 1928 bis 1948" v. J. Hummel, Eigenverlag, 2008, S. 113.
[183] „Unsere Ortschaft 1945 – Gesau, Höckendorf, Schönbörnchen", Heft Nr. 007, September 2006.
[184] Ebenda.
[185] Ebenda. Siehe auch „Schwere Jahre – Glauchau 1928 bis 1948" v. J. Hummel, Eigenverlag, 2008, S. 104/105.
[186] „Schwere Jahre – Glauchau 1928 bis 1948" v. J. Hummel, Eigenverlag, 2008, S. 107/108.
[187] Ebenda, S. 108.
[188] Museumsgeschichte, www.glauchau.de.
[189] „Schwere Jahre – Glauchau 1928 bis 1948" v. J. Hummel, Eigenverlag, 2008, S. 108.
[190] „Die Chronik von Wernsdorf", 1. Auflage 2006, S. 114.
[191] Ebenda, S. 108 u. 112.
[192] Ebenda, S. 107 u. 112.
[193] Angaben gem. Interview mit Col. Smythe, Ass.Div.Cmdr. 80th InfDiv. Siehe auch „Schwere Jahre – Glauchau 1928 bis 1948" v. J. Hummel, Eigenverlag, 2008, S. 109.
[194] AAR CCR 4th AD.
[195] History 35th Tk Bn.
[196] Bericht v. Gunter und Ramona Hellmann, www.kraftort.info.
[197] „Die Entwicklung des Roten Kreuzes in Altenburg" zusammengestellt v. W. Schramm, Altenburg, www.drk-altenburg.de.
[198] History 94th AFA Bn.
[199] „Die Crimmitschauer Chronik", StA Crimmitschau.
[200] History 94th AFA Bn.
[201] Ebenda.
[202] Arbeitsgruppe Ortschronik, Meerane: Zeittafel der Stadt Meerane 1930–1949. Hrsg. v. Schwarz Druck Werbung und Verlag GmbH Meerane, S. 168.
[203] Zeitzeugenbericht Alfred Berger, Sammlung Stadtmuseum Meerane.
[204] Arbeitsgruppe Ortschronik, Meerane: Zeittafel der Stadt Meerane 1930–1949. Hrsg. v. Schwarz Druck Werbung und Verlag GmbH Meerane, S. 168. Inwieweit die Aussage stimmt, dass Oehlkrug, ein Mitglied der KPD, gemeinsam mit anderen Mitgliedern von KPD und SPD den Volkssturm an der Verteidigung der Stadt gehindert hat, ist fraglich.

Auch zur Übergabe der Stadt findet sich in den amerikanischen Unterlagen kein Beleg. Nicht auszuschließen ist ein Zusammentreffen zwischen Oehlkrug und den Amerikanern in der Stadt, aber nicht im Rahmen einer offiziellen Übergabe.

[205] „14. April 1945: Amerikanische Truppen nehmen Meerane ein – Stadt wird kampflos besetzt", Arbeitsgruppe Ortschronik Meerane, www.meerane.de.

[206] Arbeitsgruppe Ortschronik, Meerane: Zeittafel der Stadt Meerane 1930–1949. Hrsg. v. Schwarz Druck Werbung und Verlag GmbH Meerane, S. 168.

[207] History 94th AFA Bn.

[208] Combat History 4th AD.

[209] Dabei kann es sich nur um den General handeln, denn die Kavalleristen der 3rd CavGp in Gera gefangengenommen haben. Da die Infanterie die Kriegsgefangenensammelstellen betrieb, wurde er mit großer Sicherheit an sie übergeben und so als eigener Erfolg verbucht.

[210] „Ostthüringen im Bombenkrieg 1939–1945" v. Sagan, Michael Imhof Verlag, S. 185; siehe auch „Am 9. Februar 1945 stürzte im Mühltal B 17-Bomber ab" v. Jörg Petermann, OTZ v. 10.2.13

[211] G-3 Journal 80th InfDiv.

[212] „Erinnerungen ans Kriegsende vor 65 Jahren in Kursdorf", OTZ v. 10.3.10.

[213] Warum der Schwenk befohlen wurde, ist unklar.

[214] Entspricht 1514,16 Liter.

[215] G-3 Journal 80th InfDiv.

[216] „Die letzten Wochen und Tage der Hitlerbarbarei in Gera" v. Funke, Heimatgeschichtlicher Kalender des Bezirkes Gera, 1983, S. 40-44.

[217] „Thüringen 1945" Hrsg. Schley, Quellen zur Geschichte Thüringens, LZT, 2016, S. 39.

[218] WIKIPEDIA-Eintrag 2017: „Luftangriffe auf Gera", basierend auf dem Buch „Ostthüringen im Bombenkrieg 1939–1945" v. Sagan, Michael Imhof Verlag, 2012. Siehe auch RW 21/62-12, Rüstungs.Kdo. Weimar, Meldungen über Luftangriffe u.a. auf Gera.

[219] „Die letzten Wochen und Tage der Hitlerbarbarei in Gera" v. Funke, Heimatgeschichtlicher Kalender des Bezirkes Gera, 1983, S. 40–44. Siehe auch Artikelreihe v. Stadtarchivar Klaus Brodale zum 50. Jahrestag Kriegsende, OTZ, April 1995.

[220] „Oberbürgermeister der Stadt Gera" v. G. Domkowsky, Verlag Dr. Frank GmbH Gera, 2007.

[221] StA Gera, IIIB-3059 Beiakte Begründung Einspruch Carl Becker, Beiakte Beurteilung Carl Becker durch Dr. med. Kurt Gröbe, Beiakte Beurteilung Carl Becker durch Georg Weber, Beiakte Lebenslauf Carl Becker.

[222] Gem. Tessin; siehe auch Standortbroschüre des Bundeswehrstandortes Gera 2008.

[223] Ebenda.

[224] Findet sich weder in „Militärbauten in Thüringen" v. Zeigert noch in „Flugplätze der Luftwaffe", Band 3 Thüringen v. Zapf.

[225] „10.4.1945: Zwischen den Fronten", Brief an einen Angehörigen mit Aufgabestempel „10.4.45" und dem Stempel „zurück" sowie „nicht abgefordert/Briefausgabe PA Gera" auf www.wertfauna.de, 2017.

226 www.gera-chronik.de.

227 BA-MA, NS 6/353. Siehe auch „Wehrmacht und Niederlage“ v. A. Kunz, Oldenbourg Verlag 2005, S. 169.

228 „Die letzten Wochen und Tage der Hitlerbarbarei in Gera“ v. Funke, Heimatgeschichtlicher Kalender des Bezirkes Gera, 1983, S. 40-44

229 „Das war das 20. Jahrhundert in Gera“ v. Brodale, Friedemann, Wartberg-Verlag Gudensberg-Gleichen, 2002, S. 49. Siehe auch „Schicksalstage im April – Die Amerikaner in Ulrichswalde bei Stadtroda“, OTZ v. 11.4.15, „Die letzten Wochen und Tage der Hitlerbarbarei in Gera“ v. Funke, Heimatgeschichtlicher Kalender des Bezirkes Gera, 1983, S. 40–44, Artikelreihe v. Stadtarchivar Klaus Brodale zum 50. Jahrestag Kriegsende, OTZ, April 1995 und www.gera-chronik.de. www.gera-chronik.de nennt einen Oblt. Berger, die OTZ schreibt Boger und Brodale nennt Märker. Alle sprechen von einer Fahnenjunkerschule Weilburg/Lahn, was falsch ist. Gem. StA Gera, MS 1372, Erlebnisbericht Dr. Haeberlin, Jahrgang 1926 und Angehöriger dieser Truppe war es die Schule Wetzlar unter Führung von Märker. Zwar taucht im G-2 Periodic Report der 80th InfDiv bei den Gefangenenmeldungen keine solche auf, aber möglicherweise handelt es sich um die, dort als K.Gr. Gera bezeichnete, Einheit.

230 Dr. Haeberlin gibt den Weg über Nordhausen nach Gera an.

231 StA Gera, MS-1372, Erlebnisbericht Dr. Haeberlin,. Andere Quellen nennen den Südosten der Stadt. Möglicherweise gab es dort einen Ausbruchsversuch.

232 www.gera-chronik.de.

233 „Die letzten Wochen und Tage der Hitlerbarbarei in Gera“ v. Funke, Heimatgeschichtlicher Kalender des Bezirkes Gera, 1983, S. 40–44.

234 „Im Osterstein-Stollen Schutz gesucht“ v. Hans Oehler, Putbus in OTZ, April 1995.

235 S-2 Journal 319th InfRgt. Das s.Werfer.Rgt. 14 war zuletzt in der Eifel im Einsatz.

236 www.gera-chronik.de.

237 StA Gera, MS-1372, Erlebnisbericht Dr. Haeberlin.

238 Nach Angaben der 80th US InfDiv sollen sich auch ein bis zwei SFL mit 8,8cm Kanonen dort befunden haben. Auf deutscher Seite findet sich hierzu kein Hinweis.

239 StA Gera, MS-1372, Erlebnisbericht Dr. Haeberlin,. Die beschriebene Verteidigungsstellung kann nur ein Teilstück gewesen sein, was sich an seiner Angabe zum Abstand der Schützenlöcher erkennen lässt. Bei 150 + 200m macht dies bei einem Abstand von 30m lediglich zirka 20 Mann, die Einheit verfügte aber über 60 Mann. Mit Schnellschussgewehr meint Haeberlin sehr wahrscheinlich den Karabiner 43.

240 StA Gera, MS-1372, Erlebnisbericht Dr. Haeberlin,.

241 Zitat aus der Artikelreihe v. Stadtarchivar Klaus Brodale zum 50. Jahrestag Kriegsende, OTZ, April 1995.

242 StA Gera, MS-1372, Erlebnisbericht Dr. Haeberlin.

243 Zeittafel SRH Wald-Klinikum Gera, www.waldklinikumgera.de.

244 S-2 Journal 319th InfRgt.

245 StA Gera, MS-1372, Erlebnisbericht Dr. Haeberlin.

246 Seit 1993, vorher Tschechoslowakei.

[247] StA Gera, MS-1372, Erlebnisbericht Dr. Haeberlin.

[248] S-2 Journal 319th InfRgt.

[249] valour.militarytimes.com.

[250] „Die letzten Wochen und Tage der Hitlerbarbarei in Gera“ v. Funke, Heimatgeschichtlicher Kalender des Bezirkes Gera, 1983, S. 40–44. Funke nennt einen ersten Gegenangriff der Fahnenjunker in der Nacht vom 13./14.4.45 und spricht von einem 2. Gegenangriff zwischen 09.15 und 10.18 Uhr. Dabei scheint Funke jedoch erst das Stoßtruppunternehmen in der Nacht zu meinen und die Kämpfe am Vormittag.

[251] StA Gera, MS-1372, Erlebnisbericht Dr. Haeberlin.

[252] StA Gera, MS-147, Mitteilung des Volksbund Deutsche Kriegsgräberfürsorge v. 17.1.90, Bei der namentlichen Aufstellung der Gefallenen handelt es sich ausschließlich um Fahnenjunker der Jahrgänge 1925/26. Nur einer der Toten hebt sich mit Geburtsjahr 1913, ausgewiesen als Teilnehmer eines ROB-Lehrgangs IX, von ihnen ab. Siehe auch „Die letzten Wochen und Tage der Hitlerbarbarei in Gera“ v. Funke, Heimatgeschichtlicher Kalender des Bezirkes Gera, 1983, S. 40–44 und Artikelreihe v. Stadtarchivar Brodale zum 50. Jahrestag Kriegsende, OTZ, April 1995 sowie Beitrag auf www.gera-chronik.de. Brodale nennt 18 Tote.

[253] „Die letzten Wochen und Tage der Hitlerbarbarei in Gera“ v. Funke, Heimatgeschichtlicher Kalender des Bezirkes Gera, 1983, S. 40—44.

[254] S-2 Journal 319th InfRgt. Der G-2 Periodic Report 80th InfDiv nennt die Golde Fabrik.

[255] Angabe zu den Lagern gem. www.gera-chronik.de.

[256] Bei der Angabe zur Zahl der Kriegsgefangenen durch die Kavalleristen ist eine Doppelzählung mit den Infanteristen möglich.

[257] Wie Neidholdt, der Anfang 1945 aus der Führerreserve heraus zum Kdr. Elbe-Übergänge im W.Kr. XI Hannover ernannt wurde und ab März die Auffangstelle Nord leitete, nach Gera gekommen ist, ist unklar und findet sich nicht in seinen Akten. Da es aber nur einen Gen.Lt. dieses Namens und auch keine Namensähnlichkeit gibt, besteht kein Zweifel. Neidholdt wurde später an Jugoslawien ausgeliefert und wegen Kriegsverbrechen im September 1944 als Kdr. 369. InfDiv 1947 hingerichtet. Der Name des Richters wurde im AAR 3rd CavGp mit „Oberst Schmuldn“ angegeben. Bisher konnte der richtige Name nicht ermittelt werden.

[258] StA Gera, IIIB-3059 Beiakte Lebenslauf Carl Becker.

[259] www.gera-chronik.de.

[260] „Thüringen 1945“, Quellen zur Geschichte Thüringens, LZT, 2016, S. 73ff. „Die Geheime Staatspolizei im NS-Gau Thüringen 1933–1945“, Quellen zur Geschichte Thüringens, LZT, 2004, S. 459ff.

[261] G-2 Periodic Report 80th US InfDiv.

[262] Ebenda.

[263] Angaben zu den LS-Kellern gem. www.gera-chronik.de.

[264] „Die Crimmitschauer Chronik“, StA Crimmitschau.

[265] Ebenda.

[266] S-2 Journal 319th InfRgt.

[267] S-2 Journal 319th InfRgt.

[268] History 314th FA Bn.

[269] G-2 Periodic Report 80th InfDiv.

[270] Der G-2 Periodic Report 76th InfDiv v. 12./13.4.45 gibt an, dass sich das Inf.Ers.Btl. 59 mit vier Kompanien im Raum Meerane befinden soll, was aber nicht zutraf. Wahrscheinlich haben Kriegsgefangene des Bataillons aber ihr ursprüngliches Ziel und die geplante Stärke angegeben.

[271] Mit Genehmigung durch Maritta Behrens, Querfurt, Tochter von Herbert Otto.

[272] G-2 Periodic Report 76th InfDiv.

[273] Ort wurde durch die Wismut AG abgerissen.

[274] Erlebnisbericht einer Zeitzeugin aus Gessen auf www.gera-chronik.de.

[275] „Erinnerungen ans Kriegsende vor 65 Jahren in Kursdorf", OTZ v. 10.3.10 und „Kriegsende in Ronneburg 1945 – Aus eigenem Erlebnis über die Zeit des Zusammenbruchs…" v. Paul Ulbricht, Ronneburger Anzeiger Jahrgang 26, 9/2015, 7.5.15.

[276] Combat History 4th AD.

[277] Siegmar und Schönau wurden 1935 vereinigt und 1950 nach Chemnitz eingemeindet.

[278] "He rode up front for Patton".

[279] „Der Luftangriff auf Siegmar-Schönau am 11. September 1944" v. Dr. S. Pfalzer, Vereinskurier Sächsisches Industriemuseum, Ausgabe 14, August 2005, web.saechsisches-industriemuseum.com, siehe auch „Chemnitz im Bombenhagel" v. K. Reimann, 2013.

[280] Tägliche Meldung „Luftkrieg über dem Reichsgebiet" v. 6.3.45, Bestand OKH In.Fest.

[281] www.gedenkstaette-flossenbuerg.de.

[282] G-2 Periodic Report 3rd Army v. 15.4.45.

[283] Valor.militarytimes.com.

[284] „Die Crimmitschauer Chronik", StA Crimmitschau.

[285] Ebenda.

[286] valour.militarytimes.com.

[287] „Die Crimmitschauer Chronik", StA Crimmitschau.

[288] „Elite im Verborgenen" v. C. Schreiber, R. Oldenbourg Verlag München, 2008, S. 297–299.

[289] „Die Crimmitschauer Chronik", StA Crimmitschau.

[290] Die Annahme von Hummel, dass diese Truppen über die Talstraße und den Hindenburgpark (heute Carolapark) zum Bismarckturm und von dort zum Friedhof an der Lichtensteiner Straße vorgerückt waren, ist falsch. Siehe Zitat AAR CCR.

[291] Gem. Thäter. Möglicherweise handelte es sich um Gen.Kp. des Genes.Btl. D IV des W.Kr. IV.

[292] „Schwere Jahre – Glauchau 1928 bis 1948" v. J. Hummel, Eigenverlag, 2008, S. 110/111. Die Angaben beruhen auf einen Brief Thräters aus dem Jahr 1966.

[293] Ebenda, S. 110. Gem. „Unsere Ortschaft 1945 – Gesau, Höckendorf, Schönbörnchen", Heft Nr. 007, September 2006 blieb Hptm. Lehmann unter den Amerikanern im Amt.

[294] „Schwere Jahre – Glauchau 1928 bis 1948" v. J. Hummel, Eigenverlag, 2008, S. 110. Da der K.Kdt. Glauchau zu diesem Zeitpunkt bereits in Kriegsgefangenschaft war, muss Feldmann mit dem Stab der 404. InfDiv gesprochen haben.

[295] Wahrscheinlich sind sie identisch mit den drei 15-jährigen, die das 905th FA Bn als gefangengenommene Heckenschützen meldet.

[296] S-2 Journal 319th InfRgt.

[297] G-2 Periodic Report 3rd Army v. 15.4.45.

[298] „Schwere Jahre – Glauchau 1928 bis 1948" v. J. Hummel, Eigenverlag, 2008, S. 110.

[299] G-2 Periodic Report 3rd Army v. 15.4.45; Das S-2 Journal 319th InfRgt und der G-2 Periodic Report 80th InfDiv nennt den Bereich der Gaststätte „Grüner Baum" in Glauchau-Rothenbach als Verteidigungsschwerpunkt.

[300] „Chronik von Wernsdorf", 1. Auflage 2006, S. 114.

[301] Ebenda, S. 115.

[302] „Schwere Jahre – Glauchau 1928 bis 1948" v. J. Hummel, Eigenverlag, 2008, S. 111.

[303] G-2 Periodic Report 80th InfDiv.

[304] Interview Col. Smythe, Ass.Div.Cmdr. 80th InfDiv. Namen und Verlustangaben aus der Unit History 319th InfRgt. Das S-2 Journal 319th InfRgt spricht von einer deutschen Krankenschwester, die auch getötet wurde. Außerdem sollen drei amerikanische Sanitäter getötet und einer verwundet worden sein. Die Unstimmigkeiten ergeben sich daraus, dass neben den zwei Gefallenen zwei weitere Amerikaner verwundet wurden, aber beide noch am gleichen Tag verstarben. Siehe auch valour.militarytimes.com.

[305] valour.militarytimes.com.

[306] S-2 Journal 319th InfRgt.

[307] S-2 Journal 319th InfRgt; G-2 Periodic Report 80th InfDiv.

[308] Gem. Arbeitsgruppe Ortschronik, Meerane: Zeittafel der Stadt Meerane 1930–1949. Hrsg. v. Schwarz Druck Werbung und Verlag GmbH Meerane, S. 168, wurde die Stadt ab 10.00 Uhr von den Amerikanern kontrolliert, ab 11.00 Uhr herrschte Ausgangssperre.

[309] S-2 Journal 319th InfRgt.

[310] G-2 Periodic Report 80th InfDiv; Arbeitsgruppe Ortschronik, Meerane: Zeittafel der Stadt Meerane 1930–1949. Hrsg. v. Schwarz Druck Werbung und Verlag GmbH Meerane, S. 168. Siehe auch „Meerane zwischen 1920 und 1974", v. M. Palm-Sachet, Bd. II, Geiger-Verlag Horb am Neckar, 1999, S. 106.

[311] „14. April 1945: Amerikanische Truppen nehmen Meerane ein – Stadt wird kampflos besetzt", Arbeitsgruppe Ortschronik Meerane, www.meerane.de.

[312] G-2 Periodic Report 80th InfDiv.

[313] G-3 Journal 80th InfDiv.

[314] S-3 Journal 318th InfRgt.

[315] Ebenda.

[316] Der G-2 Periodic Report meldet Kriegsgefangene das Pz.Gren.Ers.Btl. 1 unter Führung eines SS-Ostubaf. Kiss. In „Die letzten Wochen und Tage der Hitlerbarbarei in

Gera", Heimatgeschichtlicher Kalender des Bezirkes Gera, 1983, S. 40–44 spricht Funke von einem SS-Stubaf. aus Altpforten.

[317] AAR 3rd CavGp. Siehe auch G-2 Periodic Report 3rd Army v. 15.4.45 und Situation Report XX. Corps. Beide Reports nennen 50 Angreifer, der Situation Report des XX. Corps 150, wovon 44 getötet und 88 gefangengenommen wurden.

[318] „Die letzten Wochen und Tage der Hitlerbarbarei in Gera" v. Funke, Heimatgeschichtlicher Kalender des Bezirkes Gera, 1983, S. 40–44.

[319] G-3 Journal 80th InfDiv v. 16.4.45, 20.00 Uhr (B).

[320] S-3 Journal 317th InfRgt und S-2 Journal 317th InfRgt.

[321] S-3 Journal 317th InfRgt.

[322] „Luftwaffen-Munitionsanstalt 5/IV", www.hermsdorf-regional.de u. „Die Geschichte der Luftwaffenmunitionsanstalt 5/IV", www.klosterlausnitz-regional.de.

[323] G-3 Journal 80th InfDiv.

[324] „Evakuierungsmärsche des KZ Buchenwald und seiner Außenkommandos" v. Ch. Schäfer, Buchenwaldheft Nr. 16, 1983, S. 27. Siehe auch „Luftwaffen-Munitionsanstalt 5/IV", www.hermsdorf-regional.de u. „Die Geschichte der Luftwaffenmunitionsanstalt 5/IV", www.klosterlausnitz-regional.de.

[325] „Luftwaffen-Munitionsanstalt 5/IV", www.hermsdorf-regional.de u. „Die Geschichte der Luftwaffenmunitionsanstalt 5/IV", www.klosterlausnitz-regional.de.

[326] S-3 Journal 317th InfRgt.

[327] Ebenda.

[328] Auch „Ukrainische Aufständische Armee UPA". In der Westukraine gegründet und, wie Irina Pavlenko 2002 schreibt, in der sowjetischen Propaganda abwechselnd als „Banditen", „Verräter des Ukrainischen Volkes", „Handlanger Hitlers", „Handlanger der Anglo-Amerikaner" bezeichnet. Ihr Ziel war und ist die Unabhängigkeit der Ukraine. Dafür kämpfte sie anfangs auf Seiten der Wehrmacht gegen die Sowjetunion. 1943 kam es zum Zerwürfnis mit Deutschland, weil diese keine unabhängige Ukraine wollten, und sie operierte als Partisanenarmee gegen die Deutschen. Ihr Kampf richtete sich aber auch gegen die Polnische Heimatarmee. Nach dem Krieg setzte sie den Kampf gegen die Sowjetunion fort und 1954 wurde sie zerschlagen.

[329] AAR 3rd CavGp.

[330] "Ghost Corps thru hell and high waters", S. 24. Siehe auch AAR XX. Corps v. 16.4.45, 80th InfDiv und AAR 3rd CavGp.

[331] Report of Operations XX. Corps. Um wen es sich handelte, ist nicht überliefert.

[332] "Reluctant Valor", History Co. C, 704th TD Bn, Special Limited Printing, 1997, S. 102, nennt den 15.4.45 ohne genauen Ort. Der AAR 704th TD Bn nennt den 16.4.45 und Wittgensdorf. Dabei gibt es keinen Hinweis auf das 318th InfRgt. Auch der Vorfall beim 3./318 ist nicht örtlich eingegrenzt, aber Zeit und räumliche Nähe lassen keinen anderen Schluss zu, als dass zwischen beiden Ereignissen ein Zusammenhang besteht.

[333] Interview Capt. Cowles, S-3 25th CavRcnSq.

[334] Combat History 4th AD.

[335] Am Vortag wurde von einem Lager mit weiblichen DP's gesprochen, jetzt von einem Frauen-KZ. Es handelt sich aber um ein Zwangsarbeiterinnenlager, da die KZ-AL evakuiert wurden.

[336] Im S-3 Journal 317th InfRgt heißt es, um 06.50 Uhr (B) nach „Hastmangraf" in Marsch gesetzt.

[337] Damaliger Sprachgebrauch als Ausdruck des herrschenden Rassismus in der US Army.

[338] G-3 Journal 80th InfDiv v. 16.4.45. Siehe auch S-3 Journal 317th InfRgt. Die Begriffe wurden den Journalen entnommen und sind nicht vom Autor.

[339] „1939–1945 FLUWA auf dem Buchberg", www.klosterlausnitz-reginonal.de.

[340] BA-MA, Akte Oxenius.

[341] Ebenda.

[342] History 318th InfRgt.

[343] Ebenda.

[344] Siehe Anmerkung 328 zur 4th AD.

[345] S-3 Journal 318th InfRgt.

[346] S-2 Journal 319th InfRgt. Der Eintrag lautet „Technische Werkstatt Wehrkreis IV". Gleiche Bezeichnung im G-2 Periodic Report der 80th InfDiv. Die Stärke wird mit 80 bzw. 180 angegeben.

[347] S-2 Journal 319th InfRgt.

[348] Ebenda.

[349] G-2 Periodic Report 3rd Army v. 17.4.45.

[350] S-3 Journal 318th InfRgt; Der G-2 Periodic Report 80th InfDiv gibt in den Krankenhäusern 497 Patienten und 96 Mann Personal an.

[351] G-3 Journal 80th InfDiv.

[352] Unit History 319th InfRgt. Hier heißt es, dass ein Gen.Maj. unterschrieben hat. Im S-2 Periodic Report 318th InfRgt v. 16.4.45, heißt es, dass der Bgm. von Chemnitz, eine SS-Gen. Schmidt, nicht kapitulieren wollte. SA-Brigfü entspricht Gen.Maj. Mit dem General, der as Ultimatum nicht akzeptiert, dürfte allerdings der K.Kdt. Chemnitz, Gen.Maj. Döpping gemeint sein.

[353] History 318th InfRgt.

[354] G-3 Journal 80th InfDiv.

[355] Ebenda.

V. Das XX. US Corps an der alliierten Haltelinie

Geheime Tagesberichte der Deutschen Wehrmachtsführung vom 17. April 1945:

H.Gr. G, 7. Armee, XC. AK:

Der gegen Leisnig vorgedrungene Feind ist nach Süden abgedreht. In Hartha sind Kämpfe im Gange. Feindliche Aufklärungsvorstöße in Linie Hartha – Waldheim – Talsperre wurden abgewiesen. Vor Chemnitz keine besonderen Kampfhandlungen. Der K.Kdt. meldet Schwierigkeiten mit der Zivilbevölkerung

Täglicher Wehrmachtsbericht vom 17. April 1945:

Mit neu herangeführten Kräften traten die Amerikaner auf Leipzig an. Sie wurden jedoch bereits im Vorfeld der Stadt unter hohen Menschen- und Panzerverlusten zu Boden gezwungen. Weiter südöstlich vorgestoßene Verbände setzten mit schwächeren Kräften über die Mulde und fühlten mit Panzerspitzen nach Osten vor.

Am **Dienstag,** dem **17. April 1945**, beginnen gemäß des Befehls vom 16. April 1945, 22.45 Uhr (B) im Abschnitt des XX. US Corps der 3rd US Army umfangreiche Umgruppierungen für den Vorstoß nach Süden. Gemäß dem Befehl des Oberbefehlshabers der 12th US AGr, Gen. Bradley, soll Patton's Armee zum Donautal vorstoßen, den Kontakt zu den sowjetischen Streitkräften herstellen und den östlichen Teil der „Alpenfestung" erobern.[1] Hierfür soll das Corps unter Beibehaltung der 80th US InfDiv und 3rd CavGp herausgelöst werden, während die 76th US InfDiv, die 4th und 6th US AD dem VIII. US Corps unterstellt werden, das den Abschnitt des XX. US Corps übernehmen soll. Zur Herauslösung der 80th US InfDiv soll deren Abschnitt durch die 76th US InfDiv und 4th US AD übernommen werden. Der CP des VIII. US Corps soll zur weiteren Führung am 18. April 1945 nach Gera verlegen und sich darauf einstellen, der 1st US Army unterstellt zu werden.

Die 76th US InfDiv erhält den Befehl, sich auf den Unterstellungswechsel vorzubereiten, Teile ihres Nordabschnittes an die 6th US AD abzugeben und dann bis zum 18. April, 08.00 Uhr (B) den Nordabschnitt der 80th US InfDiv zu übernehmen. Ihre neue Südgrenze soll dann die Linie Schlagwitz – Wolkenburg – Limbach – Rabenstein bilden. Zum gleichen Zeitpunkt soll die 4th US AD die Kräfte der 80th US InfDiv südlich dieser Linie ablösen. Die 6th US AD übernimmt Teile des Abschnittes der 76th US InfDiv nördlich der Linie Langenleuba-Oberhain – Lunzenau – Königshain – Mittweida, während sie weiter die Aufgaben der Military Government wahrnimmt und das Wartungs- und Rehabilitationsprogramm weiterführt. Beim CCA der 6th US AD wird um 13.55 Uhr (B) das CT 9, 9th AIB alarmiert und verlegt um 15.15 Uhr (B) nach Mittweida mit dem Auftrag, dort Elemente des 304th InfRgt der 76th US InfDiv abzulösen und die ursprünglich von ihnen besetzten Brücken zu sichern. Der CP des CCA bezieht sein Quartier in einem Hotel in Mittweida. Das CT 15, 15th

Tk Bn bezieht Sicherungen nordöstlich von Mittweida. Die Btry. A, 777th AAA AW Bn, die 15.45 Uhr (B) von Rochlitz nach Mittweida verlegt, übernimmt mit zwei Sectionen die Sicherung der Brücke über die Zschopau östlich der Stadt gegen Luftangriffe. Bis 17.50 Uhr (B) sind die Einheiten in Mittweida und das CCA bereitet sich mit Unterstützung des 212th AFA Bn und der Co. B, 25th Armd Engr Bn auf eine robuste Verteidigung vor. Im Abschnitt des CCB haben Patrouillen des CT 44, 44th AIB in Aschershain Feindkontakt und säubert die Wäldern westlich des Ortes. Von der unterstellten Co. C, 603rd TD Bn werden der 1st Plat. dem CT 69, 69th Tk Bn und der 2nd und 3rd Plat. dem CT 44 zugeteilt. Das CT 69, 69th Tk Bn bleibt östlich von Schweikershain im Kontakt mit dem Feind. Das CCR, dem das 603rd TD Bn ohne die Co. C mit Bn.CP in Seelitz unterstellt wird, verbleibt im Versammlungsraum Seelitz und setzt sein Instandhaltungsprogramm fort.

Die 76th US InfDiv passt ihre Aufstellung schrittweise den neuen Trennungslinien an. Das RCT 304 hält mit dem 1./304 und das 3./304 in der Regtl.Res. in Röllingshain. Das 2./304 verbleibt mit der Co. E bei Röllingshain und der Co. F und G im Abschnitt Ottendorf – Krumbach und betreibt Patrouillentätigkeit. Dabei kommt es in der Nacht um 02.00 Uhr (B) zu Beschuss durch deutsche Nebelwerfer. Drei Raketen schlagen bei Garnsdorf ein, ohne jedoch Schäden zu verursachen. Eine größere Gefahr geht hingegen noch immer von SS-Einheiten aus, nach denen bereits am Vortag die Wälder durchsucht wurden. Diese versuchen insbesondere in der Nacht immer wieder vom Ostufer aus nach Westen vorzufühlen, was ihnen auch gelingt, obwohl alle erkannten Truppenbewegungen sofort von den ,50cal MG und den 60mm Granatwerfern der Co. H unter Beschuss genommen werden. Einwohner berichten den Patrouillen, dass sich ihnen SS-Männer an den Waldrändern genähert hätten, die nach Amerikanern im Ort gefragt hätten. Bei der darauffolgenden Suche gelingt es einige von ihnen aufzugreifen. Aber auch versprengte Deutsche versuchen aus der entgegengesetzten Richtung zu den eigenen Linien durchzubrechen. So nähert sich in der Nacht ein deutsches Motorrad einem Vorposten an einer der Straßen. Als der Fahrer trotz zweier Warnschüsse keine Anstalten macht, anzuhalten, eröffnet der Posten das gezielte Feuer und schießt den Fahrer vom Motorrad. Schwer verwundet gerät er in Gefangenschaft und wird abtransportiert. Dann kommt es im Abschnitt der Co. G in einem kleinen Dorf nahe Altmittweida zu einem kleineren Gegenangriff, der mit Unterstützung der Co. H abgewehrt wird. Dann geht die Co. G südlich von Ottendorf in die Bn.Res. wo sie wenig später erneut alarmiert wird, nachdem deutsche Truppenbewegungen im Ottendorfer Wald gemeldet werden. Um 14.00 Uhr (B) erreichen die Patrouillen ohne Feindberührung den südlichen Waldrand, von wo sie die Autobahn überblicken können. Zwar erkennen sie deutsche Truppenbewegungen südlich der Autobahn, aber es kommt von deutscher Seite zu keinen weiteren Versuchen, erneut nach Norden vorzurücken. Im Abschnitt der Co. F, die nördlich Krumbach an der Chemnitz liegt, bleibt es bis auf vereinzelten Beschuss ruhig. Die Co. E verbleibt mit dem Bn.CP in Ottendorf und dem Co.CP der unterstellten Co. A, 749th Tk Bn in Röllingshain.

Das RCT 385 befindet sich weiter mit dem 1,/385 und 3./385 in der Versammlung hinter den vorderen Regimentern. Beim 1./385, das sich im Raum Taura – Mohsdorf – Diethensdorf befindet und die Brücken in Lunzenau, Cossen und Göritzhain bewacht, wird die Co. C um 12.00 Uhr (B) in Marsch gesetzt, um die Co. F am Flugplatz Altenburg abzulösen und dann gemeinsam mit der Co. C, 749th Tk Bn die Bewachung zu übernehmen. Der 1st Plat. Co. C, 749th Tk Bn, der dem 1./385 unterstellt war, geht nach Mohsdorf. Die Co. D bewacht Versorgungseinrichtungen und die Einrichtungen des Res.Laz. Burgstädt in der Stadt. Verteilt auf drei Einrichtungen, darunter die Haupt- und die Berufsschule (heute Gymnasium), liegen hier insgesamt 1551 Patienten des Res.Laz.[2] Das 2./385, das für Ordnung in Altenburg sorgt, erhält im Tagesverlauf den Befehl, sich auf das Verlassen der Stadt vorzubereiten und in einem ersten Schritt erfolgt die Ablösung der Co. F am Flugplatz. Wenig später kommt es dort beinahe zu einem tragischen Vorfall, als gegen 16.00 Uhr (B) amerikanische Jagdbomber aus ungeklärten Gründen den Flugplatz mit einem anderen Ziel verwechseln und dabei einen Hangar in Brand setzen. Drei Lastwagen mit Munition werden zerstört. Wie durch ein Wunder wird niemand verletzt oder getötet. Um 22.45 Uhr (B) erhält das Regiment den Befehl, das 2./385 bis auf eine motorisierte Kompanie aus Altenburg abzuziehen und um 23.00 Uhr (B) macht sich ein Verbindungsoffizier auf den Weg, um den Befehl zu überbringen. Das Bataillon soll am nächsten Morgen im Shuttle-Verkehr mit sechs 2½to Lastwagen in einen neuen Versammlungsraum bei Penig verlegen. Wenig später wird der Befehl bereits präzisiert. Zwei Kompanien sollen zurückbleiben, eine in der Stadt und eine, die wieder die gerade erst eingetroffenen Co. C, 1./385 am Flugplatz ablösen soll. Das 3./385 verbleibt in seinem Versammlungsraum Hohenkirchen – Berthelsdorf – Rochsburg – Arnsdorf beiderseits der Mulde. Um 23.25 Uhr (B) kommt es im Versammlungsraum der 76th QM Co. zu einem Vorfall. Unbekannte feuern mit einem MG in die Abstellung, dann steigen drei rote Leuchtraketen auf. Doch es kommt nicht zu einem befürchteten Gegenangriff. Um 23.45 Uhr (B) werden dann Posten der Co. I mit einem MG beschossen, das amerikanischer Bauart zu sein scheint. Patrouillen, die sofort ausgesandt werden, entdecken zwar vier Personen, denen jedoch in der Dunkelheit die Flucht gelingt. Auch eine weitere Suche in Platoon-Stärke bringt keine Ergebnisse. Dann bleibt es ruhig.

Das RCT 417 hält am Vormittag seine Verteidigungsstellungen, bevor es den Auftrag erhält, das RCT 318 der 80th US InfDiv in der vorderen Linie abzulösen und dafür bis zum Abend seinen bisherigen Nordabschnitt an die 6th US AD abzugeben. Bis dahin betreibt das 1./417 von Erlau aus eine starke Patrouillentätigkeit bevor es zur Ablösung nach Wittgensdorf fährt und um 15.15 Uhr (B) erstmals bei Garnsdorf den Kontakt zur 80th US InfDiv herstellt. Bis Mitternacht ist die Ablösung des

2./318 erfolgt und das Bataillon hat nordwestlich von Chemnitz Verteidigungsstellung bezogen. Das 2./417 bleibt in der Regtl.Res. in Königshain. Seine Co. G gewährleistet die Aufrechterhaltung von Sicherheit und Ordnung in Mittweida und bewacht die Lager und militärische Einrichtungen in der Stadt. Das 3./417 hält gemeinsam mit der AT Co. 417, die mit ihre 57mm Geschützen einen Pak-Riegel errichtet, Verteidigungsstellungen in Mittweida. Ein Platoon der AT Co. Bleibt zur Sicherung der rückwärtigen Einrichtungen der Division bei Göritzhain. Um 13.40 Uhr (B) meldet das Regiment den Bau von zwei Pionierbrücken über die Zschopau in Mittweida und bei Ringethal. Der Regtl.CP 417 bis 19.00 Uhr (B) nach Hartmannsdorf, wohin auch die unterstellte Co. B, 749th Tk Bn folgt.

Der Div.CP verbleibt in Wiederau. Die Co. D, 749th Tk Bn bleibt als Div.Res. in Frankenau. Bn.HQ und Svc Co. 749th Tk Bn befinden sich zu Wartungsarbeiten in Topfseifersdorf. Die DivArty unterstützt mit dem 302nd FA Bn das RCT 304 und mit dem 355th FA das RCT 385. Das 364th FA Bn verstärkt das Feuer des 901st FA Bn, welches das RCT 417 unterstützt. Ab 13.50 Uhr (B) verstärkt auch das 355th FA Bn das 901st FA Bn, da sich das RCT 385 als einziges der drei RCT nicht in der vorderen Linie der Division befindet. Um 15.40 Uhr (B) nimmt das 901st FA Bn deutsche Truppen zwischen Ringethal und Falkenhain unter Beschuss. Wie an den Tagen zuvor leistet die CorpsArty mit der 416th FA Gp generelle Feuerunterstützung für die 76th US DivArty. Die unterstellte Co. C, 81st Cml Mort Bn, die erst am Morgen von der Unterstellung unter das RCT 385 zum RCT 304 gewechselt ist, kehrt um 15.30 Uhr (B) unter die direkte Kontrolle des XX. US Corps zurück und fährt zum Bataillon bei Weimar. Die Co. A, 301st Engr C Bn, die bisher dem RCT 304 zugeteilt war, geht aus der Unterstellung, unterstützt aber weiter mit. Gleiches geschieht mit der Co. C beim RCT 417. Nur die Co. B geht vollständig aus der Unterstellung unter das RCT 385 zum Bataillon zurück.

Die 4th US AD, die bisher damit gerechnet hatte, durch die 80th US InfDiv an der Frontlinien entlastet zu werden und daher mit der Versammlung begonnen hatte, wird jetzt zurück in die vordere Verteidigungslinie befohlen. Außerdem erhält sie den Befehl, vorübergehend Teile des bisherigen Abschnitts der 80th US InfDiv zu übernehmen, bis man sie dort am folgenden Tag durch die 76th US InfDiv ablösen würde. Die Einheiten von CCB bewegten sich daher ab 15.00 Uhr (B) aus dem Raum Mühlau – Burgstädt südwärts über Hartmannsdorf und Limbach nach Rabenstein und von dort mit der Co. C, 37th Tk Bn und den Co. A und C, 10th AIB zur Höhe südlich von Grüna. Das 22nd AFA Bn unter Lt.Col. Arthur C. Petersen geht von Mühlau nach Rußdorf. Dann werden Teile des RCT 319 der 80th US InfDiv bei Grüna und Siegmar abgelöst. Der CP von CCB kommt um 18.30 Uhr (B) in Kändler an. Das CCA bleibt in der Umgebung von Ernstthal in Stellung, während der CP nach Hohenstein geht. Die Einheiten des CCR gehen zum Vorposten Glauchau.

Bei der 80th US InfDiv, die bis zum Morgen mit dem RCT 318 und 319 ihre Stellungen nördlich und südlich von Chemnitz hält, beginnt man trotz der neuen Befehlsgebung mit den letzten Vorbereitungen für den Angriff auf Chemnitz, nachdem der K.Kdt. am Vortag das Ultimatum ungeöffnet zurückgesandt hatte. Während das 1./318 in der Regtl.Res. in Taura und Herrenhaide bleibt, sendet das 2./318 von Wittgensdorf aus Patrouillen aus, die Draisdorf erreichen, das noch am Vortag von der Waffen-SS besetzt worden war. Doch die SS hatte sich in der Nacht wieder zurückgezogen und so kann die Infanterie den Ort ohne Probleme besetzen und nach Süden und Südosten sichern. Die Co. E, 2./318 unter 1st Lt. Walter P. Carr bezieht Stellung am Westrand des Ortes. Das 3./318 sendet die Co. K von Hartmannsdorf nach Röhrsdorf, das besetzt wird. Nach den Gefangenenmeldungen über die deutschen Truppen vor ihren Linien, die zu einem großen Teil aus SS bestehen, ist weiterhin äußerste Vorsicht geboten.

Das RCT 319 hält am Morgen mit dem 1./319 in Wüstenbrand Kontakt zum 8th TK Bn des CCA, 4th US AD und das 2./319 hat sich in Vorbereitung auf den Angriff auf Chemnitz vollständig im Raum Limbach versammelt. Eine Patrouille des I&R Plat., die in Richtung Chemnitz ausgesendet wird, macht zwei Gefangene. Eine Patrouille des 3./319 mit einem Sergeant und vier Mann fühlt vom Autobahnkreuz nach Altendorf hinein vor und trifft keine deutschen Truppen an. Nur zwei Deutsche, die mit Fahrrädern unterwegs sind, fallen ihnen in die Hände. Auf dem Rückweg geraten sie unter Beschuss und werden getrennt. Einzeln und unversehrt erreichen sie mit ihren Gefangenen die eigenen Linien. Dort berichten die Gefangenen, dass sie zur s.Art.Ers.u.Ausb.Abt. 50 gehören und mit 20 Mann vom Pz.Jagd.Zug. an der Autobahnbrücke als Panzerjagdkommando eingesetzt waren. Nach dem Artilleriebeschuss am Vorabend, bei dem es gegen 23.00 Uhr (B) zwei Tote gegeben hatte, hatten sie ihre Stellungen verlassen und sich zurückgezogen. Sie sind nicht die einzigen, die in der Nacht ihre Stellungen verlassen haben. Bestätigt wird das, als vom 3./319 zwei jungendliche polnische Zwangsarbeiter nach Chemnitz geschickt werden, um die dort befindlichen Zwangsarbeiter zu warnen, dass ein Luftangriff durch P-47 Jagdbomber auf die deutschen Verteidigungslinien im Nordteil der Stadt unmittelbar bevorsteht. Um 12.40 Uhr (B) kehren sie aus Rabenstein zurück und melden, dass sich dort in der Nacht die Masse einer deutschen Einheit aus 180 Mann abgesetzt hat, nachdem deren Stellungen von der Artillerie beschossen wurden.[3]

Während so die Vorbereitungen für den Angriff laufen, kommt um 09.00 Uhr (B) der Befehl, dass die Division umgehend aus der vorderen Linie gezogen wird, um am Vormarsch der 3rd US Army Richtung Süddeutschland teilzunehmen und bereits um 09.35 Uhr (B) erteilt Col. Elegar allen Einheiten der Division den Befehl, Vorausabteilungen für den Marsch nach Süden aufzustellen. Keine fünf Minuten später werden die Regimenter alarmiert und erhalten den Befehl, Marschbereitschaft für den kommenden Tag, den 18. April 1945, 08.00 Uhr (B) herzustellen. Von einem Moment auf den anderen ändert sich, wie schon so oft in diesem Krieg, für die Männer der Auftrag. Kaum dachten sie noch, nur noch diese eine Stadt Chemnitz erobern und dann in aller Ruhe an der Haltelinie auf die Ankunft der Russen zu warten, schon heißt es, den Feind diesmal durch das, noch unbesetzte, Süddeutschland Richtung jener imaginären „Alpenfestung" zu treiben, wo man den letzten hartnäckigen Widerstand erwartet. Am Mittag kommt dann der Befehl, ab sofort keine Patrouillen mehr auszusenden.

Am Nachmittag beginnt die Ablösung der 80th US InfDiv in der vorderen Linie durch die 76th US InfDiv und 4th US AD. Beim RCT 318, das bis zum Nachmittag 30 Gefangene macht, beginnt gegen 17.00 Uhr (B) die Ablösung des 2./318 durch das 1./417 der 76th US InfDiv, die sich bis gegen Mitternacht hinzieht. Die Ablösung der anderen Teile beginnt in der Nacht und wird mit der Ablösung der Co. K, 3./318 am Mittag des 18. April 1945 beendet. Auch beim RCT 319 beginnt am Nachmittag die Ablösung. Doch es gibt zeitliche Verschiebungen, denn um 12.45 Uhr (B) war die Linie Schlagwitz – Falken – Siegmar als neue vorläufige Trennungslinie zwischen der 76th US InfDiv an der Linken und 4th US AD an der Rechten präzisiert worden. Das führt aber dazu, dass das 3./319 jetzt im zukünftigen Abschnitt des RCT 417 liegt und nicht wie die anderen Bataillone im Abschnitt der 4th US AD. So beginnt die Ablösung des 1./319 durch das CCA der 4th US AD planmäßig um 15.00 Uhr (B), während von der 76th US InfDiv noch nichts zu sehen ist. Auch 16.10 Uhr (B) besteht noch kein Kontakt zu deren RCT 417. Als bis 17.15 Uhr (B) die Ablösung des 1./319 beendet ist, aber das RCT 417 immer noch nicht eingetroffen ist, übernimmt das CCB zeitweilig die Stellungen des 3./319. Um 20.00 Uhr (B) meldet das CCB, dass die Co. I und L, 3./319 um 19.00 Uhr (B) abgelöst wurden und das 37th Tk Bn um 19.30 Uhr (B) entsandt wurde, um die Co. K bei Grüna und Siegmar abzulösen. Bis 21.30 Uhr (B) ist auch dies abgeschlossen. In der Nacht gegen 00.35 Uhr (B) beginnt dann endgültig die Übernahme der bisherigen Stellungen der Co. K und L, 3./319 durch das 2./417. Beim RCT 317, das noch immer in der 2. Staffel der Division ist und vorläufig nicht abgelöst wird, meldet das 1./317 um 09.30 Uhr (B) aus Gera, dass es weiterhin Wachen an den Einrichtungen in Quirla und in Stadtroda hat. Am Nachmittag erreicht das 1./317um 15.45 Uhr (B) ein Befehl des CO RCT 317, der auf Grund von Meldungen über geplante Sprengstoffanschläge auf die Autobahnbrücken durch jugendliche „Werwolf"-Angehörige anordnet, ab sofort alle Kinder, die sich in Brückennähe aufhalten, gefangen zu nehmen. Das 3./317 stellt mit Patrouillen den Kontakt zum 120th AAA Bn in Dennheritz her und um 19.05 Uhr (B) steht der Kontakt zwischen dem 2./317 und dem 1./317. Der Regtl.CP 317 verlässt am gleichen Tag Langenberg. Während die, den RCT zugeteilten, Panzer und Panzerjäger nach der Ablösung in der vorderen Linie bis 18.00 Uhr (B) zu ihren Bataillonen zurückkehren, verbleiben die Co. A, 702nd Tk Bn und die Co. A, 811th TD Bn unter Capt. Henry J. Cronin beim RCT 317 in ihren bisherigen Positionen. Dann geht das 702nd Tk Bn ohne die Co. B und die Svc Co. unter Führung des Bn.CO, Lt.Col. Ralph Talbot III, nach Gera, wo sie 23.30 Uhr (B) eintrifft. Das 633rd AAA AW Bn wird um 15.25 Uhr (B) vom Auftrag des Schutzes der 204th FA Gp entbunden.

Noch in der Nacht beginnen die ersten Teile der Division mit der Verlegung nach Bamberg/Oberfranken. Die Hauptteile folgen ab dem nächsten Morgen. Die Kolonne des 319th InfRgt setzt sich mit dem 1./319 an der Spitze um 15.00 Uhr (B) in Bewegung. Als letzte Einheit der Division wird erst am 20. April 1945 das 1./317 vom 2./385 in Gera abgelöst. Das letzte Mal meldet an diesem 17. April 1945 die 80th US InfDiv Kriegsgefangene in diesem Frontabschnitt. 519 Deutsche durchlaufen die Registrierstelle der Division. Unter ihnen auch, wie an den Tagen zuvor, Personen, die durch das CIC-Team der Division verhaftet wurden. Doch nicht alle waren auch diesmal lebend in ihre Hände gefallen. Als das CIC-Team in die Wohnung des Limbacher Bgm. Dr. jur. Adolf Jokesch eindringt, finden sie ihn, seine Frau und die fünf Kinder nur noch tot vor.[4] Jokesch hatte seine ganze Familie am 14. April 1945 gegen 11.00 Uhr ausgelöscht, nachdem es ihm am Vortag nicht gelungen war, seine Verteidigungspläne gegenüber dem Volkssturm und der Wehrmacht und hier insbesondere gegenüber dem Chefarzt das Res.Laz. durchzusetzen. Getreu den Parteiparolen hatte er den Tod der „Schmach des Geschlagenen" vorgezogen.[5] Der Tag bringt außerdem noch einige Vorfälle, die aus dem üblichen Rahmen fallen. So erhält der Führer des I&R Plat. des RCT 318 am Morgen einen besonderen Auftrag von Col. Luckett. In einem Lager mit Rot-Kreuz-Hilfspaketen war es zu chaotischen Verhältnissen gekommen. Doch diesmal sind es keine DP's oder Zivilisten, die plündern, sondern GI, die die Rationen für ihre eigene Kantine requiriert hatten. Die Patrouille soll die Ordnung wiederherstellen und dafür sorgen, dass niemand mehr in das Lager kommt, der keine Genehmigung von Luckett oder Lt.Col. Glenn H. Gardner, dem S-3 des 318th InfRgt, hat. Am späten Abend kommt es dann beim 3./318 an der RAB bei Chemnitz-Borna um 23.15 Uhr (B) zu einem Vorfall, der gerade noch glimpflich ausgeht. Posten erkennen auf der Autobahn, die hier die vordere Verteidigungslinie bildet, einen Lastwagen, der sich ihnen mit großer Geschwindigkeit nähert. Da er nach Lichtsignalen keine Anstalten macht, anzuhalten oder langsamer zu werden, eröffnen sie das Feuer. Das Fahrzeug bleibt brennend liegen. Als sie sich nähern, erkennen sie, dass es sich um einen eigenen 2½to Lastwagen der 112th AAA Gp, einer Corpseinheit der 3rd US Army, handelt. Er hatte sich verfahren und die Lichtsignale zum Feind zugeordnet. Zum Glück wird nur ein Mann verwundet, die beiden anderen Insassen bleiben unverletzt.[6]

Auch im Rücken der vorderen Truppen des RCT 319 kommt es bei Kaufungen zu einem Vorfall, der in diesen Tagen kein Einzelfall ist. Um 11.40 Uhr (B) geht auf dem Div.CP der 80th US InfDiv die Meldung ein, dass bei Kaufungen eine Gruppe von 300 Russen und Polen, befreite Kriegsgefangene und Zwangsarbeiter, bewaffnet mit einem MG und deutschen Gewehren plündernd durch die Dörfer ziehen und bereits einen Zivilisten ermordet haben. Patrouillen sollten sofort ausgesandt werden und dies unterbinden. Immer wieder sind die DP's in diesen Tagen Anlass zu Ärger. Nach ihrer Befreiung, meistens auf sich gestellt zurückgelassen, häufig ohne Versorgung, aber voller Hass auf ihre bisherigen Unterdrücker, holen sie sich, was man ihnen bisher vorenthalten hatte. Und sie rächen sich an all denen, die tatsächlich oder vermeintlich für ihr Leid verantwortlich sind. Und an jenen, die sich dem entgegenstellen. Damit stellen sie jedoch auch eine Gefahr für ihre Befreier dar, denn sie gefährden die Ordnung im rückwärtigen Raum und zwingen sie, wichtige Versorgungseinrichtungen, die man selber zur Versorgung der Bevölkerung benötigt, unter ständige Bewachung zu stellen um sie so vor Plünderungen zu schützen. Damit halten sie die Truppe vom Kampfauftrag ab. Und so geht um 12.50 Uhr (B) der Auftrag an den I&R Plat. 319, nach Kaufungen zu fahren und die Lage zu klären. Zusätzlich beordert die Military Government Section der Division eine Ranger-Patrouille nach Kaufungen. Erst um 20.15 Uhr (B) geht die Meldung ein, dass die Lage bereinigt ist.[7] Bei der 3rd CavGp, die sich ebenfalls an dem Vormarsch nach Süden beteiligen soll, versammelt sich die die 43rd CavRcnSq und beginnt mit einem Wartungs- und Rehabilitationsprogramm. Die unterstellte Co A, 603rd TD Bn kehrt zu ihrem Bataillon zurück.

Während im Abschnitt der 12. Armee Leipzig als letztes Widerstandszentrum westlich der Mulde nun endgültig von amerikanischen Truppen eingekreist ist und sich Gen. Wenck's Truppen auf die Mulde- und Elbelinie zur Verteidigung zurückgezogen haben, droht die Front zwischen Grimma und Erzgebirge jederzeit auseinanderzureißen. Eine Verstärkung der H.K.L. ist nicht mehr möglich. Somit befinden sich die schwachen deutschen Truppen des XC. AK an Mulde und Zschopau mit der näher rückenden russischen Front im Rücken in einer aussichtslosen Lage. Dem Komm.Gen. des XC. AK, Gen.d.Inf. Petersen ist es auch weiterhin nicht möglich, den Kontakt zu den Einheiten und Verbänden seines Korps zwischen Grimma und Mittweida herzustellen. Auch zum Stab der 7. Armee besteht keine Verbindung. Und so befiehlt der OB der H.Gr. G, Gen.d.Inf. Friedrich Schulz angesichts der Lageverschärfung am Westrand des Erzgebirges, der 7. Armee eine Umgliederung mit dem Ziel, unter Belassung schwacher Sicherungen des XC. AK an Mulde und Zschopau, die Front der H.Gr. im Raum Chemnitz entlang der RAB Chemnitz – Dresden und Chemnitz – Hof zu verstärken. Hierfür erscheint er an diesem Tag persönlich auf dem Gefechtsstand der 404. InfDiv in Heinrichsort, zwei Kilometer südlich von Lichtenstein, und befiehlt der Division die Einnahme eines neuen Verteidigungsabschnittes. Die letzten, noch nördlich von Chemnitz stehenden, Truppen der Division werden dem XC. AK unterstellt, während die Hauptkräfte der Division zum LXXXV. AK gehen und südwestlich von Chemnitz Front nach Nordwesten einnehmen.

Am gleichen Tag erfolgt auch die Unterstellung der, jetzt als „Brig. Chemnitz" bezeichneten, Kräfte des K.Kdt. Chemnitz des Stellv. Gen.Kdo. IV. AK Dresden unter das XC. AK. Deren Kräfte liegen faktisch seit dem 13./14. April 1945 in ständigen Feindkontakt. Doch der Feinddruck ist in diesem Abschnitt nur gering, denn Chemnitz ist kein Angriffsobjekt, das es unter allen Umständen schnellstmöglich zu erobern gilt. Außerdem sind sich die Amerikaner bewusst, dass ihnen die Stadt nicht kampflos in die Hände fallen würde. Denn die Garnison Chemnitz hat als eine der wenigen im mitteldeutschen Raum bis zum Schluss einen Großteil ihrer einstigen Stärke behalten.[8] So sollen sich noch am 12. April 1945 alleine in der Chemnitzer Artilleriekaserne 1000 Mann aufgehalten haben. Und jetzt, wo der Angriff auf die Stadt scheinbar kurz bevorsteht, befinden sich noch immer eine Vielzahl an Einheiten und Verbänden im Umfeld der Stadt, die eine geschlossene H.K.L. entlang der RAB Chemnitz – Dresden von Oberrossau bis zum Abzweig der RAB Chemnitz – Hof und von dort entlang der Autobahn nach Süden halten. Deren Kern bilden die Kräfte der „Brig. Chemnitz", später als „Div. Chemnitz" und sogar als „Div. Groß-Chemnitz" bezeichnet, unter Führung von Gen.Maj. Oscar Döpping. Verstärkt werden sie durch zwei Verbände der Waffen-SS und die K.Gr. Gruse, die jedoch anfangs nicht unter dem Kommando von Döpping steht. Erst mit dem Abrücken des neuaufgestellten Pz.Gren.Rgt. Gruse gehen die Teile der K.Gr., die Gruse lediglich für den Verteidigungsauftrag unterstellt waren, unter das Kommando der „Div. Chemnitz". An der Rechten halten sie Anschluss an die Div.z.b.V. 464 des XC. AK und Teile der Korps.Gr. Moser der 4. PzA der H.Gr. Mitte und an der Linken zur 404. InfDiv des LXXXV. AK.

Über die Anfänge der K.Gr. Gruse ist leider nur das überliefert, was auf Grundlage der Befragung kriegsgefangener deutscher Soldaten in den Feindunterlagen der Amerikaner überliefert wurde.

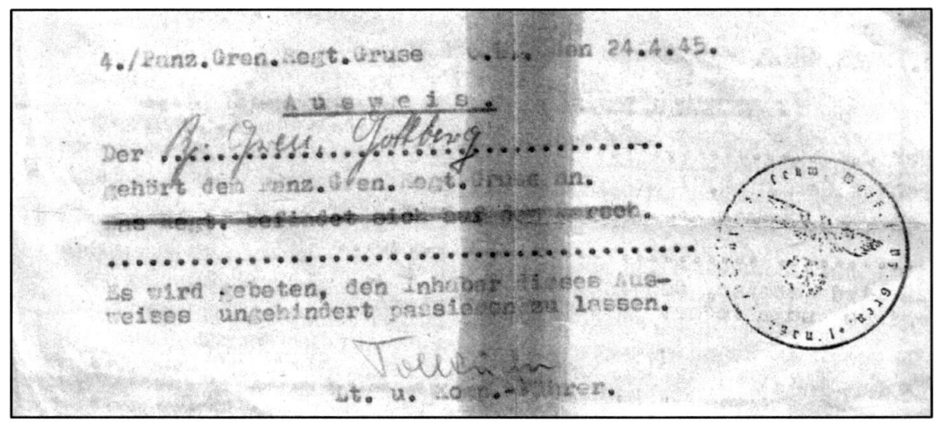

4./Panz.Gren.Regt.Gruse [illegible] den 24.4.45.

Ausweis.

Der Pz.Gren. Gottberg

gehört dem Panz.Gren.Regt.Gruse an.

~~Das Regt. befindet sich auf dem [illegible]rsch.~~

Es wird gebeten, den Inhaber dieses Ausweises ungehindert passieren zu lassen.

[illegible]

Lt. u. Komp.-Führer.

Dokument des Panzergrenadiers Döring Ernst v. Gottberg Archiv Möller

Auch zur Person des Oberst Gruse ist nichts bekannt.[9] Dennoch konnte die Bildung der K.Gr. in Teilen rekonstruiert werden, wobei widersprüchliche Angaben nicht ausgeschlossen werden konnten. Was ist also bekannt? Oberst Gruse hatte vermutlich direkt vom Gen.Insp.d.Pz.Tr. den Auftrag erhalten, im Raum Penig – Mittweida ein Regiment aus Lehr- u. Ers.Einh. des W.Kr. IV aufzustellen, das zur Auffrischung der einzigen kampfstarken Panzerdivision der H.Gr. G, der 11. PzDiv, dienen sollte. Ein letzter Versuch zur Stärkung der H.Gr. War doch der Versuch, aus dem Pz.Ausb.Vbd. Thüringen die 2. PzDiv neu aufzustellen, bis auf deren Aufkl.Abt. fehlgeschlagen, da die wenigen eintreffenden Einheiten des Verbandes in der Rhön in den amerikanischen Angriff geraten waren. Und auch der Plan, im Raum Weimar eine neue PzDiv aufzustellen, war gescheitert. Und der Pz.Vbd. Feller des Kdr.d.Pz.Tr. IX war durch den Angriff der Amerikaner zur Saale zerschlagen worden. Doch das Räderwerk der militärischen Planer war weiter gelaufen, als ob nichts geschehen wäre. So hatte man versucht, mit dem Rückzug der Truppen des XC. AK hinter die Saale, die letzten Reste des Pz.Vbd. Feller unter der geradezu absurden Bezeichnung „Div. Feller“ im Raum Zeitz zusammenzuziehen. Und der Besatzung von Zeitz hatte man versucht, Hoffnung zu machen, dass bald eine Panzerdivision eintreffen würde. Doch der neue Kommandeur des bisherigen Pz.Vbd. Feller, Gen.Lt. v. Uckermann, war noch auf dem Weg zur Übernahme dieser Division westlich der Saale im Raum Apolda in Kriegsgefangenschaft geraten. Und von den Resten des einstigen Pz.Vbd. Feller erreichen nur versprengte Gruppen, wie Teile der Offz.Bew.Ers.u.Ausb.Kp. 81 aus Erfurt, den Raum Zeitz. Doch das schnelle Nachrücken der Amerikaner, die am Abend des 12. April 1945 die Weiße Elster bei Zeitz erreichen, zwingt sie zum Absetzen, bevor sie sich überhaupt sammeln können. In Penig hatte man die Offz.Bewerber dann am 14. April 1945 unter das Kommando der Lehrgruppe I, Schule f. schw. Waffen der Pz.Gren. gestellt, die ursprünglich für den Pz.Ausb.Vbd. Thüringen vorgesehen, im Raum Erfurt beim Pz.Vbd. Feller gelandet war.[10] Zusammen mit anderen Versprengten und Einheiten fließen sie so in die frisch aufgestellte K.Gr. Gruse, deren einziger bekannter Gefechtstand am 18. April 1945 in Falkenau bei Hainichen liegt.[11] Doch statt sich in Ruhe formieren zu können, werden sie sofort in die Frontlinie bei Mittweida eingegliedert, denn Gruse hat zwei Aufgaben. Zum einen soll er ein Pz.Gren.Rgt. aufstellen und zur Abgabe vorbereiten, zum anderen hat man ihm die Führung über einen Teil der H.K.L. entlang der Autobahn bei Chemnitz und im angrenzenden Zschopau-Abschnitt übertragen. So verschmelzen beide Aufgaben miteinander und Gruse beginnt in der Frontlinie unter Verwendung der dort liegenden Einheiten der 404. InfDiv und des W.Kr. IV sowie zurückweichenden Teilen der Div.z.b.V. 464 mit der Aufstellung des Pz.Gren.Rgt. mit zwei Bataillonen zu je drei Kompanien. Hierfür stehen ihm zwei Kompanien der Aufkl.Ers.Abt. 10 Königsbrück der 404. InfDiv unter Maj.d.R. Donner zur Verfügung, die die rechte Flanke der K.Gr. Gruse am Ostufer der Zschopau bei Mittweida bilden. Die Abteilung war im März 1945 nach Brand-

Erbisdorf verlegt worden und sichert jetzt mit der 1. Kp in Stärke von 100 Mann bei Niederrossau und mit 80 Mann der 2. Kp bei Seifersbach.[12]

Links an den Abschnitt der Aufklärer angrenzend liegen Teile des Pz.Gren.Ers.Btl. 413 Hartha, die bereits seit dem 12. April 1945 an der Zschopau stehen. Das Bataillon war im März 1945 in Waldheim neu aufgestellt worden und hatte dann nach Hartha verlegt. Dort war es mobil gemacht worden, um zum Pz.Ausb.Vbd. Böhmen zu verlegen. Doch nur Teile sollten ihr Ziel erreichen. Jetzt sind 100 Mann mit neun lMG und 15 Panzerfäusten bei Schönborn in Stellung gegangen, während der Rest bei Seifersbach liegt. Später kommen Teile von ihnen auch bei Glösa an der Autobahn zum Einsatz. Die Panzergrenadiere sollen am 18. April 1945 zusammen mit den Offz.Bewerbern, die man in den Abschnitt der Panzergrenadiere eingegliedert hatte, mit 18 SPW ausgerüstet zur 4. Kp. der K.Gr. Gruse werden. Insgesamt verfügt die K.Gr. Gruse über drei 12cm Granatwerfer, vier 7,5cm Infanteriegeschütze, eine 15cm Infanteriehaubitze, eine 5cm Pak und zwei veraltete PzKpfw III.[13]

Das auch Teile der gepanzerten Gruppe der Div.z.b.V. 464 in den späteren Bestand des Pz.Gren.Rgt. eingegliedert wurden, konnte durch das Tagebuch eines Zg.Fhr. der späteren 1. Kp., Pz.Gren.Rgt. Gruse ermittelt werden. Auf Grund der genauen Tagebucheinträge zum Personalbestand seiner Einheit und den Verlusten mit Angabe von Ort und Zeit konnte geschlussfolgert werden, dass es sich bei der Einheit mit großer Wahrscheinlichkeit um jene Kompanie der Pz.Ers.u.Ausb.Abt. 18 handelt, die sich am 14. April 1945 vor dem Angriff der Amerikaner aus Streitwald bei Frohburg als Teil des gepanzerten Verbandes der Div.z.b.V. 464 über Terpitz nach Südosten zur Mulde bei Lunzenau abgesetzt hatte, wobei sie nordöstlich von Berthelsdorf ihre ersten Verluste verzeichnete. Von dort hatten sie einen Rastraum im Hainichener Wald an der RAB Chemnitz – Dresden erreicht, wo es am 15. April 1945 erneut Verluste durch Beschuss gab. Am Abend des gleichen Tages erfolgte dann ihr Einsatz bei einem Gegenangriff auf Ringethal bei Mittweida. Danach war die Einheit Teil der Verteidigung bei Schönborn und Seifersbach, bevor sie unter der Bezeichnung 1. Kp., Pz.Gren.Rgt. Gruse zur 11. PzDiv verlegt wurden.[14] Zur Problematik des gepanzerten Verbandes der Korps.Gr. Moser, der sich zur gleichen Zeit im Raum Mittweida befunden haben soll, wurde bereits an anderer Stelle berichtet. Laut dem Bericht der 11. PzDiv erfolgt am 22./23. April 1945 die Zuführung des Pz.Gren.Rgt. Gruse zur Division ins deutsch-tschechische Grenzgebiet. Wahrscheinlich war die, danach erfolgte, Unterstellung der verbliebenen Restteile der K.Gr. Gruse unter den K.Kdt. Chemnitz der Grund für die Aufwertung zur „Division Chemnitz".

Doch noch hat Gruse das Kommando. Verstärkt werden seine Linien durch die Vet.Ers.Abt. 4 Frankenberg mit insgesamt 360 Mann, die mit der 2./Vet.Ers.Abt. 4 bei Glösa, der 4./Vet.Ers.Abt. 4 bei Merzdorf und der 6./Vet.Ers.Abt. 4 bei Sachsenburg liegt. Weiterhin verfügt Gruse über die 1. und 2. Marsch.Bttr. und eine

Gen.Bttr. der Werfer.Ers.Abt. 3 Hainichen unter Maj. Brodemann mit Gefechtsstand in Hainichen. Die Werfer.Ers.u.Ausb.Abt. 3 war nach den Kämpfen am Niederrhein im November 1944 in Königsbrück wiederaufgestellt und Anfang April 1945 mit dem Werfer.Ausb.Rgt. 1 mobilgemacht worden. Während die Werfer. Ausb.Abt. mit dem Werfer.Ausb.Rgt. 1 zur Div.Nr. 464 (A) getreten war, war die Werfer.Ers.Abt. 3 unter dem Kommando des W.Kr. IV verblieben. Die 1. Marsch.Bttr. unter Oblt. Hureck die als Infanterie zum Einsatz kommt, hat bei Schönborn – Irbersdorf Stellung bezogen, während die 2. Marsch.Bttr. bei Berthelsdorf und die Gen.Bttr. bei Hainichen liegt.

Angelehnt an den Abschnitt der Panzergrenadiere der K.Gr. Gruse befindet sich hinter der vorderen Frontlinie ein, in der Heranführung befindliches Bataillon der 1. SS-PzDiv „Leibstandarte Adolf Hitler“ bei Frankenberg. Dort soll es einige Tage später gemeinsam mit einem zweiten Bataillon der Leibstandarte zur Auffüllung der Führer-Begleit-Div. des PzK „Großdeutschland“ herangezogen werden, die bei den Abwehrkämpfen an der Ostfront im Raum Spremberg fast vollständig zerschlagen wird. Mit ihren Resten und dem Stab versammelt sie sich im Raum Brand-Erbisdorf. Dort erfolgt die Neuaufstellung des Pz.Rgt. mit der I. Abt. mit 13 PzKpfw V und der II. Abt. mit vier 7,5cm StGesch. und des Führer-Pz.Gren.Rgt. 1 der Division.[15] Ein zweites Bataillon, bei dem es sich um das SS-Pi.Ers.Btl. 1 handelt, grenzt unmittelbar an diese Einheit und die K.Gr. Gruse an. Dafür liegen die Aussagen von Kriegsgefangenen der 7. Kp., SS-Pi.Ers.Btl. 1 vor, die bei Garnsdorf gemacht wurden und Angaben, dass sich das SS-Pi.Ers.Btl. 1 mit zirka 400 Mann und 16 8cm-Grantwerfern nördlich der RAB Chemnitz – Dresden von Lichtenau bis Glösa liegt und sich entlang des Waldrandes nach Norden, Richtung Draisdorf, eingegraben hat. Das Bataillon, das unter Führung des SS-Ostubaf.d.R. Hugo Eichhorn steht, hatte seine Kaserne in Dresden-Neustadt mit acht Kompanien zu je 230 Mann, ausgerüstet mit je vier lMG, zwei sMG, zwei 8cm Granatwerfern und zwei Flammenwerfern Anfang April 1945 verlassen und war in den Raum Chemnitz abgerückt. Dort hatte die 7. Kp am 15. April 1945 Stellungen an der RAB südlich von Auerswalde bezogen.[16] Amerikanische Patrouillen, die Draisdorf und Auerswalde noch am Nachmittag unverteidigt vorgefunden hatten, melden um 19.30 Uhr (B), dass Draisdorf jetzt von der SS besetzt wurde. Verstärkt werden all diese Kräfte durch drei 8,8cm Geschütze nordwestlich des Bhf. Oberlichtenau, zwei bei Draisdorf und zwei östlich von Altendorf. Die Straße nach Auerswalde blockiert eine Straßensperre.

Links angrenzend an das SS-Pi.Ers.Btl. 1 liegen bei Glösa Teile der 2. Kp. Na.Ers.Abt. 4. Die Hauptkräfte der Abteilung, die anfangs an der linken Flanke der Stadtverteidigung lagen, hatte man nach Frankenberg zurückgezogen. Bei Borna werden Angehörige der 1. Sturm.Kp. des Fl.Ers.Btl. III aus Chemnitz-Ebersdorf, dessen Gesamtstärke 500 bis 600 Mann betragen soll und das unter Führung eines Hauptmanns steht, gemeldet. Insgesamt werden bei Borna zirka 90 Mann gemeldet.

Vorposten befinden sich östlich der gesprengten Überführung der Autobahnanschlussstelle der R 95 und der gesprengten Autobahnbrücke über die Chemnitz im Blankenauer Grund. Die R 95 nach Röhrsdorf sperrt eine verminte Straßensperre. Bei Rabenstein liegen trotz des Absetzens der Angehörigen des Kraftfahrparks Chemnitz weiterhin VS-Einheiten im Bereich der Straßensperre zwischen Siegmar und Schönau und an der RAB Chemnitz – Hof bei Rottluff. Und auch die Ausb.Kp. der s.Art.Ers.u.Ausb.Abt. 50 aus Chemnitz befindet sich in der Nähe. Bei ihnen handelt es sich wahrscheinlich um jene K.Gr. Thomas, die gemäß den amerikanischen Feindunterlagen mit 160 Mann Artilleriepersonal als Infanterie an der RAB Chemnitz – Hof von Schönau bis Rabenstein zum Einsatz kam. An der Limbacher Straße in Chemnitz haben nach Meldungen von entflohenen britischen Kriegsgefangenen 50 ungarische Soldaten an einer Straßensperre Stellung bezogen. Auch die Leipziger Straße nach Chemnitz hinein ist durch eine Straßensperre gesichert.

Zusätzlich zu den Wehrmachts- und Waffen-SS Einheiten befindet sich außerdem eine große Anzahl an Volkssturm in der Stadt, wenngleich dieser an mehreren Stellen Auflösungserscheinungen zeigt. So hatte die 1. Kp des VS-Btl. 52 Limbach in Stärke von 100 Mann am Abend des 15. April 1945 ihre, am Vortag bezogenen, Stellungen bei Chemnitz-Borna verlassen und sich nach Schlosschemnitz in den Küchenwaldpark zurückgezogen, von wo aus sich ein Großteil der Männer nach Hause abgesetzt hatte. Bei Schönau liegen zirka 500 Hitlerjungen des HJ-Bann 104, Chemnitz, Sachsen-Mitte in Stellung, hinter denen sich älterer VS-Angehörige aus Chemnitz eingegraben haben. Damit bildet Chemnitz einen, im Vergleich zu anderen Frontabschnitten, starken Eckpfeiler der deutschen Verteidigung, der jedoch einem richtigen Angriff der amerikanischen Panzerverbände nicht gewachsen wäre.

Hinter der 7. Armee stehen die verbliebenen Kräfte des Stellv. IV. AK Dresden der 7. Armee entlang der Elbe und sichern nach Osten. Ihre H.K.L. gliedert sich in drei Abschnitte. Der Abschnittskommandant Pirna, Gen.Maj. Gerhard Müller, sichert den Abschnitt Bodenbach – Telschen – Pirna und hält den Brückenkopf Pirna. Der Abschnittskommandant Dresden, Gen.d.Inf. Werner Frhr. von und zu Gilsa, steht beiderseits von Dresden und hält den Brückenkopf Dresden. Im Norden anschließend befindet sich der Abschnittskommandant Meissen auf der Linie Meissen – ausschließlich Riesa und im Brückenkopf Meissen. In dem Entwurf eines Berichtes vom 7. Mai 1946 schreibt Schulz später: *„Bei der ungeheuren Überlegenheit des Gegners sowohl auf der Erde wie auch in der Luft konnte es in diesem, letzten Stadium des Kampfes nur noch darauf ankommen, den Kampf so zu führen, dass der Zusammenhang der Front gesichert blieb und die Kampfkraft der Truppe weiter möglichst erhalten blieb, da mit Zuführungen nicht zu rechnen war.*“[17] Erste Verbände der Korps.Gr. Moser, zu der auch die, im Raum Dresden neuaufgestellte, 193. InfDiv gehört und die sich als Reserve der 4. PzA im Raum westlich von Dresden versammelt hatten, kommen an diesem Tag im Raum Bautzen – Görlitz – Zittau zum Einsatz gegen die 1. Ukrainische Front des Marschalls der Sowjetunion Konjew.

Geheime Tagesberichte der Deutschen Wehrmachtsführung vom 18. April 1945:
H.Gr. G, 7. Armee, XC. AK:
Es gelang, den feindlichen Brückenkopf südlich Mittweida unter Abschuss von einem Feindpanzer einzudrücken. K.Kdt. Chemnitz meldet erneut: Verhalten der Zivilbevölkerung teilweise wehrmachtsfeindlich; Wehrmachtsangehörige werden von Zivilisten beschossen. Auf Befehl eines Ortsgruppenleiters wurden in Gegenwart eines Polizei-Oberleutnants zwei Panzersperren durch Frauen entfernt. Standrechtliche Ahndung ist eingeleitet.

Am **Mittwoch**, dem **18. April 1945**, gruppiert sich die 3rd US Army für den Vorstoß in Richtung Süden um. Das VIII. US Corps räumt die Haltelinie des Corps und übernimmt die Kontrolle über den bisherigen Sektor des XX. US Corps. Die 6th US AD und 76th US InfDiv behaupten ihre Positionen entlang der Haltelinie und die 76th US InfDiv beginnt mit der Entlastung der 4th US AD. Die 76th US InfDiv, 4th und 6th US AD wechseln um 12.00 Uhr (B) unter das Kommando des VIII. US Corps. Das XX. US Corps verlegt in den Raum Bamberg.

Die 6th AD US hält an der linken Flanke den Kontakt mit der 9th US AD des V. US Corps und auf der rechten mit der 76th US InfDiv. Das CCA der 6th US AD hält an der rechten Flanke den Kontakt zur 76th US InfDiv und an der linken Flanke zum CCB aufrecht. Das CCB hält seinen Abschnitt und führt eine intensive Patrouillentätigkeit durch. Dann erhält es den Befehl zur Übergabe der Frontlinie an das CCR am 19. April 1945 und zur Übernahme des rückwärtigen Gebietes der Division östlich der Saale mit dem Auftrag der Aufrechterhaltung von Recht und Ordnung. Dafür gibt das CCR bis 17.30 Uhr (B) das 603rd TD Bn, 777th AAA AW Bn und das 25th Armd Engr Bn unter die Kontrolle der 6th US AD zurück und das CCB übernimmt die Führung über das 69th Tk Bn, die 86th CavRcnSq und das 603rd TD Bn. Bis dahin hält die 86th CavRcnSq an der Linken den Kontakt zur 9th US AD in Lastau und setzt ihr Ausbildungs- und Rehabilitationsprogramm fort. Die 193rd FA Gp wird vom Auftrag bei der 6th US AD entbunden und geht für den Angriff zur Donau zur 65th US InfDiv. Innerhalb von nur 12 Stunden verlegt die FA Gp von Rochlitz nach Sesslach, nördlich von Bamberg.

Bei der 76th US InfDiv beginnt das 1./304 noch in der Nacht mit der Übernahme des gesamten Abschnitt des RCT 304 und stellt um 01.45 Uhr (B) bei Mittweida den Kontakt zur 6th US AD her. Dabei kommt es bei der Co. A in den frühen Morgenstunden zu einer Schießerei mit einer 15-köpfigen deutschen Gruppe, die versucht, durch die Linie zu sickern. Im Raum der Co. C schlagen deutsche Nebelwerfer- und Granatwerfergeschosse ein, ohne das es zu Verlusten kommt. Der Bn.CP geht am Vormittag nach Mittweida und erreicht am Abend Altmittweida. Das 2./304 verbleibt bis zum Abend in seinem Abschnitt Altmittweida – Krumbach, dann verlässt die Co. G ihre Stellungen und versammelt sich bei Krumbach, von wo aus sie mit der Co. F nach Markersdorf transportiert wird. Parallel hierzu treffen die Co. H und die HQ Co. 2./304 von Ottendorf kommend ein. Die Co. E verlegt unter Zurücklassung des 2nd Plat. in Taura nach Burgstädt. Zwei Platoon der Co. G übernehmen in Taura die Bewachung von zwei Lagerhäusern und der Eisenbahnwaggons am Bhf. Markersdorf-Taura, während der Rest der Co. G Vorposten um den Ort bezieht. Motorisierte Patrouillen der Co. H halten den Kontakt zum 9th AIB, 6th US AD an der Linken und zum RCT 417 an der Rechten. Der Bn.CP bleibt in Ottendorf. Das 3./304 bleibt in Röllingshain in der Versammlung und der Regtl.CP in Claußnitz. Das RCT 385, das am Vorabend seine Einheiten alarmiert hatte, sich auf eine Verlegung vorzubereiten, beginnt am Morgen mit der Verlegung in die neuen Versammlungsräume. Um 09.15 Uhr (B) wird es alarmiert, dass die Division in Erwägung zieht, dass Regiment zur Ablösung von Elementen der 4th US AD einzusetzen, denn es gilt dringend eine, durch die Umgliederung zwischen der 4th US AD und der 89th US InfDiv entstandenen Lücke in der Front zu schließen.

Das 1./385 beginnt um 08.00 Uhr (B) mit der Vorhut mit der Verlegung in einen neuen Versammlungsraum bei Hohenstein – Oberlungwitz. Um 08.30 Uhr (B) folgen die Fußtruppen und 10.00 Uhr (B) die motorisierten Teile. In Altenburg wird die Co. C, 1./385 am Flugplatz durch die Co. G, 2./385 abgelöst und folgt dem Bataillon in den neuen Versammlungsraum. Auf dem Marsch dorthin meldet das Bataillon um 08.50 Uhr (B) einen Luftangriff durch amerikanische P-47 Jagdbomber auf die eigenen Truppen, wobei zwei Mann der Co. A durch eine Bombe verwundet werden. Um 12.00 Uhr (B) erreicht es den neuen Versammlungsraum und der Bn.CP entfaltet in Oberlungwitz. Bis 17.30 Uhr (B) hat es die Ablösung der 4th US AD in der vorderen Linie beendet und um 18.00 Uhr (B) wird der Kontakt zur 89th US InfDiv an der Rechten hergestellt. Doch dann rückt diese Einheit ohne Ankündigung ab. Um 22.11 Uhr (B) meldet das Bataillon, dass es weiter versucht, den Kontakt herzustellen. Dafür gelingt es den Kontakt zum linken Nachbarn, dem 3./385 herzustellen. Ab jetzt gilt für das Bataillon, dass am weitesten rechts von der Division steht, höchste Wachsamkeit. Insbesondere, nachdem um 23.00 Uhr (B) beunruhigende Nachrichten von der G-2 Abteilung der Division eingehen. Befragungen des IPW-Teams der 80th US InfDiv hatten Informationen über 30 bis 50 getarnte deutsche Panzer im Raum Rodewisch-Auerbach gebracht. Außerdem sollen sich 6000 Mann Waffen-SS bei Pockau-Lengefeld und Annaberg-Buchholz befinden und auch bei Schneeberg wurden kleinere Gruppen Waffen-SS gemeldet. Sie sollen nach Angaben deutscher Kriegsgefangener zur 18. SS-Frw.Pz.Gren.Div. „Horst Wessel" gehören".[18] Damit scheint die rechte Flanke bedroht.

Beim 2./385 verbleibt die Co. F, zur Aufrechterhaltung der Ordnung in Altenburg und die Co. G löst die Co. C, 1./385 am Flugplatz ab. Die anderen Teile des Bataillons verlegen mit dem Bn.CP nach Glauchau, wo der 15.00 Uhr (B) gemeldet wird. In Altenburg laufen in der Zwischenzeit die Maßnahmen zum Abtransport der deutschen Kriegsgefangenen in die Corps-Kriegsgefangenensammelstelle Eisenberg. Um 16.30 Uhr (B) befiehlt der CG, dass am kommenden Tag der Abtransport mit 25 Lastwagen unter Leitung des Military Police Plat. der Division erfolgen soll. Die Bewachung soll das 385th InfRgt stellen. Zur Versorgung der Kriegsgefangenen bis zum Abtransport soll der Bürgermeister von Altenburg eine Mahlzeit pro Gefangenen aus den Versorgungslagern der Stadt zur Verfügung stellen, da die Division nicht über ausreichende Rationen verfügt, um deren Verpflegung zu übernehmen. Als Ausgleich für die Kräfte in der Stadt, die durch die Kriegsgefangenenbewachung gebunden sind, befiehlt der CO 385th InfRgt um 22.30 Uhr (B), dass umgehend drei Jeeps mit sMG der Co. H, 2./385 nach Altenburg entsandt werden. Beim 3./385 verläuft die Nacht unruhig. Eine, kurz vor Mitternacht begonnene, Suche nach denjenigen, die einen Vorposten der Co. I mit einem MG beschossen hatten, bleibt auch weiterhin erfolglos. Dafür melden Patrouillen der Co. L Explosionen aus einem brennenden deutschen Munitionslager. Um 08.00 Uhr (B) verlässt das 3./385 im Shuttle-Verkehr seinen Versammlungsraum und um 10.00 Uhr (B) erhält der CO 3./385 den Auftrag, gemeinsam mit der AT Co. 304 und der Coll. Co. 301st Med Bn Vorauskommandos vorneweg zu schicken, die durch Penig nach Waldenburg fahren sollen, um dort die Ablösung der 4th US AD in der vorderen Linie vorzubereiten. Um 15.00 Uhr (B) erreicht der Bn.CP in Limbach und am Abend hat er in Oberfrohna entfaltet. Bis 18.00 Uhr (B) hat das Bataillon die Ablösung der 4th US AD beendet. Die unterstellte Co. C, 749th Tk Bn, die sich nach der Ablösung in Altenburg in Mohsdorf vereinigt hatte, verlässt um 09.00 Uhr (B) den Ort und fährt durch Burgstädt – Chursdorf – Penig – Schlagwitz nach Waldenburg, wo der Co.CP verbleibt. Ab 16.30 Uhr (B) geht der 1st Plat. nach Oberlungwitz zum 1./385, der 2nd Plat. nach Glauchau zum 2./385 und der 3rd Plat. nach Limbach zum 3./385. Die Co. B, 301st Engr C Bn wird um 15.15 Uhr (B) erneut dem RCT 385 unterstellt. Die Btry. B, 778th AAA AW Bn sichert den Regimentsabschnitt. Der Regtl.CP verlässt um 10.00 Uhr (B) Lunzenau und erreicht um 12.30 Uhr (B) Waldenburg.

Das RCT 417 schließt in der Nacht die Ablösung das 318th InfRgt der 80th US InfDiv im Raum Hartmannsdorf ab und stellt um 03.00 Uhr (B) den Kontakt zur 4th US AD her. Im Raum Burgstädt bezieht es Sicherungsstellungen. Das 1./417, das die Stellungen des 2./318 bei Wittgensdorf übernommen hat, besetzt im Tagesverlauf Auerswalde, wo es den Kontakt zum RCT 304 herstellt. Das 2./417, das in der Nacht mit der Ablösung des 3./318 begonnen hat, erreicht bis zum Mittag den Raum Röhrsdorf und löst dort die Co. K, 3./318 ab. Der Bn.CP entfaltet in Röhrsdorf. Dann stellt es den Kontakt nach links zum 1/417 und rechts zum eintreffenden RCT 385 her. Das 3./417, das sich in der Regtl.Res. befindet, zieht im

Bereich der ehemaligen Ratssteinbrüche südöstlich von Hartmannsdorf unter. Von dort aus löst es am Nachmittag das 2./304 in Taura bei der Bewachung der Eisenbahnwaggons am Bhf. Markersdorf-Taura ab und übernimmt die Bewachung eines Fahrzeugparks mit Lastwagen und Anhängern bei Köthensdorf – Reitzenhain. Die unterstellte Co. B, 749th Tk Bn geht zum Regtl.CP nach Hartmannsdorf. Der Platoon der AT Co. 417, der zur Sicherung rückwärtiger Einheiten der Division eingesetzt war, kehrt zur Kompanie nach Hartmannsdorf zurück, die einen Panzerabwehrriegel im Regimentsabschnitt errichtet.

Der Div.CP eröffnet um 09.30 Uhr (B) in Burgstädt. Der Bn.CP 749th Tk Bn verlässt 10.45 Uhr (B) Topfseifersdorf und erreicht um 11.45 Uhr (B) Taura. Die Co. D, 749th Tk Bn verlegt von Frankenau in den neuen Raum Taura, wo sie 12.15 Uhr (B) eintrifft. Die 1107th Engr C Gp verbleibt zur Unterstützung der 76th US InfDiv in der vorderen Linie. Die Divisions-Kriegsgefangenensammelstelle in Diethensdorf wird am Morgen geschlossen und nach Göppersdorf verlegt, wo sie um 08.00 Uhr (B) die Arbeit aufnimmt. Die 76th DivArty übernimmt am Morgen den Feuerauftrag der 80th DivArty auf Chemnitz, nachdem deren 314th FA Bn herausgezogen wurde und bereitet sich gemeinsam mit der zugeteilten 416th FA Gp auf die Fortsetzung des Beschusses der Stadt vor, die nachwievor keine Anstalten macht, zu kapitulieren. Laut den G-2 Meldungen befinden sich weiter starke deutsche Truppenkontingente in der Stadt und Umgebung. Dabei soll das unterstellte 776th FA Bn das Feuer des 355th FA Bn verstärken und auch die Cn. Co. 417 soll von Wittgensdorf aus mit ihren 105mm Geschützen auf Chemnitz feuern. Ergänzend zur Artillerie sollen Jagdbomber des IX. TAC die Stadt angreifen. Um 10.39 Uhr (B) hatte der S-3 Offizier der CorpsArty die DivArty informiert, dass der CG XX. US Corps die Bombardierung von Chemnitz genehmigt hat. Wenig später kommt der Befehl zum Beschuss von Chemnitz. Hierfür soll ab 16.30 Uhr (B) bei Bedarf auch die Co. A, 93rd Cml Mort Bn zum Einsatz kommen, die um 18.00 Uhr (B) dem 3./385 zugeteilt wird. Während in der Stadt die Granaten einschlagen, erhalten um 10.40 Uhr (B) das RCT 304 und 417 die Vorwarnung, sich bereitzuhalten, um auf Befehl Chemnitz zu besetzten. Doch dazu kommt es nicht.

Die 4th US AD, die zeitweise die vorderen Stellungen an der Haltelinie hart westlich von Chemnitz vom RCT 319 der 80th US InfDiv übernommen hatte, erhält den Befehl, ihre Stellungen an die 76th US InfDiv zu übergeben. Am Nachmittag beginnt das RCT 385 der 76th US InfDiv mit der Übernahme. Die Co. A und C, 10th AIB werden bei Grüna abgelöst und versammeln sich gegen 17.00 Uhr (B) beim Bn.CP westlich Grüna. Mit der Übernahme des Abschnittes der 4th US AD durch das RCT 385 gelingt es zeitweise die Lücke zur 89th US InfDiv zu schließen, doch das Problem ist noch nicht gelöst und wird in den nächsten Tagen weiter Ärger verursachen. Die 89th US InfDiv steht zu diesem Zeitpunktmit dem 1./353 im Schönfelder Wald zwischen Oberneumark und Ebersbrunn, dem 2./353 in Oberreichenbach, dem

3./353 zwischen Heinsdorfer Grund und Hauptmannsgrün und dem CP 353 am Nordrand von Reichenbach. Ihr 354th InfRgt steht mit dem 1./354 südlich Schönfels bei Burgteich, mit dem 2./354 in Silberstraße bei Wilkau-Haßlau, dem 3./354 in Oberhohendorf südlich Zwickau und dem CP in Schönfels. Das 355th InfRgt befindet sich mit dem 1. und 2./355 im Süden von Zwickau, dem 3./355 in Auerbach und dem CP in Zwickau.

Der 2nd Plat. Co. A, 33rd Sign Construction Bn, der am Vortag mit der Verlegung der Telefonleitung des XX. US Corps Richtung Chemnitz beschäftigt war, stoppt die Arbeiten und fährt von Gera aus in den neuen Einsatzraum nach Bamberg. Ab jetzt soll sich das VIII. US Corps darum kümmern.

Täglicher Wehrmachtsbericht vom 19. April 1945:

An der Front beiderseits Chemnitz und im Raum Hof verlief der Tag bei vereinzelten Aufklärungsvorstößen ohne besondere Ereignisse.

Der **Donnerstag**, der **19. April 1945**, bringt mit der Säuberung der letzten Widerstandsnester südlich von Leipzig für die 1st US Army das Ende der Kämpfe zur Besetzung des Leipziger Südraumes. Südlich davon konsolidiert sich im Bereich der 3rd US Army das VIII. US Corps entlang der Haltelinie und patrouillierte nach Osten. Die rechte Corpsgrenze erstreckt sich nun entlang der bayrisch-sächsischen bis zur böhmischen Grenze. Die 6th US AD, die ihr Instandhaltungs- und Rehabilitationsprogramm fortsetzt, hält im Nordabschnitt des VIII. US Corps ihre Linien und führt die Patrouillentätigkeit entlang ihrer Front fort. Das CCR mit CP in Geringswalde beginnt mit der Entlastung das CCB an der Frontlinie und entsendet die Co. C, 50th AIB und ein Platoon Panzer am Morgen zur Linie Hoyersdorf – Schwaigersheim und stellt den Kontakt zum 9th AIB auf der Rechten und dem 44th AIB auf der Linken her. Das CCB fährt zur Aufrechterhaltung von Recht und Ordnung in den rückwärtigen Divisionsbereich und der Div.CP eröffnet in Zeitz. Das HQ und die HQ Co., 11th Armd Gp werden der 6th US AD unterstellt und übernehmen die Verantwortung für die Military Government im Abschnitt des CCB und des 25th Armd Engr Bn. Die Co. A, 25th Armd Engr Bn verlässt Rochlitz und übernimmt die Bewachung der Brücken bei Crossen, Göritzhain und Lunzenau und die Co. B, 25th Armd Engr Bn übernimmt die Bewachung der Brücken in Rochlitz und Mittweida. Die 86th CavRcnSq geht unter die Kontrolle des CCB und fährt nach Osterfeld, von wo aus sie die Sicherung des Raumes zwischen dem Saale-Abschnitt Bad Kösen – Dorndorf und der Linie Schelkau – Königshofen an der RAB Hermsdorf – Osterfeld übernimmt.

Die 76th US InfDiv setzt ihren Auftrag vom Vortag fort. Beim RCT 385 werden Teile des 1./385 durch das 3./385 abgelöst und das Bataillon versammelt sich im

Raum Hohenstein, während das 2./385 in Glauchau in der Reserve ist. Die Co. F setzt die Sicherung von Altenburg bis zum Nachmittag fort und fährt dann nach Eisenberg, wo es die Verantwortung über die Stadt übernimmt. Die Co. G wird in Altenburg durch die 6th US AD abgelöst. Das 3./385 sichert weiter die vordere Linie und hält Kontakt zum RCT 417 und der 89th US InfDiv.

Mit der Entlastung der 4th US AD durch die 76th US InfDiv bis 12.00 Uhr (B) beginnen die Combat Commands der 4th US AD mit der Verlegung in Versammlungsräume im Westen, wo sie in die Reserve des VIII. US Corps und von SHAEF gehen. Das CCA versammelt sich in der Umgebung von Thonhausen, wo sich der CP befindet. Das CCB folgt ab 12.00 Uhr (B) und versammelt es sich in der Umgebung von Schmölln. Das 10th AIB erreicht 15.00 Uhr (B) Nöbdenitz, wo der Bn.CP entfaltet. Die Co. A, 10th AIB geht nach Untschen. Die Einheiten des CCR versammeln sich in der Umgebung von Crimmitschau und Glauchau und das 94th AFA Bn geht in die Nähe von Meerane. Das 8th Tk Bn des CCA wird dem CCR zugeteilt und das 35th Tk Bn geht vom CCR zum CCA. Das Fwd Echelon der Division verlässt 11.00 Uhr (B) Waldenburg und erreicht 12.00 Uhr (B) Crimmitschau.

Mit der verkürzten Darstellung des ersten Tages nach der Übernahme der Verantwortung über den bisherigen Abschnitt des XX. US Corps durch das VIII. US Corps endet dieses Buch. Obwohl es in den darauffolgenden Tagen bis zum Eintreffen der ersten sowjetischen Truppen an der Zschopau und Mulde Anfang Mai 1945 zu keinen größeren Kampfhandlungen kommt, ist der Krieg noch lange nicht vorbei. Immer wieder kommt es zu Feuergefechten mit deutschen Truppen, die zwischen den alliierten Fronten zusammengedrängt werden. Der detaillierten Darstellung dieser Ereignisse ab dem 19. April 1945 wird sich der 15. Band der Buchreihe „Sturm auf die Erzgebirgsstellung 1945“ widmen, der die letzten Kämpfe des VIII. und XII. US Corps in Mitteldeutschland behandelt.

* * *

[1] Aus „Lucky Forward“.

[2] Der G-2 Periodic Report 80th US InfDiv nennt für die Hauptschule 850, für die Berufsschule 369 und für ein „Schupnenhaus“(?) 332.

[3] S-2 Journal 319th InfRgt.

[4] G-2 Periodic Report 80th InfDiv.

[5] „Chronik der Stadt Limbach-Oberfrohna“ Jahrgang 1945.

[6] G-3 Journal 80th InfDiv.

[7] S-3 Journal 317th InfRgt und S-2 Journal 319th InfRgt.

[8] Da Chemnitz in einem späteren Buch noch einmal Thema ist, wird in diesem Buch auf ausführliche Informationen zur Stadt und zur Entwicklung der Garnison verzichtet.

[9] Es konnte ein Gruse, Benno, geb. 13.1.13 ermittelt werden, der nachweislich im Oktober 1944 Leiter eines schw.Pz.Gren.Ausb.Btl. auf dem TrÜbPl Königsbrück war und im Januar 1945 einen Lehrgang für Abteilung-Adjutanten leiten sollte, für den er nicht freigegeben wurde. Allerdings verfügt die Personalkartei nur über den Eintrag des Dienstgrades Major zum 1.9.44, der gesuchte Gruse war aber Oberst.

[10] Gem. Dienstsiegel auf einem Dokument des Zeitzeugen Gottberg. Gem. Tessin, Bd. 15 gab es einen Lehrgang f. schwere Waffen der Pz.Gren. Beide dürften identisch sein. Sehr wahrscheinlich waren es aber nur Reste der Schule, die ebenso wie die Offz.Bew. zur Aufstellung der K.Gr. Gruse herangezogen wurden.

[11] G-2 Periodic Report 76th InfDiv.

[12] Ebenda.

[13] Ebenda.

[14] Tagebuch des Zugführers der 1. Kp./Pz.Gren.Rgt. Gruse, Uffz. Horst Friedländer, auf www.profilm.de/dokumente/11pzgrendivreggruse.html.

[15] G-2 Periodic Report 76th InfDiv v. 19./20.4., 20./21.4. und 25./26.4.45. Siehe auch „Panzer-Grenadier-Division Großdeutschland und ihre Schwesterverbände“ v. H. Scheibert, Lizenz Podzun-Pallas-Verlag für Dörfler Zeitgeschichte, Nebel Verlag GmbH.

[16] G-2 Periodic Report 76th InfDiv v. 20./21.4.45.

[17] BA-MA, RH 19 XII, Gen.d.Inf. F. Schulz.

[18] S-3 Journal 385th InfRgt. Die Angabe „6000“ ist mehr als fraglich und beruht entweder darauf, dass man den Amerikanern Angst wachen wollte oder das die Befragten eigenen Propaganda-Informationen aufgesessen sind. Bei der Angabe der 18. SS-Frw.Pz.Gren.Div. kann es sich nur um Ersatzeinheiten der Division handeln.

Epilog

Nach nur fünf Tagen ab Beginn der Offensive des XX. US Corps im Raum Mühlhausen – Gotha am 11. April 1945 haben die Panzerverbände die Saale und Weiße Elster überschritten, die wichtigen Städte Erfurt, Weimar, Jena, Gera und Zeitz erobert, haben Brückenköpfe über die Zwickauer Mulde gesichert und stehen mit den vorderen Kampfverbänden bereits hinter der vereinbarten alliierten Haltelinie in Brückenköpfen an der Zschopau. An der RAB Chemnitz – Dresden und Chemnitz – Hof liegen sie Auge in Auge den letzten deutschen Truppen der 7. Armee gegenüber, nur darauf wartend, durch einen schnellen Vorstoß die sächsische Industriestadt Chemnitz zu erobern, so wie es die ursprünglichen Operationspläne der 3rd US Army für den Angriff auf Dresden vorgesehen hatten. Doch der Befehl kommt nicht, denn die Direktive Eisenhowers ist klar und eindeutig – keinen Schritt weiter. Sehr zum Leidwesen von Gen. Patton, dem ungestümsten General der US Army. Doch bevor sich dieser, wie im Fall des Vorstoßes auf Gotha, einen Grund einfallen lassen kann, um doch noch Dresden zu nehmen, kommt der Befehl zum Einschwenken der 3rd US Army nach Süden. Sie soll zur Donau durchbrechen und den deutschen Verbänden den Weg in die „Alpenfestung" abschneiden. Eine Aufgabe, die ganz nach Patton's Geschmack ist. Und so dauert es auch nicht lange, bis nach einer Umgliederung selbst die 80th US InfDiv, die kurz davor stand, Chemnitz einzunehmen, um *„die Gefahr eines Gegenangriffs"* zu bannen, herausgezogen wird und in Eilmarsch Richtung Oberfranken abrückt. Die Führung der verbliebenen Truppen übernimmt das VIII. US Corps, das mit seinen Infanteriedivisionen den Erzgebirgsrand erreicht hat und unter die Führung der 1st US Army tritt.

Ein Umstand, der für die Dörfer und Städte an und hinter der Haltelinie fatale Folgen hat, denn er wird für sie das Kriegsende, was sie schon vor Augen hatten, bis zur offiziellen Kapitulation der Wehrmacht hinausschieben. Die Amerikaner rücken befehlsgemäß nicht weiter nach Osten vor und die sowjetischen Truppen beginnen erst nach der Einnahme von Berlin mit dem Aufschließen zur Haltelinie. Und da immer wieder aus Osten zurückweichende deutsche Truppen in dieses Vakuum hineingedrückt werden, kommt es dort immer wieder zu amerikanischem Artilleriebeschuss, da man bis zum Schluss mit deutschen Gegenangriffen rechnet. Und dieser Beschuss fordert weitere Opfer und verursacht Schäden. Einzige Profiteure dieser Situation sind die deutschen Truppen, die versuchen, sich der russischen Kriegsgefangenschaft zu entziehen, indem sie vor der vorderen Front der Amerikaner auf ihre Chance warten, sich im richtigen Moment zu ergeben, ohne von eigenen Fanatikern als Verräter und Feiglinge hingerichtet zu werden. Doch mit dieser letzten Phase des Krieges wird sich ein späteres Buch beschäftigen. Bleiben Sie also geduldig.

* * *

Abkürzungen

AAA AW Bn	*Anti Aircraft Artillery (Automatic Weapons) Battalion* (amerik.) – Flakartillerie-Maschinenkanonen-Bataillon
AAR	*After Action Report* (amerik.) – Einsatzbericht
Abt.	Abteilung
AD	*Armored Division* (amerik.) – Panzerdivision
a.D.	außer Dienst – im Zusammenhang mit dem Dienstgrad
AFA Bn/Gp	*Armored Field Artillery Battalion/Group* (amerik.) – Gepanzertes Feldartilleriebataillon/Regiment
AG	Aktiengesellschaft
AG Plat.	*Assault Gun Platoon* (amerik.) – Sturmgeschützzug
AGr	*Army Group* (engl./amerik.) – Armeegruppe
AIB	*Armored Infantry Battalion* (amerik.) – Panzerinfanteriebataillon der *US Army*
AK	Armeekorps, deutsch
AL	Außenlager eines Konzentrationslagers
AOK	Armeeoberkommando
Armd Engr Bn	*Armored Engineer Battalion* (amerik.) – Gepanzertes Pionierbataillon der *US Armored Division*
Armd Gp	*Armored Group* (amerik.) – Panzergruppe, selbstständiger Verband der *US Army*
Armd Med Bn	*Armored Medical Battalion* (amerik.) – Gepanzertes Sanitätsbataillon der *US Armored Division*
Armd Ord Maint Bn	*Armored Ordnance and Maintenance Battalion* (amerik.) – Gepanzertes Instandsetzungsbataillon der *US Armored Division*
Armd Sign Co.	Armored Signal Company (amerik.) – Gepanzerte Fernmeldekompanie der *US Armored Division*
Ass.Cmdr.	*Assistent Commander* (amerik.) – Stellvertretender Kommandeur
Ass.CoS	*Assistent Chief of Staff* (amerik.) Stellv. Chef des Stabes
ASt.	Außenstelle
Art.Ers.u.Ausb.Abt.	Artillerie-Ersatz- und Ausbildungs-Abteilung
Art.Rgt.	Artillerieregiment
(Ausb.)	Ausbildung
AT Co.	*Anti-Tank Company* (amerik.) – Panzerabwehrkompanie
Aufkl.Ers.Kp./Abt.	Aufklärungs-Ersatz-Kompanie/Abteilung
(B)	*Bravo* – Zeit – Zeitangabe bei US Army – beginnt am 2. April und entspricht unserer Sommerzeit.
BA-MA	Bundesarchiv-Militärarchiv Freiburg i.Br.

B.C.	*Bomber Command* (engl./amerik.) Bomberkommando
B.D. Wing	*Bombardment Wing* (engl./amerik.) - Geschwader
Befh.	Befehlshaber
Bgm.	Bürgermeister
B.G.	*Bomb Group* (engl./amerik.) – Bombergruppe, Teil einer B.D.Wing
Bhf.	Bahnhof
Bn	*Battalion* (engl./amerik.) – Bataillon
Bn.CP	*Battalion Command Post* (engl./amerik.) – Bataillonsgefechtsstand
Bn.HQ	*Battalion Headquarters* (engl./amerik.) – Bataillonshauptquartier
Btl.	Bataillon
Btl.Fhr.	Bataillonsführer, Dienstgrad beim Volkssturm
brit.	britisch
Brig.	Brigade
Brigfü.	Brigadeführer der SS, vergleichbar Gen.Maj. der Wehrmacht
Brig.Gen.	*Brigadier General* (engl./amerik.) – Brigadegeneral, Rang in der brit. Armee und der *US Army* ohne Äquivalent zur Wehrmacht
Bttr.	Batterie – Einheitsbezeichnung bei der Artillerie, auch Flak
Btry.	*Battery* (engl./amerik.) – Batterie
Cal	Caliber (engl./amerik.) – Kaliber, Angaben meist in *inch*
Capt.	*Captain* (engl./amerik.) – Hauptmann
CavGp	*Cavalry Group* (engl./amerik.) – Aufklärungsregiment bzw. motorisierte Aufklärungseinheit, die direkt dem Kommando der *Corps* untersteht
CavRcnSq	*Cavalry Reconnaissance Squadron* (engl./amerik.) – Aufklärungsbataillon/Aufklärungseinheit der US AD bzw. der CavGp in der Tradition der US-Kavallerie
CC A / CC B / CC R	*Combat Command A, B, R* (Reserve) – Kampfverband der US AD, gebildet in der Regel aus einem Tk Bn, einem AIB sowie Unterstützungselementen, der sich für den Einsatz in sogenannte *Task Forces* untergliedert
CG	*Commanding General* (engl./amerik.) – Komm. General
CIC	*Counter Intelligence Corps* (amerik.) – Militärische Abwehr, *US Army*
Cml Mort Bn	*Chemical Mortar Battalion* (engl./amerik.) – selbstständiges Chemisches Bataillon, ausgerüstet mit schweren Granatwerfern
Cn Co.	*Cannon Company* (amerik.) – Geschützkompanie der InfRgt'er der US InfDiv
CO	*Commanding Officer* (engl./amerik.) – Befehlshabender Offizier, ab KpChef aufwärts, Offiziere im Rang bis Col.

Co. A, B (etc.)	Company (engl./amerik.) – Kompanie der *US Army* mit Buchstabennummerierung als Angabe der Bataillonszugehörigkeit
Col.	*Colonel* (engl./amerik.) – Oberst
Comd Sect. /Gp.	*Command Section/Group* (amerik.) Führungssektion/Gruppe der *US Army*
Corps	(engl./amerik.) – Armeekorps
CorpsArty	*Corps Artillery* (amerik.) – Corpsartillerie der *US Army*
CoS	*Chief of Staff* (amerik.) Chef des Stabes
CP	*Command Post* (engl./amerik.) – Gefechtsstand
Cpl.	*Corporal* (engl./amerik.) – Unteroffizier
CT	*Combat Team* (engl./amerik.) – Kampfgruppe der US AD, in der Regel bestehend aus einem Bataillon und Verstärkungskräften
DivArty	*Division Artillery* (amerik.) – Divisionsartillerie der *US Army*
Div.Kdr.	Divisionskommandeur
Div.K.Gr.	Divisions-Kampfgruppe
Div.Nr.	Division Nummer – Bezeichnung, welche bei den Divisionen des Ersatzheeres der Wehrmacht verwendet wurde
Div.Res.	*Divisional Reserve* (engl./amerik.) – Divisionsreserve
Div.Vbd.	Divisionsverband
Div. z.b.V.	Division zur besonderen Verwendung
DP	*Displaced person* (engl./amerik.) – Bezeichnung für die befreiten ausländischen Zwangsarbeiter, KZ-Häftlinge und aus deutscher Kriegsgefangenschaft befreiten alliierten Soldaten
Dr.	Doktor (akademischer Grad)
d.R.	der Reserve – im Zusammenhang mit dem Dienstgrad
DRK	Deutsches Rotes Kreuz
Erg.Btl.	Ergänzungsbataillon
Engr C Bn	*Engineer Combat Battalion* (engl./amerik.) – Pionierbataillon der InfDiv der *US Army*
(Ers.)	Ersatz
Ers.Kp.f.Pi.Zg.	Ersatzkompanie für Pionierzüge der Infanterie
ETO	*European Theater of Operations* (engl./amerik.) – Europäischer Kriegsschauplatz
ExO (XO)	*Executive Officer* (engl./amerik.) – Stellv. Kommandeur
FA Bn	*Field Artillery Battalion* (engl./amerik.) – Feldartilleriebataillon der *US Army*
FA Gp	*Field Artillery Group* (amerik.) – Feldartillerieregiment der *US Army*
FFS	Flugzeugführerschule

Flak.Brig./Flak.Div.	Flak-Brigade/Flak-Division
Flak.Abt./Bttr.	Flak-Abteilung/Flak-Batterie
Flak.Gr./Flak.UGr.	Flak-Gruppe/Flak-Untergruppe
Flak.Rgt.	Flak-Regiment
Fl.Ausb.Rgt.	Flieger-Ausbildungsregiment
Fl.Ers.Abt./Btl.	Flieger-Ersatz-Abteilung/-Bataillon
Fl.H.Kdtr. Koflug	Fliegerhorst-Kommandantur
Flieger.Div.	Fliegerdivision
Flughafen-Bereichs-Kdo.	Flughafen-Bereichskommando
Flugmelde-Leit.Kp.	Flugmelde-Leitkompanie
Flugplatz-Kdo.	Flugplatzkommando
Fluko	Flugmeldekommando
FO Bn	*Field Observer Battalion* (amerik.) Feld-Beobachtungsbataillon der *US Army*
Frhr.	Freiherr, Adelstitel
Front.Aufkl.	Frontaufklärung
Frw.Pz.Gren.Div.	SS-Freiwilligen-Panzergrenadier-Division
FüHQ	Führerhauptquartier
Fü.Stab	Führungsstab
Fwd CP/Echelon	*Forward Command Post* (engl./amerik.) – Vorgeschobener Gefechtsstand/Gefechtstand-Staffel
Gen.	General (deutsch/engl./amerik.) – allgemeine Bezeichnung
Gend.	Dienstgradzusatz für Angehörige der Gendarmerie
Gen.d.Art.	General der Artillerie
Gen.d.Inf.	General der Infanterie
Gen.d.Pz.Tr.	General der Panzertruppe
Gen.Insp.d.Pz.Tr.	Generalinspekteur der Panzertruppe
Gen.Kdo.	Generalkommando
Gen.Kp.	Genesenenkompanie
Gen.Lt.	Generalleutnant
Gen.Maj.	Generalmajor
Gen.Obst.	Generaloberst
Gestapo	Geheime Staatspolizei
GFM	Generalfeldmarschall
GI	*Government Issue* (amerik.) — umgangssprachliche Bezeichnung für amerikanische Soldaten
gKdos	Geheime Kommandosache
Gp.CP	*Group Command Post* (amerik.) – Gefechtstand einer selbstständigen Gruppe der *US Army*
Gren.Ers.u.Ausb.Btl.	Grenadierersatz- und Ausbildungsbataillon
Gruf.	Gruppenführer der SS, vergleichbar Gen.Lt. der Wehrmacht

H.Flak.Art.Ers.u. Ausb.Abt.	Heeres-Flakartillerie-Ersatz- u. Ausbildungsabteilung
H.K.L.	Hauptkampflinie
H.Gr.	Heeresgruppe
HJ	Hitlerjugend
H.Na.S.	Heeres-Nachrichtenschule
H.N.Z.A.	Heeres-Nebenzeugamt
Höh.Fl.Ausb.Kdo.	Höheres Fliegerausbildungskommando der Luftwaffe
Hptm.	Hauptmann
HQ	*Headquarters* (engl./amerik.) – Hauptquartier
HQ Co.	*Headquarters Company* (engl./amerik.) – Stabskompanie
H.San.Staffel	Heeres-Sanitätsstaffel
Hscha.	Hauptscharführer der SS, vergleichbar Oberfeldwebel
Hstuf.	Hauptsturmführer der SS, vergleichbar Hauptmann
HVA	Heeresverpflegungsamt
i.G.	im Generalstab – Zusatz zum Dienstgrad für Offiziere des Generalsstabsdienstes
InfDiv	Infanteriedivision
Inf.Ers.Btl.	Infanterie-Ersatz-Bataillon
Inf.Ers.Rgt.	Infanterie-Ersatz-Regiment
Inf.Kdr.	Infanteriekommandeur
InfRgt	Infanterieregiment
IPW Team	*Interrogation Prisoner of War Team* (engl./amerik.) – Kriegsgefangenenbefragungsteam
I&R Plat.	*Intelligence and Reconnaiss.ance Platoon* (engl./amerik.) – Feindlage- und Aufklärungszug der HQ Co. eines Rgt.
Jagd-Div.	Jagddivision der Deutschen Luftwaffe
JG	Jagdgeschwader der Deutschen Luftwaffe
Kav.Schtz.Rgt.	Kavallerie-Schützen-Regiment
Kdtr.	Kommandantur
Kdr.	Kommandeur
Kdr.d.Kgf.	Kommandeur der Kriegsgefangenen im Wehrkreis
Kdr.d.Pz.Tr.	Kommandeur der Panzertruppen im Wehrkreis
Kdr.d.Schnellen.Tr.	Kommandeur der Schnellen Truppen (später Kdr.d.Pz.Tr.)
Kdtr.	Kommandantur
KG	Kampfgeschwader der Deutschen Luftwaffe
Kgf.	Kriegsgefangene
Kgl.Ung.	Königlich-ungarisch
K.Gr.	Kampfgruppe – Bezeichnung für unterschiedlich zusammengesetzte Einheiten, welche häufig nach ihrem Kommandeur benannt wurden
K.Kdt.	Kampfkommandant

Komm.Gen.	Kommandierender General
Korps.Gr.	Korpsgruppe
Korps.Kdo.	Korpskommando
Korps.Na.Abt.	Korps-Nachrichten-Abteilung
Kp.	Kompanie – bei der Wehrmacht mit Zahlen (1. Kp. usw.)
Kp.Chef	Kompaniechef (Einheitskommandeur einer Kompanie)
KPD	Kommunistische Partei Deutschlands
Kp.Fhr.	Kompanieführer (mit der Führung beauftragter Offizier), auch Dienstgrad beim Volkssturm
KTB	Kriegstagebuch
KZ	Konzentrationslager
Lds.Schtz.Btl.	Landesschützenbataillon – eingesetzt u.a. für die Bewachung von Kriegsgefangenenlagern
le.Art.Abt.	Leichte Artillerieabteilung
le.Div.	Leichte Division
le.Flak.Bttr.	Leichte Flakbatterie
lMG	Leichtes Maschinengewehr
Ln.Rgt.	Luftnachrichten-Regiment
Ln.S.	Luftnachrichtenschule
LS	Luftschutz
LS-Abt.	Luftschutz-Abteilung
Lsp.Abt.	Luftsperr-Abteilung
LS-Rgt.	Luftschutz-Regiment
Lt.	*Lieutenant* (engl./amerik.), Leutnant (deutsch) 1st Lt. – Oberleutnant; 2nd Lt. – Leutnant
Lt.Col.	*Lieutenant Colonel* (engl./amerik.) – Oberstleutnant
Lt.Gen.	*Lieutenant General* (engl./amerik.) – Generalleutnant
Luft.Gau-Kdo.	Luftgau-Kommando der Deutschen Luftwaffe
Lw.	Luftwaffe
Maj.	Major (engl./deutsch)
Maj.Gen.	*Major General* (engl./amerik.) – Generalmajor
Med Bn	*Medical Battalion* (engl./amerik.) – Sanitätsbataillon
Medivac	*Medical Evacuation* (engl./amerik.) – Medizinischer Abtransport vom Gefechtsfeld
MG	Maschinengewehr
MG	*Military Government* (engl./amerik.) – Militärregierung
MGFA	Militärgeschichtliches Forschungsamt
(mot.)	motorisiert
Mort	*Mortar* (engl./amerik.) – Granatwerfer

MP	*Military Police* (engl./amerik.) – Militärpolizei
MPi	Maschinenpistole
MSR	*Main Supply Road* (engl./amerik.) - Hauptversorgungsstraße
Muna	Munitionsanstalt
Na.Abt.	Nachrichtenabteilung
Napola	Nationalpolitische Erziehungsanstalt (volkstümlich), N.P.E.A.
NARA	*National Archives* U.S.A. – Nationalarchiv der USA
NJG	Nachtjagdgeschwader
N.P.E.A.	amtl., volkstümlich Napola, Nationalpolitische Lehranstalt
NSDAP	Nationalsozialistische Deutsche Arbeiterpartei
NSFK	Nationalsozialistisches Fliegerkorps
NSFO	Nationalsozialistischer Führungsoffizier
OB	Oberbefehlshaber
Ob.d.E.	Oberbefehlshaber des Ersatzheeres
Ob.d.H.	Oberbefehlshaber des Heeres
Oberf.	Oberführer der SS, SA, vergleichbar Oberst
Oberst i.G.	Oberst im Generalstab
OBgm.	Oberbürgermeister
Oblt.	Oberleutnant
Obstlt.	Oberstleutnant
Obstgruf.	Oberstgruppenführer der SS, vergleichbar Gen.Obst.
Offz.Bew.Schule	Offiziersbewerberschule
Offz.Nachw.Kp.	Offiziersnachwuchskompanie
Oflag	Kriegsgefangenenlager für Offiziere
Ofm.	Oberfeldmeister des RAD, entspricht Oblt.
Ofw.	Oberfeldwebel
Ogruf.	Obergruppenführer der SS, vergleichbar Gen.d.Waffengattung
OKH	Oberkommando des Heeres
OKL	Oberkommando der Luftwaffe
Ord Bn	*Ordnance Battalion* (amerik.) – Instandsetzungsbataillon der *US Army*
Osch.	Oberscharführer der SS, vergleichbar Feldwebel
Ostfm.	Oberstfeldmeister des RAD, vergleichbar Hptm.
Ostubaf.	Obersturmbannführer der SS, vergleichbar Obstlt.
Ostuf.	Obersturmführer der SS, vergleichbar Obtl.
OB West	Oberbefehlshaber West
OKW	Oberkommando der Wehrmacht
OT	Ortsteil
Pak	Panzerabwehrkanone
Pfc.	*Privat First Class* (engl./amerik.) – Gefreiter
Pi.Ers.Kp./Btl.	Pionier-Ersatz-Kompanie/Bataillon
Pkw	Personenkraftwagen

Plat.	*Platoon* (engl./amerik.) – Zug, Teil einer Kompanie
Plat.Leader	*Platoon Leader* (engl./amerik.) – Zugführer
PW/POW	*Prisoner of War* (engl./amerik.) – Kriegsgefangener
Pz.Abw.Abt.	Panzerabwehrabteilung
PzArmee	Panzerarmee
Pz.Aufkl.Abt.	Panzeraufklärungsabteilung
Pz.Ausb.Vbd.	Panzerausbildungsverband
Pz.Brig.	Panzerbrigade
PzDiv	Panzerdivision
Pz.Ers.u.Ausb.Abt.	Panzer-Ersatz- und Ausbildungsabteilung
PzGrenDiv	Panzergrenadierdivision
Pz.Gren.Ers.u.Ausb. Btl.	Panzergrenadier-Ersatz- und Ausbildungsbataillon
Pz.Gren.Rgt.	Panzergrenadier-Regiment
Pz.Jagd.Div.	Panzerjagddivision
Pz.Jagd.Kdo.	Panzerjagdkommando
Pz.Jagd.Vbd.	Panzerjagdverband
Pz.Jg.Abt.	Panzerjäger-Abteilung
Pz.Jg.Ers.u.Ausb.Abt.	Panzerjäger-Ersatz-und Ausbildungsabteilung
PzK	Panzerkorps
PzKpfw	Panzerkampfwagen
Pz.Rgt.	Panzerregiment
Pz.Vbd.	Panzerverband
Pvt.	*Privat* (engl./amerik.) – einfacher Soldat
Qm Co.	*Quartermaster Company* (amerik.) – Versorgungskompanie der *US Army*
R	Reichsstraße, heute Bundesstraße
RAB	Reichsautobahn
RAD	Reichsarbeitsdienst
RAF	*Royal Air Force* (brit.) – Königliche Britische Luftwaffe
Rcn Plat.	*Reconnaissance Platoon* (engl./amerik.) – Aufklärungszug
Rcn Tp.	*Reconnaissance Troop* (engl./amerik.) – Aufklärungskompanie der *CavRcnSq*
RCT	*Regimental Combat Team* (engl./amerik.) – Regimentskampfgruppe (in den US InfDiv) – trägt die Nummer des Regiments, durch welches sie gebildet wird – z.B. *RCT 38*
Regtl.CP	*Regimental Command Post* (engl./amerik.) – Regimentsgefechtsstand
Regtl.Res.	*Regimental Reserve* (engl./amerik.) – Regimentsreserve
Reit.u.Fahr.Abt.	Reit- und Fahrabteilung
Rekr.Ausb.Rgt.	Rekruten-Ausbildungsregiment
ResDiv	Reservedivision

Res.Laz.	Reservelazarett
RFSS	Reichsführer SS
Rgt.	Regiment – deutsche Abkürzung
Rgts.Begleit.Kp.	Regiments-Begleit.Kompanie
RK	Ritterkreuz
ROB	Reserve-Offiziersbewerber
R.Rgt.	Reiterregiment
RSHA	Reichssicherheitshauptamt der SS
SD	Sicherheitsdienst des SS
SdKfz	Sonderkraftfahrzeug
Schp.	Dienstgradzusatz für Angehörige der Schutzpolizei
Schtz.Rgt./Brig.	Schützenregiment/Brigade
Sect.	*Section* (engl./amerik.) – Halbzug, Teil eines Platoon der *US Army*
SFL	Selbstfahrlafette – Waffenträger für Geschütze aller Art
s.Flak.Abt.	Schwere Flakabteilung
Sgt.	*Sergeant* (engl./amerik.) – Unteroffizier
SHAEF	*Supreme Headquarters Allied Expeditionary Force* (engl./amerik.) – Oberstes Hauptquartier der Alliierten Expeditionsstreitkräfte in Europa
s.Hei.Flak.	Schwere Heimatflak
Sign Construction Bn	*Signal Construction Battalion* (amerik.) Fernmelde-Bau-Bataillon der *US Army*
sMG	schweres Maschinengewehr
SPW	Schützenpanzerwagen
Sq.	*Squad* (engl./amerik.) – Gruppe, kleinste militärische Einheit
SS	Schutzstaffel der NSDAP (1925 gegr. als „Stabswache“ zum pers. Schutz Hitlers; bis 1934 Unterorganisation der SA, danach unter Himmler eigenständiges Repressionsorgan der NSDAP)
SS-Frw.-PzGrenDiv	SS-Freiwilligen-Panzergrenadierdivision
SS-Kraftf.Ausb.u.Ers. Rgt.	SS-Kraftfahr-Ausbildungs- u. Ersatzregiment; Im Gegensatz zur Wehrmacht kam bei den Verbänden der Waffen-SS der Begriff „Ausbildung“ vor dem Begriff „Ersatz“
SSgt.	*Staff Sergeant* (engl./amerik.) – Unterfeldwebel
StA	Stadtarchiv
Stafü	Standartenführer der SS, SA, entspricht Oberst, aber niedriger als Oberführer
Stalag	Mannschafts-Kriegsgefangenen-Stammlager
StAEF	Stadtarchiv Erfurt
Stamm.Kp.	Stammkompanie der Ersatz- u. Ausbildungsbataillone
Stapo	Staatspolizei
Stellv. AK	Stellvertretendes Armeekorps – vom Wehrkreis aufgestellt

Stellv. Gen.Kdo.	Stellvertretendes Generalkommando – Stab des Stellv. AK
StGesch	Sturmgeschütz
Sto.	Standort
StoÄ	Standortältester der Wehrmacht
Sto.Kdt.	Standortkommandant
Sto.Kdtr.	Standortkommandantur
Sto.Kp.	Standortkompanie
StoÜbPl	Standort-Übungsplatz
Stubaf.	Sturmbannführer der SS, vergleichbar Major
Sw.Ers.Abt.	Scheinwerfer-Ersatzabteilung
Svc Co.	*Service Company* (engl./amerik.) – Versorgungskompanie
(t)	(tschechisch) – tschechisches Fahrzeuggestell
TAC	*Tactical Air Command* (engl.(amerik.) – Taktisches Luftkommando
TD Bn	*Tank Destroyer Battalion* (amerik.) – Panzerjägerbataillon der *US Army*
Tec 3	*Technician 3rd Grade* (amerik.) – Techniker; Dienstgrad *US Army* = Staff Sergeant, Tec 4 = Sergeant, Tec 5 = Corporal
Techn. Btl.	Technisches Bataillon
TeNo	Technische Nothilfe
TF	*Task Force* (engl./amerik.) – Kampfgruppe, bestehend aus allen Waffengattungen in US-Divisionen, gebildet für einen bestimmten Auftrag
ThHStA	Thüringer Hauptstaatsarchiv
Tk Bn	*Tank Battalion* (engl./amerik.) – Panzerbataillon der *US Army*
TNT	Trinitrotoluol – Sprengstoff
to	Tonne – Gewichts- bzw. Traglastangabe
Tp.	*Troop* (engl.) (engl./amerik.) – Kompanie der *CavRcnSq*
Treadway-Brücke	*Treadway-Bridge* (amerik.) – amerikanische Floßsack-Brücke
Trwy Br Co.	*Treadway-Bridge* Company (amerik.) – Brückenbaukompanie
TrÜbPl	Truppenübungsplatz
Uffz.	Unteroffizier
USAAF	*United States Army Air Force* (amerik.) – Luftwaffe der US Army, heute nur noch *United States Air Force* als eigenständige Teilstreitkraft
(v)	(verlegbar)
Vers.Kp.	Versorgungskompanie
Vet.Ers.Abt.	Veterinär-Ersatz-Abteilung
VolksGrenDiv	Volksgrenadierdivision

VS	Volkssturm
VS-Kp./Btl.	Volkssturm-Kompanie/Bataillon
Waffen-SS	Entsteht 1933 aus der Allgemeinen SS als „Stabswache Berlin" – später „Leibstandarte Adolf Hitler"; 1935 entsteht daraus die „SS-Verfügungstruppe" mit Standarten im Reich (u.a. eingesetzt beim Betrieb der KZ's), die mit Beginn des 2. Weltkriegs zur Waffen-SS ausgebaut wird; gegen Ende des Krieges rund 900.000 Mann.
WBK	Wehrbezirkskommando
W.Kr.	Wehrkreis
WFSt	Wehrmachtsführungsstab
Wwi.Ers.Abt.	Wehrwirtschafts-Ersatz-Abteilung
z.b.V.	Zur besonderen Verwendung
Zg.Fhr.	Zugführer, Führer einer militärischen Einheit

.30cal	Amerikanisches Patronenkaliber 7,62 mm (3 inch)
.50cal	Amerikanisches Patronenkaliber 12,7 mm (5 inch)
4,2inch	Amerikanisches Granatwerfergeschoss Kaliber 106,7 mm
8inch	Amerikanisches Artilleriegeschoss Kaliber 203 mm

Nummerierungen:

I a	1. Generalstabsoffizier der Division (Wehrmacht), verantwortlich für Einsatz und Führung
I b	2. Generalstabsoffizier der Division (Wehrmacht), Quartiermeister
I c	3. Generalstabsoffizier der Division (Wehrmacht), verantwortlich für Feindlage und Abwehr
I d	4. Generalstabsoffizier der Division (Wehrmacht), verantwortlich für Ausbildung

G-1/S-1	Personalabteilung bei der *US Army* („G" bei Army/Div., „S" bei Regt./Bn)
G-2/S-2	Abteilung für Feindaufklärung bei der *US Army*
G-3/S-3	Abteilung für Operationen und Planungen der *US Army*
G-4/S-4	Abteilung für Logistik der *US Army*
G-5	Abteilung für administrative Aufgaben der *US Army* in den besetzten Gebieten (*Civil Affairs/Military Government*); spezielle *G-5 Sections* gab es ab Ebene der Divisionen

1./317	1. Bataillon des 317th InfRgt, hier der 80th US InfDiv der *US Army*
3./432	3. Batterie der s.Flak.Abt. 432

Quellenverzeichnis

Military Studies, Historical Division USAREUR/OCMH, Washington DC im Bestand des Bundesarchiv–Militärarchiv Freiburg i. Br. und National Archives Microfiche Publication, Foreign Military Studies, U.S.A.

ZA 1/144, A-893	Gen.Maj. Frhr. v. Gersdorff, Chef d. Stabes 7. Armee, „Die Endphase des Krieges – Vom Rhein zur tschechoslowak. Grenze" v. 20.3.1946
ZA 1/496, B-153	Gen.Lt. Rudolf Pilz, Ers.u.Ausb.Div. 464, „Einsatz der Ersatz- und Ausbildungsdivision 464 vom 22.3 bis 8.5.45" v. 31.5.1946
ZA 1/660, B-309	Gen.d.Inf. Hitzfeld, Komm.Gen. LXVII. AK, „Kampf in Mitteldeutschland (22.3. –11.5.), dies im Rahmen des LXVII. AK für Zeit 22.3. –19.4.45" v. 22.8.1946
ZA 1/857, B-507	Gen.d.Inf. Petersen, Komm.Gen. Gen.Kdo. XC.AK „Kämpfe vom 20.3.45 bis 6.5.45" v. Nov. 46–Mai 1947
ZA 1/858, B-507	Skizzen XC. AK – Petersen
ZA 1/920, B-568	Gen.d.Art. Maximilian Fretter-Pico, Komm.Gen. Stellv. IX. AK, „Die Operation des Fü.Stabes Stellv. Gen.Kdo. IX v. 2.–22.4.45 beginnend vom Fall Kassel bis in das Zentrum des Harzes" v. 4.3.1947
ZA 1/935, B-583	Gen.d.Inf. F. Schulz, OB H.Gr. G, „Lage (im Großen) H.Gr. G April 1945" (identisch mit Brief) v. Mai 1946
ZA 1/1056, B-703	Oberst i.G. Horst Wilutzky, Ia der H.Gr. G, „Der Kampf der H.Gr. G im Westen – Abschlusskämpfe in Mittel- und Süddeutschland bis zur Kapitulation vom 22.3.–6.5.45" v. 1947
ZA 1/1146, B-794	Gen.Lt. Hermann Meyer-Rabingen, Kdr. Div. Nr. 404, „Kämpfe der 404. Division ab 23. März 1945" v. Februar 1948
ZA 1/2418-2420	(T-123), Geschichte des OB West – GFM Kesselring, Band I-IV
NARA B-219	Gen.d.Pz.Tr. Maximilian Reichsfreiherr v. Edelsheim, Komm.Gen. XXXXVIII. PzK, „Bericht über die Tätigkeit des deutschen XXXXVIII. PzK beim amerikanischen Feldzug in Mitteldeutschland vom 11.04.-03.05.45„ v. 12.7.1946
NARA, B-551	Gen.d.Inf. Hans-Wolfgang Reinhard, Befh. W.Kr. IV, „Bericht über meine Tätigkeit als „stellv. Kommandierender General des IV. AK und Befehlshaber im Wehrkreis IV" v. 20.5.1947
NARA B-568-9	Gen.d.Art. Maximilian Fretter-Pico, Komm.Gen. Stellv. IX, „Die Operation des Fü.Stabes Stellv. Gen.Kdo. IX v. 2.–22.4.45" v. 4.3.1947
NARA B-606	Oberst Günther Reichhelm, Chef d. Gen.St. 12. Armee, „Das letzte Aufgebot (Kämpfe der deutschen 12. Armee im Herzen Deutschlands 13.4.-7.5.45)

NARA B-617	Gen.d.Pz.Tr. Smilo Frhr v. Lüttwitz, Komm. Gen. LXXXV. AK, „Gefechtsbericht des LXXXV. AK 29.4.–7.5.45“
NARA B-755	Gen.Lt. Wend v. Wietersheim, Kdr. 11. PzDiv, „Die Kämpfe der 11. Panzer-Division zwischen Rhein und tschechischer Grenze (31.3.–15.4.45, Teil 1) v. 16.12.1947
NARA B-Series	Obstlt. i.G. Ulrich Klimke, „Gliederung und Aufgaben der Panzer-Jagd-Division West März–April 1945“ v. 6.3.1947

Bundesarchiv-Militärarchiv Freiburg i. Br.

NS 6/353	Verordnung über die Erweiterung der Wehrpflicht vom 5. März 1945 des OKW
RH 19 XII N 318/ 1	Gen.d.Inf. Friedrich Schulz, OB H.Gr. G, „Lage, Auftrag und Maßnahmen der H.Gr. G im April 45“, Nachlass handschr. v. 7.5.46, 6 Seiten
RH 47/17	Die Kriegsgliederung des Ersatzheeres v. 10.08.44
RH 49/123	Einrichtungen des Kriegsgefangenenwesens des Heeres
RH 49/174	Einrichtungen des Kriegsgefangenenwesens des Heeres, Kommandanturbefehl 152/41
RL 10/604	Kriegschronik der III./NJG 5
RL 20/30	Kriegstagebuch Kdo. Flughafenbereich Altenburg v. 1.7.40-16.1.41
RW 4/v.134	Tägliche Wehrmachtsberichte des OKW v. 1.4.–16.4.45
RW 21/62-12	Rüstungs.Kdo. Weimar, Meldungen über Luftangriffe
RW 48/12	Kriegsgefangenenlagerverzeichnis
Pers 6/757	Personalakte Meyer-Rabingen

Amerikanische und ausländische Unterlagen, Chroniken und Bücher

- Allen, Robert S. Colonel, "Lucky Forward – The History of Patton's Third U.S. Army", New York, The Vanguard Press, Inc. 1947
- Bedessem, Edward N. "Central Europe - The U.S. Army Campaigns of World War II", U.S. Army Center of Military History CMH-Pub 72-36
- Bennett, Robert J. Maj. Cav. "Ten days of Armored Exploitation", Mai 1948, Bibliothek der Armor Center School, Fort Knox, Kentucky – Archiv und Übersetzung Koch, Berlin
- Bobbett, Jim, "History of the 749th Tk Bn", Archiv Jay Hamilton
- Coleman, William S.E., "Always First – History of the 1st Bn, 417th InfRgt", Reichenbach, 1945
- Hofmann, George F. "The Super Sixth", Copyright 1975, 6th Armored Division Ass.
- Irzyk, Albin F. Brig.Gen. „We rode up front for Patton“, Pentland Press Inc. U.S.A. 1996
- Janes, Terry D.; "The Patton's Troubleshooters", Opinicus Publishing Co., 1988
- Koyen, Kenneth, Capt. "The Fourth Armored Division from the Beach to Bavaria", The Battery Press Nashville, 2000

- Ladner, Oscar B. "A Test of Faith and Courage – Patton's Raider in WW II ", 1999
- MacDonald, Charles B. "United States Army in World War II – The E.T.O – The last offensive", Chapter XVII, Sweep to the Elbe, Center of Military History, Washington D.C. 1993
- Patton, Jr., George S. "War as I knew it", Annotated by Col. Paul D. Harkins, Houghton Mifflin Company, Boston MA
- Stanton, Shelby L. "Order of Battle U.S. Army in World War II" v., Presidio Press, Novato CA 1985
- Towell, Joseph, "The 93rd Chemical Mortar Battalion in US & Central Europe during WW II", Norfolk Virginia, 1991–2000
- Williams, Mary H. "United States Army in World War II – Special Studies, Chronology 1941–1945", compiled by Office of the Chief of Military History, Department of the Army, Washington D.C. 1960
- "The XX. Corps – Its History and Service in World War II" Halstead, KS: W.E.B.S. 1984 (Neuauflage)
- "Ghost Corps thru hell and high waters, a short history of the XX Corps, U.S. Army", 1945
- "History of the XX Corps Artillery 21 October 1943–9 May 1945"
- "Combat History 4th Armored Division 1945", Bibliothek der Armor Center School, Fort Knox, Kentucky – Archiv und Übersetzung Koch, Berlin
- "6th Armored Division, Third U.S. Army, Combat Record", gedruckt bei Steinbeck, Aschaffenburg, 1945, Übersetzung Ulrich Koch, Berlin, 2000
- „Seek, Strike, Destroy", The History of the 1st Plat. Rcn Co., 603rd TD Bn, 6th AD
- "Unit History 68th Tank Battalion", Archiv Ulrich Koch, Berlin
- "Mount up – A history of the 86th CavRcnSq (Mecz) in World War II"
- "Combat History of the 128th Armd FA Bn", Archiv Ulrich Koch, Berlin
- "History of the 212th AFA in ETO", Archiv Ulrich Koch, Berlin
- "Chronology 76th InfDiv", published under authority of the Hambleton-Reed-Hamilton Genealogical Association of the U.K. and the U.S.A., Oregon 1990, Library of Congress Catalogue Number 70-920-966-H -Übersetzung Koch
- "We Ripened Fast – History of the 76th Infantry Division", Baltimore 1946, Archiv Koch, Berlin
- "History of the 304th InfRgt", gedruckt bei C. Brügel & Sohn, Ansbach, 1945
- "385th in the ETO" under direction of 1st Lt. C. M. Miller, Special Service Officer 385th InfRgt, Archiv Ulrich Koch, Berlin
- "As it happened to Second Battalion 304th InfRgt, 76th InfDiv", gedruckt bei J. J. Weber, Leipzig, Übersetzung und Archiv Ulrich Koch, Berlin
- "Reluctant Valor", History Co. C, 704th TD Bn, Special Limited Printing, 1997
- "History of the 81st Chemical Mortar Battalion", Chapter XV, "Mob up to Austria"

Amerikanische Kriegstagebücher

- G-2 Report 12th Army Group, März/April 1945, Air Force Historical Research Agency, Maxwell Air Force Base Montgomery, Alabama, U.S.A. (AFHRA)
- After Action Report 3rd Army, Part 6/7, März/April 1945, NARA
- Third Army G-2 Report APO 403 April 45, aus G-2 Journal 26th InfDiv, NARA und Bestand AFHRA
- G 2 Periodic Reports 3rd US Army April 1945, NARA
- After Action Report VIII. Corps, März/April 1945, NARA, 208-0.3
- After Action Report XII. Corps, April 1945, NARA, 212-.0.3
- Report of Operations HQ XX. Corps, April 1945, NARA, 220-0.3
- Operations Instructions XX. Corps, März/April 1945, Archiv Ulrich Koch Berlin
- G-3 Situation Report XX. Corps, April 1945, NARA, unter 604-3.2
- G-2 Periodic Report XX. Corps, April 1945, unter 326-3.2 NARA u. Bestand AFHRA
- G-2 Journal XX. Corps, April 1945, NARA, 220-2.2
- After Action Record 736th FA Bn, 416th FA Gp, XX. Corps, April 1945, NARA
- After Action Report 4th AD, April 1945, NARA, 604-0.3
- G-2 Periodic Report 4th AD, April 1945, NARA, 604-3
- G-3 Periodic Report 4th AD, April 1945, NARA, 604-3
- G 3 Situation Report 4th AD, April 1945, NARA, 604-3
- G-2 Journal 4th AD, April 1945, NARA, 604-3.2
- After Action Record 4th AD, CCA, April 1945, NARA, 604-CCA-0.3
- After Action Record 4th AD, CCR, April 1945, NARA, 604-CCR-0.3
- After Action Record 4th AD, 8th Tk Bn, April 1945, NARA, 604-TK(8)-0.3
- After Action Record 4th AD, 35th Tk Bn, April 1945, NARA, 604-TK(35)-0.3
- History 4th AD, 35th Tk Bn, April 1945, NARA, 604-TK(35)-0.3
- After Action Record 4th AD, 37th Tk Bn, April 1945, CARL
- Interviews 4th AD, 37th Tk Bn, April 1945, Sammlung Domes
- After Action Record 4th AD, 51st AIB, April 1945, NARA
- After Action Record 4th AD, 53rd AIB, April 1945, CARL
- After Action Record 4th AD, 51st AIB, April 1945, NARA
- Interviews 4th AD, 53rd AIB, April 1945, NARA
- Interviews 4th AD, 25th CavRcnSq, April 1945, Sammlung Domes
- After Action Record 4th AD, 66th AFA Bn, April 1945, CARL
- History 4th AD, 94th AFA Bn, April 1945, www.
- After Action Record 704th TD Bn, 4th AD, April 1945, CARL
- History 704th TD Bn, 4th AD, April 1945, CARL
- After Action Report 6th AD, April 1945, NARA 606-0.3
- After Action Report 6th AD, CCA. April 1945, NARA, 606-CCA-0.3
- After Action Report 6th AD, CCB, April 1945, NARA, 606-CCB-0.3
- After Action Report 6th AD, CCR, April 1945, NARA, 606-CCR-0.3
- After Action Report 6th AD, 69th Tk Bn, April 1945, NARA, 606-TK(69)-0.3
- After Action Report 6th AD, 9th AIB, April 1945, Patton Museum of Cavalry and Armor Fort Knox, KY, Archiv Koch-Berlin

- After Action Record 6th AD, 50th AIB, NARA, 606-INF(50)-0.3
- After Action Report 6th AD, 86th CavRcnSq (mecz), April 1945, Patton Museum of Cavalry and Armor Fort Knox, KY, Archiv Koch-Berlin
- After Action Report 6th AD, 25th Armd Engr Bn, April 1945, Patton Museum of Cavalry and Armor Fort Knox, KY, Archiv Koch-Berlin
- After Action Record 6th AD, 777th AAA AW Bn, April 1945, www.
- After Action Report 6th AD, 603rd TD Bn, April 1945, NARA, TDBN-603-0.3
- After Action Report 9th Armored Division, April 1945, NARA, 609-0.3
- After Action Record 65th InfDiv, April 1945, NARA, 365-0.2
- After Action Report 69th Infantry Division, April 1945, NARA, 369-0.3
- After Action Report 76th InfDiv, April 1945, NARA, 376-0.3
- G-2 Periodic Report 76th InfDiv, April 1945, NARA, 376-0.3
- After Action Report 749th Tk Bn, 76th InfDiv, April 1945, NARA
- After Action Report 304th InfRgt, April 1945, NARA, 376-INF(304)-0.3
- After Action Report 385th InfRgt, April 1945, NARA, 376-INF(385)-0.3
- After Action Report 417th InfRgt, April 1945, NARA, 376-INF(417)-0.3
- After Action Report 76th InfDiv, 749th Tk Bn, April, Mai 1945 –Jay Martin Hamilton
- After Action Report 76th InfDiv, 808th TD Bn, April 1945, NARA, TDBN-808-0.3
- After Action Report 80th InfDiv, April 1945, NARA, 380-0.3
- G-3 Journal 80th InfDiv, April 1945, NARA, 380-3.2
- G-2 Periodic Report 80th InfDiv, April 1945, NARA, 380-2.1
- G-2 Journal 80th InfDiv, April 1945, NARA, 380-0.2
- History 317th InfRgt, April 1945, NARA, 380-INF(317)-0.8
- After Action Record, April 1945, NARA, 380-INF(317)-0.8
- S-2 Journal 317th InfRgt, April 1945, NARA, 380-INF(317)-2.2
- S-3 Journal 317th InfRgt, April 1945, NARA, 380-INF(317)-0.3
- After Action Record 318th InfRgt, April 1945, NARA, 380-INF(318)-0
- S-2 Periodic Report 318th InfRgt, April 1945, NARA, 380-INF(318)-2.3
- S-3 Journal 318th InfRgt, April 1945, NARA, 380-INF(318)-0.3
- History 318th InfRgt, April 1945, Sammlung Schleichardt, Erfurt
- Summary Co. F, 318th InfRgt, April 1945, Sammlung Schleichardt, Erfurt
- After Action Report 319th InfRgt, April 1945, NARA, 380-INF(319)-0.3
- Unit History 319th InfRgt, April 1945, Sammlung Schleichardt, Erfurt
- "319th InfRgt, Drive from Gotha to Chemnitz in coordination with CCA 4th Armored Division", NARA
- After Action Report 305th Engr C Bn, April 1945, Sammlung Schleichardt, Erfurt
- History Co. B, 305th Engr C Bn, April 1945, Sammlung Schleichardt, Erfurt
- History 80th Rcn Tp, April 1945, Sammlung Schleichardt, Erfurt
- After Action Report Division Artillery 80th InfDiv, April 1945, Sammlung Schleichardt
- After Action Report, 313th FA Bn, 80th InfDiv, Sammlung Schleichardt, Erfurt
- Unit History 313th FA Bn, 80th InfDiv, NARA, 380-FA(313)-0.2
- After Action Report 314th FA Bn, 80th InfDiv, Sammlung Schleichardt, Erfurt
- Unit History 314th FA Bn, 80th InfDiv, NARA, 380-FA(314)-0.2

- After Action Report 315th FA Bn, 80th InfDiv, Sammlung Schleichardt, Erfurt
- Unit History 315th FA Bn, 80th InfDiv, NARA, 380-FA(315)-0.2
- After Action Report 905th FA Bn, 80th InfDiv, Sammlung Schleichardt, Erfurt
- Unit History 905th FA Bn, 80th InfDiv. NARA, 380-FA(905)-0.2
- Unit Journal 633rd AAA AW Bn, 80th InfDiv, April 1945, Sammlung Schleichardt
- After Action Record 702nd Tk Bn, 80th InfDiv, NARA, ARBN-702-0.3
- S-3 Periodic Report 702nd Tk Bn, 80th InfDiv, www.thetroubleshooters.com
- Journal Co. A, 70nd Tk Bn, 80th InfDiv, www.thetroubleshooters.com
- After Action Record 811th TD Bn, 80th InfDiv, April 1945, CARL
- History 811th TD Bn, 80th InfDiv, CARL
- After Action Record 89th InfDiv, April 1945, NARA, 389-3.0
- After Action Record 3rd CavGp April 1945, NARA, CAVG-3-3.0

Deutsche Unterlagen, Chroniken, Bücher (Auswahl)

- Bahr, Dr. Thomas „Die amerikanische Besatzungszeit" Apoldaer Heimat, 1996
- Benz, Wolfgang, Distel, Barbara, Hrsg. „Der Ort des Terrors: Geschichte der nationalsozialistischen KZ Band 3 Sachsenhausen, Buchenwald", C. H. Beck Verlag München 2006
- Bergschicker, Heinz „Deutsche Chronik 1933–1945", Verlag der Nation Berlin, 4. Auflage 1988
- Bergschicker, Heinz „Der Zweite Weltkrieg", Deutscher Militärverlag, Berlin 1964
- Blazek, Matthias „Unter dem Hakenkreuz – Die deutschen Feuerwehren 1933–1945" ibidem-Verlag Stuttgart, 2009
- Brodale, Klaus, Friedemann, Heidrun „Das war das 20. Jahrhundert in Gera", Wartberg-Verlag Gudensberg-Gleichen, 2002
- Broszat, Martin „Der Staat Hitlers", Marix Verlag GmbH, Wiesbaden, 2007
- Dierich, Wolfgang "Die Verbände der Luftwaffe 1935–1945", Motorbuch Verlag, 1995
- Domkowsky, Günter „Oberbürgermeister der Stadt Gera" Verlag Dr. Frank GmbH Gera, 2007
- Fleischer, Wolfgang „Das Kriegsende in Sachsen 1945", Podzun Pallas Verlag, 2004
- Gottberg, Döring-Ernst v. „Eine Jugend in Hitlers Reich", books-on-demand, 2013
- Griehl, Manfred/Dressel. Joachim, „Die deutschen Kampfflugzeuge im Einsatz", Wölfersheim, Podzun Pallas, 1990
- Großmann, Dr. Günter „Auf den Spuren von George S. Patton Jr. III", Eigenverlag 2012
- Hauthal, Günter „Im Altenburger Land zwischen 1933 und 1945", S. Sell Heimat-Verlag Altenburg, 1. Auflage 2007
- Henke, Klaus-Dietmar „Die amerikanische Besetzung Deutschlands", R. Oldenbourg Verlag, München, 1996
- Hitzfeld, Otto Maximilian „Ein Infanterist in zwei Weltkriegen" v. Biblio Verlag, Osnabrück, 1983
- Hubatsch, Walter „Hitlers Weisungen für die Kriegsführung 1939–1945", Bernhard & Gräfe Verlag für Wehrwissen, Frankfurt/Main, 1962

- Hummel, Jens „Schwere Jahre – Glauchau 1928 bis 1948“, Eigenverlag, 2008
- Hummel, Karl-Heinz „Die deutsche Flakartillerie 1939–1945: ihre Großverbände und Regimenter“, VDM, 1. Auflage 2010
- Keilig, Wolf „Die Generäle des Heeres“, Podzun-Pallas-Verlag GmbH, Friedberg 1983
- Keilig, Wolf „Rangliste des Deutschen Heeres 1944/45“, Podzun Pallas Verlag 1979
- Kershaw, Ian „Das Ende – Kampf bis in den Untergang NS-Deutschland 1944/45“, Pantheon Verlag, 1. Auflage 2013
- Kesselring, Albert, Generalfeldmarschall a.D. „Soldat bis zum letzten Tag“, Verlag S. Bublis Schnellbach 2000, Erstauflage 1953
- Kilian, Achim, „Mühlberg 1939–1948“, Böhlau Verlag, 2001
- Kirchner, Rolf „Chronik der Grundherrschaft Wolkenburg Teil 2“ Beier&Beran Archäologische Fachliteratur, Langenweißbach, 2006
- Klee, Ernst „Das Personenlexikon zum Dritten Reich“, S. Fischer Verlag Frankfurt am Main, 2007
- Knopp, Guido „Der verdammte Krieg – Kriegsende 1943-45“, C. Bertelsmann Verlag GmbH , München 1991, Sonderausgabe 1998
- Kobe, Gerd, „Pflicht und Gewissen – Smilo Frhr v. Lüttwitz – Lebensbild eines Soldaten“, Has & Koehler Verlag Mainz, 1998
- Kunz, Andreas „Wehrmacht und Niederlage“, Schriftreihe des MGFA, Band 64, R. Oldenbourg Verlag, München, 2005
- Mammach, Klaus „Der Volkssturm“, Akademie-Verlag Berlin, 1981
- Mehner, Kurt „Die Geheimen Tagesberichte der Wehrmachtsführung im Zweiten Weltkrieg 1939–1945“, Bd.12 1.1.45–8.5.45, Biblio Verlag Osnabrück 1984
- Mehner, Kurt „Die Deutsche Wehrmacht 1939–1945 - Führung und Truppe“, Militair-Verlag Klaus D. Patzwall - Norderstedt 2. Auflage 1993
- Müller, Rolf-Dieter „An der Seite der Wehrmacht – Hitlers ausländische Helfer beim ‚Kreuzzug gegen den Bolschewismus‘ 1941–1945“, Ch. Link Verlag Berlin, 2007
- Neitzel, Sönke, Welzer, Harald, „Soldaten“, Fischer Taschenbuch Verlag, 2011
- Nicolaisen, Hans-Dietrich „Gruppenfeuer und Salventakt“, Eigenverlag, Büsum 1993
- Overmans, Rüdiger „Soldaten hinter Stacheldraht“, Bechtermünz, 2. Auflage 2000
- Padover, Saul K. „Lügendetektor – Vernehmungen im besiegten Deutschland 1944/45“, Econ Taschenbuch, Ullsteiner Taschenbuchverlag, 2. Auflage 2001
- Pahl, Magnus „Fremde Heere Ost - Hitlers militärische Feindaufklärung“ Hrsg. MGFA Potsdam, Ch. Link Verlag Berlin, 2013
- Palm-Sachet, Marine „Meerane zwischen 1920 und 1974“, Bd. II, Geiger-Verlag Horb am Neckar, 1999
- Peschke, Norbert, Zentgraf, Lorenz „Das Kriegsende in der Zwickauer Region“, Sutton Verlag Erfurt, 2005
- Quarrie, Bruce „Das große Buch der Deutschen Heere im 20. Jahrhundert“, Podzun-Pallas-Verlag 1990
- Reschke, Willi „Jagdgeschwader 301/302 ‚Wilde Sau‘“, Motorbuch Verlag Stuttgart, 1. Auflage 1998
- Sagan, Günter „Ostthüringen im Bombenkrieg 1939–1945“, Imhoff Verlag, 2013

- Scheibert, Horst „Panzer-Grenadier-Division Großdeutschland und ihre Schwesterverbände“, Lizenz Podzun-Pallas-Verlag für Dörfler Zeitgeschichte, Nebel Verlag GmbH
- Schilling, Willy „Thüringen 1933–1945 – Der historische Reiseführer“, Christoph Links Verlag GmbH, 1. Auflage 2010
- Schilling, Willy „Sachsen-Anhalt 1933–1945 – Der historische Reiseführer“, Christoph Links Verlag GmbH, 1. Auflage 2013
- Schilling, Willy „Sachsen 1933–1945 – Der historische Reiseführer“, Christoph Links Verlag GmbH, 1. Auflage 2014
- Schramm, Percy E. „KTB des OKW (WFSt) 1940–1945 geführt v. Helmuth Greiner u. Percy E. Schramm KTB des OKW (WFSt) 01. 01.1944–22.05.1945“, Band 4, Bernard & Graefe Verlag GmbH & Co. Kg, Bonn
- Schreiber, Carsten „Elite im Verborgenen“, R. Oldenbourg Verlag München, 2008
- Schumann, Wolfgang und Groehler, Olaf „Deutschland im Zweiten Weltkrieg“, Bd. 6, Akademie-Verlag Berlin 1985
- Seidler, Franz W. „Deutscher Volksturm – Das letzte Aufgebot 1944/1945“ Bechtermünz-Verlag, für Weltbildverlag GmbH, Augsburg 1999
- Stahl, Friedrich, Gen.Lt. a.D. „Heereseinteilung 1939“, Verlag Hans-Henning Podzun Bad Nauheim 1954
- Stein, Dr. Harry „Konzentrationslager Buchenwald 1937-1945“, Begleitband zur ständigen historischen Ausstellung, Gedenkstätte Buchenwald, Wallstein Verlag, 5. Auflage 2007
- Taube, Gerhard „Eisenbahngeschütz DORA – Das größte Geschütz aller Zeiten“, Motorbuch Verlag, 1979
- Tessin, Georg „Verbände und Truppen der deutschen Wehrmacht und Waffen-SS 1939–1945“, Bd. 1–15, 2. verbesserte Auflage, 1972–79, Biblio Verlag Osnabrück
- Treplin, Lorenz, „Mein Feldzug 1942–1945“, Westholsteinische Verlagsanstalt Boyens & Co. Heide, 1992
- Wegmann, Günter, „Das Oberkommando der Wehrmacht gibt bekannt…“, Biblio Verlag Osnabrück, 1982, Band 1–3
- Wolf, Helmut „Erfurt im Luftkrieg“, Heinrich-Jung-Verlag mbH Zella-Mehlis, 2013
- Zapf, Jürgen „Flugplätze der Luftwaffe 1934–1945 und was davon übrig blieb“, Band 2, Sachsen, VDM, Heinz Nickel, Zweibrücken, 1. Auflage 2002
- Zapf, Jürgen „Flugplätze der Luftwaffe 1934–1945 und was davon übrig blieb“, Band 3, Thüringen, VDM, Heinz Nickel, Zweibrücken, 1. Auflage 2003
- Zapf, Jürgen „Flugplätze der Luftwaffe 1934–1945 und was davon übrig blieb“, Band 4, Sachsen-Anhalt, VDM, Heinz Nickel, Zweibrücken, 1. Auflage 2005
- Zeigert, Dieter „Militärbauten in Thüringen“, Verlag Ausbildung und Wissen, 1998
- „Der Zweite Weltkrieg – Kampf ums Reich – Krieg an allen Fronten“, Verlag Pabel-Moewig Rastatt, 1994
- „Geschichte des Zweiten Weltkrieges 1939–1945“, 10. Band, Kartensammlung
- „Kriegsende 1945 in Deutschland“, Schriftreihe des MGFA, Band 55, R. Oldenbourg Verlag München, 2002

- „Goebbels Tagebücher 1945 – Die letzten Aufzeichnungen", Lizenzausgabe mit Genehmigung des Hoffmann und Campe Verlag Hamburg
- „Zeittafel der Stadt Meerane 1930–1949", Arbeitsgruppe Ortschronik, Meerane: Hrsg v. Schwarz Druck Werbung und Verlag GmbH Meerane
- „Die Chronik von Wernsdorf: Eine Zeitreise durch seine Geschichte von 1256–1989", 1. Auflage 2006
- „Thüringen unter nationalsozialistischer Herrschaft", Hrsg. J. John, Quellen zur Geschichte Thüringens, LZT, 1996
- „Die Geheime Staatspolizei im NS-Gau Thüringen 1933–1945, I. u. II. Halbband, Hrsg. Marlis Gräfe, Bernhard Post u. Andreas Scheider, Quellen zur Geschichte Thüringens, LZT, 2004
- „Thüringen 1945" Hrsg. Jens Schley, Quellen zur Geschichte Thüringens, LZT, 2016

Webseiten

- American Battle Monuments Commission, www.abmc.gov
- Fields of Honor – Database, www.fieldsofhonor-database.com
- Hall of Valor Military Times, valor.militarytimes.com
- Combat Chronology of the USAAF, www.usaaf.net/chron/
- RAF Timeline, The National Archives London, webarchive.nationalarchivs.gov.uk
- The Troubleshooters, www.thetroubeshooters.com
- Lexikon der Wehrmacht, www.lexikon-der-wehrmacht.de
- Onlineprojekt Gefallenendenkmäler, www.denkmalprojekt.org
- Webseiten der Stiftung Gedenkstätten Buchenwald und Mittelbau-Dora, www.buchenwald.de
- Webseite Gedenkstätte Flossenbürg, www.gedenkstaette-flossenbuerg.de
- „Frühe Konzentrationslager in Sachsen 1933–1937", Stiftung Sächsische Gedenkstätten, www.stsg.de
- „Die kurze amerikanische Besatzungszeit 1945 in Teilen Ostdeutschlands", hier „Weimar-Buchenwald (Hottelstedt) 1-4" und „Die Übergabe von Stadtroda" v. Ulrich Koch, Berlin, athene-tv
- „Der Luftangriff auf Siegmar-Schönau am 11. September 1944" v. Dr. Stephan Pfalzer, Vereinskurier Sächsisches Industriemuseum, Ausgabe 14, August 2005, web.saechsisches-industriemuseum.com
- „Die Zwangsarbeiter der HASAG u d BRABAG in Altenburg, Meuselwitz und Rehmsdorf im Landkreis Zeitz" v. Ingo Strassmann. München, www.rijo.homepage.t-online.de
- „Die Entwicklung des Roten Kreuzes in Altenburg" zusammengestellt v. W. Schramm, Altenburg, www.drk-altenburg.de
- „April 1945 – Befreiung von Mittweida durch Amerikaner", 23.4.10, www.mittelsachsen-tv.de
- „14. April 1945: Amerikanische Truppen nehmen Meerane ein - Stadt wird kampflos besetzt", Arbeitsgruppe Ortschronik Meerane, www.meerane.de

- „Die Meeraner Feuerwehr in den Jahren 1932–1945“. Jubiläumsrede der FF Meerane 1957, www.feuerwehr-meerane.de
- „1939–1945 FLUWA auf dem Buchberg“, www.klosterlausnitz-rgional.de
- Tagebuch eines Unteroffiziers des Panzergrenadierregiments Gruse, www.profilm.de/dokumente/11pzgrendivreggruse.html
- Gunter und Ramona Hellmann, www.kraftort.info
- Zeittafel SRH Wald-Klinikum Gera, www.waldklinikumgera.de
- Beiträge auf www.gera-chronik.de
- Beiträge des Bergbauvereins Ronneburg e.V., www.bergbauverein-ronneburg.de

Homepages der genannten Divisionen und Einheiten der US Army und der Städte und Gemeinden, Wikipedia-Einträge sowie die folgenden Presse-Webseiten:
- Mitteldeutsche Zeitung MDZ
- Thüringer Allgemeine TA
- Thüringer Landeszeitung TLZ
- Ostthüringer Zeitung OTZ
- Leipziger Volkszeitung LVZ

Deutsche Archivunterlagen, Veröffentlichungen, private Sammlungen und Zeitzeugenberichte

Stadtarchive
- StA Altenburg, Kulturspiegel 6/1960, S. 144/145, 7/1960, S. 180-183 und 8/1960, S. 200-203
- StA Crimmitschau, „Die Crimmitschauer Chronik“
- StA Gera, IIID/11139, Langenberg, Luftwarnjournal
- StA Gera, IIID/1659, Langenberg, Luft-Warnzentrale.
- StA Gera, IIID 01-662 Sammelmeldung Warnstelle Langenberg
- StA Gera, IIIB-3059 Beiakte Begründung Einspruch Carl Becker, Beiakte Beurteilung Carl Becker durch Dr. med. Kurt Gröbe, Beiakte Beurteilung Carl Becker durch Georg Weber, Beiakte Lebenslauf Carl Becker
- StA Gera, MS-147, Mitteilung des Volksbund Deutsche Kriegsgräberfürsorge, 17.1.90
- StA Gera, MS 1372, Erlebnisbericht Dr. Haeberlin
- StA Groitzsch, Zeitzeugenberichte
- StA Limbach-Oberfrohna, „Chronik der Stadt Limbach-Oberfrohna“ Jahrgang 1945, zusammengestellt v. Rudolf Weber
- StA Limbach-Oberfrohna, „Oberfrohna in der ersten Hälfte des 20. Jahrhunderts“ v. Dr. Hermann Schnurrbusch, Unsere Heimatgeschichte Nr. 37, 2010
- „Die Aktion Leuthen - Das Ende des deutschen Ersatzheeres im Frühjahr 1945“, Andreas Kunz, MGFA – Zeitschrift für Geschichtswissenschaften, Heft 9, 48. Jahrgang 2000, S. 789 ff.
- Handakte Maj. Oxenius, OKW/WFSt/Org aus dem Bestand der MGFA Dokumentenzentrale, Sammlung Eiermann, Sinsheim

- „Das Leben des aktiven Oberst Otto Merkel – Das Jahr 1945. Die letzten Tage des 2. Weltkrieges“, Teil 3, Nachlass Oberst Otto Merkel, StAEF 5/190 23
- „Evakuierungstransporte des KZ Buchenwald und seiner Außenkommandos“, Buchenwaldheft 16, Christine Schäfer, NMG Buchenwald 1983
- „Das deutsche Kriegsgefangenenwesen 1939–1945“, Hausarbeit zur Erlangung des akademischen Grades eines Magisters Artium, Fachbereich Geschichtswissenschaften der Johannes-Gutenberg-Universität Mainz v. Stefan Geck, Lüdenscheid, 1998
- „Die letzten Wochen und Tage der Hitlerbarbarei in Gera“, Heimatgeschichtlicher Kalender des Bezirkes Gera, 1983
- „Mitteldeutschland im Frühjahr 1945“, Volker Wahl, in Das neue Heimatbuch 1995/96, Heinrich-Jung-Verlagsgesell. mbH Zella-Mehlis
- Standortbroschüre des Bundeswehrstandortes Gera 2008
- „Von der Werra bis zur Mulde – Der Vorstoß der 76th US InfDiv durch Mitteldeutschland“ v. Juergen Moeller, Febr. 2008, ergänzt durch Lt.Col. (ret.) Jay Martin Hamilton. (Engl. Fassung)
- „Chronik der letzten Tage“, unveröffentlichtes Manuskript, Sammlung Möller
- „Erinnerungen an das Jahr 1945“ v. Eberhard Lorenz, 2000
- „Schüler im Krieg – Eine Zeitzer Mittelschulklasse als Luftwaffenhelfer im Einsatz 1944/45“, Manuskript, Horst Wohlfarth, Zeitz, Dez. 1995
- „Chemnitz im Bombenhagel“ v. Karl-Heinz Reimann, 2013

Veröffentlichungen von Volker Thurm, Kleefestverein Würchwitz 1851 e.V.
- „500 Jahre Wildensee“ v. Volker Thurm, 2008
- „825 Jahre Bockwitz“ v. Volker Thurm, 2008
- „Die Flakstellung Geußnitz II. Teil“, 2014
- „Die Flakstellung Nißma II. Teil“, 2014
- „Die Flakstellung Nißma III. Teil“, 2014
- „Die Flakstellung Kuhndorf II. Teil“, 2015
- „Die Flakstellung Theissen II. Teil“, 2016
- „Die Flakstellung Kretzschau II. Teil“, 2017
- „Die Flakstellung Kretzschau III. Teil“, 2017
- „Recherchen über die Kriegshandlungen während der 2. Weltkriegs im Raum Meuselwitz“ (in Arbeit)

Heimatblätter
- „Aus den Kriegsjahren – April 1945 – Erinnerungen 2005“, Heimatvereins Aga e.V. Heft 06/2005
- Heimatblatt Burgstädt, Sonderausgabe zum Burgstädter Anzeiger, 12/2013
- „Unsere Ortschaft 1945 – Gesau, Höckendorf, Schönbörnchen“, Redaktion Rolf Scheuer, Bürgerverein für Gesau, Höckendorf, Schönbörnchen e.V., Heft Nr. 007, September 2006
- Amtsblatt Hohenstein-Ernstthal 09/2014
- Kieritzscher Blatter 2/2005
- Lunzenauer Heimatblatt Juli 2007

- „Der Grönegau –Meller Jahrbuch 2014, Bd. 32
- Osterfelder Kultur- und Heimatblatt Nr. 22
- Pegauer Heimatblätter, 6/2000
- „Kriegsende in Ronneburg 1945 – Aus eigenem Erlebnis über die Zeit des Zusammenbruchs…“ v. Paul Ulbricht, Ronneburger Anzeiger Jahrgang 26, 9/2015
- „Unsere Heimat“, Schnaudertal, Heft 9/2000
- Heimatspiegel Wethautal, 9.2.2011
- Zwenkauer Heimatblätter Nr. 14

sowie

- Sammlungen Hartwig Bastian, Jena, Uwe Becker, Camburg, Lothar Czoßek, Rehmsdorf, Peter Domes, Mertloch, Dr. Helmut Drosihn, Elsteraue-Oelsen, Karl-Heinz Giesecke, Bad Kösen, Ulrich Koch, Berlin, Joachim Mundstock, Haardorf, Günter Neubauer, Streitwald, Carsten Schleichardt, Erfurt, Dr. Gottfried Senf, Geithain, Walter Steinert, Jena, Rolf Zabel, Zeitz, Horst Wohlfarth, Zeitz, Heimatfreunde Groitzsch, Heimatverein Haynsburg, Heimatverein Kayna
- Zeitzeugenbericht Egon Rüdebusch, Wilhelmshaven

Veröffentlichungen in der regionalen Presse, wie dem Thüringer Tagesblatt, der Thüringer Allgemeinen TA, der Thüringer Landeszeitung TLZ, der Ostthüringer Landeszeitung OTZ, der Mitteldeutschen Zeitung MDZ, der Leipziger Volkszeitung und verschiedenen Lokalblättern, die auf Grund ihrer Vielzahl nicht im Einzelnen aufgelistet wurden, sind in den Anmerkungen kenntlich gemacht.

Verwendetes Kartenmaterial

- Topographische Karte der US Army, Central Europe, 1:100 000, 1st Edition, published by War Office, 1944
- Topographische Karten Deutschland 1:25 000, published by War Office, US Army
- Karte des Deutschen Reiches 1:100 000, Großblatt 100, Chemnitz – Altenburg - Döbeln, Ausgabe 1938
- Shell Reisedienst Straßenkarte Nr. 11, Thüringen–Mitteldeutschland (vor 1945)
- Shell Reisedienst Straßenkarte Nr. 12, Sachsen–Mitteldeutschland (vor 1945)
- Shell Stadtkarte Nr. 17 Chemnitz, Nr. 83 Gera (Ausgabe 1935/1936)

Ortsverzeichnis

H

L

M

S

Z

Feldpostkarten aus Altenburg Archiv Jürgen Möller

Feldpostkarten aus Gera Archiv Jürgen Möller

Feldpostkarten Glauchau General-Hammer-Kaserne Archiv Jürgen Möller

Feldpostkarte Ersatz-Kaserne Glauchau — Archiv Jürgen Möller

Kaserneneingang General-Hammer-Kaserne mit Zeittafel — Foto: J. Möller, 2017

Ansichtskarte Reichsautobahnbrücken — Archiv Jürgen Möller

Muldenbrücke Wechselburg — Foto: J. Möller, 2003

Muldenbrücke Lunzenau oben, Göhrener Eisenbahnviadukt unten Fotos: J. Möller

Spurensuche Muldenbrücke Rochlitz

Blick auf die Muldenbrücke Rochlitz vom Westen und Blick auf die Zwickauer Mulde von der Brücke aus in westlicher Richtung Fotos: Jürgen Möller, 2017

Der Blick über die Muldenbrücke Rochlitz aus südlicher Richtung heute im Vergleich zu 1945

Am Nordende der Brücke befindet sich links an einer Steinsäule (Pfeil) die 2003 eingeweihte Gedenktafel

Fotos: Jürgen Möller, 2017

Spurensuche Kirche Zschorgula

Kirche Zschorgula mit Gedenktafel und Einschusslöchern an der Westseite der Kirche

Fotos: Jürgen Möller, 2017

Gräber deutscher Kriegsgefallener oben und sowjetischer Kriegsgefangener unten auf dem Friedhof Altenburg Fotos: Jürgen Möller, 2018

Gedenksteine für die Opfer der Kriegsgefangenen-, Zwangsarbeiter- und KZ-Außenlager auf dem Friedhof Altenburg

Oben links – Gedenkstein der polnischen Opfer

Oben rechts – Gedenkstein für die Opfer des KZ-Frauenlagers

Unten rechts – Gedenkstein für die Opfer der Zwangsarbeiterlager

Fotos: Jürgen Möller, 2018

Kriegsgräber auf dem Waldfriedhof Burgstädt Fotos: Jürgen Möller, 2017

Crimmitschau

Kriegsgräber auf dem Friedhof Crimmitschau Fotos: Jürgen Möller, 2017

Kriegsgräberstätten auf dem Geraer Ostfriedhof Fotos: Jürgen Möller, 2017

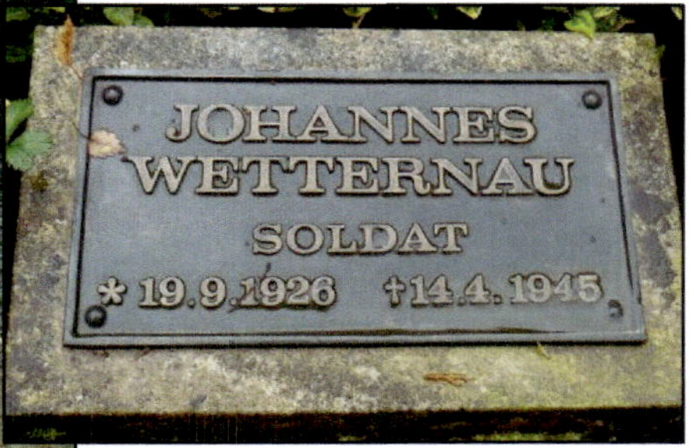

Eine von mehreren Grablagen auf dem Geraer Ostfriedhof

Grabplatten gefallener Soldaten vom 13./14. April 1945

Fotos: Jürgen Möller, 2017

Gräber ziviler Opfer des Luftangriffs vom 6. April 1945 auf dem Geraer Ostfriedhof
Fotos: Jürgen Möller, 2017

Glauchau

Kriegsgräber der Gefallenen des Luftangriffs vom 11. April 1945 und der Kämpfe am 14. April 1945 Fotos: J. Möller, 2017

Kriegsgräber auf dem Friedhof Glauchau Fotos: Jürgen Möller, 2017

Gedenkstätte Stalag IV F Hartmannsdorf

Ehemaliges Gelände der Arno Reh KG in der Ziegelstraße Fotos: J. Möller, 2017

Kriegsgräberstätte Hohenstein-Ernstthal

Vorherige Seite zentraler Eingang zur Kriegsgräberstätte, oben und unten die Gräber der sowjetischen Kriegsgefangenen Fotos: Jürgen Möller, 2017

Mittweida

Soldatengräber auf dem Friedhof Mittweida Fotos: Jürgen Möller, 2017

Limbach

Kriegsgräber auf dem Friedhof Limbach Fotos: Jürgen Möller, 2017

Oberfrohna

Kriegsgräber auf dem Friedhof Oberfrohna

Fotos: Jürgen Möller, 2017

Grabstätte der Kriegstoten auf dem Rochlitzer Friedhof

Fotos: Jürgen Möller, 2017

Kriegsgräber auf dem Friedhof Tegkwitz bei Altenburg   Fotos: Jürgen Möller, 2017

Waldsachsen/Meerane

Soldatengrab der Gefallenen vom 13. April 1945 auf dem Friedhof hinter der Kirche Waldsachsen

Fotos: Jürgen Möller, 2017

Wetterzeube/Koßweda

Soldatengrab im Koßwedaer Kessel Foto: Horst Storz, Rossendorf

Weickelsdorf/Osterfeld

Soldatengrab auf dem Friedhof Weickelsdorf Foto: Jürgen Möller, 2017

Windischleuba

Gräber der Gefallenen vom 14. April 1945 auf dem Friedhof Windischleuba
Fotos: Jürgen Möller, 2017

Zschorgula

Soldatengräber auf dem Friedhof Zschorgula

Fotos: Jürgen Möller, 2008

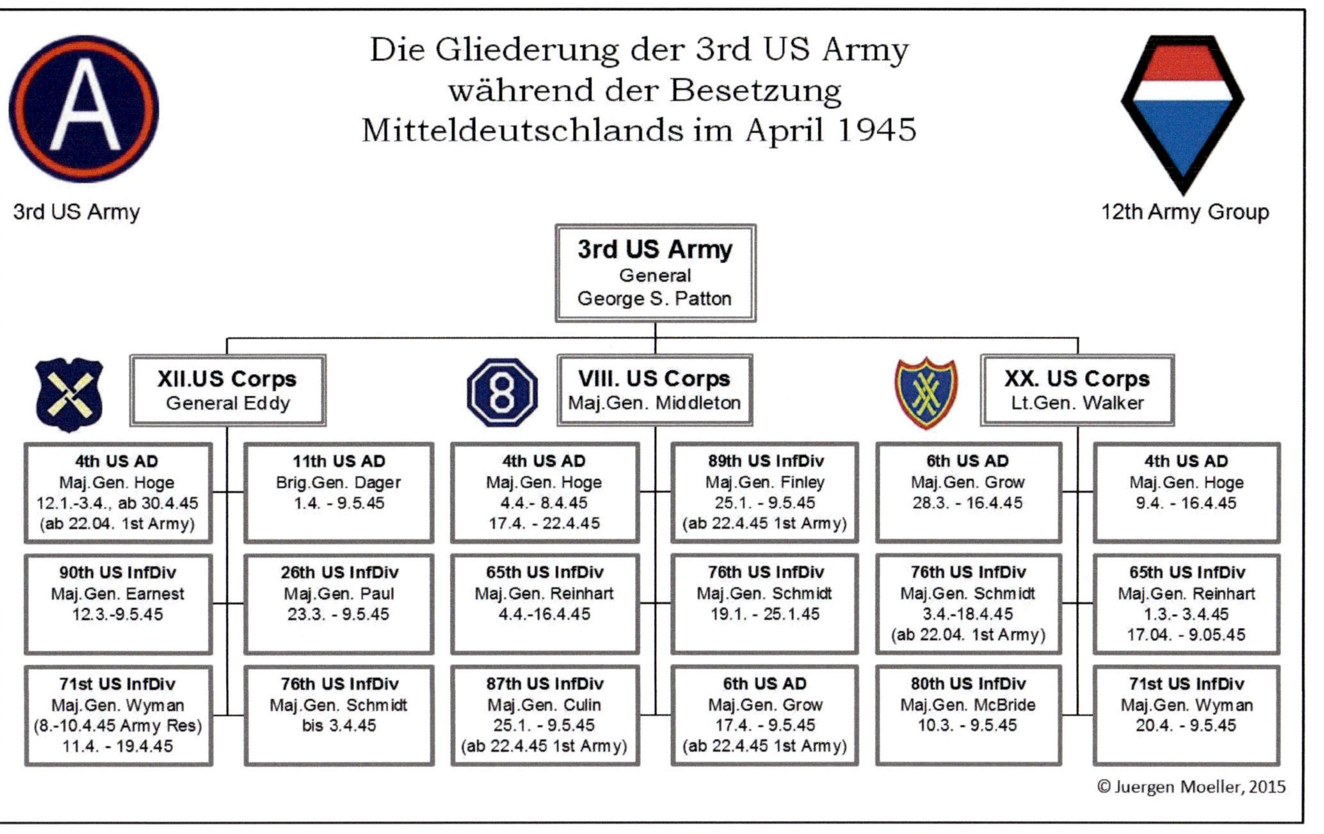

Die Gliederung der 3rd US Army
während der Besetzung
Mitteldeutschlands im April 1945
A
3rd US Army
12th Army Group
3rd US Army
General
George S. Patton
XII.US Corps
General Eddy
8
VIII. US Corps
Maj.Gen. Middleton
XX. US Corps
Lt.Gen. Walker
4th US AD
Maj.Gen. Hoge
12.1.-3.4., ab 30.4.45
(ab 22.04. 1st Army)
11th US AD
Brig.Gen. Dager
1.4. - 9.5.45
4th US AD
Maj.Gen. Hoge
4.4.- 8.4.45
17.4. - 22.4.45
89th US InfDiv
Maj.Gen. Finley
25.1. - 9.5.45
(ab 22.4.45 1st Army)
6th US AD
Maj.Gen. Grow
28.3. - 16.4.45
4th US AD
Maj.Gen. Hoge
9.4. - 16.4.45
90th US InfDiv
Maj.Gen. Earnest
12.3.-9.5.45
26th US InfDiv
Maj.Gen. Paul
23.3. - 9.5.45
65th US InfDiv
Maj.Gen. Reinhart
4.4.-16.4.45
76th US InfDiv
Maj.Gen. Schmidt
19.1. - 25.1.45
76th US InfDiv
Maj.Gen. Schmidt
3.4.-18.4.45
(ab 22.04. 1st Army)
65th US InfDiv
Maj.Gen. Reinhart
1.3.- 3.4.45
17.04. - 9.05.45
71st US InfDiv
Maj.Gen. Wyman
(8.-10.4.45 Army Res)
11.4. - 19.4.45
76th US InfDiv
Maj.Gen. Schmidt
bis 3.4.45
87th US InfDiv
Maj.Gen. Culin
25.1. - 9.5.45
(ab 22.4.45 1st Army)
6th US AD
Maj.Gen. Grow
17.4. - 9.5.45
(ab 22.4.45 1st Army)
80th US InfDiv
Maj.Gen. McBride
10.3. - 9.5.45
71st US InfDiv
Maj.Gen. Wyman
20.4. - 9.5.45
© Juergen Moeller, 2015

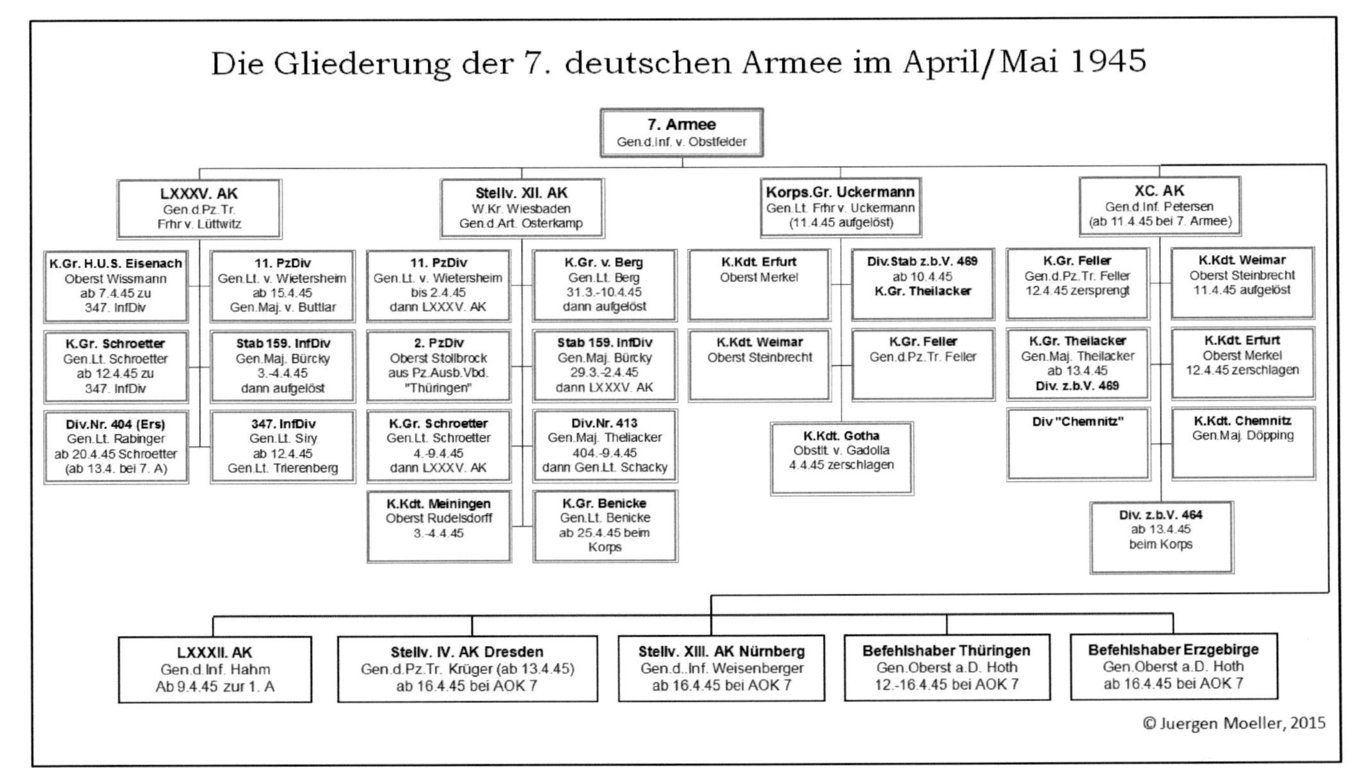

Die Gliederung der 7. deutschen Armee im April/Mai 1945
7. Armee
Gen.d.Inf. v. Obstfelder
LXXXV. AK
Gen.d.Pz.Tr.
Frhr v. Lüttwitz
K.Gr. H.U.S. Eisenach
Oberst Wissmann
ab 7.4.45 zu
347. InfDiv
K.Gr. Schroetter
Gen.Lt. Schroetter
ab 12.4.45 zu
347. InfDiv
Div.Nr. 404 (Ers)
Gen.Lt. Rabinger
ab 20.4.45 Schroetter
(ab 13.4. bei 7. A)
11. PzDiv
Gen.Lt. v. Wietersheim
ab 15.4.45
Gen.Maj. v. Buttlar
Stab 159. InfDiv
Gen.Maj. Bürcky
3.-4.4.45
dann aufgelöst
347. InfDiv
Gen.Lt. Siry
ab 12.4.45
Gen.Lt. Trierenberg
Stellv. XII. AK
W.Kr. Wiesbaden
Gen.d.Art. Osterkamp
11. PzDiv
Gen.Lt. v. Wietersheim
bis 2.4.45
dann LXXXV. AK
2. PzDiv
Oberst Stollbrock
aus Pz.Ausb.Vbd.
"Thüringen"
K.Gr. Schroetter
Gen.Lt. Schroetter
4.-9.4.45
dann LXXXV. AK
K.Kdt. Meiningen
Oberst Rudelsdorff
3.-4.4.45
K.Gr. v. Berg
Gen.Lt. Berg
31.3.-10.4.45
dann aufgelöst
Stab 159. InfDiv
Gen.Maj. Bürcky
29.3.-2.4.45
dann LXXXV. AK
Div.Nr. 413
Gen.Maj. Theliacker
404.-9.4.45
dann Gen.Lt. Schacky
K.Gr. Benicke
Gen.Lt. Benicke
ab 25.4.45 beim
Korps
Korps.Gr. Uckermann
Gen.Lt. Frhr v. Uckermann
(11.4.45 aufgelöst)
K.Kdt. Erfurt
Oberst Merkel
K.Kdt. Weimar
Oberst Steinbrecht
Div.Stab z.b.V. 469
ab 10.4.45
K.Gr. Theilacker
K.Gr. Feller
Gen.d.Pz.Tr. Feller
K.Kdt. Gotha
Obstlt. v. Gadolla
4.4.45 zerschlagen
XC. AK
Gen.d.Inf. Petersen
(ab 11.4.45 bei 7. Armee)
K.Gr. Feller
Gen.d.Pz.Tr. Feller
12.4.45 zersprengt
K.Gr. Theilacker
Gen.Maj. Theilacker
ab 13.4.45
Div. z.b.V. 469
Div "Chemnitz"
K.Kdt. Weimar
Oberst Steinbrecht
11.4.45 aufgelöst
K.Kdt. Erfurt
Oberst Merkel
12.4.45 zerschlagen
K.Kdt. Chemnitz
Gen.Maj. Döpping
Div. z.b.V. 464
ab 13.4.45
beim Korps
LXXXII. AK
Gen.d.Inf. Hahm
Ab 9.4.45 zur 1. A
Stellv. IV. AK Dresden
Gen.d.Pz.Tr. Krüger (ab 13.4.45)
ab 16.4.45 bei AOK 7
Stellv. XIII. AK Nürnberg
Gen.d..Inf. Weisenberger
ab 16.4.45 bei AOK 7
Befehlshaber Thüringen
Gen.Oberst a.D. Hoth
12.-16.4.45 bei AOK 7
Befehlshaber Erzgebirge
Gen.Oberst a.D. Hoth
ab 16.4.45 bei AOK 7
© Juergen Moeller, 2015

Der Vormarsch des XX. US Corps durch Mitteldeutschland

12. – 13. April 1945

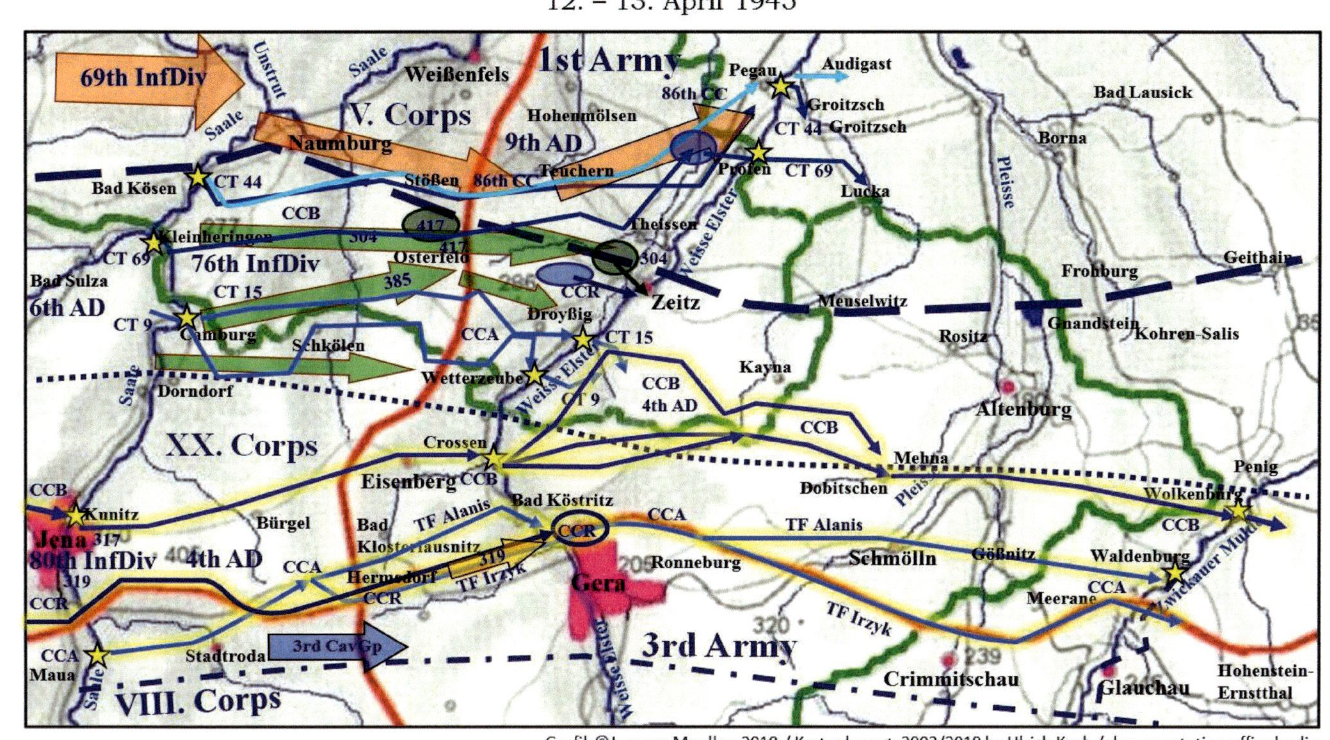

Grafik ©Juergen Moeller, 2018 / Kartenlayout 2003/2018 by Ulrich Koch / documentation office berlin

Der Vormarsch des XX. US Corps durch Mitteldeutschland

14. – 16. April 1945

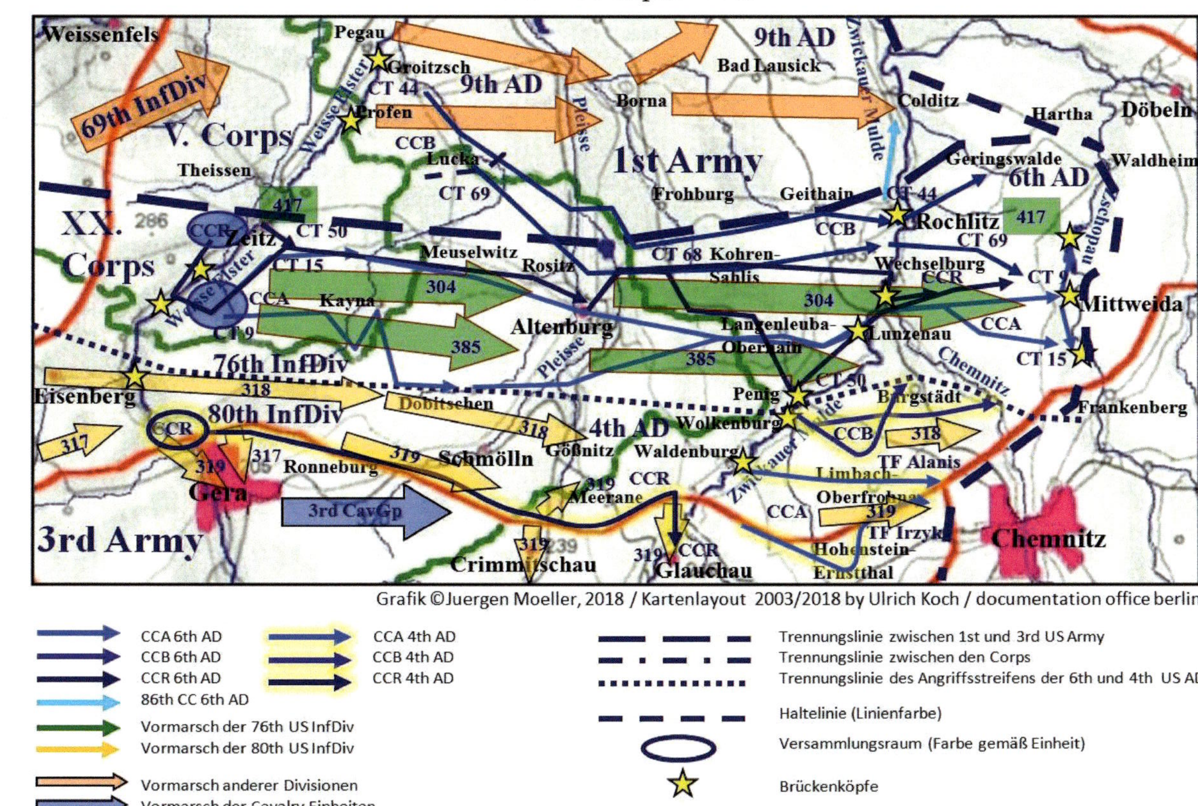

Grafik ©Juergen Moeller, 2018 / Kartenlayout 2003/2018 by Ulrich Koch / documentation office berlin

CCA 6th AD
CCB 6th AD
CCR 6th AD
86th CC 6th AD
Vormarsch der 76th US InfDiv
Vormarsch der 80th US InfDiv
Vormarsch anderer Divisionen
Vormarsch der Cavalry Einheiten

CCA 4th AD
CCB 4th AD
CCR 4th AD

Trennungslinie zwischen 1st und 3rd US Army
Trennungslinie zwischen den Corps
Trennungslinie des Angriffsstreifens der 6th und 4th US AD
Haltelinie (Linienfarbe)
Versammlungsraum (Farbe gemäß Einheit)
Brückenköpfe

Autor Jürgen Möller

Der Autor, Jürgen Möller, wurde 1959 in Gotha/Thüringen geboren und beschäftigt sich seit mehr als 15 Jahren mit der militärgeschichtlichen Erforschung des Kriegsendes 1945 in Mitteldeutschland.

Im Ergebnisse dieser Forschungen wurde 2010 beim Verlag Rockstuhl in Bad Langensalza die Dokumentationsreihe *„Das Kriegsende in Mitteldeutschland 1945"* ins Leben gerufen, die seitdem in thematisch abgeschlossenen Einzeldokumentationen den Ablauf der amerikanischen Besetzung Mitteldeutschlands im April/Mai 1945 behandelt.

Bücher von Jürgen Möller im Verlag Rockstuhl

BEGLEITBUCH ZUR GLEICHNAMIGEN BUCHREIHE

Kriegsende in Mitteldeutschland 1945

Chronik der amerikanischen Besetzung von Thüringen und Teilen Sachsens und Sachsen-Anhalts vom 30.3.-8.5.1945

Taschenbuch, 108 Seiten, 6 Abbildungen, 20 Tabellen, 1 Karte

ISBN 978-3-86777-588-5

Bücher von Jürgen Möller im Verlag Rockstuhl

Band 1 **Kampf um Nordthüringen**
Kampfhandlungen Raum nördlich Mühlhausen-Langensalza und der Vorstoß des V. US Corps von der Werra durch die Landkreise Heiligenstadt, Worbis und Sondershausen zur Unstrut und weiter zur Saale
Festeinband, 224 Seiten, 92 Abbildungen
ISBN 978-3-86777-212-9

Band 2 **Kriegsschauplatz Leipziger Südraum**
Vorstoß des V. US Corps im April 1945 zur Weißen Elster, die Kampfhandlungen im Leipziger Südraum, die letzten Kriegstage an Mulde und Elbe und die amerikanische Besatzungszeit im Leipziger Südraum
Festeinband, 320 Seiten, 163 Abbildunge
ISBN 978-3-86777-168-9

Band 3 **Der Kampf um Zeitz April 1945**
Der Übergang der amerikanischen Truppen über die Weiße Elster im Raum Zeitz, der Einsatz der Napola-Schüler aus Naumburg und Schulpforta, der Kampf um die Flakstellungen und die Besetzung von Zeitz
Festeinband, 240 Seiten, 176 Abb., 2. Auflage 2012
ISBN 978-3-86777-477-2

Band 4 **Der Kampf um den Harz**
Der Vorstoß des VII. US Corps durch das nördliche Eichsfeld, den West, Süd- und Ostharz und die Goldene Aue zur Saale und Elbe, d. Besetzung von Nordhausen, d. Befreiung des KZ Dora-Mittelbau u. d. Zerschlagung des Harzkessels
Festeinband, 352 Seiten, 92 Abbildungen
ISBN 978-3-86777-257-0

Band 5 **Endkampf an der Mulde 1945**
Eroberung der Elbe- und Mulde-Brückenköpfe zwischen Magdeburg und Eilenburg, die Besetzung der Stadt Halle u. d. mitteldeutschen Industrieregion Dessau - Bitterfeld - Wolfen und die alliierte Besatzungszeit zw. Harz u. Mulde
Festeinband, 336 Seiten, 148 Abbildungen
ISBN 978-3-86777-334-8

Band 6 **Flak im Endkampf – Leuna 1945**
Besetzung d. mitteldeutschen Chemiezentrums Schkopau - Merseburg - Leuna durch d. V. US Corps
Festeinband, 224 Seiten, 170 Abbildungen
ISBN 978-3-86777-457-4

Band 7 **Kriegsende an Saale und Unstrut 1945**
Der Vorstoß des V. US Corps aus Nordthüringen zur Saale und Unstrut und die Besetzung der Region Querfurt, Naumburg und Weißenfels im April 1945
Festeinband, 256 Seiten, 184 Abbildungen
ISBN 978-3-86777-456-7

Band 8 **Die letzte Schlacht – Leipzig 1945**
Die Besetzung der Reichsmessestadt durch das V. US Corps der 1st US Army im April 1945
Gb., 312 Seiten, 216 Abbildungen und 4 Karten
ISBN 978-3-86777-687-5

Band 9 **Sturmlauf von der Werra zur Saale 1945**
Der Vorstoß des XX. US Corps über die Werra und durch das obere Eichsfeld und Thüringer Becken bis zur Saale
Festeinband, 336 Seiten, 140 Abbildungen
ISBN 978-3-86777-647-9

Band 10 **Panzerkeile Thüringer Autobahn**
Der südliche Abschnitt des XX. US Corps aus dem Raum Gotha entlang der Autobahn bis zur Saale bei Jena und die Besetzung von Erfurt, Weimar und Jena
Festeinband, 352 Seiten, 140 Abbildungen
ISBN 978-3-86777-648-6

Band 11 **Durchbruch zur Zwickauer Mulde**
Der Angriff des XX. US Corps aus den Saale-Brückenköpfen zur alliierten Haltelinie von Rochlitz an der Zwickauer Mulde bis Chemnitz und die Besetzung von Ostthüringen und Teilen Westsachsens
Festeinband, ca. 352 Seiten, 140 Abbildungen
ISBN 978-3-86777-649-3

In Vorbereitung

Band 12 **Kampf um die Thüringer Pforte April 1945**
Der Vorstoß des VIII. US Corps aus dem Raum Eisenach zur Linie Gotha - Oberhof, die Kämpfe im nordwestlichen Thüringer Wald und die Besetzung der Städte Eisenach und Gotha
[2019] ISBN 978-3-95966-109-6

Band 13 **Kriegsschauplatz Thüringer Wald April 1945**
[2020] ISBN 978-3-95966-110-2

Band 14 **Der Kampf um die Thüringer Waffenschmiede 1945**
[2021] ISBN 978-3-95966-111-9

Band 15 **Kriegsende im Thüringer Schiefergebirge 1945**
[2022] ISBN 978-3-95966-112-6

Band 16 **Sturm auf die Erzgebirgsstellung 1945**
[2023] ISBN 978-3-95966-113-3